W0340186

Wilhelm Tieke · An den Brennpunkten der Ostfront · Bd. 2

Wilhelm Tieke 2

An den Brennpunkten der Ostfront

Die Geschichte des finnischen Freiwilligen-Bataillons der Waffen-SS

Winkelried

© 2007 Winkelried-Verlag

Alle Rechte vorbehalten

Gedruckt in Deutschland

ISBN 978-3-938392-16-4

Winkelried-Verlag
Postfach 160233
01288 Dresden
Telefon & Fax 01212-591270451
post@winkelried-verlag.de

Unser gesamtes Verlagsprogramm finden Sie im Internet: www.winkelried-verlag.de
Gerne senden wir Ihnen kostenlos auch einen Verlagsprospekt zu.

Inhalt

Anhang

Einleitung

Unter den Verbänden europäischer Freiwilliger, die im Zweiten Weltkrieg auf deutscher Seite kämpften, nimmt das Finnische Freiwilligen-Bataillon der Waffen-SS eine besondere Stellung ein.

Bereits 1966 haben sich die Historiker Professor George H. Stein und H. Peter Krosby in einer Studie mit den Hintergründen befaßt, die zur Aufstellung und später zur Auflösung des Bataillons geführt haben.*) Es ist ein besonderes Verdienst von Professor Mauno Jokipii, Jyväskylä, die gesamte Geschichte des Bataillons im Zusammenhang mit der Entwicklung des letzten Krieges erforscht und ausführlich dargestellt zu haben.**) Leider sind diese Forschungsergebnisse dem deutschen Leser wegen der Sprachbarriere nicht zugängig. Um so erfreulicher ist es, daß Professor Jokipii die freundliche Genehmigung erteilt hat, drei Studien für dieses Buch in deutscher Sprache zu veröffentlichen.

Über die geschichtlichen Ereignisse im Hintergrund werden oft die Männer vergessen, die mit ihrem Leben, ihren Opfern und Leiden die eigentlichen Akteure sind. Als ein lebendiges Unterpfand der Waffenbrüderschaft kämpften die finnischen Freiwilligen im Verband der SS-Panzergrenadier-Division „Wiking“. Sie fühlten sich dem Erbe ihrer Väter verpflichtet, die im Ersten Weltkrieg im „Königlich preußischen Jägerbataillon Nr. 27“ auf deutscher Seite gefochten haben. Ihr Einsatz in den Reihen der Waffen-SS war in Finnland umstritten. Finnische Regierungskreise hätten es begrüßt, wenn eine finnische Formation als Fortsetzung der 27. Jäger in das deutsche Heer eingetreten wäre. Stein/Krosby schreiben auf Seite 447 ihrer Studie: „Die jungen Finnen dienten in der Waffen-SS so treu und tüchtig wie ihre Landsleute daheim in der finnischen Wehrmacht. Hinter der Front jedoch regierte die Politik.“

Als im September 1944 der finnische Reichstag beschloß, den Krieg zu beenden, standen die ehemaligen Freiwilligen in den Reihen der finnischen Armee. Hier erfüllten sie treu ihre Pflicht gegenüber ihrem Volk und Vaterland, auch als die tragische Entwicklung dazu führte, daß sie gegen ihre früheren Waffenbrüder kämpfen mußten.

---

*) Stein/Krosby: „Das Finnische Freiwilligen-Bataillon der Waffen-SS – Eine Studie zur SS-Diplomatie und zur ausländischen Freiwilligen-Bewegung“, in „Vierteljahreshefte für Zeitgeschichte“, 1966, Heft 4.

**) Mauno Jokipii: „Panttipataljoona“, Verlag Weilin & Göös, Helsinki 1968.

Dieses Buch verherrlicht nicht den Krieg; es schildert ihn so, wie er wirklich war. Wer als Frontsoldat die Schrecken des Krieges durchlitten und die Hölle der Schlachten überlebt hat, kann die kommenden Generationen nur davor warnen. Die hier vorgelegte Geschichte des Finnischen Freiwilligen-Bataillons der Waffen-SS bezeugt den Opfergang finnischer Freiwilliger, die an der Seite ihrer deutschen Kameraden auch um die Bewahrung der Freiheit Finnlands gekämpft haben.

Dank allen Mitarbeitern, die zum Entstehen dieses Buches beigetragen haben.

Wilhelm Tieke

Gummersbach, im Oktober 1979

Die finnische Nationalhymne
von Johan Ludvig Runeberg

Unser Land

O Land, o Heimat, Vaterland,
kling hoch, du teures Wort!
Es ragt kein Berg gen Himmelsrand,
es ruht kein Tal, es grünt kein Strand,
der teurer uns, als unser Nord,
als unser Väter Hort.

Oi maamme, Suomi, synnyinmaa!
Soi sana kultainen!
Ei laaksoa, ei kukkulaa,
ei vettä, rantaa, rakkaampaa
kuin kotimaa tää pohjoinen,
maa kallis isien.

Hier tobte unser Väter Streit,
mit Schwert, Gedanke, Pflug;
hier war es, wo in Lust und Leid,
in guter wie in böser Zeit
das Herz des Finnenvolkes schlug
und litt, was es ertrug.

Wer kennt wohl seiner Kämpfe Zahl,
wer seiner Leiden Glut,
wenn Krieg und Frost mit Hungerqual
das Land durchzog von Tal zu Tal,
wer mißt all das vergoss'ne Blut
und all den Duldermut?

O Land der tausend Seen! Land
voll Sang und voller Treu,
im Meer des Lebens unser Strand,
der Väter und der Zukunft Land,
wenn du auch arm, sei ohne Scheu,
sei stark, sei froh, sei frei!

Deutsch von Joh. Öhquist
(Strophen 1, 4, 5, 10)

Die finnische Flagge: ein hellblaues Kreuz auf weißem Grund.

Finnisches Marschlied

(Melodie: Aimo Mustonen)

Unserm heimischen Herde ein klingender Gruß
schwingt dies Marschlied sich gläubig und froh
über Felder und Wälder und felsige Schlucht,
klingt von Hanko bis Petsamo.

Gleicher Ton hallt aus unsrem Tritt
und wir spüren bei jedem Schritt:
unsre Väter dort im Grabkammergrund,
unsre Väter sind mit im Bund.

Und du weißt ja, mein Bruder und Wegegenoß',
was zum heutigen Marsch uns bewegt;
wir marschieren nach vorne zum reisigen Troß,
wie die Pflicht es uns auferlegt.

Wie die Väter es einst getan,
treten heute die Söhne an.
Weil vom Feinde bedrängt unser Heimatland nun
muß die friedliche Arbeit ruhn.

Was das finnische Land uns an Schätzen auch beut:
über allen die Freiheit sich reckt,
für sie stehen und fallen in heiligem Streit
ist des finnischen Mannes Recht.

So vernehmen nun alt und jung,
tu' es Mütter und Bräuten kund:
So lang' einer von uns noch den Arm rühren kann,
fällt kein Feind eure Heimstatt an!

F. E. Sillanpää

Anmerkung: Dieses Lied wurde von den finnischen Freiwilligen begeistert gesungen. Es war das Lied des finnisch-russischen Winterkrieges.

Marssilaulu

(Melodie: Aimo Mustonen)

Kotikontujen tienoita tervehtien
tämä laulumme kaikukoon,
yli peltojen, vetten ja tunturien
aina Hangosta Petsamoon.

Sama kaiku on askelten,
kyllä vaistomme tuntee sen,
kuinka kumpujen kätköstä, mullasta maan
isät katsovat poikiaan.

Sinä tiedähtän veikko mun vierelläin,
mikä retkemme tännä toi!
Ilomielin me riensimme sinne päin,
mistä yhteinen kutsu soi.

Tapa tuttu jo taattojen
nyt on hoidossa poikasten:
Kun on vaaralle alttiina syntymämaa,
kotiaskareet jäädä saa.

Mitä lieneekin aarteita Suomessa,
toki kallehin on vapaus.
Tääll' on suorana seistä ja kaatua
joka miehellä oikeus.

Siis te, lapset ja vanhukset,
ja te, äidit ja morsiamet,
niin kauan teillä on suojattu lies,
kun on pystyssä ykskin mies.

F. E. Sillanpää

Finnland, Land und Leute

Der Ursprung des Namens Finnland ist umstritten. Neben anderen Wortauslegungen baut der englische Begriff „fen", der soviel wie Moor oder Sumpf bedeutet, eine Brücke, zumal auch der erste Teil des finnischen Wortes „Suo-mi" Sumpf bedeutet und große Flächen Finnlands aus Sumpf und Mooren bestehen. Die Finnen nennen ihr Land, ihre Heimat, voller Stolz „Suomi". Suomi, das Land der Seen, Wälder und Sümpfe, mit seinen wortkargen Naturmenschen, birgt für den Fremden Geheimnisse, Verlokkungen und Rätsel.

In alten Überlieferungen wird Finnland als ein „Land zwischen West und Ost, aber etwas nördlicher" beschrieben. Beim römischen Urklassiker Tacitus lag es wohl noch nördlicher, wobei er offensichtlich Finnen mit Lappen gleichsetzte, was jedoch nicht zutrifft.

In neuen Lexiken ist Finnland ein nordeuropäischer Staat zwischen Skandinavien und dem osteuropäischen Tiefland, zwischen Ostsee und nördlichem Eismeer, mit einer Fläche von 337 009 qkm.

1975 hatte Finnland 4,7 Millionen Einwohner, davon etwa sieben Prozent schwedischer Abkunft, die sogenannten Finnlandschweden, und 1500 Lappen im hohen Norden, die zum Teil noch als Wandernomaden von ihren Rentierherden leben. Entsprechend anteilig sind schwedische und lappländische Sprache. Der überwiegende Teil der Bevölkerung Finnlands bekennt sich zum evangelisch-lutherischen Glauben.

Finnland ist ein großes Land, größer als die Bundesrepublik Deutschland, aber im Vergleich zu Mitteleuropa sehr dünn besiedelt. Auf den Quadratkilometer kommen 13 Menschen. Es hat verhältnismäßig gute Straßen- und Eisenbahnverbindungen und ein leistungsfähiges Luftverkehrsnetz. Die Nachrichtenverbindungen durch Funk und Telefon erreichen selbst die entlegensten Einzelsiedlungen. Währungseinheit ist die Finnmark (Fmk), eine Finnmark hat 100 Penni (p).

Neben modernen Städten, geschlossenen Flecken und weitlichtigen Dörfern gibt es in Finnland zahlreiche Einzelsiedlungen. Die Wohn- und Stallgebäude der Bauern sind größtenteils aus Holz. Ein roter Anstrich und die sich kontrastreich abhebenden weißen Fenster- und Türrahmen passen sich farbenfroh in das Landschaftsbild ein. Zu jedem Familiensitz gehört ein Badehaus, eine finnische Sauna, mitunter als eine Wintersauna in der Nähe

des Wohnhauses und eine Sommersauna etwas abgelegen am Fluß oder See. Ein Dampfbad in der Sauna kann niederschmetternd, atemberaubend oder aber erhebend sein. Große runde Granitsteine werden zumeist über Birkenfeuer glühendheiß gemacht, dann wird Wasser über die Steine gegossen. Die so entstehende Mischung aus Dampf, Hitze und dem würzigen Geruch des Holzes wird von den geöffneten Poren des Körpers aufgenommen, und schädliche Körperschlacken werden ausgetrieben.
Das Bearbeiten der Haut mit Birkenreisern erhöht die Körperdurchblutung. Nach dieser Prozedur erfolgt das plötzliche Abschrecken des Körpers im kalten Wasser oder im Schnee.
Die finnische Sauna trägt erheblich zur sprichwörtlichen Volksgesundheit bei.
Finnland hat eine Nord-Süd-Ausdehnung von 1100 Kilometern; es erstreckt sich nördlich vom Polarkreis bis zum Finnischen Meerbusen. In der Ost-West-Ausdehnung reicht es vom Ladogasee bis zum Bottnischen Meerbusen, das sind fast 500 Kilometer. Und seine Landgrenze mit der Sowjetunion ist 1246 Kilometer lang.
Finnland ist eine alte Rumpffläche, die mit eiszeitlichen Ablagerungen bedeckt ist. Der bergig-gebirgige Norden hat arktischen Landschaftscharakter mit spärlicher Vegetation, lichten Wäldern und großen Hochmooren (Tundren), die mit Rentiermoos und kleinen Zwerg- oder Polarbirken bedeckt sind. Je weiter man nach Süden kommt, wird das Land flacher, geht über in das „Land der tausend Seen“ und Wälder bis zu den Inseln und Schären des Finnischen Meerbusens und der Ålands-Inseln. Vom hohen Norden nach Süden bedecken vorwiegend Birken-, dann Kiefern- und Fichtenwälder, und an den südlichen Gestaden sogar Laubwälder, bestehend aus Eichen, Ahorn, Linden, Eschen und Ulmen, das Land.
Neben ertragreichem Ackerbau und der damit verklammerten Viehzucht – hauptsächlich in den Küstengebieten des Südens und an den Flußniederungen im mittleren Teil des Landes – lebt Finnland von seinem Wald und der davon abhängigen Holzverarbeitungs- und Zelluloseindustrie.
Zirka 55 000 fischreiche Seen und viele Flüsse bilden das zweite Grundelement der Finnen. Das im Winter geschlagene Holz wird bei aufkommendem Eis zu langen Flößen aneinander gereiht und zu den Sägewerken und Papierfabriken geflößt. Möbelfabriken und Schiffswerften verarbeiten einen Teil des Holzes; große Schiffsladungen mit Schnittholz, Papier und

Furnieren gehen in alle Länder Europas und schaffen so den gesunden Ausgleich für Importe, die Finnland braucht.
Das Klima Finnlands ist im Norden arktisch – mit langen Wintern und kurzen, jedoch schönen warmen Sommern –, im Inneren kontinental, und im Küstengebiet atlantisch beeinflußt. Obwohl Finnland auf gleicher Höhe wie Südgrönland liegt, hat es doch wesentlich bessere klimatische Verhältnisse, weil der warme Golfstrom an der Küste Norwegens entlang fließt und damit Klima und Wetter ganz Skandinaviens beeinflußt. Im Norden Finnlands dauert der Sommer nur etwa 60 Tage, im Süden fast vier Monate. Wenn die Sonne Mitte Juni ihren höchsten Stand erreicht, hat in Helsinki, der Hauptstadt, ein Mittsommertag 19 Stunden, dann wird die Straßenbeleuchtung der Stadt 14 Tage nicht eingeschaltet. Die Mittsommerzeit dauert in Utsjok, der nördlichsten finnischen Siedlung in Lappland, 71 Tage ohne eine einzige Nachtstunde. Umgekehrt ist es im Winter bei tiefstem Sonnenstand, wenn im hohen Norden die Sonne 51 Tage unter dem Horizont bleibt, in Helsinki Nacht und Dämmerung 16 Stunden ausmachen, und nur gegen Mittag ein heller Schimmer den Tag andeutet. Selten aber herrscht hier tiefste Dunkelheit, denn der Schnee wirft das Licht der Atmosphäre wie einen Spiegel zurück. Ein einmaliges Erlebnis für den Fremden sind die Nord- und Polarlichter, die regellos und plötzlich auftreten und gewöhnlich in Höhen von 100 bis 150 Kilometern am Himmel stehen, ein wunderbares Formen- und Farbenspiel versprühend, das Minuten, aber auch Stunden andauern kann.
Wälder und Seen, Licht und Schatten, die Lichtfülle des kurzen, fast tropischen Sommers und die Düsterkeit des nordischen Winters wirken auf das Gemüt und machen die Finnen zu wortkargen, häufig verschlossenen Menschen, beeinflussen Lebensweise und Charakter, die vielen Mitteleuropäern nur schwer verständlich sind. Das Eis der Verschlossenheit, der scheinbaren Undurchdringlichkeit der finnischen Seele, schmilzt, geht jedoch so schnell auf wie im Frühling das Eis der finnischen Seen und Flüsse, sobald der Finne den Fremden als Freund erkennt. Dann kennen Herzlichkeit und Gastfreundschaft keine Grenzen.
Die Finnen sind ein freiheitsliebendes und naturverbundenes Volk, Menschen aus hartem Holz, die ihren völkischen Zusammenhalt durch alle Stürme der Zeit bewahrt, ihre Kultur, ihren Lebensraum behauptet haben. Fleißig, anspruchslos und mit guten Charaktereigenschaften ausgestattet, haben sich überall in der Welt finnische Handwerker, Baumeister, Musiker

und Dichter Ruhm und Ehre, haben sich Finnland und die Finnen allgemeine Achtung und Anerkennung erworben.
Symbol finnischen Geistes, der finnischen Selbstbehauptung und des nationalen Stolzes ist die schönste und aufs beste erhaltene Burg Olavinlinna in der typisch finnischen Landschaft des Saimaa-Sees an der Karelischen Landenge, unweit der jetzigen Grenze zur Sowjetunion, an einer Grenze, die von alters her umkämpft, umstritten war.

Das Werden des finnischen Volkes und Staates

Die Finnen gehören zur finnisch-ugrischen Sprachfamilie, zu der auch Ungarn und Esten zählen. Ihre Urheimat ist im Gebiet der unteren Wolga zu suchen, wo sie in Nachbarschaft mit germanischen Stämmen (Goten) lebten. Von hier wanderten sie in alle Richtungen und gingen zum Teil als Splittergruppen in anderen Volksgruppen auf. Ein Teil der Urfinnen wanderte bereits in der Frühzeit nach Nordwesten und lebte im Gebiet des heutigen Baltikums neben germanischen Stämmen, von denen sie Teile ihrer Kultur und Sprache (Wortstämme) und den Pflug übernahmen.
Um die Zeitenwende setzte über den Finnischen Meerbusen die Besiedlung des heutigen Suomi-Finnland durch zwei im Baltikum ansässige finnische Stämme ein, die sich teilweise mit Germanen vermischt hatten. Der dritte finnische Stamm, die Karelier, ging über die Karelische Landenge nach Finnland und besiedelte Ostfinnland bis zum Weißen Meer. Die in Finnland ansässigen Lappen wurden nach Norden zurückgedrängt. Germanische Einwanderer, die aus dem Gebiet des heutigen Schweden kamen, vermischten sich mit den beiden westfinnischen Stämmen, und so ist auch der körperliche und seelische Unterschied zwischen West- und Ostfinnen (Kareliern) zu erklären.
Aus diesen drei finnischen Stämmen entwickelten sich weitere, die sich zum Teil bis heute in den Landschaftsnamen ablesen lassen; und dies behinderte das Entstehen einer staatlichen Geschlossenheit. Hinzu kam die weiträumige und äußerst dünne Besiedlung.
Indessen entwickelten sich in unmittelbarer Nachbarschaft Rußland und Schweden zu Staaten, die über ihre völkischen Grenzen hinausdrängten.

Das Siedlungsgebiet der Finnen wurde zum Streitobjekt ihrer wechselseitigen machtpolitischen Ziele. Obwohl dadurch das Volk der Finnen im Laufe der Jahrhunderte zwischen zwei Mühlsteine geraten ist, hat es doch seine Sprache, seine Kultur und sein Selbstbewußtsein nicht aufgegeben und so die Grundlagen zum finnischen Staatswerden erhalten.
Wie so oft in der Geschichte, wurden auch die Kirchen für machtpolitische Zwecke eingespannt. 1157 unternahmen Schweden den ersten Kreuzzug nach Finnland und bekehrten die heidnischen Westfinnen mit dem Schwert zum römisch-katholischen Glauben, während die Ostfinnen (Karelier) vom Fürstentum Nowgorod zum griechisch-orthodoxen Glauben bekehrt wurden.
Dem Vordringen fremder Mächte konnten die zersplitterten Finnen keinen Einhalt gebieten, und so gerieten sie immer mehr in den Machtkampf zwischen Schweden und Rußland, in dessen Verlauf zunächst Schweden die Oberhand gewann. Im Jahre 1249 fand unter Birger Jarl der zweite Kreuzzug statt, der den schwedischen Einfluß weiter nach Osten ausdehnte. 1293 brachte der dritte Kreuzzug auch die Karelische Landenge in schwedischen Besitz, der durch die Grenzfestung Viborg (Viipurinlinna) gegen Nowgorod gesichert und verteidigt wurde.
Im Frieden zu Schlüsselburg 1323 wurde zwischen Schweden und dem Fürstentum Nowgorod die neue Interessengrenze festgelegt, die vom innersten Ende des Finnischen Meerbusens (gegenüber Kronstadt) in nördlicher, dann in nordwestlicher Richtung bis fast an das Nordostende des Bottnischen Meerbusens verlief. Damit fiel auch die ganze Karelische Landenge an Schweden. Zum Schutz der Südostgrenze wurde 1475 die Wasserburg Olavinlinna (Olofsburg) im Saimaa-See angelegt.
Nachdem Westfinnland in schwedischer Hand war, wanderten viele Schweden in dieses Gebiet ein, siedelten vornehmlich in den fruchtbaren Landstrichen des Bottnischen und Finnischen Meerbusens und stellten die bäuerliche Oberschicht und den größten Teil der Verwaltungsbeamten. Durch diese Besiedlung und auch Vermischung mit Finnen wurde das Band mit Schweden immer enger. Westfinnland wurde die schwedische Grenzmark „Österland" und nahm ab 1362 an den schwedischen Königswahlen teil. Österland wurde schwedisches Herzogtum, danach sogar Großfürstentum.
Im Zuge der Reformation nahmen die Finnen den lutherischen Glauben an. Unter König Gustav Adolf wurde Schweden Großmacht, die auch in die

Entwicklung Mitteleuropas eingriff. Ostfinnland, Herrschaftsgebiet der Nowgoroder, später der Moskowiter (Großrussen), und das Ingermanland (Estland) fielen im Frieden zu Stolbowa im Jahre 1617 an Schweden. Damit erreichte Schweden seine höchste Machtentfaltung.
Unter Peter dem Großen wurde Rußland zu einer Großmacht, die die bisherige Großmacht Schweden im Baltikum Schritt für Schritt zurückdrängte. 1703 wurde Nevanlinna (heute Leningrad) russisch und im Frieden zu Uusikaupunki (Nystadt) 1721 auch die Karelische Landenge mit Viipuri (Viborg). In einem weiteren Krieg und nach dem Frieden von Turku 1743 verschob Rußland die Grenze in Finnland bis zum Kymijoki, und schließlich ging im schwedisch-russischen Krieg von 1808/09 ganz Finnland an Rußland verloren.
Im Frieden von Hamina (Fredrikshamn) 1809 wurde Finnland Großfürstentum des russischen Reiches und der Zar gleichzeitig Großfürst von Finnland. Finnland, 500 Jahre gleichberechtigtes Glied Schwedens, erhielt eine andere Regierungsform und wurde ein autonomer Staat mit einem russischen Generalgouverneur, der vom Zaren als sein Stellvertreter eingesetzt wurde. Anfang des 19. Jahrhunderts machte Finnland eine Entwicklung durch, die in ruhigen Bahnen verlief. Schwedisch blieb zunächst Amtssprache. Die Hauptstadt wurde von Turku nach Helsinki verlegt. Dann setzte jedoch eine stärkere Russifizierungswelle ein, die das schlummernde finnische Nationalbewußtsein wieder erweckte. Elias Lönnrot sammelte die alten finnischen Volks- und Heldengesänge und faßte sie zum finnischen Nationalepos „Kalevala“ zusammen, das 1835 in finnischer Sprache herauskam. Johan Wilhelm Snellmann gab die erste Zeitung („Saimaa“) in finnischer Sprache heraus und setzte durch, daß ab 1883 die finnische Sprache gleichberechtigt neben der schwedischen stand. Dies führte zur allmählichen Verdrängung der schwedischen Sprache. Der Finnlandschwede Johan Ludvig Runeberg legte mit seinem Balladenwerk „Die Geschichten des Fähnrichs Stahl“ die Grundlage zur finnischen Dichtung; das erste Gedicht wurde die finnische Nationalhymne.
Die Sonderstellung Finnlands war vielen führenden Russen nicht genehm, und als 1894 Zar Nikolaus II. den Thron bestieg, fanden diese Petersburger Kreise in dem neuen Zaren einen Herrscher, der mit ihnen eine neue Finnlandpolitik einleitete. 1899 erließ Nikolaus ein Manifest, in dessen letzter Konsequenz Finnland völlig russifiziert werden und auch seine verwaltungsmäßige Selbständigkeit einbüßen mußte. Die finnische Armee wurde

aufgelöst, die finnische Jugend mußte fortan im russischen Heer dienen; aber viele entzogen sich dem Wehrdienst durch Flucht in die Wälder. 1904 wurde der unbeliebte russische Generalgouverneur Bobrikow von einem Finnen erschossen. Der russisch-japanische Krieg um die Beherrschung der Mandschurei und Koreas (1904/05) endete mit einer russischen Niederlage; dies und die Revolution 1905 gegen den Zaren und seine Statthalter erschütterten das Zarenreich und verschafften den Finnen noch einmal eine Verschnaufpause. 1912 nahm jedoch Nikolaus II. seine Russifizierungspläne wieder auf. Ein Gesetz machte die Finnen zu Bürgern des russischen Reiches. Mit dem Ausbruch des Ersten Weltkriegs keimten im finnischen Volk neue Hoffnungen auf eine staatliche Selbständigkeit.

Finnlands Stellung im Ersten Weltkrieg

Die Russifizierungsbestrebungen, die von Petersburger Kreisen um Zar Nikolaus II. und vom Generalgouverneur im Großfürstentum Finnland, General Alexandrowitsch Seyn, ausgingen, drängten das finnische Volk immer mehr in den passiven Widerstand. Willkür, Kerker und Verbannung waren die Antworten der russischen Herrscher. Als die Aktivität der alten Garde der finnischen Freiheitsbewegung erlahmte, trat an ihre Stelle die finnische Jugend, insbesondere Studenten und junge Akademiker.
Mit der Ermordung des österreichischen Thronfolgerehepaares am 28. Juni 1914 in Sarajewo schlägt die Rivalität europäischer Großmächte in einen offenen Krieg um und stürzt den blühenden europäischen Kontinent in die Katastrophe.
Um diese Zeit treibt der finnische Archäologe Doktor Herman Gummerus in der kleinen Stadt Spalato an der dalmatinischen Küste seine Forschungen. Als er die Nachricht von der Ermordung des österreichischen Thronfolgers erfährt, weiß er, was nun kommen wird. Er hofft, er ahnt, daß damit auch die Freiheit Finnlands gewonnen werden kann.
Dr. Gummerus, wegen Majestätsbeleidigung des Zaren aller Reußen zu sechs Monaten Gefängnis verurteilt, bei Nacht außer Landes gegangen, um sich dem Strafvollzug zu entziehen, entschließt sich, so schnell als möglich nach Finnland zurückzukehren. Über Berlin und Stockholm – wo er mit

führenden Persönlichkeiten spricht und mit Auslandsfinnen Verbindungen knüpft – gelangt er unter dem Namen Åberg auf einem kleinen schwedischen Dampfer nach Helsinki und lebt bei seinem Bruder Johannes im Untergrund. An den Abenden und in der Nacht verläßt Doktor Gummerus alias Åberg sein Versteck und trifft sich beim Freiherrn Adolf von Bonsdorf mit alten Freunden. Doch was sie berichten, ist niederschmetternd: Die Organisation der finnischen Freiheitsbewegung ist zerschlagen, ihre Führer sitzen im Kerker oder sind flüchtig. Angesehene Geschäftsleute verhalten sich zurückhaltend, in Erwartung des großen Geschäfts für das russische Heer. Unter den aktivsten freiheitlich gesinnten Finnen gehen die Ansichten auseinander: Die einen hoffen auf einen Sieg der Entente, auf ihre Demokratien, die auf den Zaren einzuwirken vermögen, um Finnland die Freiheit zu geben; die größere Gruppe sieht nur in den Mittelmächten – Deutschland, Österreich, Italien – und ihrem Sieg, und damit einem Sieg über Rußland, den Weg in Finnlands Freiheit. Bei diesen nächtlichen Begegnungen kommt kein Entschluß zustande; alle sind der Meinung, abzuwarten, die Entwicklung im Auge zu behalten, und begrüßen Dr. Gummerus' Entschluß, in Stockholm eine Wohnung zu nehmen und von dort als ihr Verbindungsmann Fäden für die finnische Freiheitsbewegung zu knüpfen, insbesondere nach Deutschland.
Der schwedische Metallwarenhändler Sven Åberg, alias Dr. Gummerus, passiert in Torneo ungeschoren die Grenzkontrolle. Als er in Haparanda schwedischen Boden unter den Füßen hat, erscheint ihm die Zukunft Finnlands düster wie nie zuvor.
Herman Gummerus schickt einen wahrheitsgetreuen, umfassenden Bericht über die Lage in Finnland an das Auswärtige Amt in Berlin. Er glaubt, mit seiner Offenheit die Hoffnung auf ein freies Finnland auf unabsehbare Zeit begraben zu haben.

*

In der Nacht vom 30. zum 31. Juli 1914 herrscht im russischen Kriegsministerium in Petersburg am Isaaks-Platz rege Geschäftigkeit. Kriegsminister Suchomlinow löst die für den Ernstfall lange vorbereitete Mobilmachung der zaristischen Streitkräfte aus. Im Zuge dessen setzt auch der Generalgouverneur im Großfürstentum Finnland, General Seyn, die vorbereiteten Maßnahmen für Finnland in Kraft: Die Eisenbahnfahrpläne gelten nicht

mehr, der Schiffsverkehr wird eingestellt, die äußersten Inseln der Ålandgruppe werden von Zivilisten geräumt, die Küstenbefestigungen besetzt. Die Leuchttürme erlöschen, die Häfen werden durch Minensperren geschützt, der Grenzverkehr nach Schweden läuft nur noch über Torneo; die Pressezensur wird eingeführt, ab 21.00 Uhr ist Sperrstunde, wer da auf der Straße angetroffen wird, hat sich auszuweisen. Zuwiderhandlungen gegen diese Anordnungen werden mit Gefängnis bestraft.
Mit der Mobilmachung wird Finnland Kriegsgebiet. Russische Truppen marschieren in Finnland ein und benehmen sich wie Eroberer.
1899 hatte Zar Nikolaus II. die alte finnische Wehrgesetzgebung aufgehoben, die den Finnen bis dahin verbürgte, in rein finnischen Einheiten, unter finnischer Führung, zum Schutze der finnischen Grenzen ihren Wehrdienst abzuleisten. Der damalige russische Generalgouverneur war bekanntlich 1904 von einem jungen Finnen erschossen worden, der dabei selbst den Tod gefunden hatte. Nach dem neuen russischen Wehrgesetz sollten die Finnen in russischen Regimentern dienen und an allen Grenzen des großen russischen Reiches eingesetzt werden können. Das russische Wehrgesetz wurde vom finnischen Volk ignoriert; die Gemeinden setzten keine Aushebungen an, und wo sie stattfanden, entzogen sich die jungen Männer vielfach dem Wehrdienst durch Flucht in die Wälder oder ins Ausland.
Nun aber, mit der Mobilmachung, bemühte sich Rußland, seine Wehrgesetze mit Nachdruck auch bei den Finnen durchzusetzen, was wiederum den Widerstand der finnischen Jugend aufs neue anstachelte.

*

Wenige Tage, nachdem Doktor Herman Gummerus Finnland wieder verlassen und von Stockholm jenen niederschmetternden Bericht über die Lage in Finnland nach Berlin gesandt hatte, kommen junge finnische Studenten und Akademiker im Studentenklub Ostrobotnia zu Helsinki zusammen, um den Vorschlag zu prüfen, wie die Studentenschaft des Landes eine Zweiteilung auf Grund ihrer Muttersprachen finnisch und schwedisch vornehmen könne.*)

---

*) Heinz Halter, „Finnische Jäger erkämpfen die Freiheit", S. 12.

Das klug gewählte Thema ist nur ein Vorwand, um den russischen Geheimdienst, die Ochrana, zu täuschen, denn in Wahrheit denken die Studenten und Akademiker nicht daran, sich in zwei Gruppen aufzuspalten und damit dem russischen Geheimdienst noch bessere Einwirkungsmöglichkeiten zu bieten.

Der Versammlungsleiter, Magister Väinö Kokko, spricht mit Leidenschaft aus, was alle Versammlungsteilnehmer denken, wovon sie beseelt sind: vom Kampf für Finnlands Freiheit!

Sie haben erkannt, daß von den alten Freiheitskämpfern, die durch Strafen, Gefängnis und Sibirien müde geworden sind, keine zündenden Impulse ausgehen, um das russische Joch abzuschütteln.

Gegen Mitternacht des 27. Oktober 1914 wird „Das provisorische Zentralkomitee für die aktivistische Bewegung" gegründet. Finnlands Jugend hat das Gesetz des Handelns in ihre Hände genommen!

Die Bewegung wächst stetig, doch der Glaube allein kann nicht den Erfolg bringen: Es fehlt an Geld, an militärischer Ausbildung, um Sabotageakte gegen die verhaßten Russen ausführen zu können.

Die Bewegung streckt ihre Fühler nach Schweden und Dänemark aus und erhält von den Regierungsstellen überall Absagen; nur einzelne Privatpersonen sind zur Unterstützung bereit.

Man entschließt sich zu einer neuen Initiative. Am 2. Dezember 1914 unterbreiten die Abgesandten der finnischen Freiheitsbewegung, Ingenieur Bertel Paulig und Student Walter Horn, dem deutschen Gesandten in Stockholm, von Hellberg, die Bitte, 150 junge Finnen in Deutschland militärisch auszubilden.

Zufällig stößt Doktor Gummerus auf die Abgesandten der finnischen „aktivistischen Bewegung". Vorsichtiges Abtasten ihrer Pläne – eingehende Übereinstimmung! Gummerus, Abgesandter der „alten Garde", stellt sich vorbehaltlos auf die Seite der Jugend. Sie tragen dann beim deutschen Militär- und Marineattaché ihre Pläne vor und erhalten die Zusage einer wohlwollenden Prüfung.

*

Indessen ist in Berlin ein gewisses Fräulein Gerlach dabei, alle in Deutschland lebenden Finnen aufzuspüren und karteimäßig zu erfassen. Da deutsche Behörden Fräulein Gerlach, die bis zum Ausbruch des Krieges

Lehrerin an der deutschen Kolonie in Helsinki war, Schwierigkeiten über Schwierigkeiten bereiten, erlahmt diese Aktivität. Ende November 1914 bekommt sie neuen Schwung durch Staatsanwalt Adolf Fredrick Wetterhoff, Finnlandschwede von Geburt, mit deutscher Staatsbürgerschaft, der zusammen mit dem in Berlin festgehaltenen finnischen Akademiker Johannes Sundvall das „Finnländische Büro“ errichtet, in dem fortan alle Fäden der finnländischen Freiheitsbewegung in Deutschland zusammenlaufen. Die Aufgaben des „Finnländischen Büros“ sind:

1. Zusammenarbeit mit deutschen Truppen, denn nur mit Deutschlands Hilfe kann Finnland seine Freiheit erringen.
2. Aufbau eines zuverlässigen Kundschafterdienstes in Finnland zur Schaffung von Grundlagen für deutsche militärische Aktionen.
3. Verbreiterung des Rahmens der Freiheitsbewegung in Finnland.
4. Militärische Ausbildung geeigneter Finnen.

*

Die finnländische Freiheitsbewegung findet im Inland wie im Ausland immer mehr passive und aktive Anhänger. Die Nachrichten und Berichte über die Fortschritte der Bewegung werden über Stockholm ausgetauscht. Doktor Herman Gummerus ist einer der aktivsten Kuriere und Fürsprecher.

Im Januar 1915 wird von Adolf Fredrick Wetterhoff in Berlin das deutsch-finnische Komitee gegründet, dem neben Wetterhoff Kapitän zur See Brüll, Hauptmann im Generalstab Nadolny und Legationsrat Weber angehören. Eine neue Phase im finnischen Freiheitskampf beginnt, konkrete Pläne entstehen, Eingaben und Bittschriften werden an deutsche Amtsstellen abgesandt.

Am 1. Februar 1915 trifft das entscheidende Schriftstück vom Preußischen Kriegsministerium aus Berlin in Stockholm ein: „... es wird das Angebot angenommen, daß 200 junge Finnen nach Deutschland geschickt werden, um dort eine militärische Ausbildung zu erhalten. Diese Ausbildung hat den Zweck: Die Sympathie Deutschlands für Finnland zu beweisen, sie mit der Kultur und dem Geist Deutschlands bekannt zu machen, endlich aber, sie im Fall eines aktiven Vorgehens in Finnland oder eines finnischen Aufstandes zur Erfüllung militärischer Aufgaben zu befähigen ...“*)

---

*) Halter, a.a.O., Seite 18.

Das preußische Kriegsministerium regelt sodann Befehlsgewalt und Gehorsam, wofür deutsche Grundsätze gelten sollen. Und einiges mehr. Die Ausbildung ist zunächst auf vier Wochen befristet. Aus Gründen der Geheimhaltung wird sie als „Pfadfinder-Kursus" getarnt; die Kursteilnehmer sollen Pfadfinderuniformen erhalten.
Am 2. Februar 1915 erhält der Jurist Harald Öhquist, der vor wenigen Wochen sein juristisches Studium beendet hat, in seiner Wohnung in Helsingfors (Helsinki)*), Kopmansgatan Nr. 8, aus Stockholm ein Telegramm mit dem Wortlaut:
„Nachricht von Ihrem Vater entscheidende Besserung. Arzt hofft vollständige Genesung zwei Wochen."
Das verschlüsselte Telegramm leitet den Auszug finnischer Jugend nach Deutschland zur Waffenausbildung ein. Am nächsten Tag verschwinden aus Helsingfors zwölf Studenten und junge Akademiker. Sie kommen auf verschiedenen Wegen nach Schweden und treffen sich wie zufällig in Stockholm, Odengatan Nr. 19, beim deutschen Gesandten von Hellberg.

Das Preußische Jägerbataillon Nummer 27

Scheinfirmen halten mit verschlüsselten Telegrammen Verbindung zwischen Berlin, Stockholm und Finnland. Nur Eingeweihte kennen sich da aus. Am Südrand des Tiergartens von Berlin, in der Landgrafenstraße Nr. 20, wirkt das „Finnländische Büro"; in der finnischen Grenzstadt Torneo eine unscheinbare liebenswürdige Frau namens Reuter, die als Relaisstation die seltsamen Telegramme und Briefe an die finnischen Mittelsleute weiterleitet. In Stockholm ist es Doktor Gummerus, über den alle Nachrichten, Anweisungen und Anforderungen laufen. Ein gut organisiertes Stützpunktnetz übernimmt die finnischen Freiwilligen und leitet sie etappenweise weiter; ihre geheimen Wege laufen von Finnland über Stockholm, Gjedser, Warnemünde oder über Trälleborg, Saßnitz nach Deutschland. Beim deutschen Feldheer wird dann auch der Offizier gefunden, der als alter Pfadfinder die Gewähr für eine gute Ausbildung der Finnen bietet: Major Maximilian Bayer.

---

*) Helsinki ist heute gebrauchter finnischer, Helsingfors der alte schwedische Name.

Am 25. Februar 1915, einem kalten Wintertag, erwartet Major Bayer mit gemischten Gefühlen auf dem kleinen Bahnhof „Lockstedter Lager" die ersten finnischen Freiwilligen. Es kommen neunzehn Finnen an und am nächsten Tag noch einmal sechsunddreißig. Das ist der Anfang!
Bayers anfängliche Sorgen um Disziplin und Gehorsam verfliegen schon nach der ersten Berührung mit den jungen Finnen. Genaugenommen sind die jungen Finnen russische Untertanen und können daher auch keine deutschen Staatsbürger werden. Mit diesem Umstand sind Soldatenrecht und Versorgung bei Invalidität eng verquickt, meistens zum Nachteil der jungen Finnen.
Das Lockstedter Lager ist ein alter Truppenübungsplatz in Schleswig-Holstein, und nur Eingeweihte wissen, was für ein Geheimnis er jetzt verbirgt. Am Eingangstor zum abgesperrten Teil kündet eine Tafel mit der Aufschrift:

Pfadfinder-Lehrkursus
Lockstedter-Lager.
Durchgang verboten!

An den folgenden Tagen sieht man hier junge Männer in der deutschen Pfadfinderkluft, mit den breitkrempigen, an einer Seite hochgeschlagenen Hüten, bei militärischer Ausbildung.
Bald ist die Zahl der Freiwilligen in Pfadfinderuniform auf 170 angewachsen; so können zunächst zwei Kompanien aufgestellt werden; die erste unter Hauptmann Knaths, die zweite unter Hauptmann Bade. Pionierausbildung wird unter Leitung der Hauptleute Just und Heldt betrieben, da diesem Zweig besondere Bedeutung beigemessen wird, weil an Sabotageakte zur Zerstörung und Lähmung russischer militärischer Einrichtungen in Finnland gedacht ist.
Major Bayer ist mit den Ausbildungsergebnissen zufrieden, doch kann das Ausbildungsziel bei allen Bemühungen und bei aller Hingabe der Freiwilligen, in der gestellten Frist von vier Wochen nicht erreicht werden. Bayer beantragt in Berlin die Verlängerung des Lehrgangs. Am 16. April 1915 befürwortet der Chef des deutschen Generalstabes die Verlängerung des Lehrgangs und die Erhöhung der Teilnehmerzahl auf 1000 Freiwillige.
Während in der Folgezeit der Dienstbetrieb im Lockstedter Lager weiterläuft, fährt Major Bayer immer wieder nach Berlin, um über die Fortschritte seiner Truppe zu berichten, aber auch, um die vielfältigen politischen Hin-

dernisse aus dem Weg zu räumen, die seinen Vorstellungen von einer einmaligen Truppe des Ersten Weltkrieges zuwiderlaufen.
Mitte August 1915 genehmigt Kaiser Wilhelm II. die Zusammenfassung der finnischen Freiwilligen zu einem regulären Bataillon. Am 26. August 1915 unterzeichnet der preußische Kriegsminister Wild von Hohenborn in Berlin das entsprechende Schriftstück, die „Geburtsurkunde" der finnischen Streitkräfte im deutschen Heer, mit der neuen Bezeichnung: „Ausbildungstruppe Lockstedt".
Aufzustellen ist laut Befehl „ . . . eine immobile Formation . . . , die allmählich die Stärke eines Bataillons gemäß Stärkeanweisung D II 3 erhalten" soll, vier Jägerkompanien, eine Maschinengewehrkompanie und eine Pionierkompanie. Führung und Ausbildung nach deutschen Grundsätzen, Kommandosprache Deutsch, feldgrüne Jägeruniform ohne Truppennummer, Sold und Verpflegung wie die deutsche Truppe. Unter Punkt 3 heißt es: „Die Truppe untersteht direkt dem stellvertretenden Generalkommando für das IX. Armeekorps in Dienst- und Verwaltungsangelegenheiten wie in rechtlicher Hinsicht. Über ihre zukünftige Verwendung bestimmt die Oberste Heeresleitung."
Punkt 2 ist der wichtigste Punkt des Aufstellungsbefehls und zeigt den finnischen Freiwilligen das große Risiko ihres Einsatzes: „Die Truppe ist bestimmt, Ausländer aufzunehmen, die sich freiwillig zum Eintritt melden. Die aufgenommenen Ausländer werden nicht deutsche Staatsangehörige. Die Heeresverwaltung übernimmt keine Verpflichtung hinsichtlich eines Erwerbes der Staatsbürgerschaft. Sie verpflichtet sich auch nicht zu irgendeiner Unterstützung für den Fall, daß jemand im deutschen Heer verwundet und dadurch Invalide wird. Ebenso können im Falle von Invalidität oder Tod die Angehörigen keine Ansprüche an das Reich stellen. Das muß ausdrücklich jedem Eintretenden gegen schriftliche Bestätigung mitgeteilt werden. Die Ausländer müssen ferner beim Dienstantritt genau darüber unterrichtet werden, daß es ihre Pflicht ist, dem Deutschen Reich mit allen Kräften und überall zu dienen, sich nach allen Anordnungen der Vorgesetzten zu richten und sich den deutschen Reichs- und Militärgesetzen sowie den für die Kriegszeit geltenden Bestimmungen zu unterwerfen."

*

Die Aufstockung des finnischen Verbandes zu einem Bataillon erfordert einen erhöhten Personalbedarf. Am 30. August 1915 trifft bei einem Buchhändler in Helsingfors ein harmlos erscheinendes Telegramm aus Stockholm mit folgendem Inhalt ein: „Sendet sofort 2000 Stück des bestellten Buches." – 2000 Bücher bedeuten 2000 Freiwillige fürs Lockstedter Lager.

Unter den Augen russischer Geheimpolizei setzt eine Massenabwanderung von Männern aus Finnland ein. Es entsteht ein Netz von zuletzt 87 Anwerbe- und Weiterleitungsstellen. Im Verlauf dreier Jahre werden aus Spenden 700 000 Finnmark aufgebracht. Der zündende Funke ist auf das ganze Land übergesprungen. Die russischen Behörden und Militärstellen sind machtlos, denn das finnische Volk schweigt.

Die alten Methoden des Grenzwechsels werden der neuen Anforderung für Lockstedt nicht mehr gerecht. Große Gruppen vollziehen den illegalen Grenzübertritt in den nordfinnischen Wald- und Sumpfgebieten. Hier werden auch deutsche und österreichische Soldaten, die aus nordrussischen Gefangenenlagern entkamen, in die Freiheit weitergeleitet; insgesamt 1500 Mann. Als in diesem Gebiet die russische Grenzüberwachung dichter wird, finden die Finnen einen anderen Weg, den über das Eis.

Im Winter 1915/16 bedeckt eine dicke Eisschicht den Bottnischen Meerbusen. An der engsten Stelle, der sogenannten Kehle, etwa zwischen der finnischen Stadt Vaasa und der schwedischen Stadt Umeå, liegt der neue illegale Weg, den die angeworbenen finnischen Freiwilligen benutzen. Die Eispiste ist etwa 80 Kilometer lang und weit draußen durch unscheinbare Stangen, die ins Eis eingerammt sind, markiert. Die geheime Route passieren täglich Gruppen von sechs bis acht finnischen Männern zu Fuß und auf Skiern. Inmitten der Eiswüste steht ein verstecktes, derbes Zelt als Ruhestation. Nicht selten müssen die illegalen Grenzgängergruppen russische Verfolger der Festung Nikolaistad abschütteln oder sie im Kampf töten. Der Weg an den schwedischen Grenzposten vorbei ist dann nicht mehr schwer.

In Stockholm, Karlevägen Nummer 14, erhalten die Freiwilligen von Ingenieur Heldt, der eine Scheinfirma unterhält, Papiere und Fahrkarten für den Weg nach Deutschland.

Am 13. April 1916 zählt die Freiwilligentruppe des Lockstedter Lagers bereits 1523 Mann. Insgesamt werden in den Stammrollen des Bataillons 1900 Mann eingetragen.

Neben der allgemeinen Ausbildung werden auch Speziallehrgänge für Unteroffiziers- und Offiziersanwärter durchgeführt, die die Finnen be-

fähigen sollen, einmal selbst ihre Einheiten zu führen. Die aus der Pfadfinderzeit stammenden Dienstgradbezeichnungen Oberzugführer und Hauptzugführer (Kompanieführer) werden beibehalten. Die Maschinengewehrkompanie übernimmt Oberleutnant Rainer Stahel. Am 17. März 1916 wird dann noch ein Zug Artillerie mit zwei 10,5-cm-Feldhaubitzen aufgestellt.
Bei einer großen Übung im Frühjahr 1916 vor Prinz Heinrich und anderen hohen deutschen Offizieren stellen die finnischen Freiwilligen ihr erworbenes Können unter Beweis und finden Lob und vollste Anerkennung bei den hohen deutschen Militärs.
Am 9. Mai 1916 erhält das Bataillon die offizielle Bezeichnung:

„Königlich Preußisches Jägerbataillon Nr. 27“,

und auch eine Fahne, auf der die blauweißen Farben Finnlands mit finnischen und deutschen Motiven aus der Geschichte verbunden sind.
Am 31. Mai 1916 wird das mobil gemachte Bataillon nach einer Abschiedsparade auf dem Lockstedter Bahnhof zur Fahrt an die Front verladen. Das Bataillon setzt sich zusammen aus dem Stab, vier Jägerkompanien, einer Maschinengewehrkompanie, einer Pionierkompanie und einem Feldhaubitzenzug. Das deutsche Rahmenpersonal besteht aus 39 Offizieren, 53 Unteroffizieren und 111 Mannschaften. Die Finnen stellen 27 Zugführer, 39 Gruppenführer und 1134 Jäger. In Lockstedt bleiben nur Kranke und ein kleiner Ausbildungsstamm zurück.
Am 23. Juni 1916 übernimmt das Preußische Jägerbataillon Nr. 27 einen Abschnitt an dem kleinen Flüßchen Misse, westlich der Bahnlinie Mitau–Riga.
Am 16. Juli setzt eine russische Offensive ein, die die Stellung des rechten Nachbarn, der 6. Reserve-Division, im Raum Eckau–Keckau, durchbricht.
Am 25. Juli helfen finnische Jäger den gefährlichen Fronteinbruch durch Gegenangriff zu bereinigen.
Am 11. September 1916 wird das Jägerbataillon 27 abgelöst und übernimmt die Stellung des Jägerbataillons Nr. 1 bei Kneis am Rigaer Meerbusen. Damit sind die finnischen Jäger ihrer Heimat so nahe gekommen, wie keine andere Einheit der deutschen Ostfront.
Eine innere Krise, verursacht durch Gerüchte über einen deutschen Separatfrieden mit Rußland, und die Untätigkeit, die nun einmal ein ruhiger Frontabschnitt mit sich bringen, wird überwunden. Major Bayer setzt bei

Brigadegeneral von Wyneken die Ablösung des Jägerbataillons durch ein Bataillon des Infanterieregiments 332 durch, um die Finnen auf ihre eigentliche Aufgabe zur Befreiung Finnlands weiter vorzubereiten. Das Bataillon zieht in die Hansa-Kaserne von Mitau ein.
Am 18. Dezember 1916 vereinbart Major Bayer im Sinne seiner Finnen mit deutschen Militär- und Regierungsstellen, die finnische Freiheitsbewegung nach wie vor zu unterstützen und das Bataillon in seiner bisherigen Form und Stärke zu belassen, wobei eine Einverleibung in das kämpfende deutsche Heer nur statthaft sein soll, wenn Einsatz und eventuelle Verluste mit der Erringung der Freiheit Finnlands im weitesten Sinne im Einklang zu bringen sind.
Am 5. Januar 1917 muß der von den Finnen allseits beliebte Major Bayer das Bataillon abgeben, um an der Westfront das Reserve-Infanterieregiment 259 zu übernehmen, als dessen Führer er am 25. Oktober 1917 bei Noméy in Lothringen fällt. Seine sterblichen Überreste werden 1926 in die Heimat nach Mannheim überführt.
Das Preußische Jägerbataillon Nr. 27 übernimmt der älteste Offizier, Hauptmann Knaths.
Bald nach dem Fortgang Bayers brechen die Russen bei einem deutschen Landsturmbataillon an der Aa durch und drücken die deutsche Front ein. Am 5. Januar 1917 wird das Jägerbataillon 27 an die Front geworfen und hilft die Krise meistern.
Am 18. Januar wird das Jägerbataillon nach Mitau zurückverlegt. Bei einer deutschen Gegenoffensive soll das Bataillon zu einem weiträumigen Angriff eingesetzt werden, aber dieser Auftrag wird hinfällig, da schon die deutsche Offensive in den Anfängen steckenbleibt.
Vom 10. 2. bis 24. 3. 1917 liegt das Bataillon in Tukkum, am 25. 3. wird es nach Libau verlegt, um die Ausbildung fortzusetzen.
Am 29. März 1917 kehrt ein Führer der alten finnischen Freiheitsbewegung, Pehr Evind Svinhufvud, aus sibirischer Verbannung zurück; der finnische Landtag ernennt ihn zum Prokurator des Senats.
Inzwischen ist das Jägerbataillon 27 in Finnland in aller Munde. Die Existenz des Bataillons trug wesentlich dazu bei, die von den Russen für das Jahr 1916 geplante Einführung der Wehrpflicht in Finnland zu verhindern. In Finnland wächst und wächst eine Volksbewegung, die sogenannte Jägerbewegung, die ein unabhängiges, selbständiges Finnland zum Ziele hat.

Alle nationalgesinnten Finnen wissen, daß nun schnell gehandelt werden muß. Der Freiheitsdrang der Finnen greift mit Sabotageakten und offener Auflehnung gegen das russische Militär immer mehr um sich. Rußland wird gezwungen, außergewöhnlich starke Truppenkontingente in Finnland zu stationieren, die an der deutsch-österreichischen Ostfront ausfallen.*)

In Finnland bilden sich erste Schutzkorps-Einheiten. Waffen und Munition kommen auf vielen geheimen Wegen ins Land. Im tiefsten Wald werden finnische Bauern und Arbeiter in zweiwöchigen Schnellkursen im Waffengebrauch geschult. Das größte dieser Ausbildungslager liegt beim Dorfe Vindala im Urwald, über 40 Kilometer von der nächsten Eisenbahnstation entfernt, und wird vom ehemaligen zaristischen General finnischer Herkunft, Paul von Gerich, geleitet. Die Absolventen dieser Lehrgänge bilden dann die Schutzkorps. Das alles läuft unter dem Decknamen „Das neue Forstbüro" und „A K" (Aktionskomité).

Für das Preußische Jägerbataillon Nr. 27 rückt die Stunde des Einsatzes im Heimatland näher. Die vorgesehene Landung des Bataillons bei Vaasa wird jedoch verschoben, weil die deutsche Heeresleitung Meldungen aus Finnland erhalten hat, wonach die Vorbereitungen zum bewaffneten Losschlagen und zur Landung noch unvollständig sind und sich in Rußland neue Machtverhältnisse anbahnen.

Als das eintönige Ausbildungsprogramm in Libau fortgesetzt werden soll, lehnt sich der Chef der 4. Kompanie, Hauptmann Ausfeld, dagegen auf und steckt mit seinem Ungehorsam auch die Finnen an. Ausfeld wird nach Berlin beordert und überzeugt die Herren des Kriegsministeriums, daß es nun an der Zeit ist, die Finnen in allen Sparten des Heerwesens zu schulen, um sie zu befähigen, einmal selbständig ein finnisches Heer aufbauen zu können: Finnen erhalten Generalstabsausbildung, kommen auf Kompanie- und Bataillonsführerlehrgänge, werden als Zahlmeister, Kraftfahrer, Trainführer, Waffenmeister und Batterieschlosser ausgebildet. So wird das Preußische Jägerbataillon Nr. 27 praktisch zum Gerippe der späteren finnischen Wehrmacht. Ausfeld wird neuer Kommandeur des finnischen Freiwilligen-Bataillons.

Inzwischen überstürzen sich in Rußland die Ereignisse. Der friedens-

---

*) Dieter Aspelmeier, „Deutschland und Finnland während der beiden Weltkriege", Verlag Christoph von der Ropp, Hamburg 1967, Seite 25–27.

geneigte Zar tritt die Heeresleitung und die Regierung an Alexander Kerenskij, einem russischen Politiker ab, doch der Zerfall des russischen Heeres, die Kriegsmüdigkeit der Völker Rußlands ist nicht mehr aufzuhalten. Lange unterdrückte soziale Gegensätze treten offen zu tage.
Der Russe Wladimir Iljitsch Lenin, ein im Schweizer Exil lebender russischer Revolutionär, der inzwischen viele geheime Verbindungen nach Rußland herstellen konnte und die Zahl seiner Anhänger immer mehr vergrößern kann, bereitet die Revolution in Rußland vor, die später Weltgeschichte macht. In den Fabriken und den Truppenteilen bilden sich Arbeiter- und Soldatenräte.
Lenin kehrt mit deutscher Hilfe nach Rußland zurück und stürzt am 25. und 26. Oktober 1917 in Petersburg und am 30. Oktober in Moskau die Regierung Kerenskij. In Petersburg wird die Zarenfamilie ermordet. Lenin wird Vorsitzender des Rates der Volkskommissare und Gründer der Sowjetunion. Damit treten auch für die finnischen Unabhängigkeitskämpfer neue Verhältnisse ein.
Lenin ist bereit, den Krieg zwischen Rußland und den Mittelmächten zu beenden. In Brest-Litowsk werden Friedensverhandlungen aufgenommen, die die Finnen zum Anlaß nehmen, der deutschen Regierung in Berlin eine Denkschrift zu überreichen. Zwei Punkte der Denkschrift werden von Deutschland in keiner Weise berücksichtigt: Die Eingliederung von russisch Weißmeer-Karelien in das zu schaffende unabhängige Finnland und die Entbindung Finnlands von seinem Anteil an den russischen Kriegs- und Staatsschulden. Die Anerkennung Finnlands als souveräner Staat, ein Vertrag über die künftigen Beziehungen zwischen Deutschland und Finnland sowie die mit der Loslösung Finnlands von Rußland verbundenen finanziellen und territorialen Fragen werden später praktisch im Sinne Finnlands erledigt.
Die Forderung nach „baldmöglichster und vollständiger Befreiung Finnlands von der russischen militärischen Besetzung" findet direkten Niederschlag im Brest-Litowsker Vertrag. Dazu heißt es im Artikel 6, Absatz 3, des deutsch-russischen Friedensvertrages: „Auch Finnland und die Ålandinseln werden alsbald von den russischen Truppen und der russischen Roten Garde, die finnischen Häfen von der russischen Flotte und den russischen Seestreitkräften geräumt... Rußland stellt jede Agitation oder Propaganda gegen die Regierung oder die öffentlichen Einrichtungen Finnlands ein."*)

Die Räterepublik Rußland erkennt – auf Deutschlands Druck – zwar im Friedensvertrag von Brest-Litowsk am 3. März 1918 die Selbständigkeit Finnlands an, aber sie hat kein bürgerlich regiertes, sondern ein Finnland nach ihren Vorstellungen im Auge. „Es sei nicht bewiesen, erklärte Trotzki, daß die Unabhängigkeit Finnlands dem Willen des finnischen ‚Volkes' entspreche."**) Rußland schickt immer mehr Rote Brigaden nach Finnland, auch nach Abschluß des Friedensvertrages. Die deutsche Regierung fordert immer wieder den Abzug der russischen Truppen von finnischem Boden und droht schließlich in einem Schreiben vom 24. März 1918, selbst Maßnahmen zu ergreifen, um den vertragsmäßigen Zustand herbeizuführen.***)
Immer wieder versprechen die Sowjets, ihre Truppen aus Finnland abzuziehen. Sie erklären, „daß sie keinen Schritt zur Beschränkung der nationalen Rechte und der nationalen Unabhängigkeit des finnländischen Volkes tun würden". Lenin will einen offenen Bruch des Friedens von Brest-Litowsk vermeiden, da er dadurch seine Herrschaft in Rußland als gefährdet einschätzt.****)
Offiziell war die Demobilisierung der russischen Armee in Finnland befohlen worden, aber viele Soldaten blieben als „Freiwillige" auf ihrem alten Posten und bildeten ein – angeblich von Petersburg bzw. Moskau unabhängiges – russisches „Arbeiter- und Bauernheer". Nicht wenige traten auch in die finnische Rote Garde ein, die ihnen, um den Bestimmungen des Brest-Litowsker Vertrages auszuweichen, zum Teil die finnische Staatsangehörigkeit verlieh.*****)
Den sowjetischen Bestrebungen nach einem Finnland ihrer Vorstellung kommen die finnischen Kommunisten und Sozialdemokraten entgegen, die finnische Rote Brigaden bilden. Ausgelöst durch starke soziale Gegensätze treten sie für eine finnische Räterepublik mit Anschluß an die Sowjetunion ein. Gösta von Uexküll schreibt dazu: „Die dünne schwedische Oberschicht Finnlands, in deren Händen der größte Teil der wirtschaftlichen Macht lag, war für die finnischen Arbeiter sowohl der Klassen- wie auch der Rassenfeind. Der Haß gegen die ‚Ausbeuterklasse' wurde also aus

*) Dieter Aspelmeier, a.a.O., Seite 33.
**) ebd., a.a.O., Seite 30.
***) ebd., a.a.O., Seite 34.
****) ebd., a.a.O., Seite 34.
*****) ebd., a.a.O., Seite 35.

zwei Quellen gespeist: sozialen und nationalen. Hätten die finnischen Arbeiter und Kleinbauern und die schwedischen Großgrundbesitzer und vermögenden Bürger nicht in Rußland einen gemeinsamen Feind gehabt, wäre es wohl schon vor 1917 zum offenen Kampf gekommen." *)
Die nationalen und sozialen Gegensätze der Finnen treten angesichts des gemeinsamen Feindes Rußland zurück. Die soeben errungene staatliche Selbständigkeit steht auf dem Spiel; sie zu bewahren ist vordergründiges Ziel der meisten Finnen. Doch im dichter besiedelten Südfinnland sind die „Roten" mit Rußlands Hilfe an der Macht. Die Übergriffe der Roten Brigaden häufen sich. Die finnische Bevölkerung wehrt sich dagegen. Die finnischen Beamten gehen nicht mehr zum Dienst. Die Verwaltung bricht zusammen und wird von den „Roten" diktatorisch aufrechterhalten.
In Vaasa, in Mittelfinnland, regieren indessen die finnischen „Weißen" unter dem Senatspräsidenten Svinhufvud. Svinhufvud ist sehr deutschfreundlich eingestellt und erwirkte auch von Deutschland Waffenlieferungen zur Ausstattung der finnischen Schutzkorps. So brachte am 26./27. Oktober 1917 der von den Engländern gekaperte Dampfer „Equiti" unter der Führung von Oberleutnant zur See Pezold von Danzig-Neufahrwasser an die Küste bei Vaasa 30 Maschinengewehre, 6500 Gewehre, eine große Anzahl Pistolen und Handgranaten, reichlich Munition und große Mengen Sprengmittel sowie 8 Motorräder. Das Schiff wurde an einem geheimen Treff bei der Insel Västero vom finnischen Lotsen Karl Rönnholm übernommen und sicher durch Schären und russische Küstenwachen und Minensperren an die Küste gebracht, wo es von finnischen Arbeitern und Bauern ausgeladen wurde. Die Waffen wurden in sichere Verstecke gebracht. Eine zweite Fahrt der „Equiti" vom 3. bis 16. 12. 1917 scheiterte an ungenügender Vorbereitung. Bei beiden Fahrten betreten finnische Männer, Vortrupps des Preußischen Jägerbataillons Nr. 27, heimatlichen Boden.
Diese Männer und die Waffenlieferung wirken wie ein Signal, das im geheimen von Mund zu Mund weitergegeben wird. Die Stärken der geheimen Schutzkorps steigen rapide an. In Mittelfinnland kommt der Aufstand, oder wenn man so will, der Bürgerkrieg in Gang, aber Südfinnland wird von den „Roten" und russischen Bajonetten beherrscht,

---

*) Juho Kusti Paasikivi, „Am Rande einer Supermacht" (Die Erstauflage erschien unter dem Titel: „Meine Moskauer Mission 1939–41"), Holsten Verlag Hamburg 1966, Seite 12.

denen man nichts entgegenstellen kann. Wieder hilft Deutschland und schickt am 12. November 1917 das von Kapitänleutnant Wißmann befehligte Unterseeboot „UC 57“ mit Waffen, Munition, Nachrichtengerät und reichlich Sprengmitteln. An der Südküste Finnlands, bei den Schären von Lovisa, wird die Ladung von einem Kutter an Bord genommen und an Land gebracht. Mit ihm erreichen abermals acht finnische Jäger heimatlichen Boden. Sie haben den Auftrag, die wichtige Eisenbahnverbindung Petersburg–Helsinki zu sprengen, was nur zum Teil gelingt. „UC 57“ ist nicht zurückgekehrt. Später hat man den U-Bootmännern bei den Schären von Lovisa ein Denkmal gesetzt.

Am 8. Januar 1918 kehrt General Carl Gustav Emil Freiherr von Mannerheim, von Geburt Finnland-Schwede, kaiserlich russischer Gardeoffizier, nach Finnland zurück. Mannerheim hatte ein russisches Kavalleriekorps befehligt und wurde bei Odessa von der bolschewistischen Revolution überrascht. Er schlug sich auf abenteuerlichen Wegen nach Finnland durch, um seinem Heimatland bei der Befreiung zu helfen. Mannerheim wird von Svinhufvud am 16. Januar 1918 zum Oberbefehlshaber der Schutzkorps im Bezirk Pohjanmaa (Österbotten) ernannt und errichtet in Vaasa sein Hauptquartier.

Die Zusammenstöße zwischen Russen und Finnen, zwischen „Roten“ und „Weißen“, nehmen von Tag zu Tag zu. Der offene Konflikt, den Svinhufvud vermeiden wollte, der Bürgerkrieg, bricht aus.

Am 25. Januar 1918 wendet sich Svinhufvud an die Sowjets und verlangt, daß die Gewalttaten gegen finnische Männer und Frauen unterbunden werden. Pokrowskij, Lenins Kommissar für Kriegsangelegenheiten, läßt erwidern, daß die Sowjetregierung verpflichtet sei, das finnische Proletariat in seinem Kampf gegen die finnische Bourgeoisie zu unterstützen. Lenin schickt den zirka 30000 roten Finnen weitere Freiwillige zu Hilfe. Auf ihren Bajonetten wird Kullervo Manner Präsident der finnischen Roten Regierung.

In der Nacht zum 28. Januar 1918 läßt General Mannerheim in seinem Befehlsbereich alle Russen entwaffnen. Svinhufvud ernennt Mannerheim zum Obersten Befehlshaber in Nord- und Mittelfinnland, mit dem Auftrag, Sicherheit und Ordnung aufrechtzuerhalten. Daraufhin erklärt am 28. Januar das noch in Südfinnland stehende russische 42. Armeekorps unter Einschluß der finnischen Roten Garde (Gesamtstärke etwa 80000 Mann) der finnischen Weißen Garde den Krieg.

In Nord- und Mittelfinnland beginnt der offene Kampf. Der Süden und vor allem die Hauptstadt Helsinki stöhnen noch unter dem Druck der roten Russen und Finnen. Aber auch hier bildet sich insgeheim ein Schutzkorps (weiße Finnen) von 2000 Mann, das zu gegebener Zeit losschlagen wird.
Die Entwicklung in Finnland erfordert nun auch die Hilfe und den Einsatz der finnischen Jäger. Am 10. Februar 1918 ist in Mitau die Abschiedsparade des Preußischen Jägerbataillons Nr. 27. Das Bataillon wird von Deutschland freigestellt und von Oberstleutnant Wilhelm Thesleff, einem Finnen, im Auftrag der provisorischen finnischen Regierung übernommen. Die Jäger sind nun auch offiziell finnische Soldaten. Die Hauptleute Ausfeld und von Coler, Oberleutnant Stahel und vier weitere Offiziere des deutschen Rahmenpersonals werden in finnische Dienste übernommen.
Das Bataillon wird in Libau eingeschifft. Am 13. Februar 1918 legen die Transporter „Arkturus" und „Castor" ab und bringen die finnischen Freiwilligen in ihr Heimatland nach Vaasa. Drei Jahre Ausbildung und Kriegseinsatz liegen hinter ihnen, die sie befähigen, den Grundstock für ein finnisches Heer zu bilden. Die Freiwilligen stellen auf Anordnung Mannerheims die Führungskader für sein Schutzkorps. Nur ein schwächerer Verband Jäger bleibt zusammen und wird mit jungen Finnen aufgefüllt.
Den etwa 12000 Mann der Weißen Garden Mannerheims stehen etwa 80000 Mann Rote Garden gegenüber. Ein ungünstiges Kräfteverhältnis. Svinhufvud ruft Deutschland um Hilfe an. Die deutsche Regierung droht den Sowjetrussen in einem Schreiben vom 24. März 1918, Maßnahmen zu ergreifen, um den vertragsmäßigen Zustand laut Friedensvertrag von Brest-Litowsk in bezug auf den Truppenabzug herbeizuführen. Damit wird die Sowjetunion noch einmal eindringlich aufgefordert, ihre Truppen und Roten Garden aus Finnland zurückzuziehen. Da dies nicht unverzüglich geschieht, wird damit das militärische Eingreifen Deutschlands in Finnland gerechtfertigt.
Inzwischen sammelt die von General von der Goltz befehligte deutsche Ostseedivision im Raum Danzig zum Eingreifen in Finnland. Goltz wird von Admiral Meurer beraten.
Meurer landet mit einem Sonderverband als Vortrupp bei den Ålandsinseln. Dabei werden mehrere russische Küstenwachen ausgehoben und Schiffe sowie große Mengen an Waffen und Munition erbeutet. Die deutsche Vorausabteilung dringt weiter vor. Nachdem sich die russische Hafenbesatzung von Hanko ergeben hat, landet die deutsche Ostseedivision am

4. April 1918 im Hafen von Hanko 9000 Mann mit 18 Geschützen, 10 Minenwerfern, 68 leichten und 97 schweren Maschinengewehren.
Die Roten Garden, die sich gegen die Weißen Garden nach Norden gewandt haben, werden in immer heftigere Kämpfe verwickelt und es droht ihnen die Gefahr, von ihrem Nachschub im Rücken abgeschnitten zu werden. Mannerheims Weiße Garden und die deutsche Ostseedivision wirken zunehmend besser zusammen und bringen die Roten Garden schließlich in eine aussichtslose Lage.
Nachdem die roten Kriegsschiffe erkennen ließen, nicht kämpfen zu wollen, laufen am 12. April 1918 die deutschen Kriegsschiffe „Westfalen", „Posen" und „Beowulf" im Hafen von Helsinki ein und setzen 400 Mann Landungstruppen ab, die am 15. April ganz Helsinki in „weiße" Hände bringen.
Indessen landet ein anderer Verband, die Landungsabteilung Brandenstein (Inf.Rgt. 255), die in Reval auf die Eisbrecher „Tarmo" und „Wolhynetz" eingeschifft wurde, überraschend an der finnischen Südküste und besetzt im Handstreich Valkom und Lovisa.
Indessen stehen Mannerheims Weiße Garden in der Linie nördlich der Bahn Petersburg–Viipuri–Lathi, etwa zwischen den Orten Heinola–Hurja–Toupolsari–Tali–Raasuli. Mannerheim bindet die roten Hauptkräfte und schlägt sie anschließend. 20000 Rote wandern in das Gefangenenlager von Lahti, und nur kleineren Gruppen gelingt es, nach Rußland durchzukommen. Finnland hat mit Deutschlands Hilfe die Freiheit erkämpft.
Mit dem finnischen Volk gehen auch die ehemaligen Preußischen Jäger an den Aufbau ihres Vaterlandes und übernehmen die wichtigsten Kommandostellen der entstehenden finnischen Wehrmacht.
Am 16. Mai 1918 paradieren die Weißen Garden in Helsinki vor General Mannerheim.
„Finnlands Selbständigkeit war gerettet", schreibt treffend Gösta von Uexküll, „aber der Preis war hoch: Es begann eine Hetzjagd auf alle ‚Roten' im Lande. Auf die im Felde erkämpften Siege über den ‚äußeren Feind im Innern' warf dieser Terror einen häßlichen Schatten. Jahrelang vergiftete er die politische Atmosphäre und hielt die Feindschaft zwischen ‚weiß' und ‚rot' am Leben.
Aber die Entscheidung für Finnland als selbständigen Staat und gegen die Räterepublik Finnland war gefallen – für immer. Selbst für die im Bürger-

krieg unterlegenen finnischen Arbeiter war von nun an nicht mehr Petersburg oder Moskau die wahre Hauptstadt, sondern Helsinki. Vor dem Los, Sowjetbürger zu werden, hatte Mannerheim auch sie bewahrt – ob sie es wollten und ihm dankten oder nicht."*)
Zwischen dem deutschfreundlichen Svinhufvud und dem kühl abwägenden Mannerheim, dessen Sympathien mehr den Westmächten, insbesondere Großbritannien zugetan sind, kommt es zu Meinungsverschiedenheiten über den einzuschlagenden Regierungskurs Finnlands. Am 31. Mai 1918 tritt deshalb General Mannerheim, auf der Höhe seines Ruhmes, von seinem Posten zurück.
Pehr Evind Svinhufvud, der bereits am 6. Dezember 1917 Finnland für unabhängig erklärt hatte, wird erster Reichsverweser Finnlands. Durch den Friedensvertrag von Versailles wird der Vertrag von Brest-Litowsk außer Kraft gesetzt. Die deutschfreundliche Politik Svinhufvuds wird zum Bumerang für Finnland. Die Westmächte weigern sich, Finnland anzuerkennen und diplomatische Beziehungen aufzunehmen. Man besinnt sich auf den prowestlich eingestellten Mannerheim, der von Svinhufvud beauftragt wird, nach England und Frankreich zu reisen.
Mannerheim verhandelt im November und Dezember 1918 abwechselnd mit den Regierungen in Paris und London. Währenddessen tritt in Finnland die Regierung zurück. Am 27. November 1918 wird eine neue finnische Regierung gebildet, in der keines der alten Regierungsmitglieder vertreten ist. Am 12. Dezember billigt der finnische Landtag den Rücktritt Svinhufvuds als Reichsverweser und setzt dafür Mannerheim in Abwesenheit zum neuen Reichsverweser ein. Damit ist die Abkehr von Deutschland vollzogen und eine prowestliche Politik eingeleitet. Als Mannerheim 1918 aus England nach Finnland zurückkehrt, hat er die Lebensmittelversorgung Finnlands durch die Westmächte sichergestellt. Anfang März und Anfang Mai 1919 nehmen nacheinander Frankreich, Großbritannien und die Vereinigten Staaten von Amerika diplomatische Beziehungen zu Finnland auf.
1919 wird Stahlberg erster Staatspräsident von Finnland. Die Wirtschaft des Landes blüht auf. Langsam vernarben die Wunden des Bürgerkrieges. Einsichtige und weitsichtige Finnen bemühen sich um die Versöhnung und Einigung des finnischen Volkes, besonders der Arbeiterführer Väino Tan-

*) J. K. Paasikivi, a.a.O., Seite 10.

ner, der während des Bürgerkrieges zu den Roten gehörte. „Die Chancen, daß es ihm gelingen würde, die Arbeiter mit den Bürgerlichen und dem ‚weißen‘ General Mannerheim zu versöhnen und sie auf den Weg der parlamentarischen Demokratie zu führen, schienen lange Zeit minimal. Aber Tanner ließ sich nicht entmutigen. Er nahm den Kampf mit den ‚Radikalen‘ auf und blieb nach jahrelangem Ringen um die Seele des finnischen Arbeiters schließlich Sieger.“ *)
Auf Grund seiner leidvollen Geschichte, seiner völkischen Behauptung gegenüber dem östlichen Nachbarn, orientiert sich Finnland in den 20er und 30er Jahren nach dem Westen, insbesondere England und Frankreich.

Der russisch-finnische Winterkrieg 1939 bis 1940

Trotz aller Spannungen in Europa in den dreißiger Jahren konnten die skandinavischen Länder den Kurs der Neutralitätspolitik halten. Dies änderte sich für Finnland, als im April 1938 die sowjetische Botschaft in Helsinki mit dem finnischen Außenministerium Fühlung nahm, um Ansprüche zur Sicherstellung der Einfahrt nach Leningrad durch Einräumung sowjetischer Stützpunkte an der finnischen Südküste anzumelden. Die Republik Finnland lehnte ab, war sich aber der Lage bewußt, die im Falle eines europäischen Konfliktes auf das Land zukommen würde. Die Bestrebungen der Sowjetunion, die Ostsee zu kontrollieren, waren klar zu erkennen. Finnland suchte engere Bindungen zu den skandinavischen Ländern und trat mit Schweden in Planungen zur gemeinsamen Befestigung der Åland-Inseln ein, die jedoch auf sowjetischen Protest im Frühjahr 1939 beendet wurden.
Durch den deutsch-sowjetischen Nichtangriffs- und Wirtschaftspakt vom 23. August und 28. September 1939 und insbesondere das geheime Zusatzprotokoll vom 23. August 1939 wurden auch die deutsch-russischen Interessengrenzen abgesteckt, wobei Finnland und die baltischen Staaten der sowjetischen Einflußsphäre zufielen.

---

*) J. K. Paasikivi, a.a.O., Seite 12.

Die finnischen Staatsmänner sahen, was auf sie zukam. Mannerheim, der im Falle eines Krieges wieder als Oberbefehlshaber der finnischen Streitkräfte vorgesehen war, neigte dazu, die sowjetischen Forderungen zu erfüllen. Finnland bemühte sich über alle diplomatischen Kanäle Klarheit zu gewinnen und zu sondieren, wo Hilfe zu erwarten war. Die skandinavischen Bruderländer brachten zum Ausdruck, ihre Neutralität zu bewahren,und England und Frankreich waren weit entfernt. Deutschland zeigte kein Interesse an Finnland; das Verhältnis zwischen beiden Staaten war im Sommer 1939 mehr als kühl. „Angefangen hatte diese Verschlechterung der deutsch-finnischen Beziehungen mit der ‚Machtergreifung' der Nationalsozialisten, denen die überwiegende Mehrheit des finnischen Volkes eine so offenkundige Antipathie entgegenbrachte, daß die alte Freundschaft zu Deutschland nach und nach schwand. Auch begannen die finnischen Wirtschaftskreise während der dreißiger Jahre, sich immer stärker nach England zu orientieren, da die Engländer beinahe fünfmal so viel wie die Deutschen in Finnland kauften ..." *)
Nach Ausbruch des Zweiten Weltkrieges am 1. September 1939 verschlechterte sich die Lage Finnlands noch mehr, da es nun von den Westmächten kaum noch Hilfe erwarten konnte. Im Zuge des deutsch-polnischen Krieges besetzte die Sowjetunion in Übereinstimmung mit Deutschland ab 17. September 1939 Ostpolen. Polen wurde unter Deutschland und der Sowjetunion aufgeteilt. Danach wurde den baltischen Ländern – Litauen, Lettland und Estland – von der Sowjetunion ein „Beistandspakt" aufgezwungen, der praktisch die Einverleibung dieser Länder in die Sowjetunion bedeutete. Am 18. Oktober 1939 besetzten russische Truppen die von Estland vertraglich zugesagten Stützpunkte in Estland, und am 29. Oktober geschah das gleiche in Lettland. Damit hatte die Sowjetunion die Südflanke der Zufahrt nach Leningrad durch Stützpunkte auf Ösel, Dagö, in Baltischport, Libau und Windau gesichert.
Im Bestreben der Sowjetunion, nun auch an der finnischen Südküste Flotten- und Luftwaffenstützpunkte zu gewinnen, erging am 5. Oktober 1939 die Aufforderung an die finnische Regierung, eine Delegation zu Verhandlungen nach Moskau zu entsenden. Staatsrat Juho Paasikivi führte die Delegation in Moskau mit der Weisung seiner Regierung, jede Grenzveränderung abzulehnen. Über die Verpachtung einiger Inseln gegen das Zu-

*) Dieter Aspelmeier, a.a.O., Seite 81.

geständnis an Finnland zur Befestigung der Åland-Inseln wurde erfolglos diskutiert.
Die Verhandlungen begannen am 12. Oktober 1939. Die Finnen lehnten einen Beistandspakt nach dem Muster des sowjetisch-estnischen Vertrages ab. Danach detaillierten die Sowjets ihre Forderungen, die einen starken Eingriff in die finnische Souveränität bedeuteten:

1. Einräumung von Hanko als Stützpunkt für russische Luftwaffen- und Marinestreitkräfte;
2. Überlassung von Inseln im Finnischen Meerbusen;
3. Verlegung der finnischen Grenze bei Leningrad nach Norden, wofür ein Stück russischen Territoriums in Mittelfinnland in Aussicht gestellt wurde.

Finnische Zugeständnisse zur Befestigung Suursaaris und Abtretung eines kleinen Streifens von Karelien sowie die Betonung des Neutralitätswillens befriedigten die Sowjets nicht. Am 13. November wurden die Verhandlungen ergebnislos abgebrochen.*)
Finnland stand praktisch allein da. England und Frankreich, die Hilfe in Aussicht stellten, waren weit entfernt und von den militärisch schwachen skandinavischen Ländern war – außer moralischer Hilfe – keine Hilfe zu erwarten. Der schwedische Asienforscher Sven Hedin, der sich ohne Auftrag als Vermittler eingeschaltet hatte, erfuhr in Berlin am 15. Oktober 1939 von Hermann Göring: „Das Schicksal der baltischen Staaten ist bereits besiegelt. Finnland wird von Rußland einverleibt werden."**)
Als Sven Hedin im Frühjahr 1940 den deutschen Außenminister von Ribbentrop in Berlin aufsuchte, um über einen Frieden zwischen Finnland und der Sowjetunion zu vermitteln, erhält er ebenfalls eine Absage.***)
Am 26. November 1939 behauptete der sowjetische Außenminister Molotow, daß finnische Artillerie russische Grenztruppen bei Mainila in der Karelischen Landenge beschossen habe, und verlangte die Rücknahme der finnischen Truppen bis 25 Kilometer hinter die Grenze. Am Morgen des 27. November 1939 kündigte er den 1934 zwischen der Sowjetunion und Finnland abgeschlossenen Nichtangriffspakt. Am 29. November eröffneten russische Truppen im hohen Norden, im Petsamo-Gebiet, das Feuer

---

*) J. K. Paasikivi, a.a.O., Seite 60f.
**) Sven Hedin, „Ohne Auftrag in Berlin", Tübingen und Stuttgart 1950, Seite 47.
***) ebd., a.a.O., Seite 75f.

auf finnische Grenztruppen. Am 30. November 1939 überschritten Verbände der Sowjetunion ohne Kriegserklärung an allen anderen Frontabschnitten die sowjetisch-finnische Grenze.
Finnland war auf die Auseinandersetzung mit Rußland vorbereitet. Reservisten wurden zu Übungen eingezogen. Die Besetzung der Grenzstellungen war bei Ausbruch der Kampfhandlungen fast abgeschlossen. Waffen und Ausrüstung waren jedoch nur in ungenügender Menge vorhanden. Finnische „Lottas", weibliche Hilfskräfte, rückten in Dienststuben, bei Stäben, in Lazaretten und anderen Stellen ein, um kriegstaugliche Männer für den Frontdienst frei zu machen. Abwehrwille, Opferbereitschaft im Kampf um die Freiheit, zogen sich durch alle finnischen Bevölkerungsteile.
Neun finnische Divisionen und 160 Flugzeuge hatten die schwere Aufgabe zu erfüllen, dem Ansturm von achtundzwanzig russischen Divisionen, zahlreichen Spezialeinheiten, 800 Flugzeugen und einer weit überlegenen Seemacht zu trotzen. Der Ausgang dieses Ringens stand schon von Anfang an fest, doch hoffte Finnland, durch einen großen Kampf die politischen Bedingungen für einen annehmbaren Frieden zu erzwingen. In der Stunde der höchsten Gefahr hatte General Carl Gustav Freiherr von Mannerheim – wie 1917/18 – den Oberbefehl über die finnischen Streitkräfte übernommen.
Der Schwerpunkt des Kampfes zeichnete sich naturgemäß auf der von altersher umkämpften Karelischen Landenge zwischen Ladoga-See und Finnischem Meerbusen ab. Hier hatte Finnland eine dünne, 125 Kilometer lange, mit 96 Betonbunkern ausgestattete Befestigungslinie, die Mannerheim-Linie, errichtet. Nördlich des Ladoga-Sees schloß der Salmi-Abschnitt an und im weiteren Verlauf nach Norden der Lieksa-, Mittelfinnische, Salla- und Petsamo-Abschnitt. Die Abschnitte nördlich des Ladoga-Sees sperrten vorwiegend Geländeabschnitte mit Einfallswegen (von Straßen kann man nicht sprechen) und schützten finnische Städte und wichtige Verkehrsadern. Sie lagen in Wald-, Fluß- und Seenregionen oder in der Einöde der nordischen Tundra. Zwischen den Hauptstellungen lagen weitgestreute Stützpunkte, die sich auf die Überwachung des Zwischengeländes beschränkten. Die Landgrenze zur Sowjetunion betrug 1560 Kilometer. Der Einsatz von Marinestreitkräften wurde wegen des einsetzenden strengen Winters und der damit verbundenen Vereisung des Eismeeres und des Finnischen Meerbusens bald unterbunden.

Nach Mannerheims Plan sollten die an der Karelischen Grenze stehenden finnischen Deckungstruppen den Feind so lange als möglich hinhaltend bekämpfen, um den weiteren Ausbau und die Besetzung der weiter westlich liegenden Mannerheim-Linie zu ermöglichen.
Der Hauptangriff der Sowjets erfolgte am 1. Dezember 1939 in der Karelischen Landenge mit einem Panzerkorps und zwölf Divisionen. Gleichzeitig flog die russische Lufwaffe einen Bombenangriff auf Helsinki. Im geräumten finnischen Grenzort Terijoki wurde auf Geheiß Moskaus unter dem Kommunisten O. V. Kuusinen eine Schattenregierung gebildet, mit der Bezeichnung „Volksregierung der demokratischen Republik Finnland", die am folgenden Tag die Sowjetunion zu Hilfe rief und mit ihr einen Freundschafts- und Beistandspakt abschloß – eine Praxis, die von der Sowjetunion auch nach dem Zweiten Weltkrieg in verschiedenen Staaten Mitteleuropas mit Erfolg angewandt wurde.
Nach zwei Wochen Kampf im Vorfeld hatten sich die Russen dann an der Mannerheim-Linie festgelaufen, die von sechs finnischen Divisionen unter Befehl von General Östermann gehalten wurde. Die tapferen Finnen hatten den Russen ihren Operationsplan, der auf eine schnelle Beendigung des Feldzuges aufgebaut war, völlig durcheinander gebracht. Die zahlreichen Panzer gingen sie mit Brandflaschen an, weil sie noch keine Erfahrungen hatten. Erst später wurden Panzerabwehr-Kompanien gebildet.

Nach einer kurzen Kampfpause griffen die Sowjets zwischen dem 7. und 17. Dezember mit drei Divisionen im Taipale-Abschnitt und ab 17. Dezember mit sechs Divisionen im Summa-Abschnitt an, doch die Viipuri (Viborg) schützenden Stellungen hielten; am 23. Dezember gingen hier die Finnen zu Gegenangriffen über, die die Sowjets so stark beeindruckten, daß sie ihre Offensive in der Karelischen Landenge einstellten.
Im ca. 100 Kilometer langen Salmi-Abschnitt nördlich des Ladoga-Sees hatten die Finnen zwei Divisionen stehen. Hier im wegearmen Wald- und Sumpfgebiet rechnete die finnische Führung wegen ungenügender Bewegungsfreiheit mit dem Einsatz von höchstens drei russischen Divisionen; die Sowjets setzten jedoch ihre 8. Armee mit sieben Divisionen, einer Panzerbrigade und schwerer Artillerie ein, um überraschend einen weiträumigen Durchbruch zu erzielen und in den Rücken der Mannerheim-Linie zu kommen. In opfervollen Kämpfen konnten sich die Finnen mühsam behaupten, bis endlich Reserven von der Hauptfront und aus dem Küsten-

schutz heran waren, mit deren Hilfe das finnische IV. Armeekorps im wesentlichen seine Abwehrlinie behaupten konnte.
Gegen die drei mittelfinnischen Abschnitte rückte die sowjetische 9. Armee mit fünf Divisionen in Richtung Bottnischer Meerbusen vor, mit der Absicht, Finnland in der Mitte aufzuspalten. Mannerheim mußte Teile seiner Reserve von Süden nach Norden werfen. Es entwickelte sich eine besondere Taktik: Aufspalten der feindlichen Kräfte, Bildung von kleinen Kesseln, Zerschlagung der Eingekesselten. Mit dieser Taktik zerschlug Oberst (später General) Talvela mit sieben finnischen Bataillonen und vier Batterien die 139. Sowjet-Division nach zehntägigem Kampf bei Tolvajärvi und verhinderte damit eine weiträumige russische Umfassung.
Um die gleiche Zeit hatte eine russische Division die bei Suomussalmi stehenden zwei finnischen Bataillone überrannt und drang weiter in Richtung Westen vor. Mannerheim schickte das Regiment Siilasvuo zu Hilfe, das am 11. Dezember 1939 zum Gegenangriff überging und das russische Vordringen, trotz Einsatz einer weiteren russischen Division, zum Stehen brachte. Im Laufe der sich entwickelnden schweren Kämpfe trafen neue finnische Verstärkungen ein – darunter Pak-Kompanien –, die bei 40 Grad Kälte die Reste der russischen 163. Division in die Flucht schlugen. Anschließend wurde nach der neuen Taktik die russische 44. Division angegriffen und völlig zerschlagen. 5000 russische Gefallene und zahlreiche Waffen und Material blieben auf dem Schlachtfeld, 500 Russen gingen in Gefangenschaft.
Bei Salla vorgedrungene russische Kräfte wurden von kleineren finnischen Verbänden umgangen und in die Flucht geschlagen. Der strenge Winter machte den Russen schwer zu schaffen. Die winterharten Finnen waren den Russen in klimatischer, waffentechnischer und kämpferischer Hinsicht weit überlegen.
Damit kamen die drei Abschnitte in Mittelfinnland zur Ruhe.
Ganz im Norden trat die russische 14. Armee mit drei Divisionen und einer Panzerbrigade an. Die schwachen finnischen Kräfte mußten Petsamo räumen, wehrten aber im arktischen Winter die russischen Angreifer am Inari-See ab.
Zu Beginn des Jahres 1940 gingen die finnischen Kräfte in den nördlichen Abschnitten verstärkt zu Angriffen über, um so viel als möglich russische Verbände zu zerschlagen und eigene Reserven für die Hauptfront in der Karelischen Landenge zu gewinnen. Ende Januar 1940 zerschlugen nörd-

lich des Ladoga-Sees Einheiten des finnischen IV. Armeekorps die eingeschlossene und aus der Luft versorgte russische 54. Division. Da die Sowjets aus den bitteren Erfahrungen gelernt hatten, konnten sie weitere größere Kräfteeinbußen verhindern und weiterhin finnische Kräfte an allen Frontabschnitten binden. Dadurch wurden nur unbedeutende Reserven für die finnische Hauptfront gewonnen.
Die finnischen Streitkräfte hatten sich an allen Frontabschnitten überaus tapfer geschlagen, aber auch die russische Führung hatte dazugelernt und war bestrebt, die Fehler bei einer neuen Offensive zu vermeiden. Stalin ernannte Marschall Woroschilow zum Oberbefehlshaber der gesamten finnischen Front. Ihm wurde Marschall Timoschenko mit der neugebildeten 7. und 13. Armee unterstellt, die die Aufgabe erhielten, die Karelische Landenge aufzubrechen. Marschall Stern befehligte eine zweite Heeresgruppe, bestehend aus der 9., 14. und 18. Armee, die an der finnischen Ostgrenze in Bereitstellung ging. Alle sowjetischen Truppen wurden geschult und mit den Besonderheiten des Kampfes in Finnland vertraut gemacht. Mit Sorge beobachteten die Finnen im frontnahen Raum die Übungen der Russen, insbesondere auf dem Gebiet des Zusammenwirkens der Infanterie mit der Panzerwaffe. Die Luftaufklärung und die Artillerietätigkeit an der Front nahm in der Landenge erheblich zu. Die Finnen erkannten sorgenvoll, was auf sie zukam.
Am 1. Februar 1940 leiteten schweres Artilleriefeuer und laufende Luftangriffe die erwartete neue russische Offensive im Summa-Abschnitt ein. Gegen Mittag griffen russische Panzer und Infanterie an. Die finnische Front hielt noch.
Am 6. Februar erfolgte ein zweiter Stoß; dieses Mal war die russische Infanterie auf den Panzern aufgesessen, die dazu noch Schlitten – mit Stahlschutzplatten umbaut und mit Infanterie besetzt – hinter sich herzogen. Neuartige Flammenwerfer-Panzer brachten die finnischen Abwehrtruppen in völlig neue kritische Situationen. Nördlich der Summa-Stellung, im Lähde-Abschnitt, gelang den Russen ein breiter Einbruch, der aber noch einmal durch einen finnischen Gegenangriff vorübergehend geschlossen werden konnte. Nach immer neuen und heftigeren Schlägen mußte das finnische II. Armeekorps den Summa-Abschnitt aufgeben und die 15 Kilometer weiter westlich liegende Zwischenstellung beziehen, die am 18. Februar 1940 von den aufgeschlossenen russischen Verbänden erneut berannt wurde. Die Lage wurde äußerst bedrohlich. Ein russischer Durch-

bruch an der jahrhundertealten und umkämpften Landgrenze bei Viipuri zeichnete sich ab. Mit den letzten Reserven wurde unter General Erik Heinrichs eine neue Armee zusammengestellt, die die Aufgabe erhielt, Viipuri zu schützen.

Indessen befahl General Mannerheim die Zurücknahme des I. und II. Armeekorps auf eine Auffangstellung, die Viipuri gerade noch einschloß; sie war die kürzeste Front zwischen Ladoga-See und Finnischem Meerbusen und lehnte sich an Seen und Flußläufe an. Aber gegen diese Linie rannten die Russen nicht an; sie entschlossen sich vielmehr zu einer Umfassung von Viipuri über die zugefrorene Viipuri-Bucht.

Der letzte Abwehrkampf der Finnen begann am 2. März 1940 in der Karelischen Landenge. Panzer- und Infanteriekräfte in Stärke von vier Divisionen griffen über das Eis die südliche Flanke des Eckpfeilers Viipuri an. Vierzehn Bataillone, die letzten finnischen Reserven, wurden in den Kampf geworden. Um Viipuri entbrannte ein tagelanger Kampf.

Gleichzeitig rückte weiter westlich eine starke russische Kräftegruppe von der vorher besetzten Insel Suursari (Hogland) über das Eis gegen Kotka vor und bedrohte die finnische Hauptstadt. Dieser Gruppe konnten die Finnen nur eilig zusammengeraffte alte Jahrgänge und noch nicht wehrpflichtige Jünglinge entgegenstellen, die sich jedoch – unterstützt von den wenigen Küstenbatterien – tapfer geschlagen haben.

Mannerheim und den militärischen und politischen Führern Finnlands war von Anfang an klar gewesen, daß der Krieg ohne fremde Hilfe nicht zu gewinnen war. Die skandinavischen Nachbarn halfen offiziell nicht, da sie an der Neutralität festhalten wollten und um den Bestand ihrer Länder im Konfliktfalle fürchteten. England und Frankreich, die Finnland bei der Stabilisierung ihres Landes und im weltpolitischen Maßstab in den 20er und 30er Jahren wesentlich geholfen hatten, rüsteten zwar ein Expeditionskorps aus, aber eine schnelle Überführung nach Finnland scheiterte an Halbherzigkeit, lauer Entschlußkraft und diplomatischen Verwicklungen in bezug auf den Durchmarsch durch Schweden, bis es dann mit deutschen Truppen kollidierte, die Norwegen besetzten. Bei Narvik, dem für Deutschland wichtigen Erzverschiffungshafen, kämpften deutsche Truppen gegen das vorher gelandete britisch-französische Expeditionskorps, und es bleibt dahingestellt, ob für England und Frankreich bei der Aufstellung des Expeditionskorps überhaupt Finnland die dominierende Rolle spielte und nicht die Besetzung Nordnorwegens an der Nordflanke von Europa.

Aus Solidarität der skandinavischen Völker mit dem bedrängten Bruderland Finnland und auf private Initiativen kämpften kleinere Kontingente von Freiwilligen aus Dänemark, Norwegen und Schweden und ein ungarischer Verband auf finnischer Seite. Die Schweden stellten unter Befehl von Oberst Lindner mit 6000 Mann (hierin auch ca. 600 Dänen und 600 Norweger) die größte Gruppe, die im Salla-Abschnitt eingesetzt wurde. Auf finnischer Seite kämpfte auch der ehemalige dänische Offizier von Schalburg, der in Rußland aufgewachsen war, wo seine Eltern im Zuge der Oktoberrevolution alle Besitzungen in Nordrußland verloren hatten.
Viele Schweden gingen auch nach Finnland, um dort in Landwirtschaft und Industrie zu arbeiten und die finnischen Männer zu ersetzen, die zum Kriegsdienst eingezogen waren.
Während der letzten Kämpfe in der Karelischen Landenge reiste am 6. März 1940 eine finnische Delegation nach Moskau, um Friedensverhandlungen aufzunehmen. Am 12. März unterzeichneten die finnischen Vertreter den Waffenstillstandsvertrag. Große Teile Kareliens und Nordfinnlands, darunter das Petsamo-Gebiet, mußten an die Sowjetunion abgetreten, Hanko auf 30 Jahre an die Sowjets verpachtet werden, die es als Flotten- und Luftwaffenstützpunkt auszubauen gedachten. Rußland mußte zu dieser Zeit jedoch die allgemeine europäische Lage berücksichtigen, und da es sich nach allen Seiten offen halten wollte, kam Finnland zu einem verhältnismäßig günstigen Frieden, der die völkische und staatliche Selbständigkeit aufrechterhielt. Viereinhalb Millionen Finnen hatten dafür einen hohen Preis bezahlt: 27 000 Gefallene und 40 000 Verwundete. Die sowjetischen Verluste betrugen ein Vielfaches.
Bis zum 12. März 1940 dauerte der ungleiche Kampf an. Am 13. März gab Mannerheim seinen Truppen bekannt, daß die Kampfhandlungen eingestellt seien.
In seinem letzten Tagesbefehl würdigte er noch einmal mit berechtigtem Stolz die Leistungen seiner Truppen; er erinnerte aber auch an die Bitterkeit, die die leeren Versprechungen, das Ausbleiben tatkräftiger Hilfe von außen, im finnischen Volk hatten aufkommen lassen:

> „Wir haben das stolze Bewußtsein, eine historische Mission zu haben, die wir weiterhin erfüllen, die abendländische Zivilisation zu schützen, die seit Jahrhunderten unser Erbteil war, aber wir wissen auch, daß wir bis zum letzten Pfennig die Schuld bezahlt haben, die wir dem Abendland schulden."

Ein Strohhalm für Finnland. Die Hintergründe, die zur Aufstellung des finnischen SS-Bataillons im Winter 1940/41 führten.

Von Professor Dr. Mauno Jokipii

Einer der schwersten Abschnitte in der finnischen Geschichte liegt in der Zeit des sogenannten Zwischenfriedens, der vom Friedensvertrag von Moskau im März 1940 bis zum Angriff der deutschen Truppen auf die Sowjetunion im Sommer 1941 währte. In der Außenpolitik eines kleinen Landes sind 15 Monate ein kleiner Zeitraum, in dem selten nennenswerte Veränderungen eintreten. Für den genannten Zeitraum ist jedoch das Gegenteil der Fall. Auf Grund intensiver Forschung der letzten zehn Jahre kann man fünf Abschnitte deutlich erkennen, in denen sich die Richtung der finnischen Außenpolitik änderte:

1. Erholung im Frühjahr und Sommer 1940.
2. Erneute Kriegsdrohung von seiten der Sowjetunion im August/September 1940.
3. Verhandlungsphase mit dem Ziel einer Union mit Schweden vom Herbst 1940 bis Januar 1941.
4. Phase eines drohenden erneuten Krieges mit der Sowjetunion.
5. Entspannungsphase im Frühjahr 1941.

Die Entspannungsphase (5.) trat ein, als Deutschland endlich begann, öffentlich Stellung für Finnland zu beziehen, was die Sowjetunion zu einer Wende in ihrer Außenpolitik veranlaßte, die im April 1941 sogar in dem Versuch gipfelte, wieder freundschaftliche Beziehungen zu Finnland herzustellen.

Innerhalb von wenigen Monaten erfolgten also deutliche politische Richtungswechsel. Für den Beobachter, der diesen Zeitabschnitt als eine homogene Einheit betrachtet, sind diese Erscheinungen schwer erklärbar. Es leuchtet ein, daß die jeweiligen politischen Schritte der Finnen gerade von der besonderen Situation des jeweiligen Zeitabschnittes in Gang gesetzt wurden.

In der historischen Forschung besteht auch international gesehen weitgehende Übereinstimmung in der Bewertung der finnischen Ereignisse der zweiten Hälfte des Jahres 1940.

Deutschland war im Mai/Juni 1940 durch den Angriff nach Westen gebun-

den. Am 25. 6. trat zwar schon das Waffenstillstandsabkommen mit Frankreich in Kraft, jedoch banden die Vorbereitung zur Landung in England, der „Operation Seelöwe“, die deutschen Kräfte im Westen. Die Sowjetunion dagegen nahm die ihr in den geheimen Zusatzparagraphen zum Freundschaftsvertrag mit Deutschland vom August 1939 zugestandenen Rechte wahr und führte auf Grund dessen im Juni/Juli 1940 die Bolschewisierung des Baltikums durch. Estland, Lettland und Litauen wurden am 20. 7. 1940 zu Sowjetrepubliken erklärt.
Damit wurde ein Vorfeld für die mit Deutschland zu erwartenden Auseinandersetzungen geschaffen. Da bei den Stützpunktverhandlungen vom Herbst 1939 Finnland mit den baltischen Ländern gleichgestellt war, nahm man allgemein in der Welt an, daß sich der Griff der Sowjetunion um Finnland enger schnüren werde. Dafür gab es deutliche Anzeichen. Die Sowjetunion forderte nun einen Anteil an den Nickelgruben von Petsamo und nahm in der Frage der Auflösung des Vereins für Finnisch-Sowjetische Freundschaft eine unbeugsame Haltung ein. Von verschiedenen Seiten meldeten die deutschen Botschaften und Militärfachleute dem Auswärtigen Amt in Berlin, daß Finnland sehr bald erneut angegriffen werde (aus Kaunas in Litauen am 24. 7., aus Reval am 2. 8. und aus Helsinki am 8. 8.). Der finnische Botschafter in Moskau, Paasikivi, stellte am 10. 8. fest, daß man in Stockholm sehr um das Schicksal Finnlands besorgt sei. Der finnische Außenminister Witting berichtete am 15. 8. dem deutschen Botschafter in Helsinki, Wipert von Blücher, daß die Sowjetunion die Zahl ihrer Divisionen an der finnischen Grenze von 15 auf 22 erhöht habe.
Trotzdem kam es nicht zu dem allgemein erwarteten Überfall auf Finnland. Die Frage, warum es in dieser Situation zu keinem Angriff kam, läßt sich einfach damit erklären, daß Deutschland – obwohl formal ein Verbündeter der Sowjetunion – wieder Interesse an den skandinavischen Gebieten zu zeigen begann. Ein Anzeichen dafür waren die mit Schweden im Sommer 1940 und mit Finnland am 22. 9. 1940 (praktisch schon am 19. 8.) geschlossenen sogenannten Transitabkommen, die Deutschland erlaubten, Truppentransporte mit der Eisenbahn und Autotransporte von den finnischen und schwedischen Häfen am Bottnischen Meerbusen nach Nord-Norwegen durchzuführen. Da Deutschland die Luftschlacht um England nicht gewinnen konnte und auch mit seiner Flotte das übermächtige England im Herbst 1940 nicht zu besiegen im Stande war, gab Hitler am 12. 10. 1940 den Befehl, die „Operation Seelöwe“ auf das nächste Frühjahr zu

verschieben. Im Januar 1941 erfolgte dann sein Befehl zum endgültigen Abbruch von „Seelöwe". So hatte Deutschland ab Mitte Oktober 1940 die Möglichkeit, auch in eine andere Richtung als in Richtung des Kanals aktiv zu werden. Diese veränderte Lage läßt sich deutlich bei den Verhandlungen mit der Sowjetunion (12. bis 13. 11. 1940) erkennen, bei denen Hitler erklären ließ, daß Finnland mit unter den Schutz Deutschlands gehöre.

Der Wunsch Schwedens und Finnlands, aus den Auseinandersetzungen der Großmächte herausgehalten zu werden, wird in dem Bündnisplan vom Herbst 1940 deutlich.

Dieser sich mit einigen früheren Vorstellungen deckende Plan wurde vom schwedischen Minister für Kirchenfragen, Gösta Bagge, und dem Industriellen S. Pahlsson im August 1940 wieder aufgegriffen, als diese ihn dem finnischen Verteidigungsminister Rudolf Waldén unterbreiteten. An der Spitze des Bundes sollte der schwedische König stehen, Oberbefehlshaber der gemeinsamen Truppen sollte Mannerheim werden. Die Beteiligung der Schweden sollte eine Garantie dafür sein, daß von finnischer Seite keine Revanchepolitik betrieben werde, während eine gemeinsame Armee wiederum ein starker Garant für die Neutralität Finnlands und Schwedens gewesen wäre. Die finnische Regierung akzeptierte grundsätzlich diesen Vorschlag am 25. 10. 1940. Mit dieser Bestätigung beschloß die schwedische Regierung am 5. 11., den Plan in Einzelheiten weiter auszuarbeiten. Es hatte nun den Anschein, daß ein skandinavischer Staatenbund im Entstehen begriffen sei, obwohl von den Plänen bisher nur die engsten Regierungskreise unterrichtet worden waren.

Schon in dieser Phase machte die Sowjetunion, die über diplomatische Kanäle von den Plänen erfahren hatte, ihre Bedenken deutlich. Der finnische Botschafter in Stockholm, Wasastjerna, erörterte diese Unionspläne mit dem sowjetischen Botschafter in Stockholm, Frau Kollontaj. Nach Erkundigungen bei den schwedischen Stellen alarmierte Frau Kollontaj sofort Moskau, und Molotow bestellte um Mitternacht des 6. 12., dem finnischen Unabhängigkeitstag, Paasikivi – den finnischen Botschafter in Moskau – in den Kreml. Er empfahl Finnland, die Konsequenzen eines solchen Vertrages zu überdenken, der nach Meinung der Sowjetunion das Gleichgewicht der Kräfte in Skandinavien verschieben würde. Als Deutschland – das eigene Gründe gegen eine zu selbständige Union in Skandinavien hatte, erklärte, es könne den Unionsplänen wegen der ablehnenden Haltung der Sowjetunion nicht zustimmen, mußten die Pläne aufgegeben

werden. Mitte Januar 1941 erklärte die neue, nach den Präsidentenwahlen gebildete, finnische Regierung Rangell auf eine Anfrage der schwedischen Regierung, daß sie zwar immer noch an den Plänen interessiert sei, aber nach den gegenwärtigen Umständen eine Weiterführung der Verhandlungen für wenig sinnvoll halte. So war auf den Einspruch der Großmächte einer finnischen Neutralität im Rahmen eines skandinavischen Bundes die Grundlage entzogen. Sollte Finnland in Zukunft wieder politischem Druck ausgesetzt sein, so mußte es unter den Großmächten wählen.
In der Endphase der Unionsverhandlungen kam es zeitweise zu ersten Versuchen, in Finnland Freiwillige für die deutschen Truppen zu werben. Besonderes Interesse zeigte die deutsche Waffen-SS. Zur Zeit des Zwischenfriedens Ende 1940 hatte die Waffen-SS etwa 150 000 Mann. Das waren nicht einmal zehn Prozent der Stärke der deutschen Wehrmacht.
Anfang Dezember 1940 warb die Waffen-SS im besetzten Norwegen intensiv für das Regiment „Nordland“ (später Division „Wiking“), in das nur Freiwillige aus Skandinavien aufgenommen wurden. Aus entsprechenden Korrespondenzen wird deutlich, daß man versuchte, über Norwegen auch schwedische und finnische Freiwillige anzuwerben, allerdings mit geringem Erfolg.
Die Anwerbestelle der Waffen-SS entsandte jedoch Anfang Januar 1941 einen ihrer Vertrauensmänner, den schwedischen Geschäftsmann Ola Vinberg, nach Helsinki. Ohne Wissen der deutschen Botschaft in Helsinki – das war symptomatisch, denn die SS versuchte bewußt, das Auswärtige Amt aus der Verantwortlichkeit für die Aktion herauszuhalten – zog Vinberg Erkundigungen ein, ob es unter den Finnen eventuell Freiwillige für die Division „Wiking“ gab. Im März behauptete er gegenüber dem Chef des SS-Ergänzungsamtes, General Berger, daß er eine Liste von 700 Männern zusammenbekommen habe, darunter seien 40 zur Reserve gehörende Piloten. Er habe jedoch die Namenslisten vernichten müssen, denn die schwedische Polizei habe ihn bei seiner Rückkehr in Malmö verhaftet.
Diese, die diplomatischen Kanäle umgehenden Sondierungen hatten zur Folge, daß die deutschen SS-Führer Himmler und Berger große Hoffnungen in die Werbeaktion setzten, die zwei Monate später offiziell in Gang gesetzt wurde. Allerdings versuchte der deutsche Botschafter in Helsinki, Blücher, der in dieser Sache umgangen worden war, in einem Telegramm an das Auswärtige Amt die Hoffnungen herunterzuspielen, viele Finnen könnten sich anwerbebereit zeigen.

Vom Standpunkt der offiziellen finnischen Politik war die Anfang Januar 1941 durchgeführte Sondierung sehr gefährlich. Wenn die finnische Regierung, die versuchte, zwischen Deutschland und der Sowjetunion Balance zu halten, von der Geschäftsreise Vinbergs und dem damit verbundenen Ziel etwas gewußt hätte, so wäre dies in dieser Phase zweifellos unterbunden worden.
Im Januar/Februar 1941 wurde das Verhältnis zwischen der Sowjetunion und Finnland – während des Zwischenfriedens – durch eine zweite Kriegsdrohung der Sowjetunion abermals ernstlich getrübt. Dieses Mal waren die Auseinandersetzungen um das neue Nickelbergwerk von Petsamo Anlaß zum Konflikt. Über die Besitzverhältnisse des Bergwerks wurde zwar schon seit Sommer 1940 verhandelt, aber jetzt spitzte sich die Angelegenheit zu einer großen Nickelkrise zu. Das Bergwerk gehörte einem englisch-kanadischen Nickelkonzern, der die Aktienmehrheit der finnischen Petsamo-Nickel-AG besaß. Die finnische Regierung verpflichtete schon im Sommer die Nickel-Gesellschaft auf Grund eines diplomatischen Vertrages, 60 Prozent der Jahresproduktion von 1940 an Deutschland und 40 Prozent an die Sowjetunion zu verkaufen, weil diese Staaten diese Zahlen untereinander ausgemacht hatten. Dagegen lehnte man das Ersuchen der Sowjetunion ab, zwangsweise die Gesellschaft aufzulösen und eine neue finnisch-sowjetische Gesellschaft zu gründen, weil dies eine Verletzung der englischen Interessen bedeutet hätte.
Zu einem Höhepunkt in den zähen und langwierigen Verhandlungen kam es am 12. 11. 1940, als Wyschinski gegenüber Paasikivi erklärte, daß die Gesetzgebung für die Menschen da sei und Gesetze geändert werden könnten, wenn es als notwendig erscheine. Der rechtliche Standpunkt, den die finnische Regierung bei der Verteidigung der Geschäftserlaubnis für die englisch-kanadische Gesellschaft zu vertreten versuchte, beeindruckte die Sowjetunion nicht. Am 14. 1. 1941 erklärte der gleiche Sowjetvertreter, daß jetzt die Geduld der Sowjetunion zu Ende sei. Eine Woche später erhielt Finnland ein auf zwei Tage befristetes Ultimatum, das am 23. 1. 1941 ablief.
Die Situation war wirklich sehr ernst. Die Sowjetunion berief plötzlich ihren Botschafter aus Finnland ab und verhängte eine Exportsperre. Als dann die Geheimdienstberichte Truppenkonzentrationen an der südöstlichen Grenze Finnlands meldeten, wollte Mannerheim am 23. 1. 1941 zwei Divisionen dorthin mobilisieren. Die Kaltblütigkeit des Präsidenten

Ryti verhinderte jedoch diese Maßnahme, die die angespannte Situation sicher gefährlich verschärft hätte.

Da Deutschland über verschiedene Kanäle den Finnen erklärt hatte, daß es ebenfalls Interesse am Nickel von Petsamo habe – was sehr verständlich war, denn das in Europa seltene Nickel war für die Stahl- und Waffenindustrie ein wichtiger Rohstoff –, versuchte Finnland, von Deutschland öffentlich Unterstützung für die durch das Ultimatum angespannten Nickelverhandlungen zu erhalten. Diese wurde jedoch nicht gegeben. Deshalb schlug der finnische Botschafter in Moskau, Paasikivi, Anfang Februar seiner Regierung vor, Finnland solle das ganze Gebiet von Petsamo aufgeben, mit dem man nur Schwierigkeiten habe. Die Haltung der finnischen Regierung versteifte sich Mitte Februar auf Grund von völlig inoffiziellen Empfehlungen der Deutschen ins Gegenteil. Einer finnisch-russischen Nickelerz-Gesellschaft sei nur zuzustimmen, wenn Finnland in ihr die führende Position inne habe. Wyschinski betrachtete dies als eine Beleidigung und protestierte am 19. 2. 1941. Der schlecht unterrichtete Paasikivi bat am 20. 2. um seine Ablösung als Botschafter, weil er die neue Haltung der finnischen Regierung für unbegreiflich schroff hielt.

Die Sowjetunion trat jedoch von ihrer Forderung zurück. Am 15. März kam Molotow in einer sehr freundlichen Rede auf die Angelegenheit zu sprechen und wandte sich mit der indirekten Bitte an Paasikivi, geeignete Schritte zu finden, damit die Angelegenheit bereinigt werden könne. Von den früheren Drohungen war man abgerückt.

Obwoh so die Nickelkrise vorbeiging, ohne daß eine größere Öffentlichkeit etwas von ihrem ernsthaften Charakter erfuhr, hatte sie doch schicksalhafte Folgen. Finnland, das gerade wegen der sowjetischen Einsprüche auf den Ausbau einer intensiveren skandinavischen Zusammenarbeit verzichtet hatte, war nun das erste Mal gezwungen gewesen, Garantien für seine Unantastbarkeit in der einzig verbliebenen Richtung zu suchen, bei Deutschland. Die Westmächte waren zu weit weg und hatten auch nicht – z. B. mit einer Empfehlung an die englisch-kanadische Gesellschaft, ihre Anteile an den finnischen Staat zu verkaufen – versucht, Finnland in seiner bedrängten Lage zu helfen.

In diese Zeit fällt auch das offizielle Ersuchen der Deutschen, in Finnland ein Freiwilligen-Bataillon anwerben zu dürfen. Der Chef des SS-Ergänzungsamtes, General Berger, trug das Ersuchen am 1. 3. 1941 dem finnischen Botschafter in Berlin, Kivimäki, vor. Dieser informierte sofort nach

den diplomatischen Spielregeln das deutsche Außenministerium, auch weil der Eindruck bestand, daß die SS wieder einmal den Amtsweg über das Auswärtige Amt umgangen hatte. Erst am 9. 3. schrieb das Auswärtige Amt wegen dieser Angelegenheit an den Botschafter in Helsinki, Blücher, er solle bei der finnischen Regierung eine Zustimmung zu diesem Plan erwirken. Kivimäki wurde wegen der gleichen Angelegenheit für den 8. 3. in Helsinki angekündigt. Am nächsten Tag sollte Oberst Dahm, der für die praktische Durchführung der Anwerbeaktion verantwortlich war, auch nach Helsinki kommen. Blücher hatte die erste Besprechung mit dem finnischen Außenminister am 11. 3. 1941, doch dieser hatte schon viel früher über Kivimäki von der Angelegenheit Kenntnis erhalten.
Um den 5. März 1941 stand fest, daß die Nickelkrise einen glücklichen Ausgang genommen hatte, doch es ist mit Sicherheit anzunehmen, daß diese Sache die Mitglieder der finnischen Regierung immer noch beunruhigte. Paasikivi berichtete von einer seiner damaligen Reisen nach Helsinki, daß Ryti überzeugt war, es sei das letzte Ziel der Sowjetunion, Finnland zu vernichten. Von Deutschland hatte man zwar durch inoffizielle Versicherungen Unterstützung erhalten, aber eine öffentliche Unterstützung, auf die man das finnische Volk hätte hinweisen können, war von deutscher Seite streng vermieden worden. Finnland hatte sich so auf sehr unsicherer Grundlage wieder einmal der östlichen Großmacht widersetzt. Und was würde passieren, wenn sich die Lage wieder zuspitzen und Deutschland Finnland im Stich lassen würde? Verträge, auf die man sich berufen konnte, existierten nicht. Für Finnland war es also wichtig, sich der deutschen Unterstützung für den möglichen Fall einer neuen Krise zu versichern. Unter diesen Umständen war es für Finnland äußerst schwierig, das deutsche Ersuchen um Erlaubnis für die Werbung von Freiwilligen abzulehnen. Diese wären ein Pfand und eine Garantie für eine Fortsetzung der Zusammenarbeit.
So griff Finnland wie nach einem Strohhalm und gab die Erlaubnis für die Werbung von Freiwilligen in seinem Lande. Sowohl die politischen wie auch die militärischen Führer – Ryti, Rangell, Witting, Mannerheim, Waldén – waren zu dieser Zeit in dieser Sache einer Meinung.
Die Zustimmung zur Werbung von SS-Freiwilligen bedeutete keine Änderung der finnischen Politik gegenüber dem Nationalsozialismus. Das läßt sich mit vielen Einzelheiten beweisen. Einmal wurde die Angelegenheit nicht öffentlich und nicht von staatlichen Stellen durchgeführt, sondern

einem privaten finnischen Komitee übertragen, dessen Vorsitzender der ehemalige Jäger-Oberstleutnant Ragnar Nordström aus Loviisa sein sollte. Nachdem dieser das abgelehnt hatte, wählte man den ehemaligen Chef der Geheimpolizei, den Staatsrat Esko Riekki aus Helsinki, auch er war ein Jäger.*)

Riekki gehörte nicht zu den sogenannten „Aktivisten", die die Angelegenheit in Gang gebracht hatten, sondern handelte eindeutig nur als Befehlsempfänger der Regierung oder des Außenministeriums. Nachdem das Komitee gebildet worden war, erklärte der finnische Außenminister am 29. 3. 1941, daß er offiziell von der Angelegenheit nichts wisse: „Jeder andere Weg wäre für Finnland gefährlich."

Obwohl sich die Herren weiterhin mehrmals in der Woche trafen und sehr offen über die finnische Politik diskutierten, wurde in echter diplomatischer Selbstzucht der alten Schule diese Frage nicht wieder berührt, bis darüber die Londoner „Times" am 5. 6. 1941 eine Nachricht brachte.

Auch die finnische Armee wurde offiziell aus der Angelegenheit herausgehalten; die wenigen aktiven Offiziere, die sich als Freiwillige meldeten, nahmen ihren militärischen Abschied. Die Werbung von Freiwilligen in Finnland wurde durchgeführt, weil man diplomatische Unterstützung für die Zukunft brauchte, doch man wollte damit andere Staaten möglichst nicht herausfordern und betrieb die Werbung in aller Stille.

Das Komitee von Riekki stellte seit seiner Gründung am 25. 3. 1941 eine Reihe Bedingungen für die Anwerbung an die deutschen Stellen. So sollten z. B. die Finnen nicht gegen die Westmächte eingesetzt werden. Sie sollten nicht mit anderen Freiwilligen aus von Deutschland besetzten Ländern in derselben Einheit zusammengefaßt werden. Der Soldateneid sollte allgemein gehalten und nicht auf die deutsche Führung abgelegt werden. Man ließ sich also nicht blindlings auf alles ein. Die gestellten Bedingungen verzögerten die Anwerbung um ungefähr drei Wochen, bis Mitte April 1941. Als Dahm inzwischen bemerkt hatte, daß die Bedingungen nicht von allen verantwortlichen Finnen gebilligt wurden – einige rechtsextreme Vertreter des Komitees waren auch mit weniger zufrieden –, mußte Riekki zurückstecken und erklärte am 16. 4. dem deutschen Botschafter Blücher, daß die Bedingungen nur Vorschläge gewesen seien. Nach dieser Erklärung wartete man auf eine Antwort aus Berlin, die erst am 28. 4. eintraf. Sie berücksich-

*) Ehemaliger Angehöriger des Preuß. Jägerbataillons 27.

tigte in vielen Fällen die finnischen Wünsche. Nachdem so ein Vertrag zustande gekommen war, begann die eigentliche Werbung. Ungefähr am 4. 4. 1941 wurde bereits unter dem Decknamen „Ingenieurbüro Ratas“ die Anwerbestelle gebildet.

Es muß noch darauf hingewiesen werden, daß die Finnen anfangs versuchten, das Dienstverhältnis der Freiwilligen von der Waffen-SS auf die ideologisch neutralere Wehrmacht zu verschieben; dann hätte die finnische Einheit auch die Tradition des Preußischen Jägerbataillons 27 fortsetzen können. Eine Verschiebung gelang jedoch nicht, weil die Initiative und die schon weit fortgeschrittenen Vorbereitungen von der Waffen-SS ausgegangen waren. Offensichtlich erschien auch dieser eingeschlagene Weg den deutschen Machthabern (wenn auch nicht den Diplomaten) der geeignetere. Obwohl die Waffen-SS direkt politisch nicht sehr aktiv war, so war sie doch in den Augen Hitlers eine Elitetruppe, die mit dem Europagedanken verknüpft war.

Die Jägertradition blieb auch später noch im Gespräch. So wurde am 10. 6. 1941 dem finnischen Militärattaché in Berlin erklärt, daß Feldmarschall von Brauchitsch den Wunsch zur Gründung eines finnischen Truppenteils auch im Heer geäußert habe.*) Das Angebot kam jedoch so spät, daß es nicht mehr zu verwirklichen war. Andererseits versuchte das Komitee Riekki noch im Juni über Blücher zu erreichen, daß das finnische SS-Bataillon die Bezeichnung „Jägerbataillon“ führen dürfe. Das wurde abgelehnt, obwohl u. a. der Kommandeur der SS-Division „Wiking“, General Felix Steiner, dies befürwortet hatte.

Riekki hatte durchgesetzt, daß die anzuwerbenden Freiwilligen – es sollten alle Parteien bis zu den Sozialdemokraten vertreten sein – gründlich von der Staatspolizei überprüft werden. Diese Aufgabe nahm ein Polizeibeamter im „Ingenieurbüro Ratas“ wahr. Anfangs wollte man dadurch ein mögliches Eindringen von Kommunisten in das Freiwilligen-Bataillon verhindern, aber gleichzeitig wies man auch viele rechtsextreme Frei-

---

*) Das OKH befahl am 17. 11. 1941 (Ch. H. Rüst. u. B.d.E. – 20737 – AHA Ia/I): „Zur Vertiefung der Tradition mit der finn. Armee, die in diesem Krieg durch die gemeinsame Waffenbrüderschaft erneut bekräftigt worden ist, erhält das III./IR 92 als Traditionstruppenteil des ehem. finn. Jäger-Bataillons 27 die Bezeichnung III. (Jäg.)Btl./Inf.Rgt. 92 (Jägerbataillon Finnland).“ Das IR 92, später GR 92, gehörte im Kriege zur 60. Inf.Div.(mot.)/Wehrkreis XX, Danzig.

willige ab. Das erregte beträchtliche Aufregung in der kleinen Gruppe finnischer Nationalsozialisten – u. a. der Kalstagruppe und der Snellmangruppe –, aber Riekki verwirklichte mit starker Hand die Maßnahmen, die er für richtig hielt. Diese Art der Auswahl der Freiwilligen war ein deutliches Zeichen dafür, daß das Bataillon keinesfalls nach Deutschland entsandt wurde, um dort die Männer politisch schulen zu lassen. Riekki betonte, daß die Truppe vollkommen unpolitisch sein müsse und ihr Land nur als gute Soldaten vertreten solle.

Die Entscheidung in der Freiwilligen-Angelegenheit fiel zu einem schicksalhaften Zeitpunkt. Seit 16. 4. 1941 waren die Deutschen am Zuge. Die zustimmende Antwort, die man nicht mehr rückgängig machen konnte, ohne die Deutschen zu verletzen, traf am 28. 4. 1941 in Helsinki ein.

Erst in der gleichen letzten Aprilwoche trat in der Finnlandpolitik der Sowjetunion die große Wende ein. An die Stelle des im Januar aus Helsinki zurückgerufenen Botschafters Zotov entsandte die Sowjetunion einen neuen Mann, den Botschafter Orlov, dessen wichtigste Aufgabe in der Verbesserung der Beziehungen zu Finnland lag. Orlov stellte sich am 23. 4. bei Ryti vor. Trotz seines freundlichen Auftretens konnte er natürlich nicht plötzlich alle Hindernisse zu einer Verständigung aus dem Weg räumen, die durch den Winterkrieg und durch die Kriegsdrohung in den letzten anderthalb Jahren entstanden waren. Orlovs Auftreten wurde zur Kenntnis genommen, doch man vermutete vor allem Taktik dahinter, besonders weil sich die Handelsbeziehungen nicht verbesserten, obwohl für Finnland der Mangel an Getreide besonders drückend war. So blieb sogar die wichtige Erklärung Orlovs, daß die Sowjetunion keine Einwände mehr gegen die Unionspläne mit Schweden habe, ohne Beachtung. Als der schwedische Außenminister Günther am 6. 5. 1941 in Helsinki weilte, wurde über diese Sache nicht mehr ernsthaft gesprochen, obwohl Witting ihm versicherte, daß Finnland keinerlei Revanche plane.

Finnlands Friedensabsichten wurden u. a. darin sichtbar, daß man keinerlei Maßnahmen zum Schutz der Zivilbevölkerung und auch keine wirtschaftlichen Vorbereitungen für den Verteidigungsfall in die Wege leitete, was Blücher am 9. 5. 1941 gegenüber dem Auswärtigen Amt monierte.

Im Sommer 1940 besetzten russische Truppen Bessarabien (Rumänien). Danach forderte Stalin die rumänische Bukowina und meldete weitere Forderungen auf dem Balkan an. Das Mißtrauen zwischen Hitler und Stalin wuchs immer mehr und setzte gleichzeitig den Schlußpunkt unter die deutsch-sowjetische Zusammenarbeit. Zudem sah Deutschland eine Bedrohung des rumänischen Erdölgebietes von Plojescht durch die Sowjets; Deutschland war aber auf das rumänische Erdöl angewiesen. Das löste im Sommer endgültig den Plan „Barbarossa“ aus, den Überfall auf die Sowjetunion. Mit den Plänen hatten die Deutschen schon im August 1940 (erster Entwurf 5. 8.) begonnen. Der allgemeine Entwurf (Nr. 21) wurde dann am 18. 12. 1940 bestätigt. Der Inhalt wurde streng geheimgehalten. Sogar jene Nachbarstaaten, deren Mitwirkung man erhoffte, wurden erst im letzten Moment über die Pläne informiert.

Mit der „Dosierung der Wahrheit“ – wie es Arvi Korhonen genannt hat – begann man erst Ende Mai 1941. Am 20. 5. traf der Sonderbotschafter Schnurre zu einer Unterredung mit Präsident Ryti in Finnland ein. Mit besonderem Nachdruck verwies er darauf, daß Molotow im November eine „Liquidierung Finnlands“ zugunsten der Sowjetunion verlangt habe. Dem habe Hitler nicht zugestimmt. Von da an hätten sich die Beziehungen zwischen Deutschland und der Sowjetunion verschlechtert, und jetzt bestehe die Gefahr eines Krieges. Wenn Finnland überfallen werde, so könne es von jetzt an mit einer militärischen Unterstützung von seiten Deutschlands rechnen. So kam Finnland Ende Mai 1941, ohne darum nachgesucht zu haben, zu den militärischen Garantien, um die es während der Winterkrise mehrmals vergeblich ersucht hatte.

Die Nachricht, daß ein Krieg der Großmächte bevorstehe, erhielt Finnland bei den Verhandlungen, die die von General Heinrichs geführte Offiziersdelegation am 25. 5. 1941 in Salzburg und am darauffolgenden Tage in Berlin mit höchsten militärischen Kreisen (Jodl, Brauchitsch, Halder) führte. Diese Verhandlungen wurden vom 3. bis 5. 6. in Helsinki mit einer deutschen Offiziersdelegation (Oberst Buschenhagen und Oberst Kinzel) fortgesetzt. Der Form nach sprach man über den theoretischen Fall, daß Finnland gegen die Sowjetunion einen Verteidigungskrieg führen müsse, aber die Verhandlungspartner verstanden sehr wohl, daß in Wirklichkeit die Deutschen einen Angriff auf die Sowjetunion planten. Die politische und militärische Führung Finnlands erklärte darauf, daß Finnland an den geplanten militärischen Maßnahmen nur dann teilnehmen würde, wenn es selbst angegriffen werde.

Nachdem nun die den ganzen Frühling 1941 andauerndern Gerüchte über einen Krieg der Großmächte sich als wahr bestätigten, wurde man auch sogleich in der Angelegenheit des SS-Freiwilligen-Bataillons aktiv. Es kann

kein Zweifel bestehen, daß man der Anfang Juni in Helsinki angekommenen deutschen Verhandlungsdelegation über Heinrichs den Wunsch nach einer Rückgabe der SS-Freiwilligen – besonders der Reserveoffiziere – äußerte. In dieser neuen Situation reagierte also Mannerheim in entsprechender Weise: Jetzt brauche er alle seine Männer. Später erinnerte sich der Marschall, daß er sich der Entsendung des Bataillons widersetzt habe, aber erst Anfang Juni 1941 – drei Wochen vor Ausbruch des deutsch-sowjetischen Krieges – hatte er sich diesem Standpunkt zugewandt. Man kann vielleicht sagen, daß seine sich wandelnde Einstellung zum SS-Bataillon eines der sicheren Zeichen dafür war, daß es zu einem Krieg kommen würde.
Zu dieser Zeit war es jedoch für die Rückgabe des Bataillons schon zu spät. Das zirka 1200 Mann umfassende Bataillon war in fünf Transporten in der Zeit vom 6. 5. bis 5. 6. 1941 nach Deutschland eingeschifft worden. Bei der Abreise von Buschenhagen und Kinzel aus Helsinki am 6. 6. war das gesamte SS-Bataillon bereits in Deutschland. Die „alten Kämpfer“ aus dem russisch-finnischen Winterkrieg waren mit dem Zug vom Truppenübungsplatz Heuberg (nahe der Schweizer Grenze) nach Schlesien zum Versammlungsraum der Division „Wiking“ unterwegs. Die jungen Soldaten des gleichen Transportes (die drei ersten Transportgruppen) befanden sich dagegen in einem anderen Zug zum Ausbildungszentrum nach Wien-Schönbrunn. Der vierte Transport war gerade in Stralsund angekommen, wo die jungen Soldaten für die Reise nach Wien ausgestattet wurden. Der fünfte Transport befand sich noch auf der Schiffsreise von Turku nach Danzig; auch er sollte nach Wien weitergeleitet werden.
Es ist klar, daß man von deutscher Seite diesen späten Rückgabewünschen nicht mehr zustimmen konnte. Außerdem kamen diese Wünsche – einige Tage später offiziell über den Militärattaché an der Botschaft in Helsinki vorgebracht – psychologisch gesehen nicht von der richtigen Seite. Die Waffen-SS-Führung hatte die schon ausgebildeten älteren finnischen Männer („erste Welle“) der SS-Division „Wiking“ – die sich aus Freiwilligen aus ganz Europa zusammensetzte – zugeteilt und die jungen, unausgebildeten Leute („zweite Welle“) in die Ausbildungszentren geschickt. Das wurde den Finnen erst mitgeteilt, als man die Aufteilung in zwei große Gruppen nicht mehr rückgängig machen konnte, also bei der Ankunft von Riekki am 9. 6. in Berlin. Da war die „erste Welle“ schon unterwegs zum Aufmarsch von „Barbarossa“.

Vom Standpunkt der SS-Führung war diese Aufteilung von Vorteil, da man doch, wie man sagte, mit ganz Europa einen Kreuzzug gegen die Sowjetunion führen wolle. Da der größte Teil der SS-Freiwilligen aus den von Deutschland besetzten Ländern kam, waren die Freiwilligen aus politisch selbständigen Staaten wie Finnland wichtig. Damit konnte man später hervorheben, daß die Finnen von Anfang an bei den ausländischen Freiwilligentruppen der Waffen-SS dabei gewesen waren. Das gelang vielleicht, doch für die sogenannten „Divisionsmänner", wie man die zirka 400 Finnen unter den SS-Freiwilligen nannte, die im Sommer 1941 im Verband der SS-Division „Wiking" am Ukrainefeldzug teilnahmen, stellten sich nachteilige Folgen ein. Das Ganze war übereilt. Unzureichende Sprachkenntnisse und Ausbildung an deutschen Waffen und nach deutschen Führungsprinzipien machten sich hemmend bemerkbar. Finnische Unteroffiziere und Offiziere mußten im Kampf oft nächst niedrigere Dienstgrade vertreten. Gleichzeitig bekam das finnische SS-Bataillon, dessen Ausbildung in Wien begann, entgegen den Plänen, deutsche Offiziere, während finnische Offiziere mit dem Gewehr in der Hand, fast ohne Funktion, am Ukrainefeldzug als Gäste teilnahmen. Die propagandistische Bedeutung dieser Maßnahmen hätte man im Sommer 1941 gründlicher bedenken müssen. Die getrennt bei der Division „Wiking" eingeteilten Finnen wurden erst im Januar 1942 mit den anderen Finnen vereinigt, als man das fertig ausgebildete Finnische Freiwilligen-Bataillon im Süden der deutschen Ostfront, am Fluß Mius, in Stellung brachte. Gleichzeitig schickte man die überzähligen Offiziere und Unteroffiziere, fast 100 Mann, nach Finnland zurück.*)

Man kann die Frage stellen, ob das finnische SS-Bataillon vom finnischen Standpunkt aus notwendig war. Wenn man nicht die sich von Monat zu Monat verändernde Lage oder eventuelle Revancheabsichten der Finnen – was wir für ungerechtfertigt halten –, oder nationalsozialistische Träumereien berücksichtigt, dann muß man die Frage verneinen. Wenn man jedoch das Bataillon und seine Entstehung im Hintergrund der allgemeinen Situation untersucht, werden die durchgeführten Maßnahmen verständlich.

Anfang März 1941, als Deutschland um die Bildung des Bataillons nachsuchte, war die Nickelkrise um Petsamo noch nicht entschieden. Weil man

---

*) Siehe Dokumente im Anhang.

keine öffentliche Unterstützung erhalten hatte, war Finnland gezwungen, irgendwelche Garantien für Krisensituationen zu erhalten. Deshalb war es schwer, das erste in diese Richtung weisende Angebot der Deutschen zurückzuweisen. Es waren sicher schwerwiegende Gründe, wenn sich die angelsächsisch orientierten führenden Männer Ryti und Mannerheim dazu entschlossen, der Bildung des SS-Bataillons zuzustimmen.
Nach meiner Meinung liegt die große Tragödie des finnischen SS-Bataillons darin, daß, zwei Monate nachdem die Entscheidung für seine Aufstellung gefallen war, diese Entscheidung in der neuen Situation politisch nicht mehr von Gewicht war. Von da an war es nur eine Art Repräsentationsbataillon in der Armee des Waffenbruders, wie z. B. während des Ersten Weltkrieges in Frankreich auch eine russische Repräsentationseinheit kämpfte. Bei seiner Entstehung hatte man jedoch dem neuen „finnischen Jägerbataillon" eine wichtigere Aufgabe zugedacht: Das Vaterland sollte mit einem lebenden Pfand gerettet werden, indem man dadurch die Politiker der Großmacht für den Fall einer Krise zur Hilfe verpflichtete. Andererseits wäre es wohl nie zur Aufstellung des Bataillons gekommen, wenn die Finnen vom „Barbarossa-Plan" nicht erst Ende Mai, sondern z. B. schon Ende Februar 1941 erfahren hätten. Völlig begründet ist deshalb auch, daß die Aufstellung des SS-Bataillons nicht bei den sogenannten Kriegsverbrecherprozessen behandelt wurde, denn die Zustimmung zur Aufstellung weist in der Hauptsache zurück auf die Nickelkrise im Februar und nicht vorwärts auf den „Barbarossa"-Überfall.
Die Aufstellung des Freiwilligen-Bataillons ist eine Maßnahme, die nur aus der bedrängten Situation Finnlands zur Zeit des Zwischenfriedens zu verstehen ist. Sie war der einzige Strohhalm, der sich damals für das noch neutrale Finnland bot, um die Unterstützung wenigstens einer Großmacht zu erlangen.

Anwerbung der finnischen Freiwilligen und Abtransport nach Deutschland

Der Bericht des Professors Jokipii beleuchtet die Hintergründe, die zur Aufstellung des Finnischen Freiwilligen-Bataillons führten. Der Bericht deutet auch hin auf die verschlungenen Wege der Diplomatie und den Kompe-

tenzstreit zwischen dem deutschen Außenministerium und dem Ergänzungsamt der Waffen-SS unter SS-Brigadeführer Gottlob Berger.
Die Aktivitäten des Chefs des Ergänzungsamtes der Waffen-SS sind in den Vorstellungen Hitlers und Himmlers eingebettet zu sehen, ein „Großgermanisches Reich“ zu schaffen. Diese Vorstellungen wurden jedoch – je länger der Krieg dauerte – Stück für Stück aufgegeben, da der Mangel an Soldaten zur Ausschöpfung der Menschenreserven ganz Europas zwang. Schon bei der Aufstellung des Bataillons wurde ja, wie schon erwähnt, die Vorstellung eines „Großgermanischen Reiches“ angeknackt, denn der größte Teil des finnischen Volkes ist ugrischer Abstammung; nur die Finnen schwedischer Abstammung sind Germanen. Berger, der immer in Not war, den geforderten Ersatz für die Waffen-SS zu rekrutieren und bereitzustellen, nahm es bereits im Falle der finnischen Waffen-SS-Freiwilligen nicht so genau. Stein/Krosby schreiben dazu: „Nur zwölf Prozent der Untersuchten waren schwedischsprachig! Es scheint fast so, als ob SS-Hauptsturmführer Tack, der Rassenspezialist und Eignungsprüfer, sich in diesem Fall kaum viele Gedanken über die üblichen SS-Forderungen an Rassenreinheit machte.“*)
Der Bericht Stein/Krosby enthält auch fundierte und sehr genaue Angaben über die Rekrutierung, Musterung und die Zusammensetzung der Freiwilligen. Demnach waren bis zum 20. Mai 1941 1326 Finnen untersucht und 1084 davon für tauglich befunden worden. Davon waren 15,7 Prozent Schüler, 14,4 Prozent Studenten und Abiturienten, 20,2 Prozent Arbeiter, 15,7 Prozent Bauern und 34,2 Prozent sonstige Berufe. Rund ein Drittel der Freiwilligen kam aus den größeren Städten Finnlands, zwei Drittel aus kleinen Städten und vom Lande.**)
Von den für tauglich befundenen Freiwilligen waren 125 Offiziere, 109 Unteroffiziere und 850 Mannschaften (ausgebildete und unausgebildete). Aus diesen Zahlen wird das Mißverhältnis zwischen Offizieren, Unteroffizieren und Mannschaften ersichtlich, das später zu Schwierigkeiten führte, denn nicht alle Offiziere konnten in einem Bataillon Verwendung finden, viele wurden nach Finnland zurückgeschickt.

*

*) Stein/Krosby, „Das Finnische Freiwilligen-Bataillon der Waffen-SS“, in „Vierteljahreshefte für Zeitgeschichte“, 1966, Heft 4, Seite 442.
**) ebd., a.a.O., Seite 441–442.

Die wenigsten Freiwilligen ahnen etwas von den Winkelzügen hinter den Kulissen. Sie stehen im Rampenlicht auf der Bühne und sind die ehrlichen Akteure, die sich mit jugendlichem Elan, oder mit der Erfahrung älterer Männer, und mit voller Begeisterung einer Sache hingeben, die dazu beitragen wird – wie sie glauben –, ihrem Volke, ihrem Lande, Freiheit und Selbständigkeit zu bewahren.

Die ersten in allen Teilen Finnlands geworbenen Freiwilligen bekommen von Mittelsmännern Fahrkarten nach Helsinki, wo sie vom „Ingenieurbüro Ratas" in unauffälligen Unterkünften gesammelt, schubweise von einer Musterungskommission gemustert und untersucht werden. Der Kommission gehören Hauptsturmführer Dr. Tack als Eignungsprüfer und Dr. Weiß als Untersuchungsarzt an. Die Untersuchung ist streng. Auch wegen kleiner Fehler werden Männer abgewiesen und nach Hause geschickt.

Am 6. Mai 1941 fahren die ersten gemusterten finnischen Freiwilligen mit der Eisenbahn von Helsinki nach Turku. In Turku werden die gruppenweise und einzeln eintreffenden Freiwilligen gesammelt und ein paar Stunden in einer unauffälligen Unterkunft festgehalten. Am Abend gehen 116 finnische Freiwillige auf das Motorschiff „Adler", das in derselben Nacht von Turku nach Danzig fährt. Die jungen Finnen tragen wie üblich bei Militärtransporten Schwimmwesten. Unterwegs bringt ein Alarm etwas Aufregung. Ein russisches U-Boot soll gesichtet worden sein, doch nichts passiert.

Am Morgen des 7. Mai läuft MS „Adler" in den Hafen von Danzig ein. Die finnischen Freiwilligen werden von einer deutschen Leitstelle im Eisenbahntransport nach Stralsund weitergeleitet, wo sie in der SS-Kaserne untergebracht werden.

Ebenso gelangt am 14. Mai ein zweiter Transport mit 255 Mann und am 23. Mai ein dritter mit 330 Mann finnischen Freiwilligen von Turku nach Danzig und weiter nach Stralsund.

Inzwischen ist die Freiwilligenbewegung in Finnland allgemein bekanntgeworden. Große Teile des finnischen Volkes und der Armee, die rechtsgerichteten Kreise und die Bauernpartei stehen der Freiwilligenbewegung positiv gegenüber. Die finnischen Sozialdemokraten und Kommunisten lehnen sie ab und verlangen die Einstellung der Werbung.

In allen größeren Städten Finnlands sind Zweigstellen des „Ingenieurbüros Ratas". Die Freiwilligen kommen aus allen Gebieten des Landes und aus allen Schichten des finnischen Volkes. Viele bringen Erfahrungen aus dem

finnisch-russischen Winterkrieg 1939/40 mit, aber die wenigsten Freiwilligen kennen die politischen Hintergründe, die zur Bildung des Bataillons führten.
Die finnischen Freiwilligen erhalten in Stralsund deutsche Felduniformen und schicken ihre Zivilsachen nach Hause. Dann beginnt leichter militärischer Dienst.
Nach einigen Tagen werden die finnischen Freiwilligen zur 5. SS-Freiwilligen-Division „Wiking" weitergeleitet, die auf dem Heuberg – einem Truppenübungsplatz auf der Schwäbischen Alb – liegt und in großen Verbandsübungen den letzten Schliff erhält.
Von den 701 Männern der ersten drei Transporte werden 421, die bereits in Finnland militärisch ausgebildet worden sind oder im finnisch-russischen Winterkrieg gekämpft haben, auf verschiedene Einheiten der Division „Wiking" verteilt, insbesondere auf das III. Bataillon des Regiments „Nordland". Je zehn bis zwanzig Finnen werden den Kompanien zugeteilt und in die laufende Ausbildung einbezogen. Die finnischen Freiwilligen, die im finnischen Heer bereits Unterführer oder Offiziere waren, müssen zunächst als einfache Soldaten eine deutsche Grundausbildung durchmachen, ehe sie – nach Beweis ihrer Befähigung – mit dem im finnischen Heer erworbenen Dienstgrad bei der Division „Wiking" eingesetzt werden.
Die gleich in die Division „Wiking" eingegliederten finnischen Freiwilligen – sie werden „Divisionsmänner" genannt – werden im Rahmen einer kleinen Feier vereidigt.
280 finnische Freiwillige, die noch nicht ausgebildet worden sind, gelten als Rekruten und werden vom Heuberg nach Wien, in die SS-Kaserne Schönbrunn-Fasanengarten, geschickt. Unter ihnen sind einige finnische Ausbilder. In Wien beginnt zunächst die Grundausbildung. Hier, wie auf dem Truppenübungsplatz Heuberg, laufen parallel mit der Ausbildung deutsche Sprachkurse.
Der vierte und fünfte Transport besteht aus jungen, ungedienten Finnen, die zunächst ausgebildet werden müssen. Der vierte Transport (330 Mann) läuft am 2. 6. 1941 mit Motorschiff „Bahia Laura" von Vaasa nach Stettin und der fünfte Transport (220 Mann) am 5. 6. 1941 wieder mit MS „Adler" von Turku nach Danzig. Diese Transporte werden über Stralsund gleich nach Wien-Schönbrunn weitergeleitet.
Mit dem fünften Transport ist die Anwerbung von Freiwilligen in Finnland abgeschlossen. Mit dem letzten Transport fahren auch die deutschen Mit-

glieder der Musterungskommission (Dahm, Tack, Weiß) nach Deutschland zurück. Dieser Transport wird von einer vierköpfigen Delegation des finnischen SS-Komitees – Riekki, Aaltonen, Backberg und Tamminen – begleitet, das die finnischen Freiwilligen in Deutschland inspizieren will. Riekki und seine drei Begleiter sehen sich bei den finnischen Freiwilligen um und stellen fest, daß von den Deutschen viele der ausgehandelten Bedingungen nicht eingehalten worden sind. Sie protestieren vor allem dagegen, daß viele ihrer Landsleute gruppenweise in das Regiment „Nordland" eingegliedert worden sind. Der Kommandeur der Division „Wiking", Generalmajor der Waffen-SS Felix Steiner, kann jedoch Regierungsrat Riekki und seine Begleiter davon überzeugen, daß die „Divisionsmänner" als Kader gedacht und, wenn sie mit den deutschen Kampf- und Führungsmethoden vertraut sind, zum Finnischen Freiwilligen-Bataillon zurückversetzt werden. Mißfallen des finnischen SS-Komitees löst auch die Tatsache aus, daß nun doch finnische Freiwillige – entgegen der finnischen Absicht – mit Freiwilligen aus den von Deutschland besetzten Ländern Norwegen, Dänemark und den Niederlanden in einer Einheit stehen. Letztere gelten in ihren Heimatländern hinter vogehaltener Hand als Kollaborateure. Da die maßgebenden Finnen die Absicht verfolgten, zu diesen Ländern und zu England offen zu bleiben, war eine der Bedingungen, „die finnische Formation müsse so separat und selbständig wie möglich gehalten werden".*)

Als Regierungsrat Riekki und seine Begleiter die finnischen Freiwilligen in Deutschland besuchen, wissen sie – wie alle Freiwilligen der „Wiking" – noch nichts von einem bevorstehenden Krieg Deutschlands mit der Sowjetunion. Aus diesem Blickwinkel ist eine Abneigung zum integrierten Regimentsverband „Nordland" verständlich. Aber diese Frage wird schon bald bei den Freiwilligen (wenn sie überhaupt von den einfachen Männern je gestellt wurde) gegenstandslos, als der Krieg mit der Sowjetunion beginnt und die deutsche Propaganda von einem „europäischen Kreuzzug gegen den Bolschewismus" spricht.

Die finnischen sogenannten „Divisionsmänner" sind bald in die Gruppen und Züge, in die Kompanien und Batterien der Division „Wiking" integriert und stehen im Dienst und in der militärischen Ausbildung ihren Kameraden aus allen Ländern Europas in keiner Weise nach. Nach An-

---

*) Stein/Krosby, a.a.O., Seite 430, 431.

eignung der deutschen militärischen Grundkenntnisse und dem Nachweis ihrer Befähigung erhalten die finnischen Unterführer und Führer den Dienstgrad, den sie auch im finnischen Heer bekleideten. In vielen Fällen werden finnische Unterführer und Führer zur Vertiefung der deutschen Führungsmethoden in den Stäben der „Wiking“, in Kompanie- und Batterietrupps als sogenannte z.b.V. gehalten und im Einsatz mit besonderen Aufgaben betraut.
Der Einsatz der Division „Wiking“ ist bereits im „Barbarossa-Plan“ vorprogrammiert. Demzufolge steht auch die Eingliederung der Finnen unter Zeitdruck. Schon nach wenigen Wochen zieht die „Wiking“ vom Heuberg in den Versammlungsraum nach Schlesien.
Besondere Schwierigkeit bereitet die sprachliche Verständigung zwischen den Deutschen und Finnen; eine fremde Sprache kann man nicht in wenigen Wochen lernen. Das ist auch der Grund dafür, daß die Finnen sich in der Ausübung der Befehlsgewalt als Unterführer und Führer in vielen Fällen zurückgesetzt fühlen, aber die Kommandosprache ist nun einmal Deutsch, und nach deutschen Führungsprinzipien wird geführt. Es ist auch verständlich, wenn sich zum Beispiel finnische Unterführer und Führer, die z.b.V., nur als „Gäste“ fühlen; aber kann man ihnen auf Grund der Sprachschwierigkeiten und der damit verbundenen möglichen Unstimmigkeiten größere Verantwortung im Einsatz zumuten – Verantwortung, die vielfach Leben und Tod einschließt? In der ersten Phase sollen also die finnischen Unterführer und Führer ihre deutschen Sprach- und Kommandokenntnisse vertiefen und die deutschen Führungsmethoden erlernen – eine gewisse „Lehrzeit“ also. Erst dann sollen sie Einheiten führen. So wird es auch bei den anderen europäischen Freiwilligen der Division „Wiking“ gehandhabt.

Einsatz der „Divisionsmänner“

Die finnischen Freiwilligen werden vom ersten Tag ihrer Eingliederung in die Einheiten der 5. SS-Division „Wiking“ als gleichberechtigte Partner angesehen und in wohlwollender, kameradschaftlicher Weise in alle Geheimnisse des täglichen Dienstes und insbesondere der zahlreichen Verbandsübungen eingeführt. Sie finden im Kommandeur der „Wiking“, Generalmajor der Waffen-SS Felix Steiner, und im Kommandeur des SS-

Regiments „Nordland“, Standartenführer von Scholz, Führer- und Vatergestalten, die ihnen mit ihrer Fürsorge um die Freiwilligen das Einleben in die Einheiten erleichtern. Oft stehen die finnischen Freiwilligen mit deutschen, dänischen und norwegischen Kameraden in einem Glied. Die 5. SS-Division „Wiking“ erweist sich als das Experimentierfeld eines europäischen, militärischen Verbandes, in dem erstmalig Angehörige verschiedener europäischer Staaten als gleichberechtigte Partner zusammengeschlossen sind. Unter Generalmajor der Waffen-SS Steiner entsteht die erste integrierte Division im Hinblick auf ein künftiges vereinigtes Europa. In ihr wachsen junge Männer aus verschiedenen Ländern Europas zu einer festen militärischen Einheit zusammen. Aus ihr gehen die ersten europäischen Führer hervor, die, als Finnen oder Dänen, Einheiten befehligen, die überwiegend aus Deutschen bestehen.

Gleichzeitig mit den finnischen Freiwilligen treffen auf dem Truppenübungsplatz Heuberg Kontingente von norwegischen Freiwilligen ein, die ebenfalls auf die Einheiten verteilt werden. So bestehen manche Gruppen aus Angehörigen von vier, fünf Nationen. Die Ausbildung auf dem Heuberg ist anstrengend, doch die jungen Freiwilligen sind mit größtem Eifer bei der Sache, um die gesteckten Ausbildungsziele so schnell wie möglich zu erreichen.

Die finnischen „Divisionsmänner“ gelangen vom Heuberg mit ihren Einheiten im Rahmen der SS-Division „Wiking“ in den Versammlungsraum nach Schlesien. Es geht zum Einsatz. Wo der aber erfolgen soll, bleibt bis zuletzt ein Rätsel. Geschickt ausgestreute „Parolen“ lassen die Annahme eines Durchmarsches durch Rußland zu, mit dem Deutschland verbündet ist.

Von Schlesien geht es in den Bereitstellungsraum bei Lublin in Polen. Dort wird gewiß, daß die harte Ausbildung der Freiwilligen der SS-Division „Wiking“ im Krieg gegen die Sowjetunion die Bewährungsprobe erhalten wird.

Der Einsatz der SS-Division „Wiking“ in Rußland ist ausführlich im Buch von Peter Straßner, „Europäische Freiwillige“, beschrieben und soll hier nicht mehr im einzelnen wiederholt werden. Die finnischen Freiwilligen, die „Divisionsmänner“, stehen in den verschiedenen Einheiten vom ersten Tage des Einsatzes ihren Mann. Rawa-Ruska, Lemberg und Tarnopol sind Stationen der ersten Einsätze. Es folgen die Kämpfe am Slutsch bei Satanow, die Abwehr an der Rollbahn „Nord“ bis vor Kiew und schließlich die Krise am Dnjepr bei Smela, wo der finnische Verbindungsoffizier und Soldatenpfarrer Pihkala neben anderen Angehörigen des Divisionsstabes den Soldatentod findet. Es folgen die Kämpfe um Dnjeprodzershinsk und Dnjepropetrowsk.

Im Brückenkopf Dnjepropetrowsk besteht die Division „Wiking" ihre größte Bewährungsprobe. In tagelangen Kämpfen geben neben anderen die finnischen Freiwilligen Beispiele von höchstem soldatischem Mut, von Kämpfertum und Opferbereitschaft, und verkörpern damit echtes finnisches Soldatentum im Kampf für ein vereinigtes Europa ihrer Vorstellung.

Pawlograd, die Verfolgungskämpfe im Raum Stalino und, der letzte Vorstoß vor dem bevorstehenden Winter in Richtung Rostow und Schachty, bilden den Abschluß eines stürmischen, raumgreifenden Vormarsches im Jahre 1941.

Die größte und härteste Bewährungsprobe wird von den Freiwilligen der „Wiking" gefordert, als der russische Gegenangriff im November 1941 über die im Angriff auf Rostow stehende 1. Panzerarmee des Generalobersten von Kleist hereinbricht. Hierbei wehren die vom langen Sommerfeldzug ausgepumpten und dezimierten Einheiten der „Wiking" starke Angriffe der Sowjets ab. Im Brennpunkt dieser Kämpfe steht an der Nordflanke der weit nach Osten vorgestaffelten deutschen Front das SS-Regiment „Nordland", das im erbitterten Abwehrkampf allein fünf russischen Divisionen und einer Panzerbrigade die Stirn bietet und eine Umfassung und Vernichtung der 1. Panzerarmee verhindert. Bei diesen Kämpfen zeichnet sich besonders das III./„Nordland" unter Führung von Sturmbannführer Plöw aus, in dem viele Finnen stehen. Balabanow ist der Wellenbrecher. Bei Balabanow stellen sich die finnischen Freiwilligen gegen die anrollenden russischen Panzer und weichen nicht, bis die Masse der 1. Panzerarmee hinter dem Tusloff-Abschnitt neue Stellungen bezogen hat. Der nächste Sprung geht dann in den Mius-Abschnitt, der endgültige Winterstellung wird.

Die finnischen „Divisionsmänner" haben sich unübersehbar in die Geschichte der 5. SS-Division „Wiking" und in die deutsche Kriegsgeschichte als treue Waffenbrüder eingetragen. Die meisten sind verwundet worden. Viele sind gefallen und liegen neben deutschen, dänischen und norwegischen Kameraden in schlichten Feldgräbern in fremder Erde. Ihr Geist und ihre Opferbereitschaft aber leben fort als Zeichen ihrer Treue zu ihrem gegebenen Wort und zu Europa.

Aufstellung des SS-Freiwilligen-Bataillons „Nordost“ – Finnisches Freiwilligen-Bataillon der Waffen-SS

Die in Wien-Schönbrunn gesammelten finnischen Rekrutenkontingente haben bald die Stärke eines Bataillons erreicht.
Am 15. Juni 1941 wird aus ihnen offiziell das SS-Freiwilligen-Bataillon „Nordost“ gebildet.
Am 9. Juli 1941 verlegt das Bataillon im Eisenbahntransport nach Stralsund und wird dort in der SS-Kaserne untergebracht.
Kommandeur wird Hauptsturmführer Collani. Junge Führerabsolventen der SS-Junkerschule Bad Tölz und Unterführer der SS-Unterführerschule Lauenburg kommen hinzu.
In Stralsund wird Einzelausbildung betrieben. Daneben wird großes Gewicht auf die Eingewöhnung der finnischen Freiwilligen in die deutschen militärischen Verhältnisse und auch auf das Vertrautwerden mit der deutschen Mentalität und Kulturgeschichte gelegt. Bei einem bunten Abend treten neben anderen Lale Andersen und der beliebte Rundfunksprecher Rolf Wernicke auf. Lale Andersen singt ihr später so berühmt gewordenes Lied „Lili Marlen“, das im Sommer 1941 seine Uraufführung hatte. Rolf Wernicke überbrückt die einzelnen Darbietungen durch Überleitungen und Witze. Später, bei einem anschließenden Umtrunk im Kasino, spricht er gegenüber Collani seine Verwunderung aus, daß so wenig Leute über seine Witze gelacht hätten. Aber dann lacht er am meisten, als er erfährt, daß die meisten Zuhörer Finnen waren, von denen viele noch kein Wort deutsch verstehen.
Wegen besserer Ausbildungsmöglichkeiten wird das SS-Freiwilligen-Bataillon „Nordost“ am 25. August 1941 auf den Truppenübungsplatz Groß Born in Hinterpommern verlegt und dort in Kasernen untergebracht.
In Groß Born wird intensive Ausbildung betrieben. Den finnischen Freiwilligen wird nichts geschenkt. Trotzdem sind sie mit Eifer bei der Sache. Beim Geländedienst wird hauptsächlich nach Zeichen geführt. In jeder Gruppe ist ein Finne, der die deutsche Sprache zumindest etwas beherrscht und gegebenenfalls als Dolmetscher einspringt.
Die Ausbildung erfolgt nach einem genauen Plan. Vom 26. 8. bis 7. 9. wird Einzel-Gefechtsausbildung betrieben. Vom 8. 9. bis 28. 9. folgt die Verbandsausbildung in der Gruppe und im Zug, und vom 29. 9. bis 12. 10.

1941 die Verbandsausbildung der Kompanie. Die Ausbildung der finnischen Freiwilligen schließt mit mehreren Bataillonsübungen ab.
Nach der Verbandsausbildung werden in allen Kompanien des Bataillons sogenannte Jägerzüge als 4. Züge aufgestellt. Damit werden die bisher überstarken Züge auf die übliche deutsche Kriegsstärke reduziert. In der 2. Kompanie führt Ustuf. Toivo Vaaramo, ein nordkarelischer Forstmann und echter Waldgänger, den Zug. Die Jägerzüge werden mit der finnischen Suomi-Maschinenpistole ausgerüstet, die die finnische Wehrmacht gestiftet hat. Die Suomi-Maschinenpistole wurde von den finnischen Waffenspezialisten, Generalmajor Saloranta und Hauptmann Lahti, entwickelt, die auch Hohlhaftladungen und ein leichtes Maschinengewehr entwickelt haben. Etwa 1932 gelangten die Konstruktionspläne der Suomi-Maschinenpistole durch den finnischen Spion, Oberleutnant Pantikainen, in russische Hände. Daraus wird verständlich, warum die russische Maschinenpistole mit Trommelmagazin und hoher Schußfolge und die finnische Suomi-Maschinenpistole sich so sehr ähneln.
In Groß Born hat das Bataillon bereits einen eigenen Musikzug, der von Ostuf. Tauno Pajunen aufgestellt wurde und geleitet wird. Pajunen komponiert eigens für das Bataillon ein Lied.
Verbindungsoffizier – Bindeglied zwischen deutschen und finnischen Führungsstellen – ist der kriegsversehrte, armamputierte finnische Oberst Levälahti, der sich die Sorgen und Nöte seiner finnischen Landsleute anhört und bei den deutschen Stellen für Abstellung sorgt.
Am 13. September 1941 wird das SS-Freiwilligen-Bataillon „Nordost" in „Finnisches Freiwilligen-Bataillon der Waffen-SS" umbenannt.
Inzwischen treffen auch die Fahrzeuge – Krafträder, Pkw und Lkw – ein, die dem Bataillon mot. gemäß der im deutschen Heer geltenden Kriegsgliederung zustehen. Der technische Führer des Bataillons, Ustuf. Konrad Bläß, sowie die Schirrmeister und I-Trupps der Kompanien nehmen sie in ihre Verantwortung und vervollständigen ihre technischen Kenntnisse insbesondere über die französischen Autotypen.
Am 15. Oktober 1941 ist die Vereidigung – ein großer Tag für die jungen Finnen. Der Bataillonskommandeur, Hauptsturmführer Collani, meldet das im offenen Karree angetretene Bataillon dem Kommandanten des Truppenübungsplatzes Groß Born, General Thofern, und der von Oberst Horn geführten finnischen Delegation, der General Heiskanen, Major Riekki, die Herren Aaltonen und Rautala, sowie die Damen Kaila,

Heiskanen, Riekki, Tuomola, Backberg und andere angehören. Dann übergibt der Militärattaché, Oberst Walter Horn, mit einer kurzen Ansprache, die ins Deutsche übersetzt wird, Hauptsturmführer Collani die von Finnland mitgebrachte Fahne.

Die Fahne des Bataillons wurde von Major Riekki, einem alten 27er Jäger, entworfen, und von Professor Carolus Lindberg heraldisch geprüft. Frauen von ehemaligen 27er Jägern haben die Fahne genäht.

Die Fahne zeigt auf weißem Grund das blaue Kreuz und in der Mitte des Kreuzes auf rotem Grund den finnischen Löwen. In der linken oberen Ecke der Fahne ist das SS-Zeichen und in der linken unteren Ecke das deutsche Eiserne Kreuz eingestickt. Rechts oben befindet sich das finnische Freiheitskreuz und rechts unten das Jägerkreuz, das Zeichen der ehmaligen 27er Jäger. Obwohl kompetente deutsche und finnische Wehrmachtsstellen keine endgültige Entscheidung über die Fortführung der Tradition des Preußischen Jägerbataillons Nr. 27 erzielen konnten, so wird doch aus den Emblemen der Fahne und aus den Reden deutlich, daß das Bataillon die Tradition der ehemaligen 27er Jäger fortführt.

Hierauf weist auch Aaltonen hin, wenn er schreibt: „Die finnischen Freiwilligen geben dem Jägererbe einen lebendigen Inhalt. Auch sie sind – wie ihre Väter – von dem glühenden Gedanken erfüllt, für ein freies und unabhängiges Finnland zu kämpfen. Auch das finnische Freiwilligenbataillon ist ein Beweis des starken Verteidigungswillens und der selbstlosen Opferbereitschaft der finnischen Jugend." *)

Nach der Fahnenübergabe durch den finnischen Obersten Horn antwortet der deutsche Hauptsturmführer Collani mit folgender Rede, die ins Finnische übersetzt wird:

„Aus Ihrer Hand, Herr Oberst Horn, übernehme ich die Fahne, die Finnland für sein Freiwilligen-Bataillon der Waffen-SS geschaffen hat. Als Angehöriger des ehemaligen Preußischen Jägerbataillons Nummer 27 übergeben Sie mir damit symbolhaft die Tradition Ihres alten ruhmreichen Bataillons, eines Bataillons, in dem Eure Väter, meine SS-Männer, in schwerer Zeit für die Größe Finnlands kämpften und siegten. Seine Freiheit verdankt Finnland in erster Linie seinen Jägern.

Tradition kann man nicht kaufen, man muß sie erkämpfen. Niemand soll

*) B. S. Aaltonen, „Waffenbruder Finnland", Seite 111.

von Tradition reden, der nicht durch sein eigenes Leben und sein Handeln diese Tradition zu mehren bereit ist. Es ist unser Wille, einen Kampf zu führen, der sich würdig an die Taten der Jäger reiht und der an diese Fahne Ruhm und Ehre heften soll.

Diese Fahne wird uns von nun an im Kampfe voranwehen. Es folgen ihr Männer, die sich freiwillig um sie zusammengeschart haben, in der Erkenntnis des notwendigen gemeinsamen Kampfes.

Herr Oberst Horn, als Kommandeur des Bataillons und als Führer Ihrer jungen finnischen Soldaten verspreche ich Ihnen in dieser Stunde: ‚Diese Fahne werden wir alle mit unserem Leben schützen. Wir werden alles daran setzen, daß sie niemals in den Staub sinkt. Siegreich soll sie uns und den uns Nachfolgenden im Kampfe voranwehen. Hinter ihr aber wird stets eine Gemeinschaft marschieren, deren oberster Grundsatz Ehre und Treue heißt!'

Ich übergebe jetzt die Fahne ihrem Träger, dem SS-Unterscharführer Hoffren. – Seien Sie sich der Ehre und der Auszeichnung bewußt, die Ihnen dadurch widerfährt, daß Sie diese Fahne tragen dürfen. Ergreifen Sie ihren Schaft und denken Sie stets daran, daß nur der Tod Sie von dieser Aufgabe entbindet." *)

Unter den Klängen des Defiliermarsches einer Heereskapelle trägt Hoffren, flankiert von zwei Führern als Fahnenbegleiter, die Fahne am angetretenen Bataillon vorbei und nimmt dann in der Mitte des Bataillons Aufstellung.

Noch einmal nimmt Hauptsturmführer Collani das Wort und weist in einer Ansprache vor dem im offenen Karree angetretenen Bataillon auf die Bedeutung des Eides hin:

„In dieser feierlichen Stunde, in Gegenwart Eurer Vorgesetzten und der Vertreter Finnlands und der deutschen Wehrmacht, findet Eure Vereidigung statt. Unsere Gedanken wandern zurück in jene Tage, als Ihr zu uns

---

*) Das Bataillon führte die Fahne an die Front mit. Im Frühjahr 1942, als wieder der Übergang zum Bewegungskrieg abzusehen war, beauftragte der Bataillonskommandeur den Bataillonsarzt, Ostuf. Dr. Bumke, die Fahne nach Dnjepropetrowsk zu bringen, wo die Division „Wiking" einen Nachschub-Stützpunkt eingerichtet hatte. Es ist nicht bekannt, ob bei der Rückführung des Bataillons nach Deutschland im April 1943 versucht worden ist, die Fahne dort abzuholen. Im Juli/August 1943 wurden Nachforschungen nach dem Verbleib der Fahne angestellt und schließlich auf Befehl eine Untersuchung eingeleitet. Alle Bemühungen, die Fahne wieder aufzufinden, blieben ohne Erfolg.

gekommen seid. Es waren für Euch Wochen und Monate schwerer und harter soldatischer Arbeit, die zwischen damals und heute liegen. Niemanden unter Euch habe ich kennengelernt, der je an der Schwere der Aufgabe verzagte. Hart und eisern habt Ihr Euren Dienst verrichtet und seid gute Soldaten geworden. Ein Teil von Euch hat sich bereits durch besondere Leistungen hervorgetan und trägt die Abzeichen der Führer und Unterführer. Ein weiterer Teil wird bald folgen. Durch Eure Tatkraft und durch Eure Hingabe ist die Ausbildung so weit gediehen, daß das Bataillon in Kürze an die Front ausrücken wird.
Der Fahneneid, den Ihr im Begriffe seid abzulegen, ist nicht eine durch Beendigung Eurer Ausbildungszeit begründete Handlung, sondern hat die Bedeutung einer äußerlich erkennbaren feierlichen Bekräftigung getreuer Erfüllung der schon bestehenden Pflichten. In der Eidesleistung findet die soldatische Berufsethik ihren religiösen Unterbau. Soldatentum und Eid sind von jeher zwei untrennbare Begriffe gewesen.
Jeder von Euch fühlt in dieser Stunde die Heiligkeit und Größe seiner Aufgabe. Durch die Anrufung Gottes wird das Treueverhältnis in feierlicher Form besiegelt. Euer Entschluß für die Freiheit, Größe und Neuordnung Europas zu kämpfen, erhält durch den Schwur seine höchste Weihe.
Euer soldatisches Leben steht jetzt für immer unter dem Grundsatz: Ehre und Treue. Die Ehre des Soldaten liegt im bedingungslosem Einsatz seiner Person für den Führer und für die Gemeinschaft, in der er lebt.
Unsere Kampfgemeinschaft erfordert eine Kameradschaft, die sich besonders in Not und Gefahr bewähren muß. Ich erwarte von Euch, daß Ihr treu diese Kameradschaftspflicht erfüllen werdet.
Vor Euch stehen vor unserer Fahne die Söhne von ehemaligen Soldaten des Preußischen Jägerbataillons Nummer 27. Sie werden für Euch auf die Fahne schwören, und Ihr alle werdet getreu wie die finnischen Jäger im Weltkrieg Euren Eid halten und so lange kämpfen, bis unsere großen europäischen Ziele verwirklicht sind."
Die Fahne senkt sich. Vier junge Finnen legen die linke Hand auf die Fahne und erheben die Rechte zum Schwur. Die angetretenen Kompanien verharren gleichzeitig mit dem Kommando „Stillgestanden!" in einer wohl jedem zu Herzen gehenden Haltung, die die feierliche Handlung unterstreicht. Ein Führer des Bataillons – seine Linke ruht ebenfalls auf der Fahne – spricht den Eid abschnittsweise vor. Die jungen Finnen sprechen ihn nach:

„Ich schwöre Dir, Adolf Hitler, als Führer, Treue und Tapferkeit. Ich gelobe Dir und den von Dir bestimmten Vorgesetzten Gehorsam bis in den Tod, so wahr mit Gott helfe."

Die deutsche und die finnische Nationalhymne erklingen. Die Fahne wird an die Spitze des Bataillons getragen. Die deutschen und finnischen hohen Offiziere schreiten die Front des Bataillons ab und begeben sich dann zur Tribüne.

Kommandos. Die Kompanien kommen in Bewegung, schwenken hintereinander zum Vorbeimarsch vor den Ehrengästen ein.

Voller Stolz ziehen sie an der Ehrentribüne vorbei. Kompanie hinter Kompanie. Davor die Kompaniechefs. Die Zugführer in der ersten Rotte der Züge rechts außen. Blickwendung zu den Ehrengästen, die jede vorbeidefilierende Kompanie grüßen. Abrücken der Kompanien in ihre Kasernenunterkunft.

Auf der Ehrentribüne Repräsentanten von Staat und Partei, vom Kommandoamt, der Platzkommandant von Groß Born, von finnischer Seite Oberst Horn, Oberst Levälahti, Major Riekki, und als Vertreterin der finnischen Lotta-Swärd-Organisation, Frau Baronin Ruth Munk. Nach dem Vorbeimarsch besichtigen die genannten Persönlichkeiten unter Führung von Hauptsturmführer Collani die tadellos aufgefahrenen Fahrzeuge des Bataillons und die Mannschaftsunterkünfte.

Ein Tag geht zu Ende, den die finnischen Freiwilligen sobald nicht vergessen. Mit dem Abschluß der Ausbildung und der Vereidigung sind die jungen Finnen, ist ihr Bataillon kriegsverwendungsfähig. Der Tag rückt näher, an dem das Freiwilligen-Bataillon zum Einsatz an die Ostfront abrücken wird.

Am 15. Oktober 1941 hat das Bataillon folgende Stellenbesetzung: Btl.Kdr.: Hstuf. Collani; Adjutant: Ustuf. Hirt; 1. Kompanie: Ostuf. Hoy; 2. Kompanie: Ostuf. Pallesche; 3. Kompanie: Ostuf. Hartmann; 4. Kompanie: Ostuf. Pleiner.

Über die Aufstellung und Ausbildung des Finnischen Freiwilligen-Bataillons der Waffen-SS ist abschließend zu sagen:

Die deutschen Stellen legten besonderen Wert auf eine gute und gründliche Ausbildung. Diese wurde anfangs durch die Sprachbarriere erschwert. Die Ausbildungspläne und -zeiten entsprachen den normalen deutschen, das heißt, einer verkürzten Friedensausbildung.

Es ist also nicht richtig, wenn u. a. der Historiker Aspelmeier schreibt:

„Ca. 1400 Mann gingen im Mai und Juni 1941 nach Deutschland und wurden als ‚Finnisches Freiwilligen-Bataillon der Waffen-SS' nach einer kurzen Ausbildung im Südosten eingesetzt."*)
An den Ausbildungszeiten anderer deutscher Einheiten gemessen, war die des Freiwilligen-Bataillons eine lange, denn welches deutsche Bataillon hatte zu der Zeit noch sieben Monate für die Ausbildung zur Verfügung?

Einsatzbereitschaft und Marsch an die Ostfront

Nach einem stürmischen Vormarsch im Sommer 1941 durch Südrußland erreichte die von Generalmajor der Waffen-SS Steiner geführte 5. SS-Division „Wiking" im Verband der 1. Panzerarmee des Generalobersten von Kleist den Raum südlich Stalino. Der noch vor Einbruch des Winters angelaufene Angriff auf Rostow am Don endete nach starkem russischen Gegenangriff. Die 1. Panzerarmee wurde zum Rückzug hinter den Tusloff- und dann hinter den Mius-Abschnitt gezwungen. Die im November einsetzende Regen- und Schlammperiode, die russische Rasputiza, und das über Nacht einsetzende Frostwetter machte den deutschen Soldaten schwer zu schaffen. Sie besaßen im russischen Winter keinerlei Erfahrungen. Panzer und Fahrzeuge blieben im Schlamm stecken und froren dann fest, wo sie standen. Der Nachschub stockte und versiegte fast. Für die deutschen Soldaten begannen große Leiden, Erfrierungen der Glieder standen an der Tagesordnung. Mühselig mußten im frostharten Boden neue Abwehrstellungen geschaffen werden. Durch Kampf und Winter brannten die Einheiten der SS-Division „Wiking", wie alle anderen Divisionen, bis zur Schlacke aus. Nach dem Rückzug wurden von ehemals siebzehn Kompanien des SS-Regiments „Nordland" acht schwache Kompanien formiert. Das III. Bataillon und die Regimentseinheiten wurden aufgelöst und auf das I. und II. Bataillon verteilt. Das geschwächte Regiment hatte aber eine volle Abschnittsbreite zu besetzen, und so hatten die Einheiten doppelte Last zu tragen. Trotzdem gelang es den frischen russischen Sturmtruppen nicht, die deutsche Front zu überrennen.

---

*) Dieter Aspelmeier, a.a.O., Seite 111.

Nach Überwindung des ersten Rückzugsschocks gingen die deutschen Führungsstellen sofort daran, alle greifbaren, fertig und halbfertig ausgebildeten und ausgerüsteten Verbände, oft Bataillone, der Ostfront zuzuführen, hierunter auch das finnische Bataillon, um die dünne „Front" wieder einigermaßen zu verstärken.

*

Das Bataillon, das auf dem Truppenübungsplatz Groß Born seine Ausbildung abgeschlossen hatte, wurde am 1. November 1941 dem Kommandoamt der Waffen-SS einsatzbereit gemeldet. Wie der Kommandeur, Hauptsturmführer Collani, erfährt, soll das Bataillon voraussichtlich dem im Süden der Ostfront stehenden SS-Regiment „Nordland" der SS-Division „Wiking" unterstellt werden.
In den Unterkünften der Kompanien herrscht rege Geschäftigkeit. Die Vorbereitungen zur Verladung gehen in die letzte Phase. Ausrüstung, Waffen und Munition sowie die Fahrzeuge werden für den Fronteinsatz nach Zweckmäßigkeit überprüft und hergerichtet, unnötiger Ballast abgegeben.
Der Transportkommandantur Stettin wird die benötigte Anzahl von Transportraum an Personen- und Güterwaggons gemeldet. Die Transportkommandantur bereitet die Bataillonsführung darauf vor, daß sich die Abfahrt bei den augenblicklichen Transportverhältnissen hinauszögern kann.
Nach Tagen zermürbenden Wartens fährt Hstuf. Collani am 13. November zum Kommandoamt nach Berlin und erfährt dort, daß gesprengte Strecken und Eisenbahnbrücken des ohnehin stark belasteten Eisenbahnnetzes in der Ukraine die Transportbewegung des Bataillons verzögern.
Am 21. November 1941 meldet sich der finnische Jägermajor Kurkiala beim Bataillon in Groß Born als neuer Verbindungsoffizier zur finnischen Heeresführung und Regierung. Kurkiala, von Baruf Pfarrer, ist gleichzeitig Feldgeistlicher des Bataillons. Er wird sich auch um die persönlichen Sorgen und Nöte der finnischen Freiwilligen kümmern.
Am 30. November erhält das Bataillon endlich den Befehl zur Herstellung der Marschbereitschaft. Das Bataillon soll im Eisenbahntransport zunächst bis Dnjepropetrowsk verlegt werden. Die Fahrzeuge werden im Eisenbahntransport bis Berditschew nachgeführt und von dort im mot. Marsch zuge-

führt. Diese Anweisung macht noch einmal die starke Belastung des Streckennetzes in der Ukraine deutlich. Die Versorgung der an der Front stehenden Verbände mit Verpflegung, Waffen und Munition hat den Vorrang. Dnjepropetrowsk ist das Nadelöhr des Südabschnitts der Ostfront, durch das alle Transporte laufen.

Am 2. Dezember 1941 treffen die ersten Waggons auf dem Bahnhof des Truppenübungsplatzes Groß Born ein. Die Verladung des Bataillons beginnt. Am 3. Dezember, um 07.55 Uhr, rollt der erste Transportzug ab, dem laufend die anderen folgen. Reihenfolge der Transportbewegung: Bataillonsstab und 4. Kompanie, 1. Kompanie, 2. Kompanie, 3. Kompanie. Die Waggons mit den Fahrzeugen werden abgesondert und zu eigenen Transporten zusammengefaßt, da zwischenzeitlich ein Lufttransport von Dnjepropetrowsk oder Winniza in Erwägung gezogen worden ist. Die Transporte rollen über Graudenz, Warschau, Lublin und Rovno.

In der Nacht des 5. Dezember wird der Transport der 2. Kompanie beschossen. Der Zug hält. Ustuf. Reubold springt aus dem Zug und läuft in Richtung der Schüsse. Ustuf. Ertel und ein Melder hinterher. Sie finden Reubold mit einem Bauchschuß auf dem Boden liegend und tragen ihn zurück in den Zug. Hier wird er vom mitfahrenden Zahnarzt des Bataillons, Ustuf. Franke, versorgt. Nach stundenlanger Fahrt wird Reubold in Deblin ausgeladen und ins dortige Lazarett gebracht, wo er stirbt. Niemand weiß bis heute, ob Reubold eine Partisanenkugel traf, oder ob er durch das wilde Geschieße aus dem Transportzug getroffen wurde. Ustuf. Ertel zweifelt jedoch, daß es sich um einen Partisanenüberfall gehandelt habe, da in dem Gebiet kaum mit Partisanen zu rechnen war. Er glaubt vielmehr, daß das polnische Lokpersonal Kohlen vom Tender geworfen hat, die von bewaffneten Komplizen aufgesammelt werden sollten. Ustuf. Reubold ist der erste Tote des Bataillons.

Am 8. Dezember 1941 treffen die Mannschaftstransporte auf dem Bahnhof Winniza ein und laden aus. Unterkunft in einem Barackenlager. Die Fahrzeuge rollen bis Berditschew und werden dort ausgeladen.

In Winniza wird gewiß, daß ein Lufttransport nicht möglich ist, da zu viele und wichtigere Transportaufträge vorliegen. So bleibt dem Bataillon nur der Landmarsch mit eignen Fahrzeugen. Der „Technische Führer Kraftfahrzeuge“ (TFK) des Bataillons, Ustuf. Konrad Bläss, erhält den Befehl, die Fahrzeuge schnellstens von Berditschew nach Winniza zu führen. Am 9. Dezember treffen die Fahrzeuge in Winniza ein.

Mot. Marsch zur Front! Ziel Stalino im Donbaß! Zwei unscheinbare, nüchterne Sätze aus den entsprechenden Marschbefehlen, die es jedoch in sich haben. Die Dauer des Marsches ist auf zehn Tage veranschlagt. Fünf Tage dauerte der Eisenbahntransport über eine Strecke von über tausend Kilometer. Zehn Tage sind für den mot. Marsch von neunhundert Kilometer vorgesehen. Das ergibt einen Schnitt von neunzig Kilometer pro Tag. Nichts Außergewöhnliches, wenn man es mit mitteleuropäischen Maßstäben mißt. Aber der mot. Marsch der Fahrzeugstaffeln des Bataillons von Berditschew nach Winniza über knapp hundert Kilometer bringt den technischen Führern und Unterführern einen Vorgeschmack dessen, was ihnen und ihren Fahrern auf der neunhundert Kilometer langen Strecke zur Front bevorsteht. Die herbstliche Regenperiode hat die Fahrstraßen in Schmierseife verwandelt. Fahrstraßen – ein zu hoher Begriff für Feldwege ohne jeglichen Unterbau. Im Sommer sind es zerfahrene, zertretene Wege – dunkle Erde, die mit langen, grauen Staubwolken den Marsch von Kolonnen anzeigt. Und jetzt ist eine solche „Straße" ein einziger Schlammstreifen mit vielen Schleifen und Haken, Spuren von festgesessenen Fahrzeugen, die den Untergrund zerwühlt haben. Der Schlamm hält Stiefel und Räder fest und macht es Menschen und Maschinen schwer. Und immer noch Regen!
Die Bataillonsführung, besonders der technische Führer und die Schirrmeister der Kompanien, treffen alle nur möglichen Vorkehrungen, um den mot. Marsch unter den ungewöhnlichen Wetterbedingungen so gut wie möglich zu bewältigen. Matten, aus Knüppeln mit Draht verflochten, werden hergestellt, die man notfalls unter die Räder legen kann. Ein Vorkommando fährt dem Bataillon voraus, um Quartier zu machen und die Versorgung und Bereitstellung von Treibstoff zu regeln.
Am 10. Dezember 1941 fährt das Bataillon im motorisierten Marsch von Winniza ab. Es geht über Uman. Am 13. Dezember trifft das Bataillon in Kirowograd ein. Schlagartig setzt der Winter ein. Nachts ist starker Frost. Am Tage taut es. Schon auf der Strecke bis Kirowograd mußten die Gruppen von ihren Fahrzeugen oft absitzen und die festsitzenden Fahrzeuge schieben. Mit dem Frost meldet sich der russische Winter an, der den Männern alles abverlangen wird.
Das Bataillon liegt mehrere Tage in Kirowograd in einer Schule. Die Männer werden mit leichtem Dienst und Revierreinigen beschäftigt; sie sind ungeduldig, sie wollen an die Front. Revierreinigen ist ihnen zuwider. Es

entsteht der Name „Finnisches Freiwilligen-Reinigungsbataillon". Ungeduld läßt zur Flasche greifen. Es wird unmäßig Alkohol getrunken. An einem späten Abend ist Radau und Rabbatz in der Unterkunft der 2. Kompanie. Eine Rauferei beginnt. Ustuf. Ertel, Zugführer dieser Kompanie, läßt alle Männer der 2. Kompanie in der großen Schulaula antreten und macht mit ihnen eine Stunde lang Gewehrübungen, bis die Kampfhähne abgekühlt sind. Über dem nächtlichen „Abkühldienst" leuchtet von der Stirnseite der Aula der Spruch: „Proletarier aller Länder vereinigt Euch!" in kyrillischen Buchstaben, von finnischen Freiwilligen ins Deutsche übersetzt.

Am 23. Dezember dann endlich Weitermarsch bis in den Raum Alexandrija und am 24. Dezember 1941 Eintreffen in Dnjepropetrowsk.

Das Vorkommando und der Stützpunkt der SS-Division „Wiking" haben in Dnjepropetrowsk alles vorbereitet. Die Kompanien des Finnischen Freiwilligen-Bataillons werden in den Räumen des Revolutionsmuseums untergebracht.

Es ist Heiliger Abend. Die Männer des Bataillons versammeln sich in einem Saal des Museums zu einer Weihnachtsfeier. Bataillonskommandeur Collani und der Feldgeistliche Kurkiala sprechen. Es werden Weihnachtslieder gesungen. Die Gedanken wandern für kurze Zeit in die Heimat – nach Deutschland und nach Finnland. Lichterglanz und Weihnachtsgebäck unterstreichen die Feierlichkeit des Abends. Dann kommt gelöste Stimmung, mitunter Wehmut und Galgenhumor auf. Wein und Schnaps rinnt die Kehlen hinunter. Ein großes Ölgemälde an der Wand zeigt den Einmarsch der Roten Armee in Viipuri. Einige Finnen reden sich in Zorn. Eine überlebensgroße Stalin-Statue aus Gips wird bis zur Treppe gewuchtet und dann heruntergestoßen. Stalin zerbricht in tausend Scherben. Die Finnen sind befriedigt, ihre Wut klingt ab.

An den Weihnachtsfeiertagen ist dienstfrei. Die Tage danach sind mit leichtem Dienst und Arbeit angefüllt, die I-Trupps mit der Reparatur der ausgefallenen Fahrzeuge beschäftigt. Improvisation bei außergewöhnlichen Arbeitsbedingungen wird großgeschrieben. Die 2. Kompanie hat besonders viel Fahrzeugausfälle, die teilweise im Heereskraftfahrpark von Dnjepropetrowsk instand gesetzt werden müssen.

Inzwischen machen sich der Kommandeur der SS-Division „Wiking", Generalmajor der Waffen-SS Steiner, und der Oberbefehlshaber der 1. Panzerarmee, Generaloberst von Kleist, darüber Gedanken, wo das Ba-

taillon einzusetzen ist. Beide stimmen darin überein, die finnischen Freiwilligen in einem ruhigen Frontabschnitt einzusetzen, um sie langsam einzugewöhnen.
Am 28. Dezember 1941 erhält das Bataillon in Dnjepropetrowsk von der 1. Panzerarmee den Befehl zum Weitermarsch nach Stalino. Da die 2. Kompanie außergewöhnlich viel Fahrzeugausfälle hat, wird sie von Dnjepropetrowsk nach Jassinowataja mit der Eisenbahn transportiert. Die Abfahrt erfolgt bereits am 28. Dezember. In ungeheizten Waggons bekommen die Männer bei eisiger Kälte den russischen Winter zu spüren. Die Kompanie feiert in Jassinowataja mit viel Schnaps Silvester.
Die 2. Kompanie erhält am 1. Januar 1942 in Jassinowataja den Befehl zum Abmarsch nach Rutschenkowo, dem Unterkunftsraum des Bataillons. Am 2. Januar, einem frostklaren, sonnigen Wintertag mit zwanzig Grad minus, marschiert die Kompanie ab, wird aber nach zwei Stunden in ihre alten Unterkünfte zurückbefohlen.
Am 3. Januar endgültiger Abmarsch nach Rutschenkowo, acht Kilometer südwestlich Stalino. Es ist noch kälter als am Vortage. Eisiger Wind fegt den Männern auf dem ganzen Marsch ins Gesicht. Rauhreif bildet sich an den Kopfschützern über der Mundpartie. Viele Männer bleiben erschöpft auf der dreißig Kilometer langen Wegstrecke zurück. Einige kommen erst am nächsten Tag in Rutschenkowo an. Die 2. Kompanie wird in Rutschenkowo vom Vorkommando in die Unterkünfte, eine Bergarbeitersiedlung, eingewiesen. Die anderen Kompanien des Bataillons befinden sich noch auf dem mot. Marsch. Ihr Eintreffen ist noch nicht vorauszusehen.
Am 29. Dezember 1941 fahren die anderen Kompanien motorisiert von Dnjepropetrowsk ab. Bei Abmarsch des Bataillons von Winniza herrschte die russische „Rasputiza“ mit Regen und verschlammten, grundlosen Wegen. Jetzt bereiten verschärfter Frost und Schnee sowie die Beschaffung von Treibstoff die größten Schwierigkeiten. Dazu mehren sich die Fahrzeugausfälle durch die außerordentlichen Witterungsbedingungen. Das Bataillon kommt nur noch sprungweise, manches Mal buchstäblich nur schrittweise, vorwärts. Schieben ist immer wieder das letzte Mittel. Tagelange Rasten müssen eingelegt werden, um die ausgefallenen Fahrzeuge wieder instand zu setzen und auf Benzin zu warten. Schließlich wird an die 1. Panzerarmee ein Fernschreiben gekabelt, in dem die Schwierigkeiten ganz nüchtern zum Ausdruck gebracht werden:

„Weitermarsch erst, wenn es Straßenlage erlaubt. Als einzige Möglichkeit, bei diesen Witterungsverhältnissen Fahrzeuge zum Laufen zu bekommen, wird Erwärmung der Motoren in einer geschlossenen Halle in Erwägung gezogen. Auf den Straßen sind Räumkolonnen mit Schneepflügen und Ochsengespannen in Aktion. Gesamtausfälle an Fahrzeugen am 6. 1. 1942: 49 Lkw, 11 Pkw."

Am 8. Januar 1942 wird das Bataillon, das sich noch auf dem Marsch befindet, auf Befehl der 1. Panzerarmee der SS-Division „Wiking" zugeteilt. Ein Fernschreiben gleichen Inhalts unterrichtet das Kommandoamt.

Der beschwerliche Marsch des Bataillons geht über Nowomoskowsk, Snamenka, Pawlograd, Petropolje und Slawjanka. Am 11. Januar 1942 sind in Rutschenkowo bei Stalino 34 Führer und 786 Unterführer und Mannschaften eingetroffen. 131 Mann liegen noch unterwegs bei ausgefallenen Fahrzeugen. Später treffen auch diese Nachzügler beim Bataillon ein.

Das Bataillon hat in der Bergarbeitersiedlung von Rutschenkowo Unterkunft, die sie mit der Zivilbevölkerung teilen muß. Die Siedlung ist für sowjetischen Verhältnisse modern. Nach einem einheitlichen Bauschema teilen sich immer zwei Familien eine Küche. Jede Familie hat ein größeres Zimmer für sich, das zum Wohnen und Schlafen dient. Zur Zeit herrscht eine drangvolle Enge. Zivilisten und Soldaten drängen sich in den Zimmern, denn draußen ist ein strenger Winter. Alpträume bereiten die sanitären Verhältnisse. Hinter den Häusern stehen in langer Reihe die „Toiletten" aus Holz. Waschen ist Luxus.

Müßiggang ist vom Übel. Die Männer müssen beschäftigt werden. Putz- und Flickstunden. Waffenreinigen. Formalausbildung um die Mittagszeit.

Am 12. Januar 1942 erhält das Bataillon von der SS-Division „Wiking" den Befehl folgenden Inhalts:

> „Das Finnische Freiwilligen-Bataillon der Waffen-SS marschiert am 17./18. 1. 1942 in zwei Marschgruppen nach Amwrosiewka und steht dort der Division als mot. Reserve zur Verfügung. Der Einsatz ist so gedacht, daß dem Bataillon kompanieweise Gelegenheit geboten wird, sich Fronterfahrung anzueignen. Erst dann wird das Bataillon als Gesamtheit einen Verteidigungsabschnitt erhalten."

Am 16. Januar verlegt bereits das Bataillon im mot. Pendelverkehr von Rutschenkowo nach Amwrosiewka. Amwrosiewka ist Versorgungs- und Unterkunftsstützpunkt der „Wiking". In Amwrosiewka ruhen und entlausen nach langen Wochen Fronteinsatz abwechselnd die Kompanien und Bataillone der „Wiking". In diesen vorbereiteten Unterkünften ziehen nun die Männer des Bataillons ein. Einen Tag später besichtigt der Kommandierende General des XIV. Panzerkorps, General von Wietersheim, dem die „Wiking" untersteht, die Unterkünfte des Bataillons und stellt einen baldigen Fronteinsatz in Aussicht.
Am 18. Januar ist der Kommandeur der SS-Division „Wiking", Generalmajor der Waffen-SS Felix Steiner, im Quartier des Bataillonsstabes und macht Hstuf. Collani und seine Führer mit der Absicht vertraut, das Bataillon in der Nacht vom 22. zum 23. Januar 1942 am Nordflügel der Division „Wiking" einzusetzen. Das Bataillon wird dem SS-Regiment „Westland" unterstellt und soll ein dort eingesetztes Bataillon der schnellen slowakischen Division ablösen.
Am 19. Januar, um 14.30 Uhr, spricht Generalmajor der Waffen-SS Steiner im Theatersaal von Amwrosiewka zu den finnischen Freiwilligen über den Sinn des Einsatzes gegen den Bolschewismus, der auch Finnland bedroht. Er geht dann konkret auf den bevorstehenden Fronteinsatz ein und spricht die Hoffnung aus, daß auch das Bataillon in diesem europäischen Kampf seinen Beitrag leisten und würdig an die Taten des Jägerbataillons Nummer 27 anknüpfen möge.
Generalmajor der Waffen-SS Felix Steiner, Schöpfer des ersten integrierten europäischen Truppenverbandes des Zweiten Weltkrieges, der 5. SS-Division „Wiking", hatte seinen Freiwilligenverband 1941 in Südrußland gut geführt und auch menschlich das Herz seiner Freiwilligen aus den Ländern Nord- und Westeuropas gewonnen. Nun gilt sein ganzes Augenmerk, seine ganze Fürsorge, dem geschlossenen Bataillonsverband der finnischen Freiwilligen. Zwar hat dieser Verband deutsche Führungskader, doch sollen diese durch Heranbildung und Bewährung nach und nach von geeigneten Finnen ersetzt werden.
Die Männer des Bataillons spüren die Fürsorge und Kameradschaft, die ihnen – vom Divisionskommandeur angefangen, bis zum letzten Schützen – in der Division „Wiking" entgegenschlägt. Sie haben eine größere soldatische Heimat gefunden, sie sehen, seit dem ersten Tag, die Division „Wiking" auch als *ihre* Division an.

Erster Fronteinsatz

Am Vormittag des 20. Januar 1942 werden Hstuf. Collani und seine Kompanieführer auf dem Gefechtsstand der SS-Division „Wiking“ in Kalinowo mit dem ersten Verteidigungsabschnitt des Bataillons vertraut gemacht. Das Bataillon erhält einen zirka drei Kilometer breiten Abschnitt südwestlich von Golodajewka zugewiesen,
mit rechter Grenze: Krynkaschleife ein Kilometer nordwestlich Kalinowo –Ortsmitte Nowo-Bachmutzkij–Südrand Tschernokosewa-Balka–Golubjatschij;
mit linker Grenze: Südrand Belojarowka–Südrand Kamyschewacha–Südrand Olchowskij–Südufer des Ochowtschik-Baches bis zur Einmündung in den Mius–Nordrand Shelobak.
An Artillerie können vor diesem Abschnitt wirken: Die 2./SS-AR 5, die II./AR 64 (leichte Batterien), die IV./SS-AR 5 und die schwere Heeres-Art.Abt. 844.
Unterstellt werden dem Bataillon ein sIG und zwei lIG der 13./SS-Rgt. „Westland“.
Gegenüber liegt die 31. Schützendivision der 9. Sowjet-Armee mit Teilen der Schützenregimenter 75 und 248. Feindverhalten passiv.
Weitere Ergebnisse der Besprechung: Die Reservekompanie soll in Bischlerowka unterziehen. Zum Ausbau der Stellungen wird dem Bataillon die 2./Heeres-Pionier-Bataillon 60 zugewiesen. Gefechtsstand des Bataillons in Nowo-Bachmutzkij. Der Einsatz des Bataillons soll so erfolgen:
Zwei Kompanien mit je zwei Zügen (8 MG) in vorderster Linie. Die restlichen zwei Züge bilden jeweils die Kompaniereserve.
Ablösung:

1. Zugweise innerhalb der Kompanien;
2. Kompanieweise innerhalb des Bataillons. Davon je Kompanie jeweils 20 Tage in vorderster Stellung und 10 Tage in Bischlerowka in Ruhe.

Zur Versorgung der Stellungskompanien wird bei den Trossen eine Schlittenkolonne zusammengestellt. Ein Zug der SS-Flak-Abteilung 5 übernimmt in Nowo-Bachmutzkij die Fliegerabwehr.
Gegen 15.00 Uhr erfolgt die Einweisung der Kompanie- und Zugführer durch die slowakischen Einheitsführer in den Stellungen. Die Stellung ist gut und übersichtlich. Sie liegt auf den westlichen Randhöhen der Mius-

niederung. Der Stellungsausbau läßt zu wünschen übrig. Bei der Rückfahrt nach Amwrosiewka machen sich die Einheitsführer bereits Gedanken darüber.

Am 21. Januar 1942 brechen die Kompanien des Freiwilligen-Bataillons aus ihren Unterkünften in Amwrosiewka auf. Das Bataillon wird im mot. Marsch wie folgt vorgezogen:

1. Kompanie mit unterstelltem sMG-Zug der 4. Kompanie nach Olchowskij;

3. Kompanie mit unterstellten sMG-Zug nach Nowo-Bachmutzkij;

2. Kompanie mit unterstelltem sMG-Zug nach Bischlerowka (Reserve).

Die Trosse der 1. und 3. Kompanie bleiben in den genannten Orten, der der 2. Kompanie in Bischlerowka. Die Finnen beginnen sofort mit dem Bau von Saunas, den finnischen „Gesundbrunnen"; der Marschweg der Finnen ist fortan an den gebauten Saunas zu verfolgen.

Gegen Abend des 21. Januar 1942 ziehen die Stellungskompanien in ihre Abschnitte, in den rechten Bataillons-Abschnitt die 3. Kompanie, in den linken die 1. Kompanie. Die Männer tragen schwer an der Ausrüstung, an Waffen und Gerät. Bei verlöschendem Tageslicht werden sie von den Kompanie- und Zugführern durch die Gräben geführt. Deutsche, finnische und slowakische Worte, feldgraue und erdbraune Uniformen prägen die Ablösung, die reibungslos vor sich geht. Die Slowaken schlurfen durch die Gräben zurück. Die Finnen sind allein, stehen endlich in vorderster Front. Manche von ihnen werden als Horchposten vorgeschoben, sind dort die Lauscher am Feind. Angespannte Nerven, Gedanken, Gefühle, Bewährung des einzelnen.

Im Abschnitt des Bataillons ist es in den nächsten Tagen verhältnismäßig ruhig, gut zum Eingewöhnen eines jungen Verbandes, der noch keine Kampferfahrung hat. Und dennoch ist ein Frontalltag gar nicht so ruhig, wie allgemein angenommen wird. Ein Tag an der Front bringt für die Züge, die Kompanien, für das Bataillon viele kleine Ereignisse von lokaler Wichtigkeit. Immer muß man wachsam sein, muß den Gegner im Auge und nachts im Ohr behalten, um eventuelle Aktionen des Feindes rechtzeitig zu erkennen und zu durchkreuzen. Wenn auch das in der großen Lage, in der Gesamtheit der Front kaum Erwähnung findet, so sei daran erinnert, daß aus kleinsten Begebenheiten, aus Zufällen, aus Stoßtrupperfolgen Grundlagen zu großen Operationen wurden.

In den Morgenstunden des 23. Januars beobachten die Posten in den

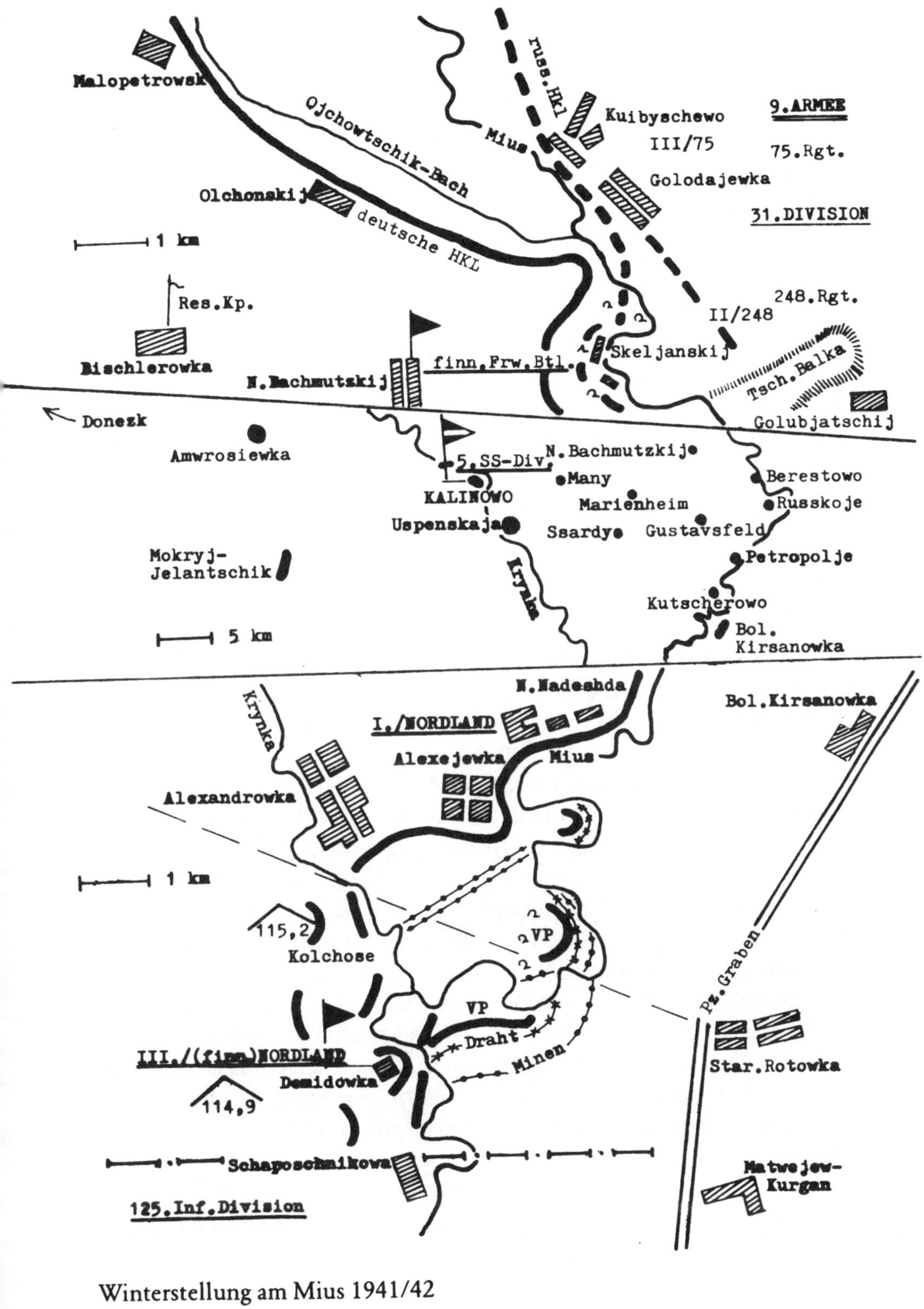

Winterstellung am Mius 1941/42

Sappen, an den Maschinengewehren im Vorgelände einen Rotarmisten, der sich unauffällig den finnischen Stellungen nähert. Sie sind hellwach und machen die Waffen feuerbereit. Als der Russe sich aber dann auffällig und mit erhobenen Armen zu erkennen gibt, wissen die Posten, daß es ein russischer Überläufer ist. Der Rotarmist wird gefangengenommen und zum Verhör nach hinten gebracht.
Und noch ein Ereignis an diesem Tage schreckt die Finnen auf: Durch eine Scharfschützenkugel fällt der Finne Onni Martikainen von der 3. Kompanie. Er ist der erste Gefallene des Bataillons.
Der Kommandeur des SS-Regimentes „Westland", Generalmajor der Waffen-SS Phleps, genannt Stolz, bespricht mit Hstuf. Collani den weiteren Ausbau der Stellungen. Einen Tag später, am 25. Januar, erscheint Phleps abermals auf dem Gefechtsstand des Bataillons in Nowo-Bachmutzkij, um sich zu verabschieden. Phleps geht in seine Heimat Siebenbürgen zurück, um aus den dortigen Volksdeutschen Rumäniens die SS-Division „Prinz Eugen" aufzustellen. Phleps war im rumänischen Heer bereits General und der Schöpfer der rumänischen Gebirgstruppen. Das SS-Regiment „Westland" übernimmt Obersturmbannführer Maack.
Besondere Beobachtung der Stellungskompanien richtet sich auf die gegenüberliegenden feindbesetzten Ortschaften Golodajewka und Skeljanskij. Skeljanskij ist der neuralgische Punkt der Stellung der Finnen. Es ist ein langgestrecktes Dorf mit Einzelgehöften, umgeben von Obstbaumplantagen, und liegt in der diesseitigen Miusniederung. Skeljanskij ist von Teilen des II./Schützenregiments 248 der 31. russischen Schützendivision besetzt. Die Hauptstellung der Russen liegt jedoch auf der Ostseite des Mius.
Am 26. Januar fällt bei einem Spähtrupp auf Skeljanskij Hscha. Eggers, Zugführer der 3. Kompanie. Nach Rückkehr des Spähtrupps schießt deutsche Artillerie Störungsfeuer auf den Ort.
Am 27. Januar dringen russische Kräfte bei starkem Schneetreiben beim I./„Westland" in Berestowo ein und werden wieder über den Mius zurückgeworfen. Am 30. Januar ein neuer Einbruchsversuch etwas weiter südlich. Erhöhte Alarmbereitschaft auch jeweils für das Bataillon, doch das SS-Regiment „Westland" wird mit den Krisen allein fertig.
Der harte russische Winter mit abwechselnd strengem Frost und Schneetreiben erschwert die Lebens- und Kampfbedingungen ungemein. Das deutsche Feldheer ist ungenügend mit praktischer Winterkleidung ver-

sehen. Die im Reichsgebiet angelaufene Wintersachenspende trifft erst an der Front ein, als der Winter vorbei ist. Die Männer in den Stellungen helfen sich selbst, ziehen russische Steppjacken und Filzstiefel an, setzen russische Fellmützen auf. Und kein Vorgesetzter murrt darüber. Der Selbsterhaltungstrieb drängt alle Förmlichkeiten zurück. Stundenlang bei eisiger Kälte oder bei Schneetreiben auf Posten stehen, erfordert schon eine Selbstüberwindung. Winzig kleine Bunker, in die Erde gehackt, gegraben, notdürftig erwärmt von selbstgebastelten Öfen aus Tonnen und Munitionsbehältern, stellen die Behausungen für viele Fronttage dar. Tagelang nicht waschen, nicht rasieren. Mitunter wochenlang, ohne Wäschewechsel. Die Unterwäsche, die Pullover sind voller Läuse. Was der Frontsoldat im ersten Rußlandwinter erdulden und erleiden muß, ist schwer zu beschreiben. Und dazu die ständige Kampfbereitschaft.
In den letzten Januartagen verstärken sich die Feindbewegungen im Raum Golodajewka. Golodajewka ist vom sowjetischen Schützenregiment 75 besetzt. Um Klarheit über die Feindbewegungen zu bekommen, wird vom Bataillon ein Stoßtrupp auf Golodajewka befohlen.
Der finnische Untersturmführer Ingerö, Zugführer der 1. Kompanie, ist mit seinem Zug als Stoßtrupp ausersehen. Ingerö und seine Leute machen sich auf Grund der Beobachtungen aus den Stellungen ein Bild von den russischen Stellungen, von den Gewohnheiten der Russen, ihre Postenablösungen, die Stellungsinspektionen ihrer Offiziere. Prägen sich die Minenfelder und Gassen ein, die Drahtsperren und den günstigsten Übergang über den zugefrorenen Mius.
Am 28. Januar ist es dann soweit. Der Stoßtrupp Ingerö, mit Maschinenwaffen, Pistolen und reichlich Handgranaten versehen, geht in die Stellung am linken Flügel der 1, Kompanie vor. Absprache mit den in Stellung liegenden Gruppen, wann, wo und wie der Stoßtrupp vorgehen wird. Noch einmal Überprüfung der Waffen. Zurücklassen von unnötigen Ausrüstungsgegenständen. Kein unnötiger Ballast soll die Bewegungsfreiheit des Stoßtrupps beeinträchtigen.
Mitternacht ist vorbei. Auf dem Kalender hat der 29. Januar 1942 begonnen. Klarer Sternenhimmel. Hellschimmernder Schnee. Fahle Nachtbläue. Zischen, tuscheln. Der Stoßtrupp Ingerö schleicht ins Niemandsland hinaus. Gleitet lautlos den Hang hinunter, auf dem die eigene Stellung liegt. Kommt unerkannt an den weiter rechts liegenden russischen Vorpostenstellungen diesseits des Mius vorbei. Dann einzeln, katzenhaft über das

Eis des Mius. Eintauchen in eine Obstbaumplantage. Voraus hebt sich Golodajewka als dunkler Schatten ab. Liegenbleiben, verharren, lauschen, beobachten. Zischende, kaum hörbare Laute. Uscha. Kukkosen weist die Männer des Deckungstrupps ein. Ustuf. Ingerö und ein paar seiner Männer schleichen auf den erkannten Posten am Westrand von Golodajewka zu. Ist es ein Russe, sind es zwei? Vorsichtiges Weiterrobben, Meter um Meter, Zentimeter um Zentimeter. Jetzt! Vorschnellen von Schatten, wie Tiger im Sprung, und ehe der russische Posten nur einen Laut von sich gibt, ist er von drei, vier Gestalten umringt und geknebelt. Er wehrt sich nicht lange, wird fortgeschleppt. Ein Husarenstück nach finnischer Art. Als dann der Stoßtrupp über das Eis des Mius zurückgeht, werden die russischen Vorposten wach. Ein paar Maschinengewehrgarben in die verkehrte Richtung. Ein paar Gewehrschüsse über den Köpfen des zurückgehenden Stoßtrupps. Aus den Stellungen auf dem westlichen Höhenzug des Mius wird das russische Feuer von deutschen Waffen nur kurz erwidert. Als der neue Tag mit milchigen Schleiern aus der Miusniederung heraufsteigt, erreicht der Stoßtrupp Ingerö ohne Ausfälle nach erfülltem Auftrag die eigenen Stellungen. Auf dem Gefechtsstand der 1. Kompanie, einem gut ausgebauten Bunker, beglückwünschen Hstuf. Collani und Ostuf. Hoy den Ustuf. Ingerö, der danach eingehend berichtet.
Der Gefangene wird verhört. Nach seiner Aussage sind in Golodajewka etwa 1000 Rotarmisten eingetroffen, die in den nächsten Tagen die deutschen und finnischen Stellungen, oder die Stellungen der Slowaken, des nördlichen Nachbarn, angreifen werden.
Erörterungen in den Stäben. Beratungen mit den Artillerieeinheiten. Telefongespräche, die Aktivitäten in den Feuerstellungen auslösen. Bereits am Vormittag schießen alle deutschen und slowakischen Batterien, die auf Golodajewka wirken können, geschlossene Feuerüberfälle auf die große Ortschaft. Bereits in den Abendstunden des 29. Januar sind Feindbewegungen aus Golodajewka nach rückwärts zu beobachten, Infanterie und Panjekolonnen. In der Nacht Fahrzeuggeräusche in derselben Richtung, die auf Abzug von Kraftfahrzeugen schließen lassen.
Die Front beruhigt sich wieder. Nun treten Scharfschützen verstärkt in Aktion. Am 1. Februar verwunden Scharfschützen, die in Skeljanskij sitzen, zwei Männer der 1. Kompanie. Finnischerseits werden Überlegungen angestellt, wie diesen Burschen beizukommen ist.
Der Chef der 2. Kompanie, Ostuf. Pallesche, wird am 3. Februar zum Stab

des SS-Regiments „Nordland“ versetzt und übergibt die Kompanie an den finnischen Ostuf. Ladau.

Inzwischen ist die Neuordnung und Auffrischung der Verbände der 1. Panzerarmee auch im Südabschnitt der Ostfront angelaufen. So auch beim XIV. Panzerkorps, dem die SS-Division „Wiking“ unterstellt ist. Nachersatz trifft ein. Die Panzerdivisionen werden nach und nach aus der Front herausgelöst und im Hinterland neu mit Panzern und Fahrzeugen ausgestattet. Die deutsche Front gerät in eine andauernde Ablösungs- und Austauschbewegung. Innerhalb der Armee, der Armeekorps und auch innerhalb der Divisionen. Im Zuge dessen beabsichtigt die SS-Division „Wiking“ in Übereinstimmung mit dem SS-FHA die Eingliederung des Finnischen Freiwilligen-Bataillons der Waffen-SS in das SS-Regiment „Nordland“.

Aus der Bedrängnis des Rückzuges besetzte im November das XIV. Panzerkorps des Generals von Wietersheim die Miusstellung am Nordflügel der 1. Panzerarmee. Bei Dimitrowka (12 km nördlich Golodajewka) floß die 1. Gebirgsdivision ein. Die Miusfront zwischen Malopetrowskij und Skeljanskij besetzte die neu herangekommene schnelle slowakische Division, deren Offiziere teilweise schon in der österreichischen k.u.k. Armee gestanden haben. Den Abschnitt Skeljanskij–Alexejewka übernahm die SS-Division „Wiking“. Ihr südlicher Nachbar war anfangs die 16. Panzerdivision. Am rechten Flügel der 1. Panzerarmee bis zum Asowschen Meer verteidigte General von Mackensens III. Panzerkorps. So war es bis zum Beginn der Neuordnung der deutschen Verbände.

Verfolgen wir nun im Rückblick bis hierher die Verschiebungen innerhalb der SS-Division „Wiking“:

Beim Einfließen aus der Rückzugsbewegung in die Mius-Stellung stand das SS-Regiment „Germania“ bei Berestowo am Nordflügel der Division, das SS-Regiment „Nordland“ in der Mitte bei Kutscherowo und das SS-Regiment „Westland“ bei Alexejewka. Alle Regimenter hatten nur noch etwa die Hälfte ihres Personalbestandes. Sowjetische Angriffe, dazu der russische Winter, verursachten innerhalb der Divisionsfront eine weitere Vermischung der Bataillone, weil zur Abwehr herangezogen werden mußte, was gerade greifbar war. Das I./„Germania“ mußte sogar außerhalb der Division eingreifen und einen russischen Stoß aus dem Raum Isjum auf Dnjepropetrowsk, der die 1. Panzerarmee von Norden zu umfassen drohte, abwehren helfen. Dabei brannte das Bataillon Dieckmann zur Schlacke aus.

Am 13. Februar 1942 wird im Zuge der Neuordnung die schnelle slowakische Division aus dem Abschnitt beiderseits Malopetrowskij herausgelöst. Den nördlichen Abschnitt übernimmt das I., den südlichen Abschnitt das II. Bataillon des Regiments „Nordland". Im südlichen Abschnitt, bei Olchowskij, muß das Bataillon zusätzlich zwei Kompaniebreiten von den Slowaken übernehmen, das zwingt dazu, nun auch die Reservekompanie in vorderster Linie einzusetzen. Auch die anderen Regimenter der „Wiking" erhalten damit breitere Abschnitte. Die Ablösungen gehen nach altem bewährten Muster störungsfrei vor sich.
Am 16. Februar 1942 scheidet das Bataillon aus dem Unterstellungsverhältnis „Westland" aus und tritt zum Regiment „Nordland". Damit ist führungsmäßig die vorgesehene Eingliederung vollzogen. Linke Nachbarn sind Freiwillige des II./„Nordland", Deutsche, Dänen und Norweger.
Am 18. Februar inspiziert der Kommandeur des Regiments „Nordland" erstmalig die Stellungen der Finnen. Oberführer von Scholz, im Ersten Weltkrieg bereits als junger Offizier mit hohen Tapferkeitsorden der österreichischen k.u.k. Armee ausgezeichnet, hat sich im Sommerfeldzug 1941 in Rußland als ein kluger und profilierter Truppenführer erwiesen, zu dem auch bald die Finnen vollstes Vertrauen gewinnen. Unkompliziert und warmherzig erobert er sich die Herzen der finnischen Freiwilligen im Nu. Die Zusammenarbeit mit Collani ist vom ersten Tag an gut.
Der 18. Februar ist ein klarer Wintertag. Fliegerwetter. Russische Aufklärer wagen sich an die deutsche HKL heran. Feuer aus Infanteriewaffen schlägt ihnen entgegen. Am Spätnachmittag überfliegen 17 Maschinen die Front bei Skeljanskij und Olchowskij und werfen Flugblätter ab, die zum Überlaufen auffordern.
Am 19. Februar löst die 7. Kompanie „Nordland" die 1. Kompanie des Bataillons im Abschnitt Olchowskij ab. Der etwa sieben Kilometer breite Abschnitt des Bataillons wird damit wieder kleiner. Das Regiment befiehlt als neue linke Grenze die vorspringende Bergnase ostwärts von Olchowskij, die vom Finnen-Bataillon zu besetzen ist. Hier brachen die Russen bei den Slowaken einmal ein.
Der Abschnitt Skeljanskij–Golodajewka wurde bereits beschrieben. Nördlich davon verläuft die HKL auf den Randhöhen des Ojchowtschik-Baches. Zwischen diesem Bach und dem Mius liegt eine gut einsehbare Niederung. Die russischen Stellungen liegen auf dem Höhenzug östlich des Mius. In der Nacht schieben beide Seiten Vorposten und Lauschtrupps ins

Niemandsland vor, die ständig ihren Standort wechseln, da immer wieder die Trampelpfade vermint werden.
In den folgenden Tagen verstärken sich im gesamten Divisionsabschnitt feindliche Späh- und Stoßtrupptätigkeit und Bewegungen im russischen Hinterland. Die Besetzung der eignen HKL wird in den Nächten verstärkt.
Am 22. Februar hat das Bataillon Ausfälle durch russische Artillerie und Scharfschützen. Um 16.00 Uhr laufen Zivilisten aus Skeljanskij – 3 Männer, 17 Frauen und 23 Kinder – zu den eigenen Linien über. Um 19.00 Uhr erfolgt der erste, in der Nacht folgen weitere Fliegerangriffe auf Nowo Bachmutzkij. 59 Bomben fallen. Dank guter Luftschutzvorsorge hat das Bataillon nur einen Verwundeten.
Skeljanskij, kritischer Punkt der HKL, Hochburg russischer Scharfschützen, Dorn im Auge der Finnen. Skeljanskij, ein unscheinbarer Ort mit weitgestreuten Einzelsiedlungen und Obstbaumplantagen im Niemandsland zwischen den Hauptkampflinien. Für den flüchtigen Betrachter liegt es ruhig, wie ausgestorben da. Aber es birgt Heimtücke und Hinterlist; die Russen halten es mit Vorposten besetzt, die der flüchtige Betrachter nicht auszumachen vermag. Doch von den westlichen Randhöhen, aus den Stellungen der Finnen, erkennen die Beobachter jede Veränderung im Ort. In langen Postenstunden erkennt das wachsame Auge selbst die Veränderung von Dachsteinen, von Ruinen, von Strauchwerk. Scharfe Ferngläser holen die Veränderungen näher heran und bringen letzte Gewißheit, daß hier oder dort ein Scharfschütze eine neue Stellung bezogen hat; da nützt ihm auch nicht das fast tägliche Wechseln.
Am 23. Februar gehen zu verschiedenen Zeiten drei Spähtrupps der Finnen auf Skeljanskij vor, überwacht und unter dem Feuerschutz der Kameraden auf den Randhöhen. Skeljanskij, das stellt sich heraus, ist stärker als bisher vom Feind besetzt. In der Abenddämmerung geht der letzte Spähtrupp los. Bei den Russen ist anscheinend gerade Ablösung. Unachtsamkeit unterstützt das Vorgehen der Finnen. Blitzschnell eine geballte Ladung Handgranaten in ein feindbesetztes Haus. Eine mächtige Detonation. Schreie. Schüsse. Der Spähtrupp kommt ohne Ausfälle zurück. Im Morgengrauen des nächsten Tages wieder ein Spähtrupp auf Skeljanskij. Anschleichen nach finnischer Art. Ein anderes Haus ist das Ziel. Blitzschnelles Eindringen. „Hände hoch – mitkommen – schnell, schnell!" Mit vier Rotarmisten kommen die Finnen zurück. Sie sagen aus, daß die geballte Ladung am

Abend zuvor fünf Tote gefordert hat, daß eine ganze Kompanie daraufhin die Flucht ergriffen hat, daß die Russen jetzt mit einem Bataillon auf engstem Raum bei Skeljanskij stehen.
Wegen der vermehrten Spähtrupptätigkeit auf Skeljanskij vermuten hier die Russen einen Angriff von deutscher Seite und räumen den Ort. In der Annahme einer deutsch-finnischen Besetzung bombardieren russische Flugzeuge Skeljanskij. Als dann doch nichts geschieht, besetzen die Russen das Dorf am 25. Februar wieder. Am 26. Februar haben die Finnen wieder einen Toten durch Scharfschützen, die im Nordteil von Skeljanskij sitzen.
Am Abend des 26. Februar bringt ein russischer Lautsprecher aus dem Raum Golodajewka Musik und eine Rede in slowakischer Sprache. Nach 13 Tagen haben die Russen noch nicht gemerkt, daß die Slowaken abgelöst worden sind.
Ende Februar und fast den ganzen März hindurch wechselseitiger Artillerie- und Granatwerferbeschuß, Spähtrupptätigkeit, und nun auch beiderseitiger Einsatz von Scharfschützen. Die Kriegslist treibt ausgefallene Blüten. Die Stellungen werden verbessert.
Skeljanskij, dieses Scharfschützennest, rückt wieder in die eignen Überlegungen und Pläne. Ein Stoßtrupp muß den Russen wieder einen Denkzettel verpassen.
Am 25. März, gegen 03.00 Uhr morgens, erkundet ein Spähtrupp der Finnen einen Weg für einen Stoßtrupp. Um 11.00 Uhr werden die Ergebnisse des Spähtrupps auf dem Bataillonsgefechtsstand in Nowo Bachmutzkij ausgewertet und der neue Stoßtruppeinsatz mit allen mittelbar und unmittelbar beteiligten Einheitsführern – auch der Artillerie – besprochen. Ustuf. Ingerö, Zugführer der 1. Kompanie, wird wieder den Stoßtrupp führen.
Ingerö holt seine Männer zusammen und erklärt ihnen Auftrag und Durchführung. Zur Vorbereitung bleibt nicht viel Zeit.
Gegen 22.40 Uhr geht der Stoßtrupp Ingerö los. Angespannte Aufmerksamkeit – auch in den Stellungen auf dem Höhenrücken. Um Mitternacht ist noch alles ruhig. Die Geisterstunde bricht an. Die erste Stunde des 26. März ist vorüber. Ingerö ist mit seinen Männern im Nordteil von Skeljanskij eingedrungen. Explosionen zerreißen plötzlich die unheimliche Stille der Nacht. Russische Tretminen gehen hoch, töten einen und verwunden zwei von Ingerös Männern. Das ist das große Wecken! Und nun

läuft alles sehr schnell ab: geballte Ladungen in zwei Häuser hinein, die voller Russen sind. Schreie der Getroffenen, Rufe in russischer und finnischer Sprache. Überall springen dunkle Schatten wie Geister umher. Maschinenpistolen schnarren, Pistolen- und Gewehrschüsse peitschen durch die Nacht. Handgranaten dröhnen wie Paukenschläge. Die Russen haben die Schrecksekunde überwunden, wehren sich, wollen den finnischen Stoßtrupp fangen. Im Nahkampf fällt ein Finne, drei weitere werden leichter verwundet. Ingerö deckt als letzter das Zurückgehen seines Stoßtrupps.

Gegen 04.30 Uhr meldet Untersturmführer Ingerö dem Bataillonskommandeur, Hauptsturmführer Collani, der in der Stellung bereits wartet, seinen Stoßtrupp zurück. Ingerö meldet, daß zwei besetzte Häuser mit geballten Ladungen gesprengt wurden, wobei schätzungsweise zwanzig Russen den Tod fanden. Ingerö meldet auch die eignen Verluste. Zwei Gefallene – einer im Nahkampf, einer durch eine russische Tretmine – und fünf Verwundete sind ein hoher Preis. Alle Toten und Verwundeten werden zurückgebracht.

Stunden später wird durch einen russischen Artilleriefeuerüberfall der finnische Ostuf. Ladau, Chef der 2. Kompanie, in der eignen Stellung verwundet. Die Kompanie muß auf Befehl des Bataillons Ustuf. Ertel übernehmen, aber auch er muß am gleichen Tage mit einer Lungenentzündung die Stellung verlassen. Im gut ausgebauten Kompanie-Gefechtsstandbunker wartet Ertel auf den Spieß, der am Abend mit einem Panjeschlitten das Essen der Kompanie nach vorn bringt. Ertel hat hohes Fieber; um sich abzulenken, spielt er mit jungen Katzen, die im Gefechtsstand umherschnurren. Dann endlich kommt der Spieß mit dem Essen.

Ertel steigt auf den Schlitten, hüllt sich in Decken ein. Die Fahrt nach rückwärts wird angetreten, doch schon bald sind die kleinen Panjepferde so schlapp und ausgepumpt, daß sie den leichten Schlitten durch den hohen Schnee nicht mehr ziehen können. Ertel ist gezwungen, abzusteigen und mit über 40 Grad Fieber hinterherzustolpern.

Als er in Nowo Bachmutzkij ankommt, ist er völlig am Ende. Drei Wochen in der Krankenstube in Nowo Bachmutzkij – betreut vom Bataillonsarzt, Ostuf. Dr. Bumke, und von Dr. Necker –, dann endlich ist Ertel transportfähig und wird ins Feldlazarett nach Mokryj-Jelantschik gebracht. Das sind übrigens die Stationen aller Kranken und Verwundeten des Bataillons.

Die Auswirkungen des finnischen Stoßtruppunternehmens auf Skeljanskij zeigen sich in den folgenden Tagen durch 19 Überläufer.
Die nächsten Tage und Wochen bleibt es im Abschnitt der Finnen verhältnismäßig ruhig. Nach harten Wintertagen, die den Freiwilligen alles abverlangten, wächst in ihnen mit den Vorboten des Frühlings neuer Tatendrang. Diesseits und jenseits des Mius werden Vorbereitungen zu neuen Offensiven getroffen. Die wechselseitige Auffrischung der Divisionen der 1. Panzerarmee und die damit verbundene Verschiebung in den Stellungen geht weiter.
Am 20. April 1942 wird Hstuf. Collani zum Sturmbannführer befördert.
Am 22. April überbringt der Regimentsadjutant, Ostuf. Hans Meyer, dem Bataillon den Vorbefehl zum Herauslösen und die Bekanntgabe des voraussichtlichen neuen Abschnitts. Das SS-Regiment „Nordland" soll den Abschnitt Alexejewka übernehmen und dabei – unter Ausdehnung des rechten Abschnitts der „Wiking" nach Süden – Teile der 16. Panzerdivision ablösen.
Am 25. April 1942, gegen 21.00 Uhr, wird das Bataillon durch das I./Schützenregiment 20 der schnellen slowakischen Division im Stellungsabschnitt Olchowskij–Skeljanskij abgelöst. Die abgelösten Teile werden Zug um Zug mit den MTW des Bataillons nach Many gefahren, wo die letzten am Morgen des 26. April eintreffen. Ein paar Stunden Ruhe und danach Vorbereitungen für den neuen Einsatz füllen den Tag aus. Am Spätnachmittag ist das Bataillon bereits wieder marschbereit.

Frontabschnitt Demidowka

Das Bataillon sammelt in Many. Nach ein paar Stunden der Ruhe und Ergänzung von Waffen, Geräten und Munition werden am Nachmittag des 26. April 1942 die 1., 3. und 4. Kompanie mit Mannschaftstransportwagen nach Alexandrowka gefahren. Die zuletzt aus der Stellung gekommene 2. Kompanie folgt einen Tag später. Zwischenzeitlich Einweisung der Kompanie- und Zugführer in den neuen Abschnitt. Gegen Abend gehen die Kompanien in die Stellungen und lösen das II. Bataillon des Schützen-

regiments 64 der 16. Panzerdivision im Abschnitt Demidowka ab. Um 21.30 Uhr meldet Stubaf. Collani dem SS-Regiment „Nordland“ in Alexandrowka die vollzogene Ablösung.
Der neue Bataillonsabschnitt wird durch die Miusschleife geprägt. Die rechte Grenze (zugleich Divisionsgrenze) verläuft am Nordrand von Schaposchnikowa. Rechter Nachbar ist die württembergische 125. Infanteriedivision, die das springende Wiesel als taktisches Zeichen führt. Die linke Grenze bildet südlich von Alexandrowka die Krynka. Linker Nachbar ist das I./„Nordland“.
Der Mius, der der Stellung im äußersten Süden der deutschen Ostfront seinen Namen gibt, fließt im Abschnitt des Bataillons von Nordosten heran und ändert nach Aufnahme der Krynka südlich von Alexandrowka seinen Lauf nach Süden, um bei Taganrog ins Asowsche Meer einzumünden.
Westlich des Mius zieht sich parallel mit dem Fluß ein Höhenzug hin, mit den Höhen 115,2 und 114,9, auf dem die neuen Stellungen des Bataillons liegen. Im nördlichen Bataillonsabschnitt liegt ein Stellungsteil auf einer östlichen Uferhöhe und sperrt eine weit in die deutsche Front hineinragende Miusschleife.
Im Miustal bei Demidowka liegen Obstbaumplantagen, besonders Kirschen, die mit verschwenderischer Pracht aufblühen und die ersten Bienen und Hummeln anlocken. Nach Tagen ist das Tal ein einziges weißes und zartrosa Blütenmeer, das den Krieg mitunter vergessen macht. Die sprießende und blühende Natur, der hereinbrechende Frühling mit seinen bunten Farben der Lebenskraft, läßt die dunklen und kalten Tage des russischen Winters in der Erinnerung der Männer verblassen. Alle Soldaten, die den ersten Kriegswinter in Rußland erlebt haben, erhalten die Medaille „Winterschlacht Osten 1941–42“. Das breite rote Ordensband mit dem schmalen schwarzen und den zwei schmalen weißen Streifen soll Anerkennung sein für überstandene Nöte und Gefahren, für Entbehrungen und Opfer an der Gesundheit. Jenes Bändchen, das zahlreiche Krisen des vergangenen Winters nicht treffender als mit jenem Satz ausdrücken konnte: „Das Rote des Ordensbandes ist der Iwan, das Schwarze die Rollbahn und das Weiße sind wir!“
Der Gefechtsstand des Finnischen Freiwilligen-Bataillons befindet sich in einem Bauernhaus in der Mitte von Demidowka. Auf dem Dachboden des Hauses ist ein Beobachtungsstand eingerichtet, der ständig besetzt ist. Die ohnehin gute Übersicht wird durch ein Scherenfernrohr noch besser, das

alle Bewegungen bis weit ins feindliche Hinterland erkennen läßt. Gleich neben dem Gefechtsstand befindet sich ein großer Gemeinschafts-Kühlkeller.
Die Vorschrift, wonach die Zivilbevölkerung aus dem Kampfgebiet evakuiert werden mußte und nur Arbeitskräfte für die Truppe bleiben durften, wurde in Demidowka großzügig ausgelegt. So befinden sich noch Frauen, ältere Männer und sogar Kinder im Ort. Sie werden als Arbeitskräfte von den Feldküchen beschäftigt; sie waschen die Wäsche der Soldaten, heizen die Sauna und besorgen Kühe und Geflügel. Zivilisten, die direkt von den Kompanien beschäftigt werden, werden auch von diesen in den Verpflegungslisten geführt und erhalten Truppenverpflegung.
Ständig wird an der Verbesserung der Stellung gearbeitet. Ein Wettbewerb: „Wer hat den bestgetarnten und bombensichersten Unterstand?" wird gestartet. Neue Bunker entstehen, auch einer als Bataillonsgefechtsstand. Jeder, der zum Gefechtsstand kommt, muß eine Weile schippen. Kommandeur, Adjutant und Ordonnanzoffiziere sind natürlich tatkräftig dabei. Auch die beiden Hausbesorgerinnen Lyda und Clava. Der neue Bunker wird sogar verklinkert. Pünktlich am 15. Juni 1942, zum einjährigen Bestehen des Bataillons, wird der Bunker eingeweiht. Es fließt reichlich Alkohol und sogar eine dem Bataillon auf Zusammenarbeit angewiesene Batterie schießt – wohl aus ihrem „schwarzen" Bestand – eine Ehrensalve.
Der Frontabschnitt Demidowka ist ruhig. Lediglich auf den Straßen im feindlichen Hinterland wird lebhafter Verkehr beobachtet. Überläufer sagen aus, daß vor dem Bataillonsabschnitt drei russische Regimenter stehen, aber niemand vermag zu sagen, was sie im Schilde führen. Vorsorglich bespricht Stubaf. Collani mit den Kompanie- und Zugführern weitere Verteidigungsmaßnahmen. Auffallend ist die rege feindliche Fliegertätigkeit. Fürchten die Russen aus diesem Abschnitt eine deutsche Offensive?
Beispielsweise vermerkt das Kriegstagebuch des Bataillons unter dem 2. Mai 1942:
„35 Fuhrwerke, 8 Lkw und 3 panzerähnliche Fahrzeuge wurden, in Richtung Kolonie Rotowka fahrend, beobachtet. Weiterhin reger Verkehr nach Matwejew-Kurgan sowie auf der Verbindungsstraße M.-Kurgan–Stara Rotowka, darunter auch Meldereiter. Abtasten der eigenen Front durch feindliche Spähtrupps."
Im Zuge der Umgliederung der Regimenter und Bataillone des deutschen Feldheeres wird am 12. Mai 1942 die Auflösung der 4. Kompanie des

Bataillons durch Regimentsbefehl verfügt. Die Züge der Maschinengewehr-Kompanie treten als vierte (schwere) Züge zu den Schützenkompanien. Zu den vier sMG (zwei sMG-Gruppen) kommt noch je eine 8-cm-Granatwerfergruppe mit zwei Werfern hinzu. Die Neugliederung ermöglicht eine bessere Versorgung und eine straffere Führung. Beim bisher praktizierten Unterstellungsverhältnis waren die Züge der MGK weit verstreut eingesetzt und ihre Versorgung dementsprechend schwierig. Am 15. Mai ist die Umgliederung vollzogen.
Gleichzeitig mit der Auflösung der MGK wird eine neue schwere Kompanie aufgestellt, mit einem Pionier-, einem 5-cm-Pak-, einem lIG- und einem Nachrichtenzug. Das Stammpersonal dieser Züge kommt von den jeweiligen Spezialeinheiten. Die Auffüllung geschieht durch finnischen Ersatz. Die neue schwere Kompanie übernimmt am 4. Juli Hstuf. Brückner.
Am 16. Mai trifft der finnische General Talvela (Nachfolger von Oberst Horn) mit einem kleinen Gefolge auf dem Bataillonsgefechtsstand in Demidowka ein, wo er von Stubaf. Collani herzlich begrüßt wird. Talvela nimmt Einblick in die Stellungen, redet mit seinen Landsleuten und begibt sich dann zur Reservekompanie nach Alexandrowka. Hier besichtigt er Unterkünfte und Krankenrevier, Sauna und Wäscherei. Überall Aufgeschlossenheit, gegenseitige Zuneigung, Entgegenkommen und Verbundenheit. In einer Abschlußrede würdigt der hohe Gast den erworbenen hohen Ausbildungsstand und die Einsatzfreudigkeit des Bataillons. Stubaf. Collani bedankt sich im Namen des Bataillons für diese Ehre und verspricht, daß die Männer des Bataillons alle in sie gesetzten Hoffnungen erfüllen werden. Verbunden mit der Tradition des Jägerbataillons Nummer 27 des Ersten Weltkrieges ist das Bataillon der symbolhafte Ausdruck deutsch-finnischer Waffenbrüderschaft.
Kleinere Verbände – wie Bataillone –, die jeweils größeren nur zeitlich begrenzt unterstellt waren, wurden allzuoft mit schwierigsten Aufgaben betraut und, nicht selten, regelrecht „verheizt". Auf Grund dieser Überlegungen war Generalmajor Steiner immer bemüht, solche kleinen Einheiten in einen festen Regimentsrahmen einzufügen. Diese Überlegungen setzen sich durch und werden schließlich vom SS-Kommandoamt mit Befehl vom 23. Mai 1942 verfügt: Das Finnische Freiwilligen-Bataillon wird III.(finnisches)/SS-Freiwilligen-Panzergrenadier-Regiment „Nordland" unter gleichzeitiger Umbenennung der Kompanien in 9.

(vorher 1. Kp. usw.), 10., 11. und 12. Kompanie. Nun hat das Regiment „Nordland“ wieder drei Bataillone. Mit Zuführung einer Panzerabteilung wird die „Wiking“ offiziell 5. SS-Freiwilligen-Panzergrenadierdivision „Wiking“. Gleichzeitig werden die bisherigen SS-Regimenter SS-Freiwilligen-Panzergrenadierregimenter.

Das Bataillon wird fortan von den Männern der „Wiking“ kurz und bündig „Finnen-Bataillon“ genannt, und jeder weiß, welche Einheit das ist. Spötter – und nicht wenige Finnen selbst – nennen das Bataillon „fast selbständiges“ Bataillon, weil „finnisches“ in der neuen offiziellen Bezeichnung in Klammern steht und der finnische Löwe, Wahrzeichen der Finnen, vom taktischen Zeichen des Regiments umgeben ist. Einige Finnen mögen in der Eingliederung ihres Bataillons die Preisgabe einer gewissen Selbständigkeit sehen.

Unterdessen betreibt jeweils die Reservekompanie hinter dem Höhenzug des Mius regelrechte Gefechtsausbildung. Besonderes Gewicht liegt auf dem Zusammenwirken mit den schweren Waffen. Auch die vorn eingesetzten Kompanien treiben in ruhigen Zeiten hinter den Höhen Gefechtsausbildung unter Belassung schwacher Sicherungen in den Stellungen.

Deutscherseits wird eine neue Offensive vorbereitet. Auch bei den Russen tut sich etwas. Beide Seiten behalten sich im Auge und reagieren auf kleinere Aktionen mit Gegenmaßnahmen. Verständlicherweise bemühen sich die Russen, durch vermehrte Aufklärungs- und Stoßtrupptätigkeit die Absichten der Deutschen so früh als möglich zu erkennen, um sie durchkreuzen zu können. In der Nacht vom 20. zum 21. Mai 1942 wird beim I./„Nordland“ ein rechtzeitig erkannter russischer Stoßtrupp in Kompaniestärke zurückgeschlagen. Dabei lassen die Russen 25 Gefallene zurück sowie ein Minensuchgerät (vor der Stellung liegt ein Minenfeld) und zahlreiche Waffen. Gefangene sagen aus, daß der Stoßtrupp den Auftrag hatte, die deutsche Front zu beunruhigen und Gefangene einzubringen, um aus ihren Verhören Rückschlüsse ziehen zu können. Daraufhin wird vom Regiment erhöhte Wachsamkeit befohlen. Die Russen haben für solche Zwecke eigens aus jungen, kampferprobten Soldaten Stoßtruppkompanien geschaffen, die bald hier, bald dort eingesetzt werden. Dies auch wohl, weil die Masse der Rotarmisten solchen Belastungen nicht gewachsen oder gar kriegsmüde ist.

Am 3. Juni, 02.00 Uhr, meldet der Chef der 10. Kompanie, Ostuf. Hilker, dem Bataillon telefonisch Gefechtslärm und Minenexplosionen bei den

Gefechtsvorposten und einen feindlichen Spähtrupp von fünf Mann am Mius-Ostufer. Um 02.10 Uhr präzisiert Hilker die erste Meldung dahingehend, daß bei den Gefechtsvorposten vorwärts der Miusschleife drei feindliche Spähtrupps aufgelaufen sind; einer lief auf Minen, die anderen werden gerade durch Feuer vertrieben. Ein Russe blieb innerhalb der Minensperre liegen und wird eingebracht.
Obersturmführer Hilker, genannt „Bobby", war vor dem Kriege ein bekannter „moderner Fünfkämpfer". Er führt seine Kompanie mit Ruhe und Umsicht.
Jetzt liegt die Kompanie gerade im linken Abschnitt des Bataillons. Die Hauptstellung der Kompanie liegt westlich des Mius, der Kompanie-Gefechtsstand im Kolchos am Wege Demidowka–Alexandrowka. In der großen Miusschleife, auf den östlichen Randhöhen, befindet sich eine starke Vorpostenstellung, die wiederholt das Ziel russischer Späh- und Stoßtrupps ist. Aber die Finnen sind wach und parieren jeden Vorstoß. Links, auf gleicher Höhe, jedoch westlich des Flusses, hat die 3./„Nordland" (I. Bataillon) eine Vorpostenstellung.
In Verbundenheit der finnischen Freiwilligen mit ihrem Heimatland und dem finnischen Oberbefehlshaber Feldmarschall Mannerheim, sendet Stubaf. Collani im Namen des Bataillons am 3. Juni ein Glückwunschtelegramm zu Mannerheims Geburtstag. Am 14. Juni bedankt sich der Feldmarschall mit einem entsprechenden Antworttelegramm.
Am 15. Juni 1942 besteht das Bataillon ein Jahr. In einem Tagesbefehl würdigen Regimentskommandeur und Stubaf. Collani die Aufbauleistungen und den Einsatz des Bataillons. Die Tagesbefehle enden mit der Erwartung, daß das Bataillon auch in Zukunft alle gestellten Aufgaben pflichtgetreu erfüllen werde. Wie bereits erwähnt, wird der neue Gefechtsstandbunker eingeweiht.
Das Abtasten der deutschen Front geht weiter. Am 17. Juni, gegen 21.00 Uhr, wird ein 30 Mann starker Stoßtrupp vor dem rechten Bataillonsabschnitt erkannt und durch heftiges Abwehrfeuer vertrieben.
Und wieder die Vorpostenstellung: Am 2. Juli, gegen 10.00 Uhr, erkennt Stubaf. Collani, der gerade bei den Vorposten ist, drei Rotarmisten vor dem eigenen Drahthindernis. Collani brüllt sie an. Sie werfen ihre Waffen weg und geben sich gefangen. Einen Tag später, gegen Morgen, löst ein feindlicher Spähturpp eine Leuchtsperre aus. Die Gefechtsvorposten antworten mit Feuer. Der russische Spähtrupp zieht sich zurück.

Die eigne Artillerie schießt täglich das übliche Störungsfeuer. Am 25. Juni schießt eine Batterie auf Stara Rotowka sogenannte „Goebbelsgranaten“. Das sind Geschosse aus Pappe, die beim Aufprall platzen und Flugblätter, die zum Überlaufen auffordern, verstreuen.
Während des Winters und Frühjahrs haben die Russen unter Einsatz von Soldaten und Zivilisten vor ihrer Stellung einen Panzergraben geschaffen, der sich am Ende von Stalino bis Taganrog hinzieht. Eine gewaltige Arbeit – mit Hacke, Schippe und Spaten. Wer zählt die Flüche, die Blutblasen in den Händen, die vielen Tropfen Schweiß? Wer kann überhaupt ermessen, wie viele Tausend Kubikmeter Erde von Hand bewegt worden sind? Diesen Panzergraben sahen auch die finnischen Freiwilligen täglich wachsen. Vor ihrem Abschnitt ist er ganz deutlich von Matwejew-Kurgan bis Kolonie Nr. 3 zu erkennen.
Am 28. Juni 1942 beginnt der Angriff des Nordflügels der Heeresgruppe Süd in Richtung Woronesch, der sich jedoch nicht so entwickelt, wie von der obersten deutschen Heeresführung vorausberechnet war. Die Zeit drängt und wird knapp, wenn die großen Operationsziele 1942 erreicht werden sollen. Diese sind klar abgesteckt: Stalingrad mit dem unteren Wolgagebiet und Kaukasien mit seinen Ölfeldern. Am 13. Juli erhält die 1. Panzerarmee den Befehl, im Zuge der Kaukasusoffensive Rostow anzugreifen und die dortigen Don-Übergänge für den Sturm nach Süden zu öffnen.
Im Rahmen des deutschen V. Armeekorps (Wetzel), das in der Front am unteren Mius steht und in der Front von Süden nach Norden die 298., 73. und 125. Infanteriedivision eingesetzt hat, sollen die ersten Breschen geschlagen werden. Zum Nachstoß wird dahinter General Kirchners LVII. Panzerkorps (beide Armeekorps werden zur Armeegruppe Ruoff zusammengefaßt) herangezogen, dem auch die „Wiking“ unterstellt wird.
Auf Grund dieser Planungen und der bereits bei Isjum in Bewegung geratenen Front hat die 125. Infanteriedivision einen Teil des Abschnitts der „Wiking“ mitzuübernehmen. Am 8. Juli übernimmt die „Wiesel“-Division mit Teilen des Grenadierregiments 419 den rechten Abschnitt des III.(finnischen)/Freiwilligen-Panzergrenadier-Regiments (10. Kp.) und am 13. Juli den restlichen Abschnitt des Bataillons.
Das Bataillon Collani verlegt nach Mokryj Jelantschik in Ruhequartiere. Die anderen Bataillone des Regiments „Nordland“ bereiten sich in Alexandrowka und Alexejewka auf die neue Offensive vor.

Bei der „Wiking“ zeichnet sich ab, daß erhebliche Teile der Division bei Beginn der Offensive in den Kaukasus wegen Fahrzeugmangel nicht einsatzbereit sind und bis zum Eintreffen von neuen Fahrzeugen aus der Heimat im Miusgebiet warten müssen. Dies trifft für das gesamte Regiment „Westland“ und für die III. Bataillone der Regimenter „Germania“ und „Nordland“ zu. Vom 16. bis 19. Juli gibt das III.(finn.)/„Nordland“ seine Fahrzeuge an das I. und II. Bataillon ab, die mit zum Angriff auf Rostow antreten werden.
Das III.(finn.)/„Nordland“ richtet sich in Mokryj Jelantschik für längere Zeit ein. Die Ungeduld der jungen Finnen wächst. Stubaf. Collani gibt einen auf drei Wochen befristeten Ausbildungsplan heraus. Dann hofft man, daß das Bataillon dem Regiment nachgeführt werden kann.

Mokryj Jelantschik

Vom 13. Juli bis 10. August 1942 liegt das III. (finn.) Bataillon des SS-Freiwilligen-Panzergrenadierregiments „Nordland“ in Mokryj Jelantschik. Die ersten Tage sind ausgefüllt mit Instandsetzen der Waffen und des Gerätes. Spezialisten werden in besonderen Lehrgängen weiter ausgebildet und ihre Kenntnisse weiter vertieft. So laufen Pionier-, Nachrichten- und Melderlehrgänge. In letzteren wird intensiv das Kartenlesen und der Umgang mit dem Kompaß geübt sowie das Orientieren im Gelände, und dies auch bei Nachtübungen unter erschwerten Bedingungen. Fahrschulen bilden Ersatzfahrer aus, und die eingeteilten Fahrer haben technischen Unterricht und praktische Unterweisungen an Motoren und Fahrgestellen.
Die Züge und Kompanien betreiben Gefechtsausbildung, die mit Kompanie- und Bataillonsübungen ihre Krönung findet. Die Spezialausbildung an der 5-cm-Pak, dem leichten Infanteriegeschütz, als Funker und Fernsprecher sowie die Pionierausbildung läuft weiter und findet ihren Abschluß in den Verbandsübungen.
Hauptsturmführer Brückner, 1941 Chef der 1./„Nordland“, führt seit dem 4. Juli 1942 die neuaufgestellte 12. (schwere) Kompanie. Er ist gleichzeitig stellvertretender Bataillonskommandeur. Wie bei seiner alten 1./„Nordland“ gewinnt er auch in der neuen Zwölften bald die Achtung und Zu-

neigung seiner Untergebenen, hört sich deren Sorgen und Nöte an und sorgt für Abhilfe. Hstuf. Brückner wird bei einem Scharfschießen seiner schweren Waffen durch Kurzschuß am 1. August 1942 schwer verwundet und stirbt später im Feldlazarett. Die schwere Kompanie übernimmt später der nach seiner Verwundung am 26. März genesene Hstuf. Ladau, ein Finne.

In Mokryj Jelantschik zeigt sich der russische Sommer von seiner besten Seite. Sport und Freizeit kommen nicht zu kurz. Der Musikzug des Regiments musiziert. Mokryj Jelantschik ist ein schönes Dorf, in der Niederung des gleichnamigen Baches gelegen, umsäumt von sanften Höhenzügen. Mokryj bedeutet zu russisch: feucht – Dorf in der feuchten Niederung. Die finnischen Freiwilligen haben guten und herzlichen Kontakt mit den Einheimischen. An schönen Sommerabenden sitzen die Freiwilligen mit den Frauen und Mädchen auf den Bänken vor den Häusern und plaudern und singen.

Hygiene und Körperpflege werden groß geschrieben. Impfungen und Gesundheitsdienst, überwacht von den Truppenärzten Dr. Bumke und Dr. Necker. Der Bataillonszahnarzt Dr. Franke führt Zahnuntersuchungen durch und bringt schlechte Zähne in Ordnung. Und natürlich gibt es auch in Mokryj Jelantschik eine finnische Sauna.

Anfang August übt das Bataillon in mehreren großen Übungen den Angriff unter Zusammenwirken aller Waffen und Nachrichtenmittel, über die das Bataillon verfügt. Das ist der Abschluß der Ausbildung.

Von der Front im Kaukasus treffen täglich Meldungen ein, die das Bataillon über den Vormarsch und den Kampf des Regiments „Nordland“ und der Division „Wiking“ unterrichten. Natürlich fiebern alle Freiwilligen in Mokryj Jelantschik dem neuen Einsatz entgegen. Dieser kündigt sich an, als Anfang August dem Bataillon laufend Kraftfahrzeuge aus den Heimatparks zugeführt werden. Am 8. August 1942 verfügt das Finnen-Bataillon wieder über 78 Lastkraftwagen, 4 Kfz. „Steyr“ und 4 Kfz. „Krupp“ als Zugmittel für die schweren Züge der 12. Kompanie, über ein Kommandeur-Fahrzeug Kfz. 17 „Mercedes“ und 9 „Opel-Kadett“ für Stabs- und Troßführer. Die Lkw sind „Mercedes“ und „Klöckner-Humboldt-Deutz-Diesel“.

Am 9. August 1942 erhält das Bataillon den Befehl vom Regiment zum Nachkommen in den Raum Maikop. Der Tag vergeht bei emsiger Arbeit. Fahrzeuge, Waffen und Geräte werden klargemacht und verladen. Und dann heißt es Abschied nehmen von der einheimischen Bevölkerung.

Mitunter verstohlene Tränen in blanken Mädchenaugen, als am Abend noch einmal schwermütige russische und finnische Lieder gesungen werden, Lieder der Heimat, Lieder der Liebe, von Erika und Lilli Marlen.

Kaukasus und Raum Maikop

Die untere Wolga mit Stalingrad und das kaukasische Öl sind die auslösenden Fakten für die deutsche Sommeroffensive 1942. Im Zuge dessen sollen die alliierten Hilfslieferungen über den Iran abgeschnürt werden. Am 30. 7. 1941 hatte Harry Hopkins im Auftrage Roosevelts mit Stalin über die alliierten Pacht- und Leihlieferungen an die Russen verhandelt. Dabei wurde beschlossen, neben der Eismeerroute einen zweiten Transportweg über den Iran zu schaffen und zu diesem Vorhaben das Land zu besetzen. Der britische Premierminister Churchill begründete diesen Schritt mit dem Satz: „Im Kriege schweigen die Gesetze."
Am 25. 8. 1941 marschierten zwei britische und drei russische Divisionen in den Iran ein und eroberten dieses Land nach viertägigem Kampf. Damit ist der zweite Weg für die alliierten Hilfslieferungen an die Sowjets geschaffen.
Seit der Erschließung des Transportweges über den Iran laufen 1942 etwa 30 Prozent der Gesamtlieferungen über diesen Weg. 1943 sind es mit 1 606 979 Tonnen sogar 33,5 Prozent. Verständlich, daß es ein deutsches Anliegen ist, im Zuge des Sommerfeldzugs 1942, neben der Gewinnung der kaukasischen Ölfelder, diesen Materialfluß abzuwürgen.
Hauptziele sind jedoch die kaukasischen Ölfelder und das ernährungswichtige Kubangebiet. Öl ist die magische Formel, die Hitler und seine Umgebung in den Bann schlägt. Ohne Öl oder den daraus veredelten Treibstoff läuft kein Panzer- und Flugzeugmotor. Öl, gleich an Ort und Stelle veredelt, erspart lange Nachschubwege und macht den riesigen Nachschubapparat überflüssig. Die kühnen Träume fliegen sogar noch höher: In einer großen Ölzange soll der ganze Schwarzmeerraum und Kleinasien deutsches Einflußgebiet werden. Der nördliche Zangenarm soll über den Kaukasus und der südliche über Afrika/Ägypten, wo das deutsche Afrika-Korps (Rommel) steht, in die Ölgebiete des Nahen Ostens vordringen.

Im „Fall Blau", der Weisung Nr. 41 vom 5. 4. 1942, sind die Operationsziele für 1942 festgelegt worden: Vorstoß nach Osten bis in den Raum Kalatsch. Dabei Kesselbildung im Raum Oskol und Zerschlagung der Hauptkräfte der russischen Südfront. Dann Abschwenken der deutschen Hauptkräfte nach Süden in den Kaukasus unter offensiver Abdeckung bei Stalingrad und der unteren Wolga.
Der Angriff auf Woronesch (erste Phase „Blau") kommt durch heftigen russischen Widerstand in Zeitverzug und bringt den ganzen Operationsfahrplan durcheinander. Die Ausbeute der Kessel bringt nicht das erhoffte Ergebnis. Hitler und der Oberbefehlshaber der Heeresgruppe Süd, Feldmarschall von Bock, geraten zunehmend in Meinungsverschiedenheiten über die Operationsführung. Am 7. Juli 1942 wird die Heeresgruppe Süd in die Heeresgruppen A und B unterteilt. Feldmarschall von Bock muß gehen. Die Heeresgruppe A übernimmt Feldmarschall List, die Heeresgruppe B Generaloberst von Weichs.
Am 13. Juli wird der Operationsplan geändert, dennoch gelingt es den Deutschen nicht, die russischen Hauptkräfte vor ihrem Abzug nach Osten und Süden zu fassen und zu zerschlagen, wie sich später herausstellt.
Hitler glaubt, daß die Russen im Süden „fertig" sind und schickt die 11. Armee von der Krim nach Leningrad, statt sie im Süden zu behalten, wo er sie dringend benötigen wird. Am 23. Juli 1942 diktiert Hitler in seinem Hauptquartier „Wehrwolf" im Walde bei Winniza die Weisung Nr. 45, die der Heeresgruppe A zunächst die Aufgabe stellt, die bei Rostow entkommenen russischen Verbände ostwärts und südlich der Stadt zu umfassen und zu zerschlagen. Unter 2. und 3. dann die weiteren Aufgaben für die Heeresgruppe A:

„2. Nach Vernichtung der feindlichen Kräftegruppe südlich des Don ist es die wichtigste Aufgabe der HGr. A, die gesamte Ostküste des Schwarzen Meeres in Besitz zu nehmen und damit die feindliche Schwarzmeerflotte und die Schwarzmeerhäfen auszuschalten ... Mit einer weiteren Kräftegruppe, bei der alle übrigen Gebirgs- und Jägerdivisionen zusammenzufassen sind, ist der Übergang über den Kuban zu erzwingen und das Höhengelände von Maikop und Armawir in Besitz zu nehmen ...

3. Zugleich ist mit einer aus schnellen Verbänden zu bildende Kräftegruppe der Raum um Grosny zu gewinnen und mit Teilkräften die Ossetische- und Grusinische Heerstraße möglichst auf den Paßhöhen

zu sperren. Anschließend ist im Vorstoß entlang des Kaspischen Meeres der Raum um Baku in Besitz zu nehmen . . . Mit der späteren Zuführung des italienischen Alpinikorps (das in Richtung Stalingrad marschiert – Anm. d. Verf.) kann die Heeresgruppe rechnen.
Diese Operationen der Heeresgruppe A erhalten den Decknamen „Edelweiß".

4. Der Heeresgruppe B fällt – wie befohlen – die Aufgabe zu, neben dem Aufbau der Don-Verteidigung im Vorstoß gegen Stalingrad die dort in Aufbau befindliche Kräftegruppe zu zerschlagen, die Stadt selbst zu besetzen und die Landbrücke zwischen Wolga und Don zu sperren.
Im Anschluß hieran sind schnelle Verbände entlang der Wolga anzusetzen, mit dem Auftrag, bis Astrachan vorzustoßen und dort gleichfalls den Hauptarm der Wolga zu sperren.
Diese Operationen der Heeresgruppe B erhalten den Decknamen ‚Fischreiher' . . ."

Soweit die Grundzüge der schicksalsschweren Weisung Nummer 45, die schon bald vom Oberbefehlshaber der Heeresgruppe A, Feldmarschall List, angezweifelt wird. List, 1880 in Oberkirch in Baden geboren, im Ersten Weltkrieg bereits 1. Generalstabsoffizier, zuletzt Wehrmachtbefehlshaber Südost, dann kurze Kommandierung nach Skandinavien, ist ein erfahrener Soldat und Heerführer, der viele Anordnungen Hitlers nicht versteht, und bald erkennen muß, daß seiner Heeresgruppe zu große Aufgaben und zu weite Ziele gesteckt sind, die er mit den Truppen der 1. Panzerarmee und der 17. Armee zu erfüllen nicht imstande sein wird.
Die Unterschätzung des russischen Gegners durch Hitler, die Überschätzung der eignen Möglichkeiten beim Ansatz der deutschen Kräfte auf zwei weit entfernt liegende, rechtwinklig auseinanderstrebende Ziele (Stalingrad – Kaukasus) führen dazu, daß keines der großen Operationsziele erreicht wird – führen dazu, daß das deutsche Ostheer in seine bisher größte Krise gerät, die der Anfang vom Ende der vollständigen militärischen Niederlage Deutschlands ist.

*

Ein stürmischer Vormarsch führte die 5. SS-Freiwilligen-Panzergrenadierdivision „Wiking" im Rahmen des LVII. Panzerkorps („Wiking" und schnelle slowakische Division) des Generals der Panzertruppen Kirchner über Rostow, das Tor zum Kaukasus, über Kuban, Laba und Bjelaja bis in

die Vorberge des Kaukasusgebirges, den Waldkaukasus. Hier sind einer Panzergrenadierdivision, wie der „Wiking“, natürliche Grenzen gesetzt. Panzer und mot. Fahrzeuge können nur noch sehr beschränkt operieren. Dennoch weist der Heeresgruppenbefehl dem LVII. Panzerkorps, an seiner Spitze die „Wiking“, die Stadt Tuapse am Schwarzen Meer als Ziel an. Nach einem etappenweisen Rückzug der Russen von Flußbarriere zu Flußbarriere und hinhaltender Verteidigung versteift sich der russische Widerstand zunehmend mit Erreichen des Raumes Krasnodar–Maikop, der dem Verteidiger neue und gute geländebegünstigte Abwehrmöglichkeiten bietet, die dieser zu nutzen weiß. Der Widerstand wird durch Zuführung von aufgefrischten und neu aufgestellten Verbänden der Russen noch wirksamer.
Bei einer Lagebesprechung am 10. August 1942 in Kurtschewskaja schlägt der Kommandierende General des XXXXIX. Gebirgskorps, General Konrad, dem Oberbefehlshaber der Heeresgruppe A, Feldmarschall List, vor:
Mit der SS-Division „Wiking“ dem Gegner hart auf den Fersen bleiben und soweit als möglich auf der Gebirgsstraße nach Tuapse nachstoßen, um den Bahn- und Straßenübergang am Goitsch-Paß nach Möglichkeit aus der Bewegung heraus zu erobern, und den heranzuführenden Gebirgskräften Raum zu schaffen, bevor der Gegner eine starke Verteidigung aufbauen kann.
Im Sinne dieser Weisung erzwingt die Division „Wiking“ an der Spitze des LVII. Panzerkorps am 11. August 1942 den Einbruch in den Waldkaukasus bei Beloretschenskaja. Gleichzeitig bricht 30 Kilometer weiter südostwärts die 13. Panzerdivision (Herr) als Spitze des III. Panzerkorps (v. Mackensen) bei Maikop in den Waldkaukasus ein.
Damit steht die „Wiking“ an einer breiten Waldgebirgsfront und wird gezwungen, zur Abdeckung der unübersichtlichen Flanken, alle Kräfte aufzubieten. Zu dieser Zeit trifft auch das III.(finn.)/„Nordland“ bei der Division ein.

*

Aus dem Miusgebiet werden das SS-Freiwilligen-Panzergrenadierregiment „Westland“ und das III. (finn.) Bataillon des SS-Freiwilligen-Panzergrenadierregiments „Nordland“, die in der Zwischenzeit Fahrzeuge erhalten haben, nachgezogen.

Am 10. August 1942, um 03.00 Uhr, fährt das III.(finn.)/„Nordland" von Mokryj Jelantschik ab; fast denselben Weg, den die Division vorher gefahren ist. Es ist Mittag in Rostow. Die Pontonbrücke über den Don wird passiert, ebenso der lange Damm durch das Wiesengelände von Bataisk. Gegen 17.30 Uhr erreicht das Bataillon Kagalnizkaja und bezieht Ortsbiwak. Die Marschleistung beträgt zirka 240 Kilometer.
Am 11. August geht es weiter. Früher Aufbruch von Kagalnizkaja. Es geht durch die Kornkammer des Kubangebietes. Flimmernde Sonne, Hitze, schweißnasse verstaubte Gesichter, endlose Staubfahnen, weites Land im herrlichsten Sommer. Gegen Abend Unterkunft in Nowo Alexandrowka, nördlich von Armawir. Die Tagesleistung beträgt 240 Kilometer.
Am 12. August, dem dritten Marschtag, fährt das Bataillon über die vom III. Panzerkorps gebaute Kriegsbrücke bei Armawir über den Kuban. Breit und gemächlich fließt er dahin, der Kuban, der einem ganzen Landstrich seinen Namen gibt. Er entspringt im 5600 Meter hohen Elbrusmassiv des Kaukasusgebirges, legt eine Strecke von 907 Kilometern zurück und ergießt sich ins Asowsche Meer. An seinen Ufern leben die Kubankosaken. Das Bataillon erreicht über Armawir die Ölstadt Maikop und fährt parallel mit dem Bjelaja-Fluß über Chanskaja nach Beloretschenskaja. Die Marschleistung beträgt zirka 150 Kilometer. Das Bataillon zieht in Waldstücken bei Beloretschenskaja unter, stellt die Gefechtsbereitschaft her und wartet auf Einsatzbefehle der Division.
Die Angriffsplanung über die Pässe des Kaukasusgebirges stützt sich auf die Militär-Geographische Bearbeitung der deutschen Hochgebirgsschule Fulpmes der Gebirgstruppen, abgekürzt: Mil.Geo.-Bearbeitung. Die Studie beschreibt alle Gebirgsübergänge und kennzeichnet sie mit Nummern. Nummer 1 ist die Küstenstraße des Schwarzen Meeres von Noworossisk bis Batum, Nummer 2 die Straße Maikop–Tuapse, Nummer 3 Maikop–Kurdshinskaja–Tuby-Paß und Nummer 4 die Straße Maikop–Dachowskaja–Adler. Die Mil.Geo.-Bearbeitung stützt sich auf russische geographische Literatur, die teilweise aus der Zarenzeit stammt, und auf Aussagen von Landeskennern und Gefangenen. Über Nummer 2, Maikop–Tuapse, lesen wir: „Etwa 190 km. In gutem Zustand, dauernd instand gehalten. Gleichmäßiges Gefälle bis Tuapse. An einzelnen Stellen Gefälle von über 10 Grad. Gute Tarnung. Bis Station Apsheronskaja wenig Kurven. Tankstelle 9 km südwestlich Maikop und in Apcheronskaja. Etwa 90 km südwestlich Maikop viele Kurven. Baumaterial vorhanden (Wald)."

Die Benutzung der Straßen Nummer 3 und 4 erscheint nach der Mil.Geo.-Bearbeitung von Anfang an problematisch. Trotzdem wird hierauf das XXXXIV. Jägerkorps (de Angelis), nach Aufschließen zum III. Panzerkorps in den Raum Maikop, angesetzt. Jede Division erhält „ihren" Paß. Das bedeutet Verzettelung der eigenen Kräfte.
Am 12. August, an dem auch das Finnen-Bataillon zur „Wiking" bis Beloretschenskaja aufschließt, strebt die „Wiking" in zwei Stoßgruppen – eine im Pschisch-, eine im Pschecha-Tal – auf Chadyschenskaja und Apscheronskaja, und eine Kampfgruppe der 16. Inf.Div. mot. auf dem Weg Nummer 2 von Maikop auf Chadyschenskaja vor. Im Pschisch-Tal kommt das Regiment „Nordland" bis südlich Twerskaja. Das Regiment „Germania" erreicht im Pschecha-Tal den Raum südlich von Kubanskaja. Auch der 16. Inf.Div. (mot.) gelingt es nicht, bis Chadyschenskaja durchzustoßen; sie bleibt an heftiger Feindabwehr im Ölgebiet von Neftegorsk hängen.
Jetzt zeigt sich schon, daß der Gegner und die Kampfbedingungen der eigenen Truppen unterschätzt worden sind. Das Gelände hier präsentiert sich mit Bergwäldern und engen Tälern, schlechten und kurvenreichen Straßen und undurchdringlichen Rhododendrongestrüppen als ein Kampfgebiet, das den Einsatz einer Panzergrenadierdivision nicht rechtfertigt. Trotzdem fordert das Korps den Weiterstoß der „Wiking" mit dem vorläufigen Ziel: Chadyschenskaja und die Ölquellen im Raum Neftegorsk–Neftjanaja. Auf dem Fuße folgen Ölspezialisten, die die Ölquellen umgehend wieder in Betrieb nehmen sollen – im Sinne der Gesamtoperation. Der unübersichtliche Kampfraum und die langen offenen Flanken stellen die „Wiking" vor schier unlösbare Aufgaben, die auch mit dem Aufschließen des Regiments „Westland" und des III.(finn.)/„Nordland" am 12. August nicht gelöst werden können, wie sich später herausstellt.
Der Bataillonskommandeur Collani schickt seinen 1. Ordonnanzoffizier, Ustuf. Ertel, zum Divisionsgefechtsstand voraus, um den Anmarsch des Finnen-Bataillons zu melden. Er trifft dort ein, als der Führungsstab verlegt, und erhält von General Steiner den Befehl, das Finnen-Bataillon sofort nachzuziehen.
Am Abend des 12. August 1942 trifft beim III.(finn.)/„Nordland" in Beloretschenskaja der Einsatzbefehl für den 13. August ein: Bataillon erreicht Komsomolzkaja und sichert den Divisionsgefechsstand. Dazu ist das Bataillon dem Regiment „Westland" unterstellt . . .

Am 13. August, 07.00 Uhr morgens, trifft das III.(finn.)/„Nordland“ bereits in Komsomolzkaja ein und stellt sofort Sicherungen aus. Komsomolzkaja, eigentlich nur eine Häusergruppe um den gleichnamigen Bahnhof an der Strecke Beloretschenskaja–Chadyschenskaja, ist ein wichtiger Streckenpunkt, da hier auch die Bahnlinie aus dem Ölgebiet Neftegorsk–Neftjanaja (Neft = Erdöl) von der Hauptlinie aufgenommen wird. Auf Komsomolzkaja liegt starkes feindliches Artillerie- und Granatwerferfeuer. Bei einem solchen Feuerüberfall werden der Chef der 10./„Nordland“, Ostuf. Hilker, und der Chef der 11. Kompanie, Hstuf. Schnabel, getötet. Ein schmerzlicher Verlust für das Finnen-Bataillon. Die 10. Kompanie übernimmt Ostuf. Porsch, die 11. Ustuf. Lüttgens.
Inzwischen stoßen I. und II./„Nordland“ im Pschisch-Tal weiter nach Süden vor. Das III. Bataillon wird nachgezogen und erreicht gegen Abend den Ort Twerskaja, den es zusammen mit dem I. Bataillon sichert. Bei örtlichen Scharmützeln bringen die Finnen 46 Gefangene ein.
Einen Tag später, am 14. August, um 05.15 Uhr, übernimmt das III. (finn.)/„Nordland“ auch den Abschnitt des I. Bataillons. Dem Bataillon werden zur Sicherung von Twerskaja eine 21er Mörser- und eine Kanonen-Batterie der Korps-Artillerie-Abteilung des Obersten Roßmann auf Zusammenarbeit zugewiesen.
Indessen stoßen I. und II./„Nordland“ im Pschisch-Tal weiter nach Süden vor und erreichen nach Eroberung von Kabardinskaja mit Spitzen das Ölgebiet von Muk, wo Ölfelder und Raffinerieanlagen brennen. Das Regiment „Germania“ erreicht als östliche Gruppe der „Wiking“ im Pschecha-Tal Apscheronskaja. Damit steht die „Wiking“ an zwei Stellen unmittelbar an der Straße Nummer 2, der ausgebauten Gebirgsstraße von Maikop nach Tuapse. Die Flanken sind noch länger und offener geworden. Zur Deckung der linken Flanke der „Germania“ wird das Regiment „Westland“ vorgezogen und eingesetzt. Die lange rechte Flanke des Regiments „Nordland“ im Raum Sacharow gegen Lineinaja deckt ab Mittag die 11./„Nordland“. Mehr steht hier an Kräften nicht zur Verfügung. Die rechte Flanke der „Wiking“ und des Regiments „Nordland“ ist besonders gefährdet, da im Raum Lineinaja das 17. Kubankosaken-Kavalleriekorps sammelt. Dieses Korps, mehrmals Gegner der „Wiking“, zuletzt beim Bjelaja-Übergang und beim Angriff auf Pschechskaja, wird zum Dank für seine guten Kampfleistungen beim Decken der russischen Hauptkräfte auf ihrem Rückzug vom Jeja-Abschnitt bis in den Raum westlich Maikop in

„IV. Kubankosaken-Gardekavalleriekorps“ umbenannt. Die beiden Kavalleriedivisionen dementsprechend. Angesichts dieser Lage und des nach wie vor bestehenden Auftrages zum Eindringen in die Straße Nummer 2 in Richtung Tuapse erwartet die „Wiking“ sehnlichst das Aufschließen des XXXXIV. Jägerkorps, das zwei Tagesmärsche zurückhängt. Zur „Wiking“ schließt die 101. Jägerdivision des Generalmajors Diestel, zur 13. Panzerdivision in den Raum südlich Maikop die 97. Jägerdivision des Generalleutnants Rupp auf. Die beiden Jägerdivisionen, für den Kampf im Mittelgebirge ausgebildet und ausgerüstet, jede ein Mittelding zwischen Gebirgs- und Infanteriedivision, bestehend aus zwei Jägerregimentern und einem Artillerieregiment sowie den Divisionsverbänden, sollen in den zu erwartenden Schwerpunktabschnitten, am Goitsch- und am Tuby-Paß, eingesetzt werden.
Am 15. August bereitet sich das Regiment „Nordland“ auf den Angriff auf Chadyschenskaja, das Regiment „Germania“ auf den Angriff auf Apscheronskaja und in das Ölgebiet von Neftjanaja vor.
Zum Angriff der „Nordland“ auf Chadyschenskaja muß zunächst der Höhenrücken westlich von Muk und der darunterliegende Eisenbahntunnel in eigene Hand gebracht werden, um die Bedrohung aus der rechten Flanke durch einen festgestellten russischen Panzerzug auszuschalten, der unvermittelt vorfahren und damit die Nachschublinie des Regiments „Nordland“ gefährden könnte. Den Angriff auf den Eisenbahntunnel der Strecke Beloretschenskaja–Tuapse soll das III.(finn.)/„Nordland“ durchführen. Die Kompanieführer werden von Stubaf. Collani südwestlich von Muk in ihre Abschnitte und den Angriffsplan eingewiesen.
Am 15. August steht das III.(finn.)/„Nordland“ in Sicherungsabschnitten bei Sacharow und Kabardinskaja, die 9. Kompanie bei Muk. An diesem Tage stellt sich heraus, daß die Bedrohung aus der rechten Flanke, aus dem Raum Lineinaja, zuerst beseitigt werden muß, ehe der Angriff des Regiments „Nordland“ nach Süden weitergehen kann. Im linken Divisionsabschnitt, bei „Germania“ und „Westland“, werden Säuberungen ganzer Bergregionen von versprengten Feindkräften unumgänglich. Die Front der „Wiking“ überdehnt sich noch mehr. Zum Glück kommen an diesem Tage die Jägerdivisionen des XXXXIV. Jägerkorps heran.
In den Abschnitt „Nordland“ zieht das Jägerregiment 228 und in den Abschnitt „Germania“ das Jägerregiment 229 der württembergischen 101. Jägerdivision vor, die Pfeil und Bogen (gespannt) als taktisches Zeichen führt.

In den Abschnitt der 13. Panzerdivision zieht die 97. Jäger-, die Spielhahnfeder-Division vor.
Rechts von der „Wiking“ schließt die schnelle slowakische Division zu langsam auf. Generalmajor der Waffen-SS Steiner und sein 1. Generalstabsoffizier, Stubaf. Reichel, rechnen auf diese Division gar nicht mehr. Weiter rechts ist das V. Armeekorps (Wetzel) mit der 198. Infanteriedivision bereits bis Gorjatschij–Kljutsch vorgedrungen und schiebt Seitensicherungen in Richtung „Wiking“ heraus. Zwischen beiden Divisionen steht das kampfkräftige „IV. Kubankosaken-Gardekavalleriekorps“.
Der weitere Vorstoß der „Wiking“ nach Süden entfällt. Das XXXXIV. Jägerkorps soll weitermachen. Im Korpsbefehl Nr. 108, der den Zusatz „Zum Vorstoß an die Schwarzmeerküste“ trägt, heißt es:

> „XXXXIV. Jägerkorps stößt aus dem Raum Beloretschenskaja–Maikop antretend, über Linie Kabardinskaja–Chadyschenskaja–Ssamurskaja–Dachowskaja vor und gewinnt den Küstenabschnitt Tuapse–Adler.“

Die Sicherung der Flanken und des bergigen und waldreichen Zwischengeländes fällt der Division „Wiking“ zu. Im Zuge dessen befiehlt die Division die Bereinigung des Gefahrenherdes Lineinaja.
Am 15. 8. 1942, um 23.00 Uhr, trifft der Regimentsbefehl „Nordland“ für das III. (finn.) Bataillon zum Angriff auf Lineinaja für den nächsten Tag ein. Das Bataillon soll gleich hinter der Panzerabteilung des Stubaf. Mühlenkamp antreten.
16. August 1942, 03.30 Uhr: Ein neuer Tag steigt aus dem Dunkel des Bergwaldes und aus nebligen Flußtälern herauf. Fern im Osten erhebt sich die Sonne mit rötlichen, gleißenden Strahlen aus dunkler Wolkenbahn über die schneebedeckten, glitzernden Berge des Hochgebirges. Das Bataillon Collani marschiert mot. von Muk und Kabardinskaja auf dem Vormarschweg zurück und biegt zwischen Kabardinskaja und Twerskaja nach Westen ein. Dort wird mit der von Twerskaja kommenden Panzerabteilung „Wiking“ die Angriffsgliederung eingenommen und der Angriffsplan durchgesprochen. Die von Muk kommende 9. Kompanie sitzt auf den Panzern auf. 07.10 Uhr: „Panzer marsch!“
Die Panzer mit den aufgesessenen Panzergrenadieren fahren im Kriegsmarsch auf einem Waldweg Lineinaja entgegen. Sichern, halten, beobachten, weiter. Um 07.30 Uhr wird auch noch die 10. Kompanie zur Sicherung des Marsches vorgezogen.

Plötzlich gibt eine große Waldlichtung den Blick auf Lineinaja frei, das am westlichen Rand der freien Plaine liegt. Mühlenkamps Panzer nehmen Gefechtsordnung ein. Dann bricht der Angriff der Panzer wie ein plötzliches Unwetter über das feindbesetzte Lineinaja herein. Auf den Panzern und zwischen den flottfahrenden Panzern stürmen die finnischen Freiwilligen der 9. Kompanie des Ostuf. Hoy. Panzerjäger- und lIG-Zug der 12. Kompanie schließen dicht auf. Hierbei fällt der Zugführer des IG-Zuges und gleichzeitige Führer der schweren Kompanie, Ostuf. Reus. Weitere Ausfälle der Angriffsgruppe der Finnen: Zwei Unterscharführer gefallen, sieben Verwundete. Um 10.30 Uhr ist der feindliche Widerstand gebrochen und Lineinaja in eigener Hand. Das russische Kavalleriekorps weicht in die Wälder nach Südwesten aus. Mit den Stürmenden treffen Stubaf. Collani, sein Adjutant, Ostuf. Hirt, und der 1. Ordonnanz-Offizier, Ustuf. Ertel, in Lineinaja ein. Die 9. Kompanie stellt Sicherungen aus. Ostuf. Hirt verhört russische Gefangene. Gegen Mittag erscheint bereits der Regimentskommandeur, Oberführer von Scholz, in Lineinaja und beglückwünscht Collani zum gelungenen Angriff.
General Steiner schreibt über den Angriff auf Lineinaja:
„Mit ungeheurem Elan greifen die Finnen, unterstützt von zwei Panzerkompanien, an. Flach auf den Panzern liegend, fassen sie eine feindliche Reiterbrigade im Ort Lineinaja und werfen sich mit Maschinenpistolen und Puukkos (finnisches Messer in Lederscheide) auf sie, wie in ihren finnischen Wäldern. Der Feind flüchtet panikartig nach Westen." *)
Um 11.30 Uhr wird die 11. Kompanie nachgezogen und durchkämmt den Wald südwestlich von Lineinaja, wobei noch einige Gefangene eingebracht werden. Dennoch bleibt dieser Waldstreifen ein Unsicherheitsfaktor.
Um 15.00 Uhr wird dieser Wald noch einmal durchkämmt. Es kommt zu Plänkeleien mit Versprengten. Hierbei fällt Ustuf. Lüttgens, der Führer der 11. Kompanie. Abermals werden russische Gefangene eingebracht. Die 11. Kompanie übernimmt Ostuf. Mühlinghaus.
Beim Kampf um Lineinaja fallen dem Finnen-Bataillon in die Hand: Zwei russische 4,7-cm-Pak, zwei Ratschbumm 7,62 cm, fünf Granatwerfer, zwei Lkw, zahlreiche Handfeuerwaffen und eine größere Anzahl Pferde. Es stellt sich heraus, daß die Masse des russischen Kavalleriekorps in die dichten Waldgebiete im Südwesten ausweichen konnte. Dies wird durch eine am

---

*) Steiner, „Die Freiwilligen", Seite 158.

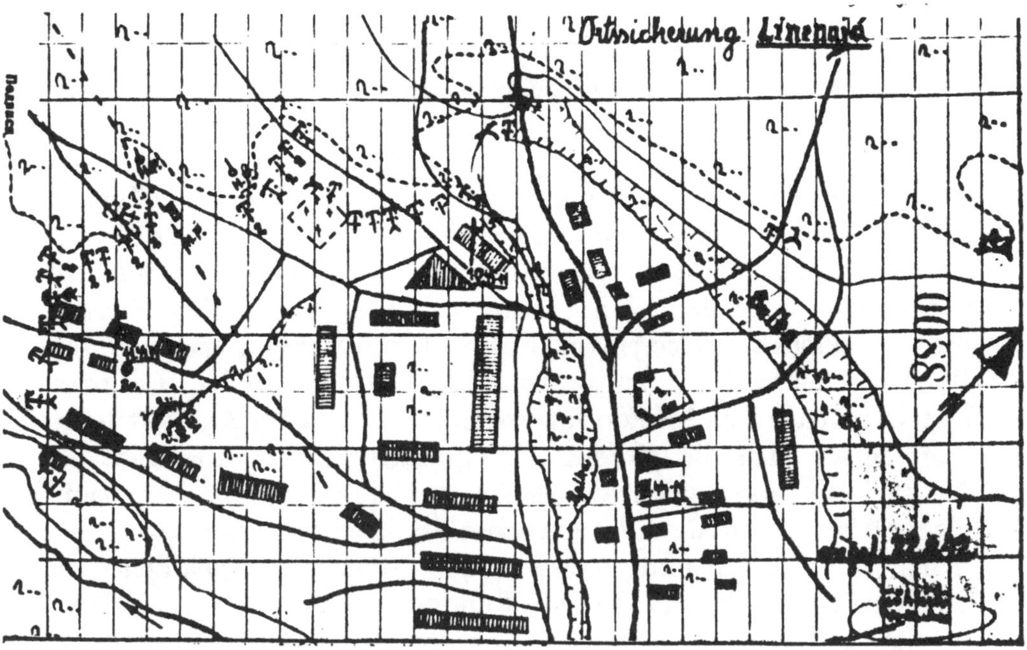

Ortssicherung von Lineinaja nach dem Gefecht vom 16. 8. 1942.
Skizze aus dem Kriegstagebuch.

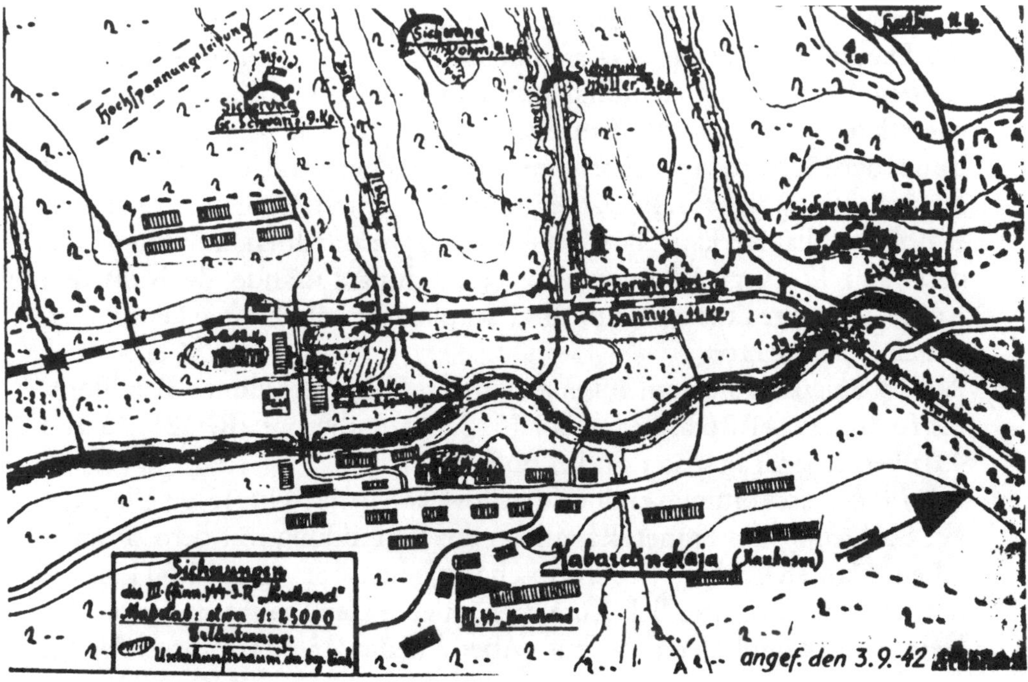

Stellungsskizze aus dem Kriegstagebuch von den Sicherungen
bei Kabardinskaja.

Abend eintreffende Fliegermeldung bestätigt; nach dieser sind etwa hundert Fahrzeuge und zahlreiche Reiter fluchtartig nach Südwesten abgeflossen.
Um 17.00 Uhr weist Oberführer von Scholz Bataillonskommandeur und Kompanieführer in Lineinaja in die Lage des Regiments „Nordland" und in die Großlage ein. Mit dem Angriff auf Lineinaja enden vorläufig die Angriffe der „Wiking" im Waldkaukasus. Das XXXXIV. Jägerkorps macht weiter. Der Vorstoß der 1. Panzerarmee des Generalobersten von Kleist in das ostkaukasische Ölgebiet von Grosny ist zum Stehen gekommen. Zur Wiederaufnahme der Offensive der 1. Panzerarmee wird das III. Panzerkorps aus dem Raum Maikop abgezogen und an den Terek geworfen. Im Zuge dessen muß die „Wiking" den größten Teil des Abschnitts der 13. Panzerdivision südlich von Maikop mit übernehmen und hat damit einen 60 km breiten Abschnitt zu decken. Die lange Front kann aus Kräftemangel nur stützpunktartig besetzt werden; vorwiegend die Flußtäler, die Straßenknotenpunkte und die Orte. Rundumverteidigung und „Igel" sind ins Auge springende Wörter in den Anordnungen und Befehlen.
Bis zum Aufschließen der schnellen slowakischen Division hat das Regiment „Nordland" am rechten Flügel der „Wiking" noch einige Krisen zu meistern. In der offenen Flanke, bei Lineinaja, steht das Finnen-Bataillon. Die am linken Flügel des Bataillons sichernde 11. Kompanie erhält den Auftrag, Verbindung nach links mit dem westlich von Kabardinskaja sichernden II./„Nordland" (Stoffers) herzustellen. Die Verbindungsspähtrupps der 11. Kompanie gehen durch dichten Bergwald, über Höhen und durch finstere Täler vor. Die Orientierung ist schwer. Die Finnen erweisen sich als Waldläufer, Jäger, Pirscher – wie zu Hause in ihren finnischen Wäldern. Am 17. August kommt eine Verbindung zustande, doch die drei Kilometer breite Lücke bis zum II./„Nordland" bleibt für den Feind offen wie ein Scheunentor,
Am 18. August laufen am äußersten linken Flügel des Finnen-Bataillons, bei Kura Zize, 41 Rotarmisten der 15. Schützendivision (Rgt. 25, 33 und 43) über; einen Tag später sind es noch einmal 43.
Am 19. August kommen endlich die Slowaken heran. Um 13.00 Uhr stellt ein Spähtrupp des Finnen-Bataillons die Verbindung mit dem slowakischen Infanterieregiment 20 in Apschaskaja her. Ein gegen 14.00 Uhr auf Suchaja Zize (nordwestlich Kura Zize) angesetzter Spähtrupp findet den kleinen Ort feindbesetzt. Bis zum Abend laufen 13 Rotarmisten der 11.

und 15. Schützendivision zu den finnischen Sicherungen über; am folgenden Tag sind es noch einmal 24. Damit erhöht sich die Zahl der Gefangenen und Überläufer seit dem Angriff auf Lineinaja auf 150.
Ein am Vormittag des 22. August von Lineinaja zur slowakischen Division angesetzter Verbindungsspähtrupp stellt fest, daß von Suchaja Zize der Westteil von den Slowaken, der Ostteil von den Russen besetzt ist.
Am 24. August 1942 übernimmt ein Bataillon der schnellen slowakischen Division den Sicherungsabschnitt des III.(finn.)/„Nordland". Die 9. und 11. Kompanie geht aus den Stellungen. Ostuf. Porsch bleibt mit seiner 10. Kompanie in Lineinaja als Ortssicherung. Die Kompanie gliedert um und besetzt mit starken Sicherungen hauptsächlich die von Westen nach Lineinaja hineinführenden Wege. Lineinaja ist eine zusätzliche Sicherung der Verkehrswege, die im Pschisch-Tal nach Süden verlaufen. Durch das Aufschließen der Slowaken wird die rechte Flanke der „Wiking" kürzer, aber keinesfalls auch sicherer.
Am Vormittag des 25. August verlegt das III.(finn.)/„Nordland" nach Kabardinskaja und löst das am Ostflügel des Regiments stehende I. Bataillon (Polewacz) in der Sicherung ab.
Beide Seiten tasten sich täglich mit Aufklärungsspähtrupps ab. Am 29. August stellt ein Spähtrupp des Finnen-Bataillons fest, daß der Hof Wjeselij, etwa fünf Kilometer südwestlich Kabardinskaja, feindbesetzt ist, dabei werden zwei Gefangene eingebracht. Im Laufe des Tages laufen zehn Rotarmisten zu den Finnen über. Aus ihren Verhören ergibt sich ein genaues Feindbild. Vor dem Sicherungsabschnitt Kabardinskaja steht seit fünf Tagen die russische 32. Division mit den Regimentern 80, 82 und 85. In Tuapse ist eine Sammelstelle, die die Versprengten auffängt, aus ihnen neue Einheiten formiert und unverzüglich an die Front schickt.
Die Russen haben den Schock des überstürzten Rückzugs – aus dem Raum Rostow durch die Kubansteppe bis in den Waldkaukasus – überwunden. Mit Eintritt in den Waldkaukasus ergaben sich günstige Verteidigungsmöglichkeiten, die meistens von kleinen, aber kampfentschlossenen Einheiten unter dem Kommando energischer und beherzter Kommissare und Offiziere genutzt wurden. Die STAWKA, das russische Oberkommando, das Zentralkomitee der KPdSU und die örtlichen Parteiführungen griffen rigoros ein und bekämpften Rückzugsstimmung und Kriegsmüdigkeit mit drastischen Mitteln. Die Verteidigung in Kaukasien wurde neu gegliedert; ab 1. September wird die Führung gestrafft und neu organisiert durch Schaf-

fung der „Transkaukasischen Front“ mit der „Nordgruppe“ am Terek und der „Schwarzmeergruppe“ bei Maikop und Noworossisk. Die „Schwarzmeergruppe der Transkaukasischen Front“ befehligt Generaloberst I. J. Petrow, der die Krim verteidigt hatte. Vorwärts Tuapse, also im Kampfraum der „Wiking“, steht die 18. und weiter westlich die 56. Sowjet-Armee. Zahlreiche neue Verbände werden aus dem Boden gestampft. Beide Seiten konzentrieren ihre Anstrengunen auf die Straße Nummer 2, auf die Straße Maikop–Tuapse, denn hier liegt der Schlüssel der gesamten Verteidigung der „Schwarzmeergruppe der Transkaukasischen Front“. Gelingt hier der Durchstoß zum Schwarzen Meer, muß zwangsläufig auch Noworossisk, der westliche Eckpfeiler, fallen. Dann ist der Weg nach Batum am Schwarzen Meer frei.

Die in den Abschnitt des Regiments „Nordland“ aufgerückte 101. Jägerdivision (Diestel) hat inzwischen Chadyschenskaja erobert, aber die Tunnelhöhe und der Eisenbahntunnel südwestlich Muk trotzen allen weiteren Angriffen. Hier und nur hier muß der Eintritt in das enge Tal der Pschisch erfolgen. In diesem Tal laufen dicht nebeneinander Fluß, Eisenbahnlinie und Straße in Richtung Tuapse. Die 101. Jägerdivision versucht von den Seiten an diesen Schlüsselpunkt heranzukommen, um ihn von rückwärts aus den Angeln zu heben. Es wird ein mühsames Kämpfen um jeden Hügel, um jeden Berg, ein mühsames Vorkämpfen über Berge und durch Täler, durch morastige Flußauen und verfilzte Bergwälder. Wie die Spitzen einer Säge fressen sich zumeist kleine Kampfgruppen der württembergischen Jäger in das von Russen behauptete Gelände hinein. Dadurch wird die Front wieder länger bei gleichzeitigem Absinken der Gefechtsstärken. Russische Kampfgruppen sickern durch die eigenen Linien durch und verunsichern das Hinterland. Während die 101. Jägerdivision bei Chadyschenskaja versucht weiterzukommen, ist es weiter ostwärts, südlich von Maikop, die 97. Jägerdivision auf dem Weg Nummer 3 und 4. Es stellt sich später heraus, daß Nummer 3 und 4 nur Saumpfade sind – unmöglich, hier schwere Waffen und Lasten hinüberzubringen! Die Jägerdivisionen des XXXXIV. Jägerkorps konzentrieren sich auf Schwerpunkte. Die Sicherung der Flanken und des Geländes zwischen den Stoßgruppen obliegt der „Wiking“.

Das I./„Nordland“ zieht von Kabardinskaja nach Asfaltowaja. Rechts daneben wird das II./„Nordland“ eingesetzt, das die Verbindung zu den Slowaken herstellt und hält. Das III.(finn.)/„Nordland“ sichert Kabardinskaja; dort liegt auch der Regimentsgefechtsstand. Der Divisionsstab „Wiking“ zieht nach Apscheronskaja. Das Regiment „Germania“ löst am 7. und 8. 9. Teile der 97. Jägerdivision im Raum Neftjanaja–Neftegorsk ab. Die 97. Jägerdivision rückt mehr an die Straße Nr. 2 heran. Den linken Abschnitt der 97. Jägerdivision (Kamennomostkaja) übernimmt das Regiment „Westland“.

Die Front kann nur stützpunktartig gesichert werden. An den Schwerpunkten ist die Besetzung dichter. Der Versorgungsnachschub muß in Geleiten vorgebracht werden, da in den unübersichtlichen Bergwäldern immer wieder Überfälle stattfinden. Kampfstarke Trupps, nicht selten ganze Kompanien, müssen täglich Verbindung fahren, da Kradschützentrupps in Gruppenstärke niedergemacht worden sind. Der Kampf in diesem Gebiet ist heimtückisch und listenreich.

Im Zuge verschärfter Sicherungsmaßnahmen muß das Kabardinskaja sichernde III.(finn.)/„Nordland“ die westlichen Zugänge in das Bergdorf sperren. Hierzu wird die 9. Kompanie (Hoy) eingesetzt.

Neben den Sicherungen der 11. Kompanie (Mühlinghaus) unmittelbar am Nordwestrand Kabardinskajas werden am 1. September die drei Schützenzüge der 9. Kompanie als Sicherungen weit nach Westen vorgeschoben. Die Sperrgruppe Müller, verstärkt durch sMG, sichert den Weg im Bachtal, der von Wjeselij nach Kabardinskaja führt. Die Sperrgruppe des Ustuf. Dohm besetzt die Höhen 226 auf dem Bergrücken zwischen den zwei Bächen (Ölbäche), die von Westen her bei Kabardinskaja in die Pschisch fließen; hierbei ist die Granatwerfergruppe des schweren Zuges der Kompanie. Die Sperrgruppe Schwarz besetzt den Höhenrücken links von der Gruppe Dohm und sichert den hier entlang führenden Nachschubweg des I./„Nordland“. Zu den vorgeschobenen Sperrgruppen besteht Funksprechverbindung.

Die Männer der Sperrgruppen erfüllen eine wichtige Aufgabe. Beobachten und ständig kampfbereit sein wird zur Alltäglichkeit, wachfrei und lange Wachstunden neben Pflege der Waffen und Ausbau der Stellung ist üblich.

Die Russen werden in den ersten Septembertagen aktiver. Neuordnung und straffere Führung unter der neugebildeten „Schwarzmeergruppe der Transkaukasischen Front“ machen sich bemerkbar. Bei der Sperrgruppe Müller läuft ein russischer Spähtrupp auf; vier Rotarmisten der 68. Brigade werden gefangengenommen.

Die Lineinaja sichernde 10. Kompanie meldet die Verunsicherung des Nachschubweges der slowakischen Division und einen Angriff auf das südwestlich davon sichernde II./„Nordland". Die Russen kommen bis 100 Meter an die slowakischen Stellungen westlich von Lineinaja heran und graben sich ein.
Auch die russische Luftwaffe wird wieder aktiv. Am 5. September zwei Fliegerangriffe auf Kabardinskaja und einer auf Lineinaja. Bomben fallen. Beim Gefechtsstand des Finnen-Bataillons in Kabardinskaja werden vier Männer verwundet. Die deutschen Nachschubwege werden durch Bombenangriffe und Partisanen unsicher.
Am Vormittag des 9. September läuft ein Verbindungsspähtrupp der 10. Kompanie, die als Ortssicherung von Lineinaja beim Abzug des Bataillons zurückgeblieben ist, zum linken Nachbarn, dem II./„Nordland", ein anderer klärt gegen Apschaskaja auf.
Die 11. Kompanie marschiert gegen Mittag nach Apscheronskaja zur Verfügung des Divisionskommandeurs.
Nach guter Artillerie- und Stukavorbereitung stürmt die 101. Jägerdivision gegen den Eisenbahntunnel und die Tunnelhöhe wiederholt an.
Auch am 18. und am 28. August gelang es nicht, den russischen Schlüsselpunkt zu knacken. Die Tunnelhöhe wird fortan nur noch „Tunnelhölle" genannt. Sie fällt nach einer erneuten Umgliederung der deutschen Jägerverbände am 28. September.
Mitte September 1942 steht fest, das dem XXXXIV. Jägerkorps der entscheidende Durchbruch entlang des Pschisch-Tales auf Tuapse ohne Zuführung von Verstärkungen nicht gelingen wird. Das XXXXIX. Gebirgskorps, das an den Hochpässen des Kaukasus steht, muß von der 1. und 4. Gebirgsdivision je die Hälfte abgeben, um mit diesen Kräften – zusammengefaßt zur Division Lanz – nach Umgliederung und neuer Schwerpunktbildung, zusammen mit dem XXXXIV. Jägerkorps aus dessen Ausgangsstellungen den Angriff auf Tuapse wieder aufzunehmen. Die Hochgebirgspässe werden nach Einbruch des Winters von schwachen Kräften des Gebirgsjäger-Korps gehalten.
Aber auch am Terek gibt es kein Weiterkommen. Der Fluß bildet zusammen mit dem dahinterliegenden kahlen Hügelland eine mächtige Barriere, die das Ölgebiet von Grosny schützt. Auch hier sind die zurückgekommenen russischen Splittergruppen neu formiert und unter neue, straffe Führung („Nordgruppe der Transkaukasischen Front") gestellt worden. Bei

Mosdok hat sich das LII. Armeekorps des Generals Ott festgerannt. Hier soll die SS-Panzergrenadierdivision „Wiking" den Angriff auf Grosny wieder in Gang bringen. Die Stunden der „Wiking" im Westkaukasus sind schon gezählt. Der Ostkaukasus wartet.
Am 15. September, um 12.00 Uhr, werden die Sicherungen der 9./„Nordland" vom Bau-Bataillon 503, um 13.00 Uhr wird die Sicherung der 10. Kompanie in Lineinaja von einer Kosakenschwadron übernommen. Die Kompanien verbleiben bis zum Abruf in Lineinaja und Kabardinskaja, die 11. Kompanie in Apscheronskaja.
Für den 16. September 1942 regeln Regimentsbefehle das Herauslösen der Bataillone aus ihren bisherigen Abschnitten und die Ablösung durch Korpseinheiten des LVII. Panzerkorps und durch Einheiten der 101. Jägerdivision, deren Abschnitt durch das Heranrücken der 97. Jägerdivision wesentlich schmaler wird.
Die finnischen Freiwilligen nehmen Abschied von einem an Naturschönheiten gesegneten Landstrich, der jedoch Kampftücke und Kriegslist in sich geborgen hatte. In ihren Ohren rauschen noch lange die stillen Bergwälder des Waldkaukasus, die mitunter plötzlich vom Lärmen der Waffen aus ihrer stillen Schönheit herausgerissen wurden. Sie haben noch den eigenartigen Geruch des Erdöls in der Nase, jener braunen trüben Brühe, um deren Besitz so erbittert gekämpft wurde.

Marsch zum Terek

Nach Erreichen der Gebirgskette des Kaukasus wurden den Armeen der Heeresgruppe A – der 17. Armee auf dem Westflügel und der 1. Panzerarmee auf dem Ostflügel – neue Aufgaben gestellt. Die vorwiegend aus Fußverbänden bestehende 17. Armee geht auf Tuapse und Noworossisk und mit dem XXXXIX. Gebirgskorps über die Hochpässe auf Adler und Suchumi vor. Die 1. Panzerarmee stößt indessen mit dem III. und XXXX. Panzerkorps entlang des Gebirges nach Osten vor. Ihr erstes Ziel ist das Grosnyer Ölgebiet. Dann Weiterstoß bis Machatschkala und entlang des Kaspischen Meeres nach Süden bis Baku, dem Fernziel der deutschen Operation. Gleichzeitig soll das XXXXIX. Gebirgskorps über die Hochpässe in den transkaukasischen Raum einbrechen.

Schon bald verstärkte sich der russische Widerstand vor der 1. Panzerarmee und brachte den Vormarsch an der Flußbarriere des Terek zum Stehen. Das LII. Armeekorps des Generals Ott, das zunächst südlich des Manytsch nach Osten marschierte, um als Verbindung zwischen den auseinanderklaffenden Vormarschrichtungen der Heeresgruppen A und B (Kaukasus und Stalingrad) zu fungieren, wurde nach Erreichen von Elista in der Kalmückensteppe scharf nach Süden abgedreht, um im Rahmen der 1. Panzerarmee eine Schwerpunktbildung herbeizuführen. In die Kalmückensteppe wurde die 16. Infanteriedivision mot. als Bindeglied verlegt, die ein Gebiet, so groß wie Belgien, zwischen den beiden Heeresgruppen zu überwachen hat.

Während das III. Panzerkorps des Generals von Mackensen entlang des Gebirges gegen Ordshonikidse, den Ausgangspunkt der grusinischen Heerstraße über den Krestowyj-(Kreuz-)Paß nach Tiflis, angreift, versucht das XXXX. Panzerkorps des Generals von Schweppenburg, den Terek im großen Terekbogen zu überwinden, hinter dem das Ölgebiet von Grosny liegt. Inzwischen ist die erste Division des LII. Armeekorps, die 111. Infanteriedivision, aus der Kalmückensteppe heran und bildet aus der Basis des XXXX. Panzerkorps am 2. 9. 1942 bei Mosdok einen Terek-Brückenkopf, der mit der zweiten Division, der 370., noch ausgedehnt werden kann, aber dann ist die Kraft des LII. Armeekorps erschöpft. Um den Angriff wieder in Gang zu bringen, wird die 5. SS-Panzergrenadierdivision „Wiking“ aus dem Westkaukasus herangeführt und dem LII. Armeekorps unterstellt.

Nach Herankommen des XXXXIV. Jägerkorps in den Raum Maikop wurde das III. Panzerkorps in den Ostkaukasus verlegt. Nun scheidet auch die „Wiking“ aus dem LVII. Panzerkorps aus und rollt zum Terek.

Im Zuge der Verlegung der Division „Wiking“ marschiert das tags zuvor aus der Stellung abgelöste III.(finn.)/„Nordland“ am 17. September 1942 um 06.00 Uhr von Kabardinskaja ab. Der Marsch geht über die Straße Nummer 2 nach Maikop. In den Waldgebieten von Chadyschenskaja und Apscheronskaja, beiderseits der Marschstraße, sind noch die Reste kilometerlanger Baumsperren, die die Russen bei ihrem Rückzug in die Berge schnell angelegt haben, zu sehen. Von den Russen abgesägt, so daß die Bäume auf die Straße fielen und von deutschen Pionieren mit Motorsägen zerkleinert und von der Straße geworfen werden mußten.

Nach einem Marsch von 145 Kilometern trifft das III./„Nordland“ gegen

15.30 Uhr in Labinskaja (ostwärts von Maikop) ein, wo es zur Nacht unterzieht.
Am 18. September, 06.00 Uhr, Abmarsch von Labinskaja. Das Bataillon marschiert über Armawir nach Olginskaja, wo es gegen 15.30 Uhr eintrifft und unterzieht. Die Marschleistung beträgt 135 Kilometer.
Am 19. September, 06.00 Uhr, Aufbruch und Marsch über Newinnomyskaja nach Lissogorskij. Dort trifft es gegen 12.30 Uhr ein. 100 Kilometer ist die Marschleistung.
Am 20. September, 08.00 Uhr, fährt das Bataillon von Lissogorskij ab. Marschziel ist Stara Pawlowskaja zwischen den Flüssen Kuma und Terek.
Noch einmal zeigt sich der Sommer von seiner besten Seite. Die Sonne brennt vom Himmel. Mächtige Staubfahnen begleiten den Marsch der „Wiking“. Rechter Hand liegt die Gebirgskette. Höhen und Täler leuchten im herbstlichen Gold. Dahinter erscheinen die bizarren, mächtigen Grate und Berge der Hochgebirgskette, der Elbrusgipfel mit seiner Schneemütze, und dann – weiter ostwärts – der Kasbek, zweithöchster Gipfel des Kaukasusgebirges. Vorbei geht es an Mineralnyje Wody, Badeort der russischen Prominenz, einer Perle am Nordrand des Gebirges mit Heilquellen und mildem Klima. In diesem Gebiet gibt es Obst und Weintrauben in Hülle und Fülle. Georgiewsk wird passiert, dann Eindrehen nach Nordosten. Die Berge bleiben zurück. Um 14.30 Uhr erreicht das III.(finn.)/„Nordland“ nach 110 Kilometern Tagesmarsch den Ort Stara Pawlowskaja und zieht zur Nachtrast unter. Die anderen Bataillone des Regiments „Nordland“ erreichen den gleichen Raum.
Am 21. September fahren die Kommandeure mit kleiner Begleitung schon sehr früh los. Der Einsatz des Regiments „Nordland“ soll im Abschnitt der 111. Infanteriedivision (Recknagel) erfolgen. Gegen 10.00 Uhr Einweisung des Regimentskommandeurs, Oberführer von Scholz, und der Bataillonskommandeure Polewacz, Stoffers und Collani durch den Kommandierenden General des LII. Armeekorps und der Truppenführer der 111. Infanteriedivision im Brückenkopf Mosdok.
Um 14.35 Uhr wird das III.(finn.)/„Nordland“ von Stara Pawlowskaja über Sowjetskaja nach Stokijaneff nachgezogen. Marschleistung beträgt 110 Kilometer.
Am 22. September ist der übliche Aufbruch und Weitermarsch, doch nach wenigen Kilometern wird das Finnen-Bataillon in die alten Unterkünfte

zurückbefohlen. Die Angriffspläne sind geändert worden. Das Regiment „Nordland" soll nun mit der Panzerabteilung „Wiking" und dem Regiment „Westland" aus den Stellungen der 370. Infantereidivision (Becker) bei Nish Kurp auf Malgobek angreifen.
Am Vormittag des 23. September fährt Stubaf. Collani mit einem kleinen Stab zur Einweisung in den neuen Auftrag und zur Geländeerkundung voraus. Um 12.00 Uhr wird das Bataillon von Stokijaneff nach Pawlodolskij nachgezogen und zieht dort unter. Pawlodolskij liegt am Terek. Eine bereits von deutschen Pionieren geschlagene Pontonbrücke verbindet Pawlodolskij mit Gnadenburg, das auf der anderen Seite des Flusses liegt. Gegen 17.00 Uhr heißt es für das Finnen-Bataillon: „Fertigmachen zum Weitermarsch! Am Abend geht es in Stellung!"
Um 17.35 Uhr fährt das Bataillon von Pawlodolskij ab. Die Pontonbrücke über den Terek wird passiert. Monoton rumpeln die vielen Räder der Fahrzeuge des Bataillons über die Brückenbohlen. Drüben ist ein Steilufer, hoch und mächtig wie eine Mauer. Hier geht es ein Stück entlang, dann ein Taleinschnitt hoch nach Gnadenburg. In der Abenddämmerung geht es über kahle Hügel auf Feldwegen weiter bis Nish Kurp, wo die Männer von den Fahrzeugen steigen. Wenig später löst das Bataillon Teile der 370. Infanteriedivision nordostwärts Nish Kurp ab. Die Ablösung zieht sich bis zum Morgen des 24. September hin. Das Bataillon hat links die verstärkte 10. und rechts die verstärkte 9. Kompanie in vorderster Front eingesetzt.
Am 25. September liegt russisches Granatwerferfeuer auf den eigenen Stellungen. Auch Scharfschützen machen sich unangenehm bemerkbar. Eigenes Artilleriefeuer liegt auf Malgobek. Der Tag ist ausgefüllt mit Angriffsvorbereitungen. Nach dem Herankommen des I. und II./„Nordland" soll am 26. September Malgobek, eine kleine Ölstadt, angegriffen werden. Das kahle, mit dürrem Steppengras bewachsene Hügelgelände im großen Terekbogen wird in den nächsten Wochen und Monaten zum Brennpunkt der Kämpfe im Ostkaukasus, zum Brennpunkt des Kampfes um das Malgobeker und Grosnyer Ölgebiet. Terek und Terek-Abschnitt werden fast täglich in den deutschen Wehrmachtberichten genannt; zuerst Angriffsunternehmen, dann Abwehrerfolge. Der Terek wird zum Limes, an dem sich die deutsche Angriffskraft abnützt. Die 1. Panzerarmee des Generalobersten von Kleist brennt zur Schlacke aus.
Der Terek ist 616 Kilometer lang. Er entspringt in den Gletschern des Kas-

bek und mündet 150 Kilometer nördlich von Machatschkala ins Kaspische Meer. Der ungezähmte, wilde Fluß fließt aus den Tälern des Faltengebirges anfangs nach Norden und biegt dann bei Prochladny, wo er bereits „zahmer“ ist, scharf nach Osten ab und durcheilt dann die Nogaiersteppe. Der Terek liegt als natürliche Barriere schützend vor dem Grosnyer Ölgebiet. Das überhöhte bergige Süd- und Ostufer im großen Terekbogen bietet gute Verteidigungsmöglichkeiten, die mit dem Herankommen der „Wiking“ bereits ausgepunktet sind. Aber auch das dahinterliegende wellige und bergige Steppengelände, auf dem nur Steppengras wächst und mitunter auch Maisfelder anzutreffen sind, bietet den Verteidigern gegenüber den Angreifern große Vorteile. Und die Sowjets verstehen diese Vorteile zu nutzen. Das spüren schon bald die finnischen Freiwilligen in der zunehmenden Härte des Kampfes.

Angriff auf Malgobek und Ssagopschin

Die deutsche Offensivplanung stellte der Heeresgruppe B die Aufgabe, im schnellen Vorstoß zur Wolga den Raum Stalingrad zu erreichen, eine nördliche Abschirmung entlang des Don aufzubauen und den Unterlauf der Wolga bis Astrachan unter Kontrolle zu bringen. Dann sollte die 4. Panzerarmee von der Heeresgruppe B zur Heeresgruppe A in den Ostkaukasus verlegt werden. Die 4. Panzerarmee (Hoth) wurde aber infolge der harten Kämpfe um Stalingrad nicht frei, und so fiel der 1. Panzerarmee (v. Kleist) die Aufgabe zu, die weitgesteckten Ziele im Ostkaukasus allein zu erreichen. Das ging über ihre Kräfte. Zunächst versuchte die 1. Panzerarmee mit Umgliederungen und Heranziehung aller Reserven am Terek weiterzukommen, die grusinische Heerstraße bei Ordshonikidse zu sperren und das Grosnyer Ölgebiet zu erobern, um danach im Vorstoß nach Osten Machatschkaja am Kaspischen Meer zu erreichen. Damit wären die Wege gesperrt, über die die alliierten Hilfslieferungen über den Iran laufen.
Mit dem Angriff des III. Panzerkorps (v. Mackensen) auf Ordshonikidse soll gleichzeitig das LII. Armeekorps (Ott) entlang des Nordhanges des Mussakai-Höhenblocks in der Talsenke südlich von Malgobek angreifen

und Ssagopschin erobern. Damit würde der Mussakai beiderseits umgangen, die grusinische Heerstraße am Gebirgsaustritt bei Ordshonikidse gesperrt – und der Weg für den Stoß in das Ölgebiet von Grosny wäre frei.
Der Weg nach Grosny führt über die kahlen Höhenzüge von Malgobek, einer kleinen, weitverstreuten Ölstadt zwölf Kilometer südlich von Mosdok. Das östlich des Terek, südlich von Mosdok, liegende und abgekämpfte LII. Armeekorps erhält als neue Speerspitze die aus dem Westkaukasus herankommende 5. SS-Panzergrenadierdivision „Wiking", die vorerst an Infanteriekräften nur die Regimenter „Nordland" und „Westland" zur Verfügung hat, da das Regiment „Germania" noch im Westkaukasus gebunden ist.
Divisionskommandeur Steiner sowie die Kommandeure der Regimenter und Bataillone „Nordland", „Westland", der Panzerabteilung und der Artillerie sind ihren Einheiten voraus, um die notwendigen Erkundungen und Einweisungen für den Angriff auf Malgobek und Ssagopschin durchzuführen. Es ist geplant, daß das Regiment „Nordland" auf dem Höhenrücken nördlich des Tals von Ssagopschin auf Malgobek angreifen soll, um dabei auch die Flankenbedrohung für die etwas rückwärts gestaffelten Angriffskräfte der Panzerabteilung und „Westland" auszuschalten.
In der Nacht vom 23. zum 24. September 1942 hat das III.(finn.)/„Nordland" Teile des Grenadierregiments der 370. Infanteriedivision (Becker) nordostwärts von Nish Kurp abgelöst.
Am 25. September sind die II. und III./SS-Art.Rgt. 5 vom Westkaukasus heran und gehen bei Nish Kurp in Feuerstellung. Die ebenfalls eintreffende Panzerabteilung (Mühlenkamp) stellt sich in den zahlreichen Balkas, Geländeeinschnitten, bei Nish Kurp bereit.
Gegen 12.00 Uhr ist die letzte Einsatzbesprechung aller Kommandeure auf dem Gefechtsstand der III./SS-Art.Rgt. 5 (Bühler), an der auch der Korpsartillerieführer, Oberst Lukasch, teilnimmt. Der Angriffsplan sieht vor:
I./„Nordland" greift entlang der Südhänge (mit Blick ins Tal) des Malgobeker Höhenzuges auf Malgobek I an.
III./„Nordland" links daneben auf höherer Höhenstufe, gleichzeitig mit dem Auftrag, Feindfeuer von oben auf das I./„Nordland" auszuschalten.
II./„Nordland" greift südlich Nish Kurp an den Nordhängen des Mussakai auf Kesskem an, gleichzeitig mit dem Auftrag, feindliches Flankenfeuer ins Tal herab zu unterbinden.

Panzerabteilung und Regiment „Westland" greifen nach genügender Vorstaffelung des Regiments „Nordland" im langgezogenen Tal zwischen den Höhenzügen an und erobern Ssagopschin.
Der Oberbefehlshaber der 1. Panzerarmee, Generaloberst von Kleist, weist in einem Fernschreiben an Generalleutnant der Waffen-SS, Felix Steiner, noch einmal auf die besondere Bedeutung Ssagopschins als Schlüsselpunkt für die Fortführung des Angriffs auf Grosny hin.
In der Nacht zum 26. September treffen die letzten Teile des I./„Nordland" im Bereitstellungsraum bei Nish Kurp ein.
26. September 1942, 04.45 Uhr: Die deutsche Artillerie brüllt los und eröffnet den Angriff auf Malgobek und Ssagopschin. Aus den Balkas und am Feldweg von Nish Kurp nach Mosdok blitzen die Abschüsse der Feldhaubitzen der Abteilung Bühler in ununterbrochener Folge, rollt der Widerhall wie ein Gewitter über Höhen und Täler hinweg. Und drüben, auf der Feindseite, wachsen die Einschläge der Granaten wie helle Pilze aus dem Boden. In ihren Ausgangsstellungen schmiegen sich die Sturmtruppen an die nachtkühle Erde, überprüfen noch einmal Waffen und Geräte, stecken sich Handgranaten ins Koppel. In den Balkas bei Nish Kurp tanken Mühlenkamps Panzerbesatzungen ihre Panzer auf und verstauen Panzer- und Sprenggranaten in den Bäuchen der stählernen Recken.
Wie sich später herausstellt, haben die Russen das Einschieben des Regiments „Nordland" nicht bemerkt. Sie stellen sich gleichzeitig mit den Deutschen mit vier Bataillonen zum Angriff bereit, zum Angriff auf Nish Kurp, um ihre von der 13. Panzerdivision (Herr) bei Elchotowo (Kaukasische Pforte) bedrängten Kräfte zu entlasten. Nur ist der Angriffsbeginn der Russen eine halbe Stunde später angesetzt, als der der Deutschen. Somit stehen sich etwa gleich starke Kräfte gegenüber, wobei der Verteidiger, der in ausgebauten Stellungen sitzt, im Vorteil ist. Notgedrungen geraten die Russen in die Rolle des Verteidigers.
Die Panzergrenadiere liegen sprungbereit an den Hängen der feindabgekehrten Seite. Ununterbrochen jaulen die Granaten über ihren Köpfen feindwärts. Der junge Tag ist noch grau, verschwommen. Milchige Morgennebel hängen in den Tälern. Das III.(finn.)/„Nordland" steht in der von der 370. Infanteriedivision übernommenen Stellung mit der 10. Kompanie des Ostuf. Porsch links und der 9. Kompanie des Hstuf. Troiker rechts. Ostuf. Mühlinghaus' 11. Kompanie stellt sich hinter der 9. Kompanie zum Angriff bereit; sie soll die Speerspitze sein. Ostuf. Mühlinghaus nimmt mit

seinen Zugführern Ostuf. Hannus und Hortling und Ustuf. Sartio aus den Stellungen der Neunten das Angriffsgelände in Augenschein. Es wird schwer werden!
Punkt 05.00 Uhr früh bricht das Vorbereitungsfeuer der Artillerie ab; nur einzelne Batterien schießen auf weiter zurückliegende Ziele. „Auf – marsch!" Die Bataillone des Regiments „Nordland" greifen an.
Ostuf. Mühlinghaus' Elfte stürmt über die eigenen Stellungen gegen die feindbesetzte Höhe vor. Die Zugführer Hannus, Hortling und Sartio stürmen in vorderster Front und reißen ihre finnischen Landsleute mit. Im ungestümen Sturmlauf wird die erste Höhe erreicht. Maschinenpistolen und MG knattern, Handgranatendetonationen hallen durch das Tal. Um 06.30 Uhr meldet die Elfte an das Bataillon: „Erstes Angriffsziel erreicht!"
Die Zugführer raffen ihre Züge neu zusammen, gliedern sie, stellen den Gruppen neue Aufgaben. Ziel der Kompanie ist die nächste Höhe.
Und wieder: „Vorwärts – Angriff!" Zuerst geht es gut, dann geraten die stürmenden Züge in heftiges Flankenfeuer aus südöstlicher Richtung und in Frontalfeuer aus einem Maisfeld heraus, das sich bis zur Höhenkuppe hinzieht. Das Maisfeld ist mit Stellungen und Bunkern gespickt, die die Angreifer nur schwer erkennen. Den stürmenden Finnen schlägt heftiges Abwehrfeuer entgegen. Die 11. Kompanie hat beim ersten Anlauf vier Gefallene und acht Verwundete. Der Angriff bleibt liegen.
Gegen 07.30 Uhr, als die Elfte zu Boden gezwungen ist, schwenkt das feindliche Abwehrfeuer auf die ebenfalls angreifende 10. Kompanie über, und bald hat die Kompanie drei Verwundete.
Um den Angriff wieder vorwärts zu bringen, schießt eigene Artillerie und die schweren Waffen des Bataillons noch einmal heftige Feuerschläge auf die Höhe vor dem kleinen Ort Stary Sowjetskij. Der Angriff auf diese Höhe ist auch für das südlicher angreifende I. Bataillon von ausschlaggebender Bedeutung. Wieder wird es ein verlustreiches Weiterboxen über Steppenhügel und durch Maisfelder. Die russischen Stellungen sind meisterhaft angelegt, die schmalen Gräben und Stellungen bieten Sicherheit, und nur Volltreffer der Artillerie vermögen sie auszuschalten. Russische Scharfschützen halten unter den Deutschen und Finnen blutige Ernte. Jede russische Stellung muß aus dem Verteidigungssystem herausgebrochen werden. Nahkampf mit Maschinenpistolen und Handgranaten. Dabei fällt Zugführer Ostuf. Hannus. Die Elfte hat weitere acht Gefallene und dreißig

15. Oktober 1941: Vereidigung des Finnischen SS-Freiwilligen-Bataillones auf deutschem Boden – Truppenübungsplatz Groß Born – Fahnenübergabe durch den finnischen Militärattaché Oberst Horn und den finnischen Verbindungsoffizier Major Levälathi. Rechts: SS-Hauptsturmführer Collani (gefallen) als Bataillonskommandeur.

Dezember 1941:
Auf dem Marsch an die Front über Winniza, Uman, Kirowograd und Dnjepropetrowsk

Absitzen und Schieben. Mühsam quält sich alles vorwärts

Die 2. Kompanie im Schneesturm auf dem Marsch nach Rutschenkowo, vorn SS-Untersturmführer (Leutnant) Pohjanlethto

Vor dem Frontkino
im Januar 1942:
Von links: Scharführer
Koschmieder, Vaaramo,
Untersturmführer Pohjanletho
und Obersturmführer Pallesche

Im vordersten Graben
(Winter 1941/42)

SS-Untersturmführer Ertel und SS-Unterscharführer Winkler vor dem Zuggefechtsstand 1. Zug der 2. Kompanie

Stellung der 2. Kompanie am Mius bei Steljanski – Bachmutzkij (großer Mius-Bogen)

Pioniergruppe des Bataillons bei Malgobek

Übergang bei Grigoripolinskaja über den Kuban

Nach dem Gefecht
von Linejnaja vernimmt
SS-Oberführer Fritz v. Scholz
russische Gefangene.
SS-Untersturmführer Hirt,
der Bataillonsadjutant, wurde
durch den Besuch bei der
Morgentoilette überrascht
und mußte mit bloßem
Oberkörper dolmetschen.

Der kommandierende General
des LII. Armeekorps (52.)
Eugen Ott im Gefechtsstand
des Finnen-Bataillons

Kriegsbrücke über den Terek bei Chamidija. Hier setzte sich die ganze Division „Wiking“ über zun Angriff auf Ordschonikidse

Unser Kradschützenzug bringt als Beute ein kamelbespanntes Geschütz ein, außerdem gefangengenommene russische Soldaten bei Metschiniskaja

Abschied in Ruhpolding, Paradeaufstellung

Das Bataillon scheidet aus und geht in die Heimat

5 cm-Panzerabwehrkanone

... und schweres Maschinengewehr bei Übungen (Sommer 1942, Demidowka)

SS-Untersturmführer Karl Heinz Ertel nach dem Gefecht bei Linejnaja (16. 8. 1942) neben einem Panzer IV der „Wiking“

Hännikäinen und Elmgren am 1. 1. 1943: Absetzen vom Kaukasus

Am 14. 1. 1943 – zum Gegenangriff bereit

Unterscharführer Taisto Kuuri, ein kühner Gruppenführer, auf dem Marsch zur Kalmückensteppe am 9. 1. 1943

Sturmmann Torrinen in vorderster Linie

Rottenführer
Pyyhtiä wurde
im Ehrenblatt des
deutschen Heeres
wegen besonderer
Tapferkeit
erwähnt

Alf Silfverberg
mit Panzer-
vernichtungs-
abzeichen

Leichtes Maschinengewehr in der Abwehr

Links der „Spieß“ Oberscharführer Pape, rechts Oberscharführer Spöck bei Ausgabe der Urlaubsscheine in Tampere

Fahne des berühmten preußischen Jägerbataillons 27 aus dem 1. Weltkrieg

Die Fahne des freiwilligen finnischen Bataillons im 2. Weltkrieg

Der finnische General Talvela und Generalleutnant der Waffen-SS Steiner in Alexandrowka

11. 7. 1943, Hanko. Eine Stunde nach der Entlassung aus der Waffen-SS in der Uniform der finnischen Armee – und wieder in den Kampf!

Fahne des berühmten preußischen Jägerbataillons 27 aus dem 1. Weltkrieg

Die Fahne des freiwilligen finnischen Bataillons im 2. Weltkrieg

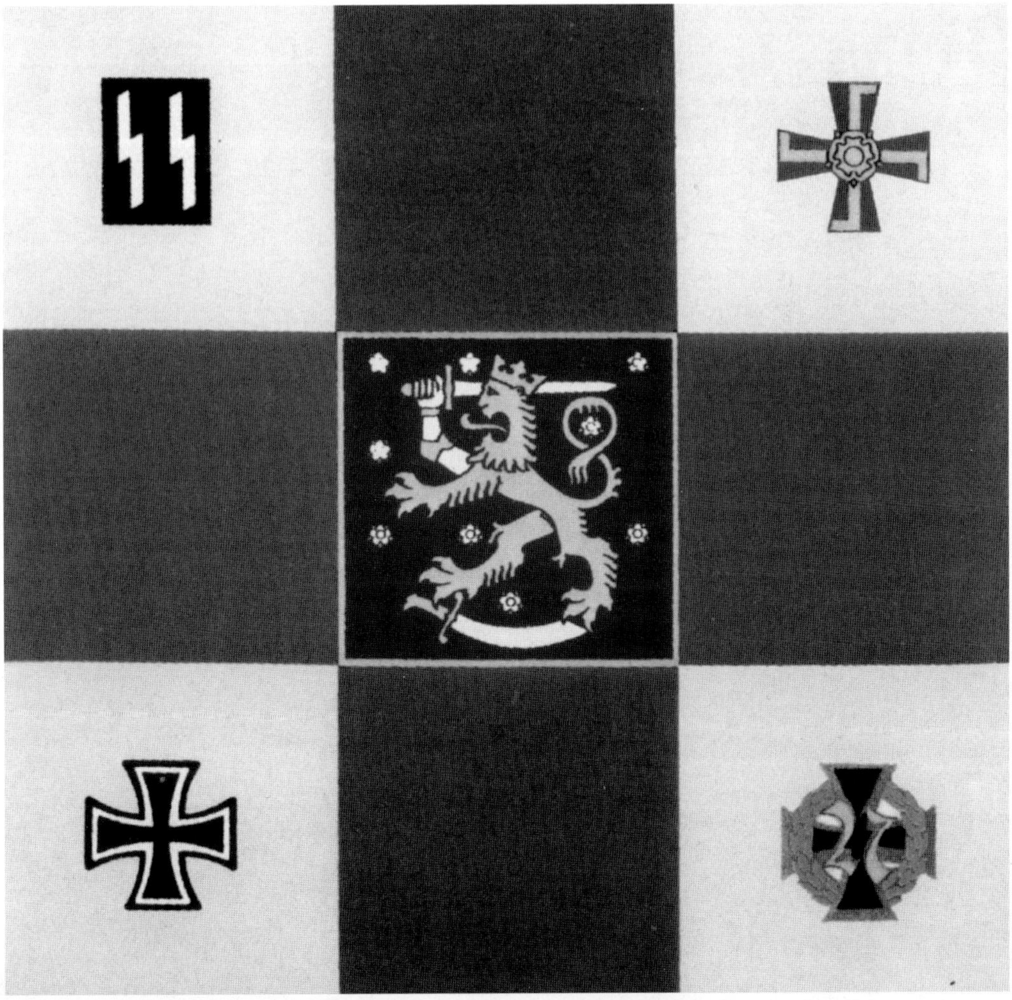

Kampf um Krasnoje Snamja

Kompanieführer Ertel und Kompanie-Truppenführer Pape der 9. Kompanie

SS-Gruppenführer und Generalleutnant Felix Steiner, Kommandeur der 5. SS-Panzerdivision „Wiking“ mit SS-Obersturmbannführer Collani (gefallen) am 2. 6. 1943 in Hanko (Finnland) bei der Übergabe des Bataillons an die finnische Wehrmacht

Feierliche Abschiedsaufstellung auf finnischem Boden und Abschreiten der Front des tapferen und ehrenvollen Finnischen Freiwilligen-Bataillons

Von links: Bataillonskommandeur SS-Obersturmbannführer Collani, SS-Gruppenführer und Generalleutnant der Waffen-SS Felix Steiner, finnischer General Malmberg, Befehlshaber der Heimattruppen

Der kriegsblinde finnische SS-Unterscharführer (Uffz.) Matti Alonen
wird vom finnischen General Malmberg besonders begrüßt (Tampere 1943)

Bei der Abfahrt des Truppentransportes grüßen die deutschen Kameraden SS-Obersturmführer Deck (11. Kompanie), SS-Obersturmführer Hirt (Bataillonsadjutant) und SS-Untersturmführer Scholz (Ordonnanzoffizier) ihre finnischen Waffenbrüder ein letztes Mal

Tampere 3. 6. 1943 : General Steiner mit finnischen Offizieren

Der finnische General Talvela und Generalleutnant der Waffen-SS Steiner in Alexandrowka

11. 7. 1943, Hanko. Eine Stunde nach der Entlassung aus der Waffen-SS in der Uniform der finnischen Armee – und wieder in den Kampf!

Verwundete beim zweiten Anlauf zu beklagen, der nach geringen Bodengewinn ebenfalls liegenbleibt. Gegen 09.00 Uhr gräbt sich die erschöpfte Elfte in der gewonnenen Linie ein.
Währenddessen kommt auch das rechts angreifende I./„Nordland" nicht weiter. Zahlreiche Verluste und die völlige Erschöpfung der Männer bringen den ganzen Angriffsplan der „Wiking" durcheinander. Nur das II./„Nordland" gewinnt entlang der Nordhänge des Mussakai Boden nach Osten. Die hier eingesetzten sIG der Dreizehnten machen Stellungswechsel und schießen quer über das Tal in die russischen Stellungen vor dem III. und I. Bataillon, denn es zeigt sich auch, daß die bei Nish Kurp stehende Artillerie wegen ungünstiger Winkelverhältnisse die Russen vor dem III. und I. Bataillon nicht wirksam bekämpfen kann.
Die Zeit drängt. Hauptziel für den weiterführenden Angriff bleibt Ssagopschin. Trotz unsicherer Flanken durch flankierendes Feindfeuer greifen im Tal zwischen den Höhenzügen Mühlenkamps Panzerabteilung und das Regiment „Westland" an, überwinden den das Tal schneidenden Panzergraben und kommen zunächst ein gutes Stück vorwärts, bis auch sie durch Flankenfeuer von den Höhen zum Abbruch des Angriffs gezwungen werden.
Die Forderung nach Ausschaltung des Flankenfeuers von den Höhen bei Malgobek durch das III. und I./„Nordland" wird immer lauter. Gegen 10.00 Uhr gliedern die Bataillone um und führen ihren Sturmkompanien eigene Reserven zu. Um 11.30 Uhr schiebt sich ein Schützenzug, eine sMG- und eine Granatwerfer-Gruppe der 9. Kompanie in die Linie der festliegenden Elften ein, die gleichzeitig Munition und Handgranaten auffüllt. Der lIG-Zug und ein Pak-Halbzug der 12. Kompanie gehen unmittelbar hinter der Elften in Stellung.
Gegen 15.00 Uhr wird der Angriff wieder aufgenommen. Wieder schlägt den tapferen Finnen heftigstes Abwehrfeuer entgegen, besonders von Südosten aus der Flanke. Das zweite Angriffsziel, die langgezogene Höhe vor Stary Sowjetskij und das davor liegende Maisfeld sind ein einziges Stellungssystem. Jeder Meter fordert von den Finnen selbstlosen Einsatz. Gegen 17.00 Uhr hat sich die verstärkte und wieder durch Ausfälle geschwächte 11. Kompanie bis auf 20 Meter an den Höhenkamm herangekämpft und bleibt abermals, völlig ausgepumpt, kurz vor dem Angriffsziel liegen. Es ist zu befürchten, daß bei einsetzenden Gegenstößen der gewonnene Raum nicht gehalten werden kann. Die eigenen Ausfälle

haben sich auf 25 Gefallene und 54 Verwundete erhöht; darunter schwerverwundet Ustuf. Müller, Zugführer der 9. Kompanie.
Beim I./„Nordland" sieht es nicht besser aus. Es wird gewiß, daß das III. und I./„Nordland" gegen Malgobek nicht weiterkommen wird.
Regimentskommandeur Oberführer von Scholz hat die Angriffe dieser zwei Bataillone mit Sorge verfolgt und durch persönliche Inspektionen in vorderster Linie erkannt, daß so kein Weiterkommen ist. Er drängt auf Änderung des Angriffs beim Divisionskommandeur und erhält von diesem den Auftrag, den Angriff des I. und III./„Nordland" anzuhalten und in der erreichten Linie zu verteidigen.
Um 17.45 Uhr setzt sich die 11./„Nordland" – es dämmert bereits – befehlsgemäß von der Feindhöhe ab und geht auf der zuerst eroberten Höhe in Stellung.
Soweit der allgemein gehaltene Bericht vom ersten Angriffstag auf Malgobek. Wie dieser schwere Tag aus der Sicht des Stürmenden, des unscheinbaren Frontkämpfers ablief, der nur seine Gruppe, seinen Zug, bestenfalls noch seine Kompanie, vor allem aber seine Kameraden sah, vermitteln uns folgende Tagebuchaufzeichnungen, die Eero Tulonen von der 11. Kompanie am Abend des 26. September 1942 niedergeschrieben hat:
„26. 9. 1942: Ein schwarzer Tag. Etwa um 06.00 Uhr morgens griffen wir an. Am Anfang ging alles gut. Dann gerieten wir im Nebel in das Feuer russischer Maschinengewehre. Wir konnten den Feind nicht sehen. Es hagelte so viele Kugeln, daß wir nur noch vorwärts kriechen konnten. Hannus*), Nisula und Siimestö wurden verwundet und Alaja fiel. Dann fielen Rahtu, Lusa, Muilu, Saarela und Voutilainen. Der Rest grub sich ein. Nach einer Weile sind wir dann zurückgekrochen. Von unserem Zug (Hannus) waren Tuokko, Penttilä, Salonen und ich übriggeblieben.
Am Nachmittag griffen wir wieder an und drangen überraschend in die russischen Stellungen ein; fliehende Russen fielen unter unseren Kugeln. Penttilä wurde am Kopf leicht verwundet; ich nahm seine MPi, und zusammen mit Nieminen machten wir ein paar Gefangene. Teräväinen bekam zwei Löcher ins Bein und am Nachmittag eine weitere Kugel durch die Hand. Peltovuori hantierte mit einer russischen Sprengladung, bis diese explodierte und ihn aus dem Schützenloch etwa fünf Meter weit schleuderte. Der obere Teil von Peltovuori war bis zu den Schultern zerfetzt, das eine

*) ist später seinen Verletzungen erlegen.

Bein am Oberschenkel ab. Wir wußten erst nicht, wer es war. Nachdem wir in der Gesäßtasche das Soldbuch fanden, stellten wir mit Bestürzung fest, daß es Peltovuori war, einer der besten Kameraden.
Einmal stürmte ich neben Turunen. Er rief mir zu: ‚Wie geht's bei dir?'
Ich hatte noch geantwortet: ‚Gut!'
Gleich danach wurde gerufen, daß Turunen gefallen sei.
Einmal stürmte Jätinmäki keine fünf Meter neben mir. Plötzlich hörte ich ein Stöhnen. Auf mein Rufen bekam ich von Jätinmäki keine Antwort mehr.
Pirttiniemi bekam eine Kugel durch die Brust. Ich zeigte ihm die Richtung nach hinten. Er kroch zurück und kam durch.
Der Angriff blieb stecken. Ich grub mich neben Jätinmäki ein. Hierbei erinnerte ich mich an alles, was wir in Groß Born gelernt hatten: Während Kopf, Brustkorb und Ellenbogen dicht am Boden blieben, schoben die Hände mit dem Spaten die Erde unter der Brust vor und so entstand vor dem Kopf ein Schutzwall. Die Fersen blieben fest am Boden gepreßt. Als wir dann unsere Schützenmulden und Löcher fertig hatten, stellten wir durch Zurufe fest, wer gefallen und wer noch am Leben war.
Unser Zug war morgens 34 Mann, am Abend noch 9 Mann stark. Wir hatten 8 Gefallene und 17 Verwundete." *)
Nun zur Luftwaffe.
Während des Angriffs am 26. September beherrschen die Russen den Luftraum. Immer wieder greifen russische Schlachtflieger vom Typ IL 2 in die Erdkämpfe ein. Eigene Flak schießt einige Maschinen ab. An eigenen Luftwaffenkräften steht der 1. Panzerarmee das Jagdgeschwader 52 – Commodore Major Gollob – zur Verfügung. Jagdgeschwader ist zu diesem Zeitpunkt zu hoch gegriffen, denn eine Gruppe mußte nach Stalingrad abgegeben werden, und so bleibt genaugenommen nur die III. Gruppe und der Geschwaderstab. Ihr Absprungplatz ist zunächst Mineralnyje Wody. Um Kraftstoff zu sparen und schneller am Feind sein zu können, erkundet Major Gollob am 26. 8. einen neuen Feldflugplatz. Er findet eine lange geeignete Wiese etwa zehn Flugminuten westlich vom Mosdok-Malgobeker Kampfgebiet.
Bei den Kämpfen am Terek wird die deutsche Luftwaffe oft von den einfachen Soldaten im Graben kritisiert. Bei erdrückender feindlicher Luft-

---

*) Mauno Jokipii, a.a.O., Seite 530.

überlegenheit erscheinen nur selten deutsche Jäger, und meistens dann, wenn die Sowjets abgeflogen sind. Aber dem ist nicht so. Die Messerschmidt-Jäger Me 109 haben chronischen Treibstoffmangel und starten meistens erst, wenn feindliche Einflüge gemeldet sind. Daß sie dann mitunter zu spät kommen, liegt auf der Hand. Die Sollstärke der III./JG 52 beträgt 30 Jagdmaschinen. In Armawir hatte die Gruppe noch knapp die Hälfte ihrer Maschinen einsatzbereit. Am Terek sind dann kaum mehr als vier Maschinen einsatzbereit. Es fehlt an Ersatzteilen, an Benzin, an Munition. Die III./JG 52 greift in die Kämpfe am Terek zumeist nur mit zwei Rotten (zwei Maschinen) in die Kämpfe abwechselnd ein, und das macht die wahren Verhältnisse deutlich. Dennoch tun die Flieger, was sie können. Wie oft in späteren Tagen fegen nur zwei Me 109 den Luftraum von russischen Jägern und „Schlachtern" frei, wobei zahlreiche russische Maschinen mit blauschwarzer Rauchfahne zu Boden geschickt werden. Hier am Terek erzielt Major Gollob seinen 150. Luftsieg, hier schießt die III./JG 52 auch ihren 1500. Luftgegner ab, Hauptmann Dickfeld seinen 120. Das zum Verständnis der Luftlage am Terek.
In der Nacht zum 27. September 1942 gliedern das III. und I./„Nordland" um. Die 10. Kompanie übernimmt einen Teil des Abschnitts des I. Bataillons. Der Schwerpunkt wird weiter nach rechts gelegt.
27. September 1942, 10.30 Uhr: Die 10. Kompanie unter Führung von Ostuf. Porsch greift an. Die 9. Kompanie wird nachgezogen, um sie schnell zur Hand zu haben. Die stark geschwächte 11. Kompanie ist Bataillonsreserve.
Allem Anschein nach hat der Russe Teile seiner Kräfte, mit denen er am Vortag angreifen wollte, in den Raum Ssagopschin abgezogen, weil er hier richtig den deutschen Schwerpunkt vermutet. Der Angriff der Zehnten läuft gut. Bis 14.30 Uhr werden nacheinander drei Höhen genommen. 15 Gefangene der 59. Brigade sowie 30 Tote werden gezählt. 3 sMG, 5 lMG, 4 Panzerbüchsen, 10 MPi und 50 Gewehre sind die Beute.
Um 15.30 Uhr gehen 9. und 10. Kompanie auf den eroberten Höhen in Stellung. Gegen 17.30 Uhr schiebt die 9. Kompanie eine Sicherung nach Norden heraus und sperrt das Wegekreuz bei Ossemyj. Der Pionierzug der Zwölften nimmt 140 russische Holzminen auf. Das Bataillon hat an diesem Tage drei Gefallene und acht Verwundete.
Weiter südlich ist auch das I. Bataillon nun vorwärts gekommen, aber Malgobek, das Ziel beider Bataillone, liegt noch in weiter Ferne. Trotz Flanken-

feuer von dort kämpfen sich Panzerabteilung und Regiment „Westland" bis an Ssagopschin heran, aber der Ort selbst hält allen deutschen Angriffen stand. Ssagopschin ist der Schlüssel zu den weiterführenden Operationen ins Grosnyer Ölgebiet; um dieses terrassenförmig angelegte Dorf wird in den folgenden Tagen mit unvorstellbarer Härte gekämpft.
Am 28. September erbitterte Kämpfe um Ssagopschin. Schweres Flankenfeuer, auch schwerer Artillerie, aus dem Raum Malgobek behindert die Panzerabteilung und das Regiment „Westland" sehr. Von den Malgobeker Höhen haben die russischen Geschütze direkte Einwirkungsmöglichkeiten auf die deutschen Bewegungen im Tal bei Ssagopschin. Malgobek muß fallen, wenn es bei Ssagopschin vorangehen soll.
Malgobek bleibt nach wie vor das Ziel des I. und III./„Nordland". Beide Bataillone sowie das nach Norden anschließende Grenadierregiment 70 der 111. Infanteriedivision gliedern zum neuen Anlauf auf Malgobek um. Russische Artillerie- und Schlachtflugzeugeinsätze stören die Umgruppierung. Bereits um 06.00 Uhr früh geht eine Serie von Geschossen der „Stalinorgel" auf die am linken Flügel des III.(finn.)/„Nordland" eingesetzte 10. Kompanie nieder – und dann fortlaufend. Der Angriffsbeginn wird verschoben. Gegen 14.30 Uhr stellt ein Spähtrupp fest, daß die Höhe vor der 10. Kompanie geräumt worden ist.
Um 16.30 Uhr löst die 11. Kompanie (bisher Btl.-Reserve) die 2. Kompanie ab und übernimmt damit einen Teil des Abschnitts vom I. Bataillon. Die 11. Kompanie sichert gleichzeitig den Stellungswechsel und die neuen Stellungen von Batterien des SS-Artillerieregiments in einem nach Süden auslaufenden Tal des Malgobeker Höhenzuges.
Die 10. Kompanie soll dem GR 70 (Tronnier) zum Angriff auf Malgobek unterstellt werden und wird auf Höhe der 9. Kompanie zurückgenommen. Neue Überlegungen, neue Pläne in den deutschen Führungsstäben. Malgobek muß zuerst fallen, erst dann wird es möglich sein, auch Ssagopschin zu nehmen. Um 23.10 Uhr wird die 10./„Nordland" aus ihrer Stellung herausgelöst und dem Gren.Rgt. 70 unterstellt.
Am 28. September erbitterte Kämpfe um Ssagopschin. Das I./„Westland", tags zuvor aus dem Westkaukasus eingetroffen und heute gleich in den Kampf geworfen, hat hohe Verluste. Die Ausfälle durch Feindeinwirkungen und Materialschäden steigen bei der Panzerabteilung „Wiking" rapide an. Der im Morgennebel (auf ihn setzte man) begonnene Angriff auf Ssagopschin bleibt nach plötzlichem Aufreißen des Nebels erneut stecken,

wobei besonders eine schwere Feindbatterie im direkten Beschuß aus dem Raum Malgobek (am weißen Haus) unangenehm auf die deutschen Angriffskräfte einwirkt und sie zu Boden zwingt. Zu allem Unglück trifft der Angriff auf Ssagopschin auf einen russischen Gegenangriff mit Panzerkräften, der entlang des Mussakais bis zum Panzergraben von Nish Kurp durchdringen und das Tal dort sperren soll. Ein raffinierter Plan der Sowjets: Hinten dichtmachen und dann die deutschen Kräfte im Tal durch konzentriertes Feuer aus den Höhenstellungen zusammenschießen. Doch dazu kommt es nicht. Mühlenkamps Panzer stellen sich den russischen. Es kommt zu Panzerduellen aus nächster Entfernung. Schließlich lassen die Russen von ihrem Vorhaben ab.
Harte Auseinandersetzungen zwischen dem LII. Armeekorps und der Führung der „Wiking". Der Kommandierende General, General Ott, läßt von seinem Vorhaben nicht ab: Direkter Angriff im Tal auf Ssagopschin. Divisionskommandeur Steiner vertritt die Ansicht, die Angriffsgruppe im Tal etwas zurückzunehmen, dann die Flankierungen von den beiderseitigen Höhen auszuschalten und dann erneut Angriff auf Ssagopschin. General Ott beharrt weiterhin auf unverzüglichen, direkten Angriff auf Ssagopschin – wahrscheinlich auf Grund der Gesamtlage, in Anbetracht der noch vor Einbruch des Winters zu erreichenden Ziele, und von der Panzerarmee dazu gedrängt. Am Abend des 28. September wird der Kommandeur des Regiments „Nordland", Oberführer von Scholz, zum Abschnittskommandeur im Tal vor Ssagopschin ernannt. Der Regimentskommandeur „Westland", Obersturmbannführer Geißler, tritt damit unter seinen Befehl.
Am Vormittag des 29. September wird die 10./„Nordland" – dem GR 70 unterstellt – in den Bereitstellungsraum zum Angriff auf San Lonoj herangeführt. Dabei hat die Kompanie bereits hohe Ausfälle durch russische Artillerie, die wahrscheinlich die Bewegung durch VB einsieht. Die Kompanie zieht in ein deckendes Tal zurück und soll in der kommenden Nacht die Bereitstellung einnehmen. In der Nacht wird jedoch der Angriff abgesagt. Die 10./„Nordland" tritt zum III.(finn.)/„Nordland" zurück, das inzwischen den Abschnitt des I. Bataillons ostwärts von Nish Kurp mit übernommen hat.
Das I./„Nordland" verlegt ins Tal vor Ssagopschin. Am 30. September Angriff des I./„Nordland" und des II./„Westland" auf Ssagopschin. Wieder ohne Erfolg. Die Verluste sind hoch. Am Abend fahren die Oberführer von

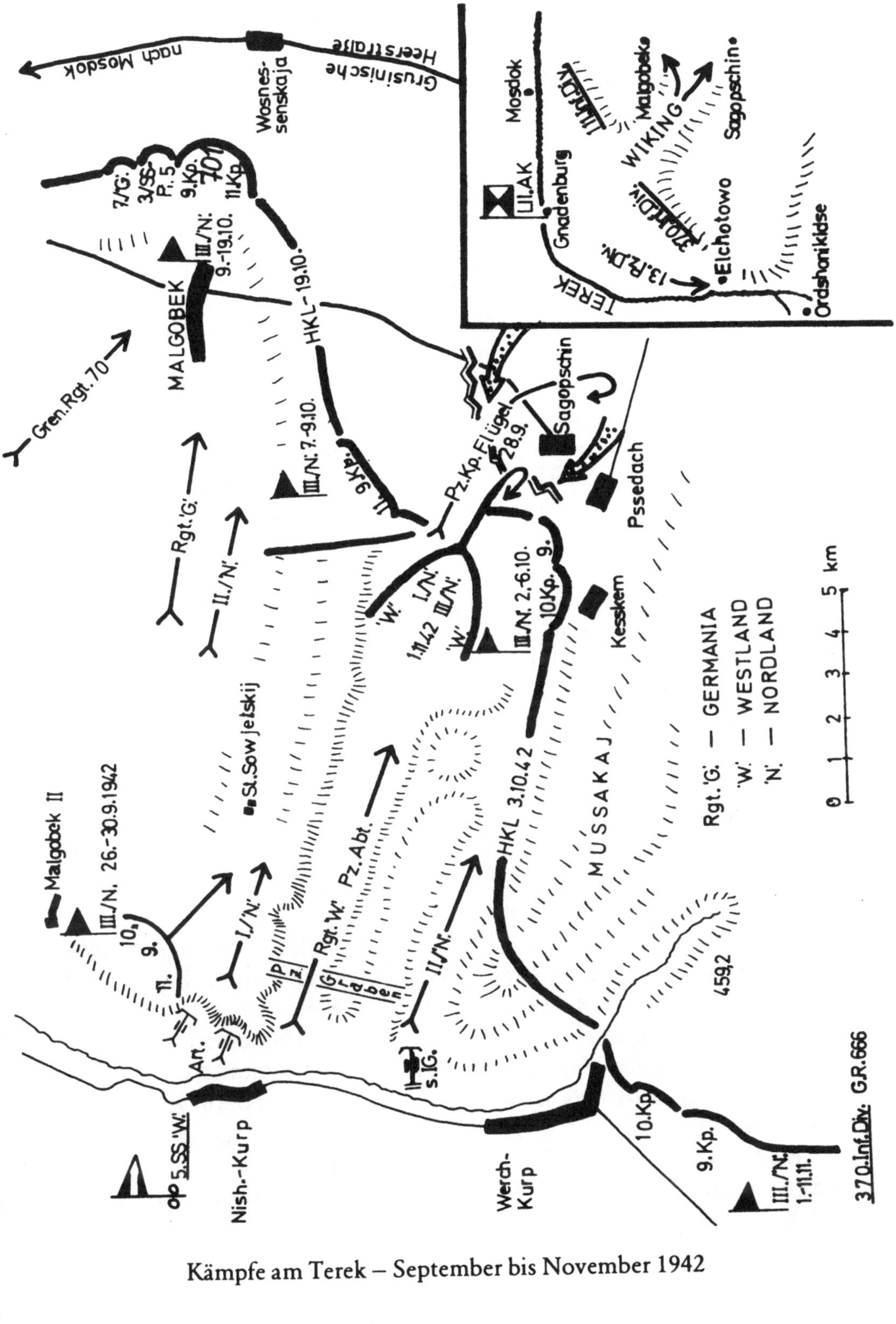

Kämpfe am Terek – September bis November 1942

Scholz (Abschnittskommandeur), Gille (Kdr. des SS-Art.Rgt. 5) und Ostubaf. Geißler (Rgt.Kdr. „Westland") zur Division, um gegen den sinnlosen Angriff mit unzureichenden Mitteln zu protestieren. Steiner, der immer gegen den Angriff im Tal war, gibt den Prostest telefonisch an General Ott weiter, doch Ott beharrt darauf, fühlt sich an Befehle von „oben" gebunden, schlägt vor, alle weniger exponierten Frontteile zu lichten und die daraus gewonnenen Kräfte zum Angriff auf Ssagopschin einzusetzen.

Gegen 18.00 Uhr kommt ein neuer Befehl: Im Laufe der Nacht übernimmt das III./„Nordland" die Front des angeschlagenen II./„Westland". Morgen sollen dann I. und III./„Nordland" Ssagopschin angreifen und die zwei Bataillone „Westland" die Flanken abschirmen.

Während die Kompanien des III.(finn.)/„Nordland" ostwärts Nish Kurp von der 111. Infanteriedivision abgelöst werden und in den neuen Einsatzraum marschieren, ist Stubaf. Collani mit einem kleinen Stab zur Geländeerkundung und Einweisung vorausgefahren. Ustuf. Dohm, Zugführer der 9. Kompanie, soll nach Eintreffen der Kompanie noch mit einem Spähtrupp gegen Ssagopschin vorgehen und die besten Annäherungsmöglichkeiten an das Dorf Ssagopschin erkunden. Da die Neunte kurz vor Einbruch der Dunkelheit noch nicht da ist, geht der 1. Ordonnanz-Offizier (OO 1) des Bataillons, Ustuf. Ertel, mit eingetroffenen Männern der 10. Kompanie vor. Der Spähtrupp geht vorsichtig durch ein Maisfeld, bekommt Verbindung mit einer eigenen Pakstellung und hat dann die ebene Fläche vor Ssagopschin vor sich. Ertel berichtet und macht dem Bataillonskommandeur und seinen Kompanieführern entsprechende Vorschläge zum Einsatz der Stoßtrupps. Erst jetzt erfährt Ertel, daß Ustuf. Dohm beim Herausgehen aus den alten Stellungen bei Nish Kurp durch eine Granate der „Stalinorgel" gefallen ist.

In der Nacht zum 1. Oktober 1942 stellen sich I. und III./„Nordland" sowie das Regiment „Westland" – es hat nur zwei Bataillone – erneut zum Angriff auf Ssagopschin bereit. Mit Stoßtrupps an der Spitze soll dieses Mal in tiefer Formation auf Ssagopschin vorgegangen werden. Dazu stellt jede Kompanie aus ihren besten Männern einen Stoßtrupp zusammen. Die Reihenfolge beim Finnen-Bataillon: Stoßtrupp der 11., 9. und 10. Kompanie, dahinter der Rest der 10. Kompanie. Noch einmal wird auf den Morgennebel gesetzt. Der Angriffsbeginn wird vorverlegt.

Am 1. Oktober 1942, um 04.15 Uhr, treten von links nach rechts die Stoß-

trupps des III. und I./„Nordland“ sowie abschirmend das Regiment „Westland“ zum Angriff auf Ssagopschin an. Es sind die besten Zugführer und Unterführer der Kompanien, mit tapferen, verläßlichen Männern. Je Stoßtrupp dazu eine sMG-Bedienung, die etwas abgesetzt folgt. Alles ist durchdacht und abgestimmt. Rechts arbeiten sich lautlos die Stoßtrupps des I./„Nordland“ vor; tapfere Männer – Deutsche, Dänen und Norweger. Links tapfere und kampferprobte Finnen. Hinter ihnen warten sprungbereit die Kompanien.
Wieder wird auf den Morgennebel gesetzt. Um den Überraschungsmoment zu wahren, unterbleibt jegliche eigene Artillerievorbereitung.
Anfangs kommen die Stoßtrupps gut voran, aber dann stoßen sie auf die ersten russischen Sicherungen, die Alarm schlagen und sich zurückziehen. Sperrfeuer setzt ein. Dennoch boxen sich die Stoßtrupps weiter vor. Ssagopschin rückt greifbar nahe heran. Als die ersten Stoßtrupps 50 Meter vor der russischen Hauptstellung vor Ssagopschin stehen, bricht die Sonne durch den Morgennebel. Mit ihr setzt schlagartig ein mörderisches Abwehrfeuer ein und nagelt die Stoßtrupps am Boden fest. Mehrere Versuche, dennoch vorwärts zu kommen, werden von russischer Artillerie und von Granatwerfern im Keime erstickt. Die Stoßtrupps, die in dem Tal auf dem Präsentierteller liegen, wühlen sich in die Erde hinein, um etwas Schutz vor dem verheerenden Flankenfeuer besonders aus Malgobek zu haben. Erst bei Dunkelheit können sie zurück in die Ausgangsstellung. Das Finnen-Bataillon hat zwei Gefallene und neun Verwundete, die hauptsächlich auf den Stoßtrupp der Elften entfallen. Unter den Gefallenen der Ostuf. und Zugführer Erkki Rafael Lautia aus Rauma in Finnland.
In der Nacht zum 2. Oktober wird drei Kilometer westlich von Ssagopschin eine neue HKL aufgebaut. Im Zuge der Umgliederung geht das Finnen-Bataillon vor Pssedach und Kesskem, mit der 10. Kompanie links (angelehnt an das I./„Nordland“) und der 9. Kompanie rechts, in Stellung. Die 11. Kompanie ist Bataillonsreserve.
Eero Tulonen beschreibt diesen Kampftag aus seiner Sicht, aus der Sicht des Stoßtrupps Lautia von der 11. Kompanie so:
„1. 10. 1942: Um Mitternacht brachen wir auf – eine Abteilung von etwa 180 Mann, Stoßtrupps des I. und III. Bataillons voraus. Als es Morgen wurde, kamen wir in einer langgezogenen Bodensenke unbemerkt bis vor die russischen Stellungen. Wir warteten auf das Angriffszeichen. Ich war total übermüdet und schlief neben einem Schützenloch ein.

Mittlerweile wurde es hell und die Russen erkannten uns. Plötzlich setzte heftiges Feuer ein. Ich erwachte und warf mich in ein Schützenloch, das bei den Kämpfen an den Vortagen gegraben wurde. Wenn man nur ein wenig den Kopf hob, regnete es aus etwa 100 Meter Entfernung MPi-Geschosse. In der langen Senke befanden sich drei Züge unseres Bataillons, aber unsere andere Gruppe sah ich nicht. Ostuf. Lautia fiel gleich am Anfang, und Uscha. Jalkanen starb nach einer schweren Verwundung.
Auch Saari wurde verwundet. Er konnte noch in einem Schützenloch Deckung nehmen. Penttilä wollte ihm helfen, aber als er aus seinem Loch hochkam, bekam er einige Kugeln in den Kopf. Danach zuckte sein lebloser Körper jedesmal, wenn ihn eine neue Kugel traf.
Schließlich gelang es Kiviluoto und mir, an Saari heranzukommen. Wir verbanden seine Wunden. Er hatte fünf Einschüsse, den schlimmsten durch die rechte Schulter, der durch die Lunge ging und im Brustkorb steckengeblieben war. Dazu einen Streifschuß am linken Handgelenk und am Unterarm und eine weitere Wunde im rechten Unterschenkel.
Die Bergung des Schwerverwundeten war sehr schwierig. Wir zogen Saari etwa 1,5 Kilometer mittels Lederriemen am Boden entlang. Brennessel röteten sein Gesicht. Kein Wehklagen kam über seine Lippen. Er fluchte nur über sein Schicksal und spornte uns immer wieder an: ‚Zieht Jungs, zieht – los weiter!‘ Er litt viel, klagte aber nicht ein einziges Mal. Sein ruhiges Wesen, seine bescheidene Art blieben auch in höchster Not dominierend. Als der Arzt seine Wunden gesehen hatte und ihn verband, sagte der Doktor zu uns: ‚Er wird durchkommen!‘
Ich sah wie Valle schoß, wie er selbst getroffen wurde, wie von seinem Helm die Funken sprühten. Der Helm hatte eine Delle. Naumann ging es ebenso.
Am Vormittag zogen wir uns langsam zurück und bezogen nach etwa 500 Metern neue Stellungen – abgesetzt vom Feind. Dort blieben wir den ganzen Tag in der prallten Sonne liegen – hungrig und durstig.
Einige versuchten den toten Lautia zurückzuholen, um auch seine goldene Uhr für seine Angehörigen zu bergen, aber es gelang nicht. Die Gefallenen Lautia und Penttilä blieben vorn liegen.
Im Schutze der Dämmerung gingen wir zur Kompanie zurück; die Züge Ingerö und Sartio. Wir aßen mit Heißhunger, da wir seit 24 Stunden keinerlei Nahrung bekommen hatten.
Der Regimentskommandeur (Fritz von Scholz), der den Angriff aus einiger

Entfernung verfolgt hatte, war der gleichen Meinung wie wir, daß ein neuer Vorstoß ohne Unterstützung von Panzern und schweren Waffen unmöglich wäre." *)

In den folgenden Tagen liegt starkes feindliches Artillerie- und Granatwerferfeuer auf den Stellungen bei Pssedach. Eigene Spähtrupps und feindliche Vorstöße wechseln einander ab. Die russische Luftwaffe ist nach wie vor aktiv und regnet nun auch Phosphor ab.

Ein Versuch mit dem II./„Nordland" (Stoffers) entlang der Nordhänge des Mussakais Ssagopschin anzugreifen, scheitert ebenfalls.

Die 5. SS-Panzergrenadierdivision „Wiking" hatte nach wiederholten Anläufen Ssagopschin nicht nehmen können. General Ott, Kommandierender des LII. Armeekorps, fordert von Generalleutnant der Waffen-SS Steiner einen neuen Plan zur Fortführung des Angriffs auf Grosny. Auch das III. Panzerkorps kam nicht weiter; die Front vor Ordshonikidse erstarrte. Steiner weist darauf hin, daß Malgobek der Schlüssel zum Angriff auf Grosny ist, daß ohne den Besitz der beherrschenden Höhenstadt auch die vorgestaffelte HKL im Tal vor Ssagopschin nicht zu halten ist. General Ott stimmt einem Angriff auf Malgobek zu, der nach Eintreffen des Regiments „Germania" und der I./SS-Art.Rgt. 5 aus dem Westkaukasus anlaufen soll.

Malgobek und Höhe 701

Allen Truppenführern ist klar: Der Weg nach Grosny, dem Ziel der 1. Panzerarmee, führt über Malgobek.

Bis zum 5. Oktober 1942 rollen endlich das I. und II. Bataillon „Germania", die I./SS-AR 5 und weitere Teile der Division „Wiking" aus dem Westkaukasus heran, wo sie von Gebirgstruppen abgelöst worden sind. Nur das III./„Germania" konnte bei Maikop noch nicht abgelöst werden. Mit neuen Kräften der „Wiking" soll Malgobek aus der russischen Verteidigung herausgebrochen und der Weg nach Grosny frei gemacht werden.

Bereits am 4. Oktober greift das Regiment „Germania" mit dem I. Bataillon

*) Mauno Jokipii, a.a.O., Seite 541.

rechts und dem II. Bataillon links als Stoßgruppe an. Teile der Panzerabteilung „Wiking“ unterstützen den Angriff. Rechts vom I./„Germania“ folgt etwas nach rückwärts gestaffelt das II./„Nordland“, und links vom II./„Germania“ Teile des Grenadierregiments 70 der 111. Inf.Div. Der Angriff beginnt aus dem Höhengelände etwa sechs Kilometer westlich Malgobek. Gegen 11.00 Uhr steht das Regiment „Germania“ 500 Meter vor Malgobek und verhält. Punkt 11.20 Uhr sind deutsche Stuka vom Typ Ju 87 da und laden ihre Bombenlast auf die Stadt ab. Danach greift „Germania“ wieder an und gegen 14.00 Uhr ist Malgobek-West in deutscher Hand. Ausgepumpt gehen die Kompanien zur Sicherung über. Erst jetzt wird erkennbar, daß die langgestreckte, aus mehreren nicht miteinander verbundenen Häuservierteln bestehende Stadt in einem Zuge nicht zu nehmen ist. In jedem Häuserviertel flackert die Abwehr neu auf, und auch die Artillerie, die beim Stukaangriff geschwiegen hat, greift wieder stark in den Kampf ein.
Am 6. Oktober, bei Morgennebel, wird der Angriff fortgesetzt. Die eigenen Kräfte, die die Flanken abschirmen, schließen auf. Gegen 15.00 Uhr ist auch Malgobek-Ost, sind die großen Ölbehälter in deutscher Hand. Nächstes Ziel ist der Ort Wosnessensskaja an der Grusinischen Heerstraße. Hierzu müssen die Angriffsspitzen verstärkt werden. Das kann nur durch Umgliederungen geschehen, da weder Armeekorps noch Panzerarmee über operative Reserven verfügen. Im Zuge dieser Umgliederung übernimmt das I./„Nordland“ auch die Stellung des III./„Nordland“ vor Kesskem durch Strecken seiner Front.
Am 6. Oktober 1942 erkundet ein Einweisungskommando unter Führung von Stubaf. Collani im Raum südlich von Malgobek Annäherungswege und Bereitstellungsräume für das III.(finn.)/„Nordland“.
In der Nacht zum 7. Oktober wird das Finnen-Bataillon im Raum Kesskem abgelöst. Es erfolgt der Abmarsch in den neuen Bereitstellungsraum, wo das Bataillon, das aufgelockert und tropfenweise marschiert, mit letzten Teilen am Vormittag des 7. Oktober eintrifft.
Am Morgen des 7. Oktober ist das Regiment „Germania“ wieder im Angriff nach Osten. Jetzt treten starke russische Reserven, die aus dem Raum Ordshonikidse und Elchotowo herankamen, in den Kampf ein, und der deutsche Angriff kommt nur noch mühsam weiter. Jede deutsche Kräfteverschiebung zieht eine russische Kräfteverschiebung nach sich, und die Stärke der sich gegenüberstehenden Truppen ist wieder ausgeglichen. Es beginnt

ein zermürbender Kampf um jede Höhe. Das Regiment „Germania", das schon beim Angriff auf Malgobek etwa 250 Ausfälle hatte, schrumpft weiter zusammen. Um 13.00 Uhr greift am Südflügel des Angriffskeils das III./„Nordland" in die Kämpfe ein. Es kommt infolge starken Flankenfeuers von Pak und Artillerie aus Richtung Ssagopschin nur langsam vorwärts und gräbt sich schließlich gegen 16.45 Uhr auf einer gewonnenen Höhe ein.

Der Bataillonsgefechtsstand liegt am Hinterhang des Berges mit dem „weißen Haus". Das „weiße Haus" von Malgobek wird allen Malgobekkämpfern in Erinnerung bleiben.

Am Morgen des 8. Oktober tritt auch das III./„Nordland" im Zuge des allgemeinen Angriffs wieder an. Der Angriffsstreifen des Bataillons liegt etwa auf gleicher Höhe mit Ssagopschin. Gegen 09.00 Uhr, kurz nach Angriffsbeginn, bekommt das angreifende III./„Nordland" bereits starkes Flankenfeuer aus südöstlicher Richtung, aus einem Maisfeld, und von russischer Artillerie aus Ssagopschin. Während die 11. Kompanie eine Höhe erobert, kommen die rechts davon angreifende 10. und 9. Kompanie infolge des Flankenfeuers aus dem Maisfeld nur langsam vorwärts. Zwischenzeitlich müssen diese Kompanien noch einen feindlichen Gegenstoß mit Unterstützung von vier Panzern abwehren. Bei Einbruch der Dämmerung sind dann auch diese Kompanien mit der 11. Kompanie auf gleicher Höhe. Das Bataillon gräbt sich ein. Die Tagesmeldung des Bataillons vermerkt 3 Gefallene und 23 Verwundete; darunter der Chef der 10. Kompanie, Ostuf. Porsch, gefallen.

Auch der Angriff des Regiments „Germania" brachte nur wenig Bodengewinn. Kahle Hügel und Höhen, bewachsen mit dürrem Steppengras und Maisfeldern, und mit tief eingeschnittenen Balkas, bieten den Verteidigern große Vorteile.

Oberführer Wagner, der Kommandeur des Regiments „Germania", wird gezwungen, seine Angriffskräfte erneut umzugliedern, wobei ihm selbst kleinste Einheiten, die die Division irgendwo freimachen kann, zugeführt werden. Infolge der immer länger werdenden Flanken ist auch der Kräftebedarf größer. Im Zuge dieser Umgliederung wird der vom III./„Nordland" gewonnene Boden wieder preisgegeben und die alte Ausgangsstellung von anderen Kräften gesichert. Das Finnen-Bataillon soll am nächsten Tag inmitten des Regiments „Germania" die beherrschende Höhe 701, die zwischen Malgobek und Wosnessensskaja liegt und Einblick auf die Gru-

sinische Heerstraße gewährt, angreifen. Höhe 701 und das Verteidigungsfeld um Wosnessensskaja sind letzte Bollwerke vor dem etwa 60 Kilometer weiter ostwärts liegenden Ölgebiet von Grosny, dem heißersehnten Ziel der Deutschen.
Das III./„Nordland" wird dem Regiment „Germania" unterstellt und marschiert am 9. Oktober, um 04.15 Uhr, in den neuen Bereitstellungsraum zirka zwei Kilometer ostwärts von Malgobek. Gegen 07.00 Uhr ist die Bereitstellung am Hinterhang der Höhe, die vor der Höhe 701 liegt, beendet. Die schwache 10. und 11. Kompanie werden – nachdem der Chef der 10., Ostuf. Porsch, am 8. Oktober gefallen ist – zusammengefaßt und vom Chef der 11. Kompanie, Ostuf. Mühlinghaus, geführt. Gegen 08.45 Uhr werden die Kompanie- und Zugführer von Stubaf. Collani eingewiesen, und der Angriff wird besprochen. Da die Feindverhältnisse unklar sind, soll ein Aufklärungsspähtrupp vorgeschickt werden.
Ein Aufklärungsspähtrupp unter Führung von Ostuf. Pohjanlehto geht vor. Gegen 09.30 Uhr berichtet Pohjanlehto dem Kommandeur: In Angriffsrichtung zunächst ein 300 Meter nach Osten abfallender Hang ohne jegliche Deckung. Auf dieser deckungslosen Fläche erhielt der Spähtrupp bereits frontal und aus beiden Flanken starkes feindliches Infanteriefeuer, wobei vier Männer des Spähtrupps verwundet wurden.
Collani berät mit seinen Kompanie- und Zugführern. Das Ergebnis der Beratung meldet das Bataillon an das Regiment „Germania": Unter den derzeitigen Flankierungen kann der Angriff nicht zum Erfolg führen; zunächst müssen die Flankierungen von rechts, von der Dieckmannshöhe und von links aus dem Kampfraum des II./„Germania" ausgeschaltet werden. Um diese Höhen kämpfen seit dem frühen Morgen das I. und II./„Germania".
In den Stäben schrillen die Fernsprecher. Der Draht spielt. Es wird darüber gesprochen, was zu machen sei. Schwere Waffen werden eingeschaltet und vorgezogen. Ab Mittag erschüttern Feuerschläge deutscher Artillerie die Höhe 701. Das Regiment „Germania" kommt zu keinem durchschlagenden Erfolg. Gegen 13.00 Uhr drängt Oberführer Wagner auch auf das Antreten des III.(finn.)/„Nordland", weil er der Meinung ist, daß jetzt nur noch ein gegenseitiges Vorboxen von Höhe zu Höhe ein Weiterkommen verspricht.
Kurz vor dem Angriff des Finnen-Bataillons beschießt deutsche Artillerie die Höhe 701 mit Nebelgranaten. Um 13.50 Uhr greift die Angriffsgruppe

Mühlinghaus (10. und 11. Kompanie) an. Die Russen schießen Sperrfeuer mit Artillerie und Granatwerfern; aus dem Raum Dieckmannshöhe (von rechts) schießen russische Panzer. Bis 15.00 Uhr sind die Finnen etwa 300 bis 400 Meter vorgekommen, doch nun ist das feindliche Feuer undurchdringlich. Um 15.45 Uhr befiehlt das Regiment „Germania" seinen Angriffsbataillonen: Übergehen und gliedern zur Verteidigung. Auch die Finnen graben sich ein. Die Ausfälle des III./„Nordland" betragen an diesem Tage 3 Gefallene und 24 Verwundete. In der folgenden Nacht wird dem Bataillon ein Pionierzug (24 Mann) des GR 70 (111. Inf.Div.) unterstellt, mit dem Auftrag, Hindernisse zu sprengen und feindliche Panzer zu bekämpfen.
Am 10. Oktober, als sich die finnischen Freiwilligen erneut zum Angriff auf Höhe 701 fertig machen, geht gegen 08.55 Uhr ein schwerer feindlicher Artilleriefeuerschlag auf den Bereitstellungsraum nieder, der zu elf Ausfällen (davon zwei Führer) führt. Sechs russische Panzer sind auf der rechten, der Dieckmannshöhe, beobachtet worden, die den Angriff des Bataillons empfindlich stören werden. Auf Höhe 701 stehen zwei Feindpanzer. Die Sowjets erwarten den deutschen Angriff und haben Reserven herangebracht; ihre Artillerie schießt nervös. Gegen 10.00 Uhr fallen der VB der 1./SS-AR 5 und der der Heeres-Artillerie-Abteilung 607, die das Feuer ihrer Batterien beim Angriff leiten sollen, durch Volltreffer aus.
Links und rechts vom Finnen-Bataillon greifen I. und II./„Germania" wieder an. Befehl an Collani, auch mit seinem Bataillon anzutreten. Um 09.50 Uhr Angriffsbeginn der Finnen; sie kommen auch dieses Mal nicht weit. Gegen 10.00 Uhr greift die frische sowjetische 9. Schützenbrigade, unterstützt von zwölf Panzern, von Osten und Südosten an. Es kommt zu gefährlichen Situationen. Die Deutschen und Finnen werden aus dem Angriff in die Verteidigung gedrängt. An mehreren Stellen droht die dünne deutsche Front zu reißen. Die Gruppe Mühlinghaus muß am linken Flügel des Bataillons mit Front nach Norden und Nordosten eingeschoben werden, um das ebenfalls stark angegeriffene II./„Germania" zu unterstützen und den drohenden Bruch der HKL zu verhindern. Die Pioniere der 111. Inf.Div. werden zur Sicherung des Weges, der zwischen den verteidigten Höhen II./„Germania" und III./„Nordland" nach Malgobek führt, eingesetzt. Der Stab des III./„Nordland" bereitet sich auf Nahverteidigung vor. Den ganzen Tag wogt der Kampf hin und her. Gegen 17.00 Uhr ist endlich die Angriffskraft der Russen gebrochen. Dieser Kampftag macht deut-

lich, daß das Regiment „Germania“ starke Feindkräfte vor sich hat, die in einem tiefgestaffelten Verteidigungssystem starken Rückhalt haben, aus dem sie auch angreifen. Am 10. Oktober hat das Finnen-Bataillon 4 Gefallene und 24 Verwundete.
Der 11. Oktober steht im Zeichen der Abwehr russischer Angriffe. Gegen 08.10 Uhr greifen die Russen von Osten her die Gruppe Mühlinghaus (Reste 10. und 11. Kompanie) und gegen 09.00 Uhr die Gruppe Troiker (9. Kompanie) an. Starkes feindliches Pak- und Granatwerferfeuer hält die Finnen nieder. Gegen 09.30 Uhr sind die russischen Gegenangriffe abgeschlagen. Ustuf. Walgenbach sowie ein Unterführer und drei Männer sind gefallen.
Die 9. Kompanie unter Führung von Hstuf. Troiker, die fast allein den Abschnitt des III.(finn.)/„Nordland“ verteidigt, weist auch am 12. Oktober alle feindlichen Angriffe ab. Lediglich vor dem rechten Abschnitt dringen schwächere Feindkräfte in die Gebäudegruppe des dort liegenden Kolchos ein. Ein darauf am Spätnachmittag angesetzter eigener Spähtrupp bringt sechs Gefangene mit Waffen ein. Nach ihrer Aussage planen die Russen einen Nachtangriff. Daraufhin schießt eigene Artillerie in die vermuteten Bereitstellungsräume.
Auch am 13. Oktober wiederholen die Russen ihre Angriffe, wobei sie von drei Panzern unterstützt werden. Die deutsche Artillerie, nun schon mit der Infanterie gut eingespielt, zertrommelt in Sperrfeuervorhängen die feindlichen Angriffswellen. Aber auch die Ausfälle beim Finnen-Bataillon hinterlassen Lücken, die mit der letzten Reserve des Bataillons, dem Pionierzug der Zwölften und einem Zug der Elften (16 Mann), geschlossen werden. Ein Gefahrenherd liegt am rechten Flügel des Bataillons, bei der 9. Kompanie, wo sich die Russen vorwärts des Kolchos 50 Meter vor dem rechten Flügel der 9. Kompanie eingraben konnten. Ein am Abend auf den Kolchos angesetzter kampfstarker Spähtrupp verjagt die Russen aus den Häusern und bringt zwei Gefangene, ein sMG, zwei lMG und zwei MPi mit. Die 9. Kompanie schiebt sich etwas nach rechts zusammen. Am linken Flügel des Finnen-Bataillons werden gegen 19.00 Uhr die Reste der 10. und 11. Kompanie (Gruppe Mühlinghaus) eingesetzt. Der erkrankte Hstuf. Troiker, Chef der 9. Kompanie, wird durch Ostuf. Pallesche ersetzt. Die Ausfälle des Bataillons am 13. 10.: Zwei Gefallene und vier Verwundete.
Die deutsche HKL bei Höhe 701 gleicht einem Finger, der weit nach Osten ragt, nach Osten, dort wo das Kriegsziel Grosny liegt. Hier in den Bergen

und Höhenzügen mit Steppencharakter prüft der Kriegsgott die Kämpfer beider Seiten. Hier toben die härtesten Kämpfe. Hier spielen Technik und Material nicht die entscheidende Rolle. Hier gilt der Infanterist, der Pionier, hier ist es der Einzelkämpfer, der mit Mut und Todesverachtung, mit der Stärke seines Herzens, die Entscheidungen herbeiführt – Entscheidungen, die doch letztlich vom Gesetz der Zahl abhängen. Um diesen vorspringenden Frontfinger in seinem derzeitigen Abwehrkampf zu entlasten, greift weiter nördlich eine Kampfgruppe der 111. Infanteriedivision mit Unterstützung von Panzern der 13. Panzerdivision an und drückt diesen Frontabschnitt über mehrere Höhen weiter nach Osten vor. An diesem Tage, am 14. Oktober, beschränkt sich die Kampftätigkeit bei Höhe 701 auf beiderseitigen Einsatz von Artillerie, Granatwerfer und Pak. Aber schon in der folgenden Nacht rückt die Höhe 701 in die Planungen der deutschen Stäbe wieder ein. Am 15. Oktober sollen die Angriffsgruppen Dieckmann (I./„Germania") und Nickel (GR 70/111. ID) mit Unterstützung von Sturmgeschützen den deutschen Angriff auf Wosnessensskaja–Grosny in Fluß bringen. Das I./„Germania" stellt sich zum Angriff auf die Dieckmannshöhe, das Bataillon Nickel auf die Höhe 701 bereit. Dem Bataillon Nickel wird die 9./„Germania" unterstellt. Das aus dem Westkaukasus herangekommene III./„Germania", letztes der „Wiking", muß kompanieweise in die Lücken des Regiments „Germania" eingeschoben werden.
Am 15. Oktober 1942, um 07.00 Uhr, treten die deutschen Angriffsgruppen an. Die Kämpfe ziehen sich den ganzen Tag über hin, ohne einen durchschlagenden Erfolg zu erzielen. Um 16.15 Uhr erteilt Oberführer Wagner an Stubaf. Collani den Befehl, mit dem III.(finn.)/„Nordland" auf den Kolchos am rechten Flügel des Bataillons anzutreten. Ostuf. Pallesches 9. Kompanie geht aus ihren Stellungen vor, wird aber schon bald durch feindliches Sperr- und Flankenfeuer zu Boden gezwungen. Dann greifen starke Feindkräfte aus der Flanke an, und als sich eine Umfassung der 9. Kompanie abzeichnet, befiehlt Pallesche den Rückzug in die Ausgangsstellung. Das Finnen-Bataillon hat am 15. Oktober 13 Gefallene und 16 Verwundete.
Die Höhe 701 erregt zunehmend die Gemüter der militärischen Führer. Der Kommandeur der „Wiking", Generalleutnant der Waffen-SS Felix Steiner, schreibt dazu:
„Der Kommandierende General (Ott) forderte die Einnahme der Höhe 701, die den Einblick in die grusinische Heerstraße an einer Stelle ver-

sperrte. Auf die Frage des Divisionskommandeurs (Steiner) ,Wozu?' kam die Antwort ,Für die Artilleriebeobachtung zur weiteren Fortführung der Operationen unentbehrlich.' Aber auf die Frage: ,Womit soll weiter angegriffen werden?' blieb die Antwort aus. So gab es harte Differenzen, in die auch die Armee eingriff und den Einsatz der letzten Reserven verlangte ... Verantwortungsbewußte Soldaten werden immer bemüht sein, erhaltene Aufträge gewissenhaft zu erfüllen, wenn Befehl und Gewissen in Einklang stehen. Bei Malgobek war dies erstmalig nicht möglich gewesen." *)
Das LII. Armeekorps drängt abermals auf Einnahme der Höhe 701. Die Division muß die bisherigen Angriffsbataillone hierzu ansetzen, weil keine anderen Bataillone zur Verfügung stehen. Am Abend des 15. Oktober geht Stubaf. Collani in die Stellungen seines Bataillons vor, um seinen Männern den erneuten Befehl zu erklären. Diese Begegnung und den Angriff am folgenden Tag hat Tauno Pohjanlehto in einem Bericht festgehalten, der hier sinngemäß wiedergegeben wird:
Am Fuß der Höhe 701, dicht unter den Stellungen der Russen in einem ihrer geräumten Bunker, befindet sich am Abend des 15. Oktober der Zug des Ostuf. Pohjanlehto von der 9. Kompanie, als Collani eintrifft. Collani erklärt den Einsatz für den nächsten Tag. Der Zug Pohjanlehto soll als Stoßtrupp die Bresche schlagen. Angriffszeit: In den Abendstunden des 16. Oktober – eine ungewöhnliche Angriffszeit. Man setzt auf Überraschung. Um das Überraschungsmoment zu wahren, wird die eigene Artillerie den Angriff nicht einleiten. Mit dem Finnen-Bataillon sollen gleichzeitig rechts das I. und links das II./„Germania" überraschend angreifen, die ebenfalls Stoßtrupps voraus schicken. Soweit Collani.
Die Männer haben aufmerksam zugehört. Sie sind kampfentschlossen, sind gewillt, noch einmal die Höhe 701 anzugehen; dieses Mal mit größter Schnelligkeit – überraschend. Einer im Bunker summt das Teufelslied; das „Ha-hah-haah!" brüllen alle so laut mit, daß es die Russen eigentlich hören müssen. Das begeistert den ebenfalls im Bunker weilenden Mühlinghaus, den Chef der Elften, so, daß er die „Trompete von Vionville" auf französisch zum Besten gibt. Spät verläßt Collani den Bunker.
Am Vormittag des 16. Oktober 1942 bedecken dicke Nebelschwaden die Höhen und Täler bei Malgobek. Fünf Panzer der 1. Kompanie der Panzer-

*) Steiner, a.a.O., Seite 172.

abteilung „Wiking“ werden dem III.(finn.)/„Nordland“ zugeführt. Noch einmal versuchen die Stäbe der Angriffsbataillone und der „Wiking“ einen Aufschub oder gar ein Fallenlassen des Angriffs bei den übergeordneten Befehlsstellen. Es bleibt dabei: Angriff! Nun aber, wie bereits vorgesehen, ein Überraschungsangriff in den Abendstunden, ohne jegliche Vorbereitung durch schwere Waffen, die erst in der zweiten Phase eingreifen sollen.

Die Finnen bereiten den Angriff gründlich vor. Der Stoßtruppführer Pohjanlehto weist seine Gruppenführer ein. Sie machen sich einen Plan. Die Russen haben mit Vorstößen am Morgen gerechnet; sie waren auf der Hut, besonders während des Nebels. Und als den ganzen Tag über nichts Wesentliches passierte, läßt naturgemäß gegen Abend ihre Aufmerksamkeit nach. Das ist genau der Zeitpunkt, den die Finnen zum Angriff wählen.

Um 17.00 Uhr liegen die Stoßtrupps der beiden Bataillone „Germania“ und der Stoßtrupp Pohjanlehto vom Finnen-Bataillon zum Angriff gegliedert in ihren Ausgangsstellungen. Die Männer machen ihre Waffen bereit, stecken Handgranaten in die Koppel. Obersturmführer Pohjanlehto schaut auf seine Uhr. Langsam, zu langsam rückt der Zeiger weiter. Fieberhafte Spannung ist überall.

Die Uhren springen auf 17.30 Uhr. Handzeichen. Kein Wort. Wie Tiger, die auf ihre Beute zujagen, springen die Männer des Stoßtrupps auf und rennen der Höhe 701 zu.

Im Nu sind die Finnen an den russischen Stellungen auf dem Höhenkamm. Aus nächster Entfernung MPi-Garben in die ersten russischen Schützenlöcher. Ein Kampfesrausch bei den Finnen, völlige Überraschung bei den Russen, und ehe die richtig wissen, was los ist, sind die Finnen mitten in ihren Stellungen.

Erst jetzt erkennen die Finnen ein tiefgestaffeltes Stellungssystem bei den Russen. Je tiefer sie hier eindringen, je höher sie kommen, um so heftiger erwacht die russische Abwehr. Hinter dem Stoßtrupp Pohjanlehto wächst das feindliche Sperrfeuer schwerer Waffen wie eine dichte Wand auf, um den Stoßtrupp zu isolieren und das Nachfließen von Verstärkungen zu verhindern. Vor dem Stoßtrupp beschießt nun deutsche Artillerie das russische Stellungssystem auf dem Höhenkamm. Überall knattern Maschinengewehre und Maschinenpistolen, detonieren Handgranaten.

Der Stoßtrupp Pohjanlehto ist mitten drin in der russischen Bergstellung. Die eigenen Panzer haben das russische Sperrfeuer durchfahren und rollen

die Höhe 701 hoch, aber bald bekommen sie heftiges Pakfeuer vom Bergkamm und müssen in Deckung fahren. Pohjanlehtos Männer kämpfen wie die Löwen. Überall ist Nahkampf. In die stürmende Gruppe Pyyhtiä schlägt eine schwere russische Granate ein, der Sturmmann Kesti wird buchstäblich zerrissen. Links vom stürmenden Stoßtruppführer fliegt eine schwere russische Handgranate auf Unterscharführer Metz zu, der sie aufzufangen versucht. Es gelingt ihm nicht. Die Handgranate detoniert zwischen den Beinen von Metz und bringt ihm den Tod.
Unterscharführer Miettinen erhält im Vorwärtsstürmen aus nächster Nähe einen Bauchschuß; im Fallen jagt er noch ein ganzes Magazin aus seiner Maschinenpistole in ein russisches Schützenloch hinein. Obersturmführer Pohjanlehto und sein Melder Sakari Miettinen springen in ein russsisches Schützenloch, ohne den erforderlichen Platz für zwei zu finden; so liegen sie dicht über dem Boden,und die feindliche MG-Garbe streicht dicht über ihren Köpfen dahin. In der Nähe erkennen sie einen Russen in einem Schützenloch in voller Deckung; seine MPi liegt auf der Deckung. Du oder ich, das ist hier die Frage. Pohjanlehto schiebt seine MPi vor, schlägt an und wartet. Ein paar Meter weiter kommt eine russische Mütze hoch – dann ein Kopf. Pohjanlehto zieht den Abzug durch – rrrrt – der Russe hat eine MPi-Garbe im Kopf. Weiter!
Die Finnen jagen nun auf das letzte Stück des Höhenkamms zu. Drei russische Pak werden im Laufen durch Handgranaten ausgeschaltet. Überall tote Russen, andere ergreifen die Flucht. Nachdem die Pak ausgeschaltet sind, kommen nun die deutschen Panzer den Berg hoch. Mit ihnen kommt Ostuf. Mühlinghaus, kommen die Männer der Zehnten und Elften, die die Gruppe Mühlinghaus bilden. Sie bringen dem Stoßtrupp neue Magazine und Handgranaten. Der Höhenkamm wird gesäubert. Etwa eine Kompanie Russen wird gefangengenommen. Dazu als Beute zahlreiche Panzerbüchsen und Maschinengewehre, zwei schwere Infanteriegeschütze und eine große Anzahl Handfeuerwaffen. Gegen 18.00 Uhr ist die Höhe 701 in der Hand der Finnen. Dreißig Minuten dauerte der Kampf. Was an vielen Angriffstagen unter großen Opfern versucht wurde, gelang am 16. Oktober 1942 in einer halben Stunde. An was niemand mehr geglaubt hatte, ist eingetroffen.
Die letzten sechs Männer des Stoßtrupps Pohjanlehto sitzen auf der Höhe und verschnaufen. Schon die Bezwingung des Berges im Sturmlauf ist eine große Leistung. Sie haben die Stahlhelme von den Köpfen genommen.

Über die verschmierten Gesichter rinnt der Schweiß. Sie halten die ersten Zigaretten in den zitternden Händen. Nur langsam klingt die Erregung aus. Dann geht es erneut los. Die Russen formieren sich zum Gegenstoß. Die deutsche Artillerie, gelenkt von VBs in vorderster Linie, funkt dazwischen. Als es dunkel wird, tritt Ruhe ein. Die Höhe 701 ist fest in der Hand der Finnen.
Soweit sinngemäß der Bericht von Pohjanlehto.
Ergänzend dazu vermerkt das Kriegstagebuch des III.(finn.)/„Nordland", daß einsetzende feindliche Gegenstöße mit Unterstützung der Panzer der 1. Kompanie der Panzerabteilung „Wiking" von den Finnen abgewehrt worden sind. 80 Gefangene wurden eingebracht und 5 Pak, 2 Panzerbüchsen, 6 lMG, 4 sMG, 30 MPi und zahlreiches anderes Kriegsgerät erbeutet. Der Angriff kostete das Bataillon 2 Gefallene und 16 Verwundete.
Die Höhe 701 überragt die anderen Höhen. Von ihr hat man Einblick in den Raum Wosnessensskaja, wo die grusinische Heerstraße entlangführt. Auf dieser transkaukasischen Straße laufen die alliierten Hilfslieferungen bis in den äußersten Zipfel des Terek-Abschnittes der Russen. Eine wirksame Sperrung dieser Straße kann allerdings nur am Austritt aus dem Gebirge bei Ordshonikidse erfolgen. Diese Sperrung herbeizuführen, bemüht sich das III. Panzerkorps des Generals von Mackensen durch einen Vorstoß entlang des Gebirges nach Osten.
Der Verlust der Höhe 701 bedeutet für die Russen eine Beschränkung ihrer Bewegungen, und sie werden alles daransetzen, 701 zurückzugewinnen. Das ist auch den deutschen Führungsstellen klar, und da sie über keine nennenswerten Reserven mehr verfügen, sehen sie den kommenden Tagen mit Sorge entgegen. Da die Infanterie stark geschwächt ist, muß die deutsche Artillerie einspringen. Sperrfeuerräume werden neu erschossen und genügend Munition bereitgestellt.
In der Nacht zum 17. Oktober werden 25 Mann Ersatz für das Finnen-Bataillon, der beim Troß eingetroffen ist, nach vorn geholt.
Am 17. Oktober haben sich die Russen die Wiedereroberung der Höhe 701 zum Ziel gesetzt. Bei Morgengrauen geht es los, zunächst mit der russischen Artillerie. Ab 05.00 Uhr beginnen die fortlaufenden, kompaniestarken Feindangriffe – begünstigt durch dichten Nebel. Die Russen kommen bis dicht an die finnischen Stellungen heran. Maschinengewehre und MPis knattern los. Schemenhafte Bewegungen im Morgennebel. Ein unheimlicher Krieg. Wenn man doch nur sehen könnte!

Die 9. Kompanie liegt links, die zur Gruppe Mühlinghaus zusammengelegte 10. und 11. Kompanie rechts auf der Höhe 701.
Die 9. Kompanie hat nur noch 15 Mann in der Stellung. Die Seele der Abwehr sind Elmgren und Kuuri, zwei verwegene Finnen. Die HKL der Kompanie ist dünn, zu dünn besetzt, und bei dem Nebel können die Russen überall durchsickern. Aber die Kompanie hat fünf lMG und ein sMG in Stellung. Jeder zweite Mann bedient ein Maschinengewehr. Und die Finnen verkaufen ihre Haut so teuer wie möglich. Dennoch dringt ein russischer Trupp in die durch den Nebel unübersichtliche eigene Linie ein. Am Kompaniegefechtsstand, einem dürftigen Loch gleich hinter dem Kamm, wird der Kompaniechef der Neunten, Obersturmführer Pallesche, schwer verwundet. Die Russen werden zurückgeschlagen. Der Kompanietruppführer meldet die Lage und den Ausfall des Chefs über die intakte Fernsprechleitung an das Bataillon. Dort überschlagen sich die Hiobsmeldungen; auch von der Gruppe Mühlinghaus treffen solche ein. Stubaf. Collani erteilt seinem 1. Ordonnanzoffizier, Untersturmführer Ertel, den Befehl, die Neunte zu übernehmen. Ertel werden noch zwölf Mann Ersatz nach vorn mitgegeben – und Munition und Handgranaten, was die Männer zu tragen vermögen. Es ist noch Dämmerung, als Ertel mit den neuen Leuten nach vorn geht. Gleich nachdem gegen 05.15 Uhr die Meldung vom Ausfall Palleschs zum Bataillon durchkam. Der Weg ist nicht zu verfehlen, verschwommen hebt sich die Höhe 701 am Morgenhimmel ab. Rote und weiße Leuchtkugeln zeigen den Verlauf der eigenen HKL und der Situation an. Am Kompaniegefechtsstand, einem ärmlichen Loch, wird Ertel vom Kompanietruppführer in die Lage eingewiesen, aber viel ist da nicht einzuweisen – der Russe greift an und andauernd ändert sich die Lage. Vorn halten Elmgrens und Kuuris Männer sich die Russen vom Halse. Die Waffen lärmen. Handgranaten dumpfen. Die Ersatzmänner springen in die Lücken. Neben dem Kompaniegefechtsstand liegt Ostuf. Pallesche mit einem dicken Kopfverband. Als Männer ihn forttragen, stöhnt er noch; als er beim Verbandsplatz ankommt, ist er tot.
Rechts, bei der Gruppe Mühlinghaus, eine ähnliche verworrene Lage. Hier greifen die Russen noch heftiger an. Eine Gruppe Russen ist durch die dünne vorderste Linie durchgekommen und trifft auf den Kompaniegefechtsstand, jenen Russenbunker, in dem sich der Stoßtrupp Pohjanlehto am Abend des 15. Oktober versammelt hatte. Obersturmführer Mühlinghaus, gerade im Begriff, nach vorn zu gehen, fällt bereits gegen 05.15

Uhr. Unterscharführer Sahlmann und seine Melder jagen die Russen zurück. Der Kompanietruppführer Sahlmann nimmt vorübergehend das Heft in die Hand, meldet die Lage dem Bataillon. Von dort kommt der Befehl, daß Ostuf. Pohjanlehto die Reste der 10. und 11. Kompanie, die Gruppe Mühlinghaus, übernimmt. Pohjanlehto, der letzte Offizier dieser Gruppe, liegt ganz vorn in Stellung und leitet den Abwehrkampf, sofern in dieser Situation überhaupt etwas zu leiten ist. Unterscharführer Sahlmann, der Kompanietruppführer, fällt. Obersturmführer Pohjanlehto, von Beruf Forstwirt, ist die Seele des Abwehrkampfes im rechten Abschnitt des Finnen-Bataillons.

Gegen 05.30 Uhr wird der VB der 11./SS-AR 5 verwundet. Der VB der 3./SS-AR 5 bekommt keine Verbindung mit der Feuerstellung. Not macht erfinderisch: Die Leitungen von der Höhe 701 zum Bataillonsgefechtsstand sind noch intakt. Und vom Bataillonsgefechtsstand hat man Drahtverbindung zu den Gefechtsstäben der Artillerie, so kommt von „hinten herum" die Verbindung zu den Feuerstellungen zustande, und das Sperrfeuer wird noch rechtzeitig ausgelöst und richtig gelenkt.

Der Nahkampf mit Maschinenpistolen und Handgranaten geht weiter. Die Finnen wehren sich mit dem Mute der Verzweiflung. Sie wachsen in dieser Stunde über sich hinaus. Kameradschaft, einer für den anderen einstehen, zeigt sich in höchster Vollendung. Sie helfen sich gegenseitig, warnen sich durch Zurufe. Überall rattern Maschinengewehre, knattern Maschinenpistolen, dröhnen Handgranatendetonationen mit dumpfem Nachgrollen durch das Tal. Der Höhenkamm brodelt vom Kampf. Die Finnen behaupten sich.

Und ein neuer Angriff, auf Pohjanlehtos Kompanie, auf den rechten Flügel des Bataillonsabschnitts. Gegen 07.00 Uhr haben sich hier die Russen im Schutze des Nebels bis auf 20 Meter herangeschoben. Pohjanlehto eilt an den bedrängten Flügel, läßt Handgranaten vorbringen und schickt einen Melder zu den am Hinterhang stehenden eigenen Panzern, mit der Bitte zum Vorfahren, um die eigenen Leute zu unterstützen, denn Pohjanlehto befürchtet einen Einbruch in seinem äußerst dünnen rechten Flügel. Handgranatenduelle leiten den Angriff der Russen ein. Der Einbruch droht. Da sind zwei eigene Panzer heran, die im Gegenstoß mit den Finnen die Russen zurückjagen. Die eigenen Panzer rollen wieder in ihre Bereitstellung, denn in dem Nebel sind sie vor feindlichen Panzernahkämpfern nicht sicher.

Wieder rücken die Russen auf und bedrängen den rechten Flügel des Bataillons, wo Pohjanlehto mit seinen Männern steht. Gegen 07.30 Uhr schießen wieder die Infanteriegeschütze und schwere Granatwerfer des Bataillons und halten die Russen nieder, hindern sie am letzten Sprung in die finnische Stellung. Sie schießen und schießen. Gegen 07.35 Uhr erhält Pohjanlehto 25 Mann Ersatz, junge Finnen aus dem Ersatz-Bataillon Graz, und füllt damit die entstandenen Lücken. Die jungen Finnen erhalten die wohl denkbar schwerste Feuertaufe. Sie sehen auf die „Alten", tun es ihnen gleich, und um 08.00 Uhr bricht auch dieser Feindangriff im Handgranatenkampf zusammen. Jetzt verzieht sich auch der Nebel, die Sicht wird besser.
Den ganzen Vormittag liegt russisches Artilleriefeuer auf Höhe 701. Die Finnen wühlen sich tiefer in den Boden hinein und verbessern ihr Stellungen.
Gegen Mittag Anruf des Bataillons beim Gefechtsstand der Neunten. Stubaf. Collani ist am Apparat und verlangt Ustuf. Ertel. Collani: „Es wird gemeldet, daß der Feind vor Ihnen angreift – stimmt das?" – Ertel: „Mir ist noch nichts gemeldet worden, aber ich werde gleich nach vorn gehen und Sie dann unterrichten."
Ertel robbt nach vorn zur Gruppe Kuuri. Uscha. Kuuri beobachtet angespannt und läßt sich auch durch Ertel nicht ablenken. Ertel beobachtet auch, stellt aber nichts fest. Oder sind seine „Ordonnanzaugen" auf die eines Frontoffiziers noch nicht eingestellt?
Jetzt spricht Kuuri. Er sagt nur ein einziges Wort: „Da!" und weist mit der Hand nach vorn ins Gelände. Dann sagt er noch einmal: „Da – da kommen sie!" Und nun sieht auch Ertel die braunen Gestalten 200 Meter vor sich. Ertel robbt schnell zurück, meldet Collani, was er gesehen hat, und fordert Artilleriesperrfeuer an. Die Feuerleitung ist – wie bereits erwähnt – umständlich. Ertel leitet das Feuer einer schweren 18er Batterie einer Heeres-Artillerie-Abteilung selbst. Bald rauschen die schweren Koffer über den Köpfen dahin. Die Sperrfeuerräume liegen fest. Ertel korrigiert ein wenig. Das Sperrfeuer liegt unmittelbar vor der eigenen Stellung. Die schweren Koffer haben eine verhältnismäßig niedrige Fluggeschwindigkeit; wenn man genau hinsieht, kann man sie fliegen sehen. Man hört auch, wie sie sich förmlich in die Erde einbohren und dann mit dumpfem Grollen krepieren.
Vorn melden sich auch jetzt die Maschinengewehre. Ertel hört Kuuri rufen: „Oikealle, vasemalle!" (Nach rechts, nach links!). Damit korrigiert Kuuri

das Feuer des sMG. Obwohl der feindliche Angriff schon in den Anfängen zusammengeschossen wird, bleibt es doch vor der Gruppe Kuuri mulmig. Kurz nach Mittag kommt ein eigener Panzer unter Führung des Südtirolers Ustuf. Nicolussi-Leck nach vorn und fetzt mit MGs und Kanone in die Russen hinein. Nach kurzer Präsenz auf dem Höhenkamm bleibt der Panzer am Hinterhang, in der Nähe des Gefechtsstandes der 9. Kompanie, in Bereitschaft. Was so ein Panzer ausmacht! In den Männern der Neunten wächst die Zuversicht. Ein starker „Bruder" ist nun bei ihnen.
Gegen 14.00 Uhr schwillt das feindliche Artilleriefeuer wieder an. Die Höhe 701 erzittert unter den Granateinschlägen. Jetzt greifen 300 Rotarmisten wieder bei Pohjanlehto mit Unterstützung von vier Panzern an. Gleich nach Erkennen des Angriffs, um 14.02 Uhr, wird das Sperrfeuer der schweren Waffen ausgelöst. Die Russen unterlaufen das Feuer, viele kommen durch. Abermals droht ein Feindeinbruch am rechten Flügel des Bataillons. Gegen 14.30 Uhr rollen fünf eigene Panzer an, bleiben auseinandergezogen auf der Höhe 701 stehen und feuern, was das Zeug hält. Als zwei russische Panzer bewegungsunfähig geschossen sind, brechen die Russen den Angriff ab und ziehen sich auf die Ausgangsstellung zurück.
Gegen 14.45 Uhr abermals starkes feindliches Pak-, Granatwerfer- und Artilleriefeuer auf Höhe 701. Die Finnen erwarten den Angriff und machen sich abwehrbereit. Nichts geschieht, der 337. roten Division ist das Angreifen vergangen. Gegen 15.15 Uhr dann laute Rufe der Offiziere und Kommissare, die die Russen zum Angreifen hochtreiben sollen, aber die „Muschiks" wollen nicht mehr.
Die Höhe 701, von den Russen stark ausgebaut mit Stellungen und Bunkern – zum Teil in Beton –, bleibt trotz heftiger Gegenangriffe am 17. Oktober 1942 in der Hand der tapferen Finnen.
In treuer Waffenbrüderschaft haben Finnen und Deutsche einen großen Abwehrsieg errungen. Die Reihen des finnischen Freiwilligen-Bataillons sind durch 11 Gefallene und 36 Verwundete an diesem Tage lichter geworden. 22 Gefangene der Regimenter 1127 und 1129 wurden eingebracht. Die Toten sind nicht zu zählen.
Als die Abenddämmerung hereinbricht, geht Ustuf. Ertel nach rechts, um mit der Gruppe Pohjanlehto (Reste der 10. und 11. Kompanie) Verbindung aufzunehmen. Dort lag den ganzen Tag über der Schwerpunkt. Ertel kommt an einer eigenen Pak vorbei. Die Bedienung weist ihm den Weg. Dann trifft Ertel beim Kompaniegefechtsstand Ostuf. Pohjanlehto. Ertel

und Pohjanlehto sind Freunde. Sie waren einmal Zugführer in der Zehnten. Ertel nennt Pohjanlehto mit seinem Spitznamen „Poku". „Poku" schildert Ertel die Lage. Der Russe versuchte mit allen Mitteln die Höhe 701 wiederzugewinnen. Neben dem Kompaniegefechtsstand – einem zerschossenen Russenbunker – steht ein ausgebrannter Kraftwagen, eine Pak-Zugmaschine der Russen. Ertel schildert dann die Lage bei seiner Kompanie, und dabei entgehen ihm nicht die tiefen Falten in seines Freundes Gesicht. Die letzten Kampftage haben in Pohjanlehtos Antlitz ihre Spuren hinterlassen.

Die Freunde wollen abschalten. Kramen in den Erinnerungen bei einer Zigarette. Sie zaubern die faulen Stunden von Kirowograd herbei, wo sie in der Unterkunft einen Wettkampf im Ringeblasen mit Zigarettenrauch veranstaltet haben.

Aber schon wieder hat sie der Ernst der Stunde erfaßt. Sie reden von den Abwehrmöglichkeiten. Fühlen, daß sich einer auf den anderen verlassen kann. Sie wissen, daß sie die einzigen Offiziere des finnischen Freiwilligen-Bataillons sind, die auf der Höhe 701 stehen und diese befehlsgemäß halten werden. Der deutsche Untersturmführer Karl-Heinz Ertel und der finnische Obersturmführer Tauno Pohjanlehto sind Freunde, die symbolhaft diese Freundschaft innerhalb eines Bataillons, ja zwischen zwei Völkern zum Ausdruck bringen. Und erst als die Nacht ihre dunklen Schatten über die gequälte Erde ausbreitet, gehen sie still auseinander.

Unter dem Eindruck des Aderlasses erfolgen am 18. Oktober nur schwächere Feindvorstöße gegen die Höhe 701, die mühelos abgewiesen werden.

Auch am 19. Oktober ist es zunächst ruhig. Der Morgennebel steigt, die Sicht wird klar. Gegen Mittag erschüttert ein plötzlicher feindlicher Artilleriefeuerschlag die Höhe 701. Die Verteidiger machen sich abwehrbereit. Um 12.00 Uhr greifen 300 bis 400 Rotarmisten die Höhe 701 frontal an. Die Abwehrmaßnahmen beginnen präzise. Um 12.03 Uhr wird das Sperrfeuer aller schweren Waffen ausgelöst. Ein dichter Feuervorhang legt sich vor die Höhe 701. Dennoch sind einige Feindgruppen um 12.35 Uhr bis auf 50 Meter an die Kompanie Ertel herangekommen. Hier liegen sie im Abwehrfeuer der Finnen fest. Wieder leiten die finnischen Unterscharführer Elmgren und Kuuri die Abwehr mit stoischer Ruhe. Um 12.50 Uhr wird der VB der 5./SS-AR 5 verwundet, ein anderer tritt später an seine Stelle. Schweres feindliches Artilleriefeuer liegt auf der Höhe 701. Die Rus-

sen kommen auch bei der Kompanie Pohjanlehto näher heran. Gegen 13.15 Uhr kommen drei eigene Panzer auf die Höhe und schaffen in zwei Gegenstößen Luft. 100 Meter vor der gesamten HKL des Finnen-Bataillons liegen die Russen fest.
Gegen 15.35 Uhr versuchen beherzte russische Offiziere und Kommissare, ihren festgefahrenen Angriff wieder in Fluß zu bringen. An einigen Stellen kommen die Russen bis auf Handgranatenwurfweite an die Stellungen der Finnen heran. Handgranatenduelle. Den Russen gelingt der letzte entscheidende Sprung nicht. Gegen 16.30 Uhr erlahmt merklich ihre Angriffskraft. Sie ziehen sich wieselhaft zurück. 19 russische Gefangen werden zurückgeführt und auf dem Gefechtsstand des III.(finn.)/„Nordland" verhört, ehe sie weiter abgeschoben werden.
Gegen Abend kommt Ostuf. Heder, Chef der 3. Kompanie des Pionierbataillons der „Wiking", die am Nordabfall der Höhe 701 liegt, zu Ustuf. Ertel zwecks neuer Verbindungsnahme. Auf Heders Frage nach der Lage antwortet Ertel: „Komm, laß uns erst 'mal einen Schnaps trinken!" Sie setzen sich auf den Rand eines Schützenloches, lassen die Beine hineinhängen und trinken einen Schnaps, den der Melder gebracht hat. Dann erklärt Ertel ganz ruhig und nüchtern die Lage. Ertels Verhalten beeindruckt Heder so, daß er dies bis heute nicht vergessen hat. Während des Kampfes kann man sich kaum um den Nachbarn kümmern, da hat man mit sich zu tun. Man weiß aber, daß man sich auf den Nachbarn verlassen kann, und das erfährt der Pionier-Kompaniechef Heder einmal mehr an diesem Abend.
Die Ablösung des Finnen-Bataillons kommt überraschend noch am selben Abend. Gegen 22.15 Uhr wird das III.(finn.)/„Nordland" auf Höhe 701 vom I./„Germania" abgelöst, um im Tal vor Ssagopschin einen ruhigeren Frontabschnitt zu übernehmen. Und Ruhe haben die Männer des Finnen-Bataillons nach so harten Kampftagen verdient; alle, die dabei waren, werden die Höhe 701 nie in ihrem Leben mehr vergessen. Hier offenbarte sich wahrhaftes finnisches Kämpfertum.

Ruhige Frontabschnitte

Am 19. Oktober 1942, als sich abzeichnet, daß der Angriff des LII. Armeekorps im großen Terekbogen in Richtung Grosny keinen operativen Erfolg bringt, wird das III. Panzerkorps vom OB der 1. Panzerarmee, von Kleist, mit einem Angriff nach Osten, entlang des Gebirges, auf Ordshonikidse beauftragt. Im Zuge der Umgruppierungen zum neuen Schwerpunkt im Baksan-Terek-Dreieck wird die Front bei Malgobek und Ssagopschin gelichtet. Das ergibt neue Verschiebungen der Abschnittsgrenzen der Korps und der Divisionen. Die Umgruppierungen innerhalb der „Wiking" stehen im Zusammenhang mit der neuen Offensive des III. Panzerkorps des Generals von Mackensen. Die rechts von der „Wiking", bei Werch Kurp stehende 370. Inf.Div. (Becker) verschiebt sich nach rechts und übernimmt den Abschnitt der 13. Panzerdivision (Herr) bei Elchotowo an den Südhängen des Mussakai. Die „Wiking" übernimmt zusätzlich zu ihrem bisherigen Abschnitt den Abschnitt südlich von Werch Kurp von der 370. Inf.Div.

20. Oktober 1942, 16.00 Uhr: Die zwei Kompanien des III.(finn.)/„Nordland" lösen – so wie sie eintreffen – die 3. und 4. Kompanie des Regiments „Westland" im Tal vor Ssagopschin ab. Bei der Fahrt in den neuen Frontabschnitt gerät Ostuf. Hirt, Adjutant von Collani, versehentlich ins Niemandsland und fährt mit dem Pkw auf eine Mine. Hirt wird verwundet, sein Fahrer ist tot. Um 23.00 Uhr meldet Stubaf. Collani an das Regiment „Nordland" die Übernahme des neuen Abschnitts. Dem Bataillon werden die 1./SS-Pi.Btl. 5 sowie ein 2-cm-Flakzug der Flak-Abteilung „Wiking" unterstellt und die 8./SS-AR 5 auf Zusammenarbeit angewiesen.

Der neue Frontabschnitt ist ruhig. Beide Seiten tasten sich durch kleinere Vorstöße ab. Die russischen Stellungen liegen 500 Meter zurück und lehnen sich an das Stellungssystem von Ssagopschin an. Nur während der Nacht haben die Russen Horchposten bis an die Stellung der Finnen vorgeschoben.

Stubaf. Collani muß mit hohem Fieber ins Lazarett gebracht werden. Zuerst führt vertretungsweise Ostubaf. Weitzdörfer, dann Hstuf. Hoy das III./„Nordland".

Ein Divisionsbefehl geht an alle Einheiten. Danach werden die Trosse innerhalb des Bataillons straffer zusammengefaßt. Die Kopfstärke eines Kompanietrosses darf höchstens 25 Mann betragen. Die Fehlstellen sind durch russische Hilfswillige (Hiwis) zu besetzen. Alle freiwerdenden Männer der Trosse werden zur Auffüllung der Kampfstärken der Kompanien verwendet.

Am 21. Oktober 1942 besucht der finnische Generalleutnant Talvela, finnischer Verbindungsoffizier im Führerhauptquartier (vorher Generalleut-

nant Östermann), die Division „Wiking“ im Raum Malgobek. Natürlich interessieren ihn insbesondere seine finnischen Landsleute. Talvela verleiht viele finnische Auszeichnungen, auch an Deutsche. Unter anderen erhält Ustuf. Ertel, Führer der 9./„Nordland“, das finnische Freiheitskreuz IV. Klasse.
Am 22. Oktober 1942 schickt Generalleutnant Talvela einen Bericht über seinen Besuch beim Finnischen Freiwilligen-Bataillon der Waffen-SS (III.(finn.)/„Nordland“) an Marschall Mannerheim, seinen obersten Dienstherren, der im Anhang abgedruckt ist.

Die Offensive des III. Panzerkorps auf Ordshonikidse

Am 25. Oktober 1942 bricht die Offensive des III. Panzerkorps auf Naltschik und Ordshonikidse los. Jede Aktion der einen Seite zieht eine Reaktion der anderen Seite nach sich. Zur Abwehr des Angriffs des III. Panzerkorps mit der 13. und 23. Panzerdivision auf Ordshonikidse werden die Sowjets gezwungen, die ruhiger gewordenen Frontabschnitte – insbesondere im Tal von Ssagopschin und bei Werch Kurp – zu entblößen und die so gewonnenen Reserven an den bedrohten Abschnitt von Ordshonikidse zu werfen. An den Flüssen Ardon und Fiagdon versteift sich der russische Widerstand. Immer fehlt die letzte Division, um eine Entscheidung zu erzwingen. Deutscherseits ist von der Krim die Berlin-brandenburgische 50. Infanteriedivision im Anmarsch.
Im Zuge neuerlicher Verschiebungen wird das III.(finn.)/„Nordland“ im Tal vor Ssagopschin freigemacht. Den Abschnitt der 9. und der zusammengelegten 10. und 11./„Nordland“ übernimmt des II./„Nordland“ mit seiner 5. Kompanie. Den Abschnitt der unterstellten 1./SS-Pi.Btl. 5 übernimmt das I./„Nordland“. Mit der Streckung des Abschnitts des Regiments „Nordland“ wird das III. Bataillon frei, das nun in den Abschnitt südlich von Werch Kurp marschiert.
In den Morgenstunden des 1. November 1942 löst das III.(finn.)/„Nordland“ – nun wieder unter Führung von Stubaf. Collani – das I./„Westland“ im zirka 8 Kilometer breiten Abschnitt südlich von Werch Kurp ab. Das Bataillon hat alle Männer vorn eingesetzt, dennoch ist die Besetzung der neuen Front sehr dünn. Aber auch die Russen mußten ihre kampfkräftigen

Einheiten nach Ordshonikidse abziehen, um die neue deutsche Offensive zu parieren. Dem Finnen-Bataillon liegen Einheiten von Kaukasusvölkern mit geringem Kampfwert gegenüber. Fast täglich kommen Überläufer der russischen 19. Brigade, die oft gleich als Hiwis Verwendung finden. Etwas störend das feindliche Artillerie- und Granatwerferfeuer sowie die Tätigkeit von Scharfschützen, die gut getarnt an den Westhängen des Mussakais liegen und auf „Beute" lauern.
Vor Ordshonikidse – das wird offensichtlich – wird man auch die „Wiking" dringend gebrauchen können. Die 50. Infanteriedivision (Friedrich Schmidt) hetzt zu Fuß, zu Pferd und per Eisenbahn heran, sie soll den Abschnitt der „Wiking" übernehmen.
Dem Finnen-Bataillon wird am Abend des 8. November 1942 ein Bau-Bataillon des Heeres zugeführt, das gruppenweise in den breiten Abschnitt des Bataillons eingeschoben wird. Soll das Bau-Bataillon den Abschnitt des III.(finn.)/„Nordland" so lange übernehmen, bis die 50. Inf.Div. heran ist? Braucht man die „Wiking" so nötig bei Ordshonikidse? Das Bau-Bataillon setzt sich aus älteren Männern zusammen, die wohl Brücken und Stellungen meisterhaft bauen können, aber in diesem Kriege noch nie in der HKL gestanden haben. Das Verhalten ist dementsprechend. Zwei Tage später werden die Gruppen des Bau-Bataillons aus der Front des Finnen-Bataillons wieder herausgelöst.
Bei Ordshonikidse kommt es zu einer Krise, ehe die 50. Infanteriedivision heran ist, um die „Wiking" im Abschnitt Werch Kurp–Malgobek abzulösen. Wieder einmal stehen Erfolg und Mißerfolg einer deutschen Operation auf des Messers Schneide. Es geht um Stunden. Wie so oft, fehlt das letzte Bataillon als Zünglein an der Waage.
Wegen der beim III. Panzerkorps vor Ordshonikidse entstandenen Krise wird das III.(finn.)/„Nordland" in der Nacht zum 12. November im Abschnitt südlich Werch Kurp vom II./„Westland" abgelöst, um an den bedrängten Frontabschnitt verlegt zu werden.

Personelle Veränderungen bei der „Wiking"

Ende Oktober bis Anfang November 1942 treten bei der „Wiking" personelle Veränderungen ein. Der Kommandeur des Regiments „Nordland", Oberführer von Scholz, geht an die Nordfront und übernimmt die lettische

Brigade. Neuer Kommandeur des Regiments „Nordland“ wird Obersturmbannführer Joerchel, der bisher das II./„Germania“ geführt hatte. Der Kommandeur des I./„Nordland“, Stubaf. Polewacz, gibt das Bataillon an Stubaf. Lohmann ab und übernimmt das Rgt. „Westland“.
Mit Oberführer Fritz von Scholz scheidet ein erfahrener und beliebter Kommandeur. Er verstand es, mit Warmherzigkeit und Güte auch die Herzen der finnischen Freiwilligen zu gewinnen. Fritz von Scholz war ihnen Führer- und Vatergestalt zugleich. Nie hat er den höheren Vorgesetzten hervorgekehrt. Nie hat er von seinen Männern mehr verlangt, als er selbst zu geben bereit war. Fritz von Scholz war immer dort zu finden, wo es am „dicksten“ herging. Er führte stets von vorn. Er war Kamerad unter Kameraden, dem auch seine finnischen Freiwilligen bis in die Gegenwart Achtung und Ehrerbietung entgegenbringen.

Im Schatten des Kasbek

Eine der wichtigsten Paßstraßen über das Kaukasusgebirge ist die Grusinische Heerstraße. Sie führt vom alten Wladikawkas nach Tiflis, der Hauptstadt Georgiens. Die Grusinische Heerstraße hatte von altersher große Bedeutung. Sie war eine bedeutende Verkehrsader des türkischen Großreiches, das einmal ganz Kaukasien umfaßte. Viele Bergstämme waren und sind heute noch Anhänger des Propheten Mohammed. Erst als das türkische Großreich zerfiel, drangen Russen von Norden her in Kaukasien ein, unterwarfen die Bergstämme in langen Kämpfen und machten sie zu Christen. Der Anschluß Kaukasiens an Rußland erfolgte 1801. Nach Abschluß der Christianisierung wurde auf der Paßhöhe ein großes Kreuz errichtet, nach dem der Paß benannt wurde. Die Russen vermochten jedoch nicht den Freiheitsdrang der kaukasischen Stämme gänzlich abzuwürgen. Immer wieder flackerten Aufstände auf – auch noch in der Stalinzeit. Ein Mitarbeiter Stalins war der grusinische Arbeiterführer und Schöpfer der sowjetischen Schwerindustrie, Grigori Ordshonikidse. Nach ihm wurde Wladikawkas in Ordshonikidse umbenannt. Ordshonikidse ist der nördliche Ausgangspunkt der Grusinischen Heerstraße, über die seit dem Sommer 1941 alliierte Hilfslieferungen von Persien an die russische Südfront laufen. Ordshonikidse und die Grusinische Heerstraße nehmen auch in der deutschen Operationsplanung einen großen Stellenwert ein. Um die

Bedeutung dieser Paßstraße zu ermessen, sei die Mil.Geo.-Bearbeitung der Hochgebirgsschule Fulpmes wiedergegeben, die sich auf Gefangenenaussagen, Beschreibungen und Vernehmungen von Landeskennern, russische Literatur und Agentenaussagen stützt. Alle Gebirgsübergänge sind zur Tarnung mit Nummern versehen. Unter Nummer 17 der Studie lesen wir: „Ordshonikidse über Kreuz-(Krestowyj-)Paß–Tiflis (Grusinische Heerstraße, 214 Kilometer): Mit Ausnahme Januar und Februar, wegen Schneesperre am Paß, ganzjährig für jede Art von Verkehr geeignet . . ." Es folgt dann eine eingehende Beschreibung der Paßstraße.

Im Zuge der neuen Operation ist die anhaltinisch-altmärkische 13. Panzerdivision bis an Ordshonikidse herangekommen. Die Division und die abschirmende 23. Panzerdivision müssen infolge der langen Flanken alle Reserven einsetzen. Die Sowjets werfen immer neue Kräfte in den Kampf, um dem III. Panzerkorps in letzter Minute den Erfolg zu verwehren. Die Division „Wiking", die hier dringend gebraucht wird, kann bei Malgobek und Ssagopschin noch nicht herausgelöst werden, weil die zur Ablösung vorgesehene 50. Infanteriedivision von der Krim noch nicht heran ist.

Am 7. November 1942 haben die Sowjets bei Ordshonikidse das Übergewicht und diktieren das Kampfgeschehen. Die 13. Panzerdivision (Kommandeur nach Herr jetzt Crisolli) wird im Raum Gisel (westlich von Ordshonikidse) eingeschlossen. Die 23. Panzerdivision (von Boineburg-Lengsfeld), die lange Flanken zu decken hat, ist nicht in der Lage, die 13. Panzerdivision herauszuschlagen.

Als sich eine negative Entwicklung bei Ordshonikidse abzeichnet, werden Kräfte der „Wiking" im Tal vor Ssagopschin durch kampfungewohnte Baueinheiten ersetzt, um im Krisenfall dem III. Panzerkorps (von Mackensen) zur Verfügung zu stehen.

Bei Gisel spitzt sich die Lage zu. Erste Teile der „Wiking" werden an den Krisenherd herangezogen. In der Nacht zum 12. November 1942 stellt das II./„Nordland" bei Gisel die Verbindung mit der eingeschlossenen 13. Panzerdivision her und führt sie auf eine von weiteren Teilen der „Wiking" am Fiagdon aufgebaute Aufnahmestellung zurück. Wieder einmal mehr hat die treue Waffenbruderschaft „Wiking"–13. Panzerdivision Früchte getragen. Überstandene verlustreiche Kämpfe machen das vorübergehende Herausziehen der 13. Panzerdivision notwendig. Das und verstärkte Gegenangriffe der Russen fordern den Einsatz weiterer Teile der „Wiking".

Infolge der Krise, der damit verbundenen Umgruppierung und notwendigen Verstärkung der Verteidigung der Gebirgsflanke, wird das südlich von Werch Kurp stehende III.(finn.)/„Nordland" am 12. November vom II./„Westland" abgelöst und am selben Tag noch im mot. Marsch nach Digora (100 Kilometer) verlegt, wo es am Nachmittag eintrifft und Nachtrast bezieht. Am nächsten Tag wird das Bataillon dem Regiment „Germania" unterstellt und in den Raum ostwärts Chataldon vorgezogen, wo es biwakiert.

Am 14. November, gegen 03.30 Uhr, löst das III.(finn.)/„Nordland" das I./Pz.Gren.Rgt. 126 (23. Pz.Div.) am südöstlichsten Eckpfeiler der Front bei Chataldon–Dsuarikau ab.

Die neue Stellung ist gut ausgebaut und verhältnismäßig ruhig. Sie deckt die Hauptstellung am Fiagdon gegen Flankenangriffe aus dem Gebirge heraus. Die finnischen Freiwilligen liegen im Schatten des Kasbek, der mit 5047 Metern der dritthöchste Berg des Kaukasus ist. Der Kasbek ist ein mächtiger Bergkegel, der mit seiner Schneemütze in der Sonne wie ein prächtiger Edelstein glitzert, der immer wieder die Blicke der Männer auf sich zieht. Hier am Fuße des Kasbek, bei Chataldon, haben die finnischen Freiwilligen den äußersten Punkt ihres langen Marsches durch Rußland erreicht. Hier in Kaukasien gelten andere Maßstäbe, hier ist der orientalische Einfluß in allen Lebensbereichen unverkennbar, hier beginnt der Tag zwei Stunden früher als in Deutschland und Finnland. Hier an den Hängen des Kasbek wartet bereits der Winter, um zu gegebener Zeit seinen Einfluß auch in die klimatisch guten Regionen von Mineralnyje Wody, Pjatigorsk und Kislowodsk auszudehnen. Hier könnte man den Krieg vergessen, doch von den Bergen her streuen täglich russische Artillerie und Granatwerfer die Stellungen der finnischen Freiwilligen ab und erinnern an den Krieg.

Der ruhige Stellungskrieg ist dann auch bald vorbei. Am 21. November, nachmittags, wird der Bataillonsstab herausgezogen und fährt nach Karman-Ssindsikau, wo er am nächsten Tag die Verteidigungsmöglichkeiten des Ortes erkundet und in einem Plan festlegt. Währenddessen sind die in den Stellungen verbliebenen Kompanien dem I./„Nordland" unterstellt.

Gegen Mittag des 23. November trifft die von Hstuf. Ladau geführte Ersatz- und Ausbildungskompanie des Finnen-Bataillons in Karman-Ssindsikau ein und übernimmt die vom Bataillonsstab vorbereitete Ortsverteidigung.

Die Ersatz- und Ausbildungskompanie besteht aus finnischem Ersatz aus Graz und Genesenen.
Ab 21. November 1942 wird der Frontsack vor Ordshonikidse etappenweise aufgegeben. Dementsprechend verschiebt sich auch die Verteidigung der Gebirgsflanke nach Nordwesten.
Am Morgen des 24. November werden die Stellungskompanien des Finnen-Bataillons im Raum Chataldon von Teilen des Regiments „Germania" abgelöst und von Ostuf. Deck, der – wegen Führermangels – von der Division zum Bataillon versetzt worden ist, nach Karman-Ssindsikau geführt, wo sie in die Ortsverteidigung einbezogen werden.
Im Zuge des Rückzugs gelangt das III.(finn.)/„Nordland" am 25. November über Digora nach Tschikola. Hier stellt es bis zum 28. 11. die Ortsverteidigung. Stubaf. Collani ist Ortskommandant.
Am Vormittag des 29. November marschiert das Finnen-Bataillon mot. nach Digora und wird Korpsreserve des III. Panzerkorps. Es besteht ständige Alarmbereitschaft für das Bataillon. Die Ersatz- und Ausbildungskompanie bleibt in Tschikola.
Inzwischen hat sich die Großlage zugunsten der Russen verändert. Bei Stalingrad wird die deutsche 6. Armee (Paulus) eingeschlossen. Die deutsche 4. Panzerarmee (Hoth) tritt aus dem Raum Kotelnikowo (Kalmückensteppe) zum Entsatzangriff auf Stalingrad an; ihr wird dazu die 23. Panzerdivision vom Ostkaukasus zugeführt. Im Ostkaukasus steht nach wie vor die 1. Panzerarmee (v. Kleist) auf vorgeschobenem Posten; im Abschnitt nördlich des Terek das XXXX. Panzerkorps (Henrici) mit der Gruppe Felmy, einheimischen Kosakenverbänden und der 3. Panzerdivision; im Terekbogen das LII. Armeekorps (Ott) mit der 111., 50. und 370. Infanteriedivision; im Sack von Ordshonikidse das III. Panzerkorps (v. Mackensen) mit der 13. Panzerdivision, der 5. SS-Panzergrenadierdivision „Wiking", der rumänischen 2. Gebirgsdivision und einheimischen Verbänden.
Nach Abwehr der deutschen Offensive auf Grosny und Ordshonikidse geht die „Nordgruppe" der „Transkaukasischen Front" mit der 9. und 37. Armee zuerst im Sack von Ordshonikidse zum Gegenangriff über. Unter dem Eindruck der Entwicklung der Lage bei Stalingrad überwinden die sowjetischen Soldaten ihren moralischen Tiefstand und sehen überall die Chance, den Deutschen ihre erlittenen Niederlagen zurückzuzahlen. Die Initiative des Handelns geht an die Russen über.

Am Morgen des 4. Dezember 1942 greifen Kräfte der russischen 37. Armee aus dem Gebirgstal bei Tschikola nach Nordosten an, um zunächst Tschikola zu nehmen und im weiteren Vorstoß die einzige Nachschubverbindung des III. Panzerkorps im Raum Uruch zu sperren. Damit käme das III. Panzerkorps in größte Bedrängnis.
Den Raum Tschikola sperrt eine zusammengewürfelte Gruppe unter Führung von Oberstleutnant Emsmann, dem Kommandeur des Werfer-Regiments 52. Zur Gruppe Emsmann gehören Teile der Werfer-Regimenter 52 und 54 und die Ersatz- und Ausbildungskompanie des Finnen-Bataillons. Die Linie ist dünn und nur stützpunktartig besetzt.
Hier bei Tschikola erhalten viele Männer der Ersatzkompanie des Finnen-Bataillons ihre Feuertaufe. Der Kampfverlauf ist aus dem Kriegstagebuch des Bataillons und den Niederschriften der Finnen Pertteli Yli-Harja und Eero Tulonen*) zuverlässig zu rekonstruieren:
Die am Morgen des 4. Dezember angreifenden russischen Kräfte gewinnen schnell Raum in Richtung Tschikola durch die weitlichtige deutsche Front. Lediglich die südlich von Tschikola liegende Höhe 710,5 macht ihnen zu schaffen. Hier liegt ein Zug der finnischen Ersatzkompanie unter Führung von Ustuf. Kuutti. Es sind 26 Männer. Bald ist die Höhe 710,5 beiderseits umgangen und damit der Zug Kuutti eingeschlossen.
Inzwischen ist die Verbindung des Zuges Kuutti mit Tschikola völlig abgerissen. Starke russische Kräfte haben sich zwischen der Höhe 710,5 und Tschikola geschoben. Ustuf. Kuutti erkennt die Hoffnungslosigkeit seiner Lage. Er sieht nur noch eine Möglichkeit, aus dieser Falle zu schlüpfen, indem er mit seinem Zug feindwärts, in Richtung eines Wäldchens am Gebirge, durchbricht, um dann im deckungsreichen Gelände über Umwegen die eigene Linie wieder zu erreichen. Der Befehl Kuuttis zum unauffälligen Sammeln bei einem feindwärts gelegenen Hügel läuft durch die Schützenlöcher der Finnen bei Höhe 710,5, wird weitergerufen.
In einer MG-Stellung auf Höhe 710,5 liegen der Rottenführer Kalevi Könönen aus Hiitola, die Schützen Hauska aus Viipuri und Valtakari aus Mikkeli sowie die Deutschen Hellberg und Matuszewki. Beim Versuch, den von Kuutti angegebenen Sammelpunkt zu erreichen, fallen Hellberg und Hauska; Matuszewki und Valtakari werden verwundet. Es erscheint aussichtslos, die MG-Stellung zu verlassen. Jeder neue Versuch wird von rasen-

*) Mauno Jokipii, „Panttipataljona", Seite 579–582.

dem Feindfeuer erstickt. Die zwei unverwundeten Finnen Könönen und Pyyhtiä sehen keine andere Möglichkeit, als sich bis zum letzten zu verteidigen und ihre Haut so teuer wie möglich zu verkaufen. Und sie tun es. Indessen bricht Ustuf. Kaarlo Börje Kuutti aus Porvoo mit 17 Männern seines Zuges nach Süden durch und taucht im Hinterland der Russen im bewaldeten Gebiet unter.
Gleich nach Erkennen des russischen Angriffs auf Tschikola und die lebenswichtige Verkehrsader des III. Panzerkorps fordert Oberstleutnant Emsmann, der Sperrgruppen-Kommandeur, beim Korps Verstärkungen an. Der finnische Hstuf. Ladau leitet die Verteidigung von Tschikola. Er muß bald erkennen, daß er in eine verzweifelte Lage geraten ist. Die ersten Russen haben den Südrand von Tschikola erreicht. Und vom Zug Kuutti kommt keine Nachricht mehr.
Gegen 09.00 Uhr wird die Korpsreserve, das Finnen-Bataillon in Digora, alarmiert und in Marsch gesetzt. Bataillonskommandeur und Kompanieführer sind voraus und werden von Emsmann und Ladau in die Lage eingewiesen.
Die 10. und 11. Kompanie sind noch zusammengelegt. Der erst kürzlich von der Division zum Finnen-Bataillon versetzte Ostuf. Deck ist zur Einweisung nach Tschikola voraus, Ostuf. Pohjanlehto führt die Reste der 10. und 11. Kompanie, je ein starker Zug, nach. Über die Alarmierung und den Abmarsch berichtet Pertteli Yli-Harja:*)
„Es liegt noch kein Schnee. Ab und zu bricht die Sonne durch die Wolkendecke und läßt mit der aufgehenden Saat auf den Feldern und den immer noch grünen Hügeln die Hoffnung auf einen neuen Frühling keimen. Unser Freiwilligen-Bataillon genießt in Digora die lange verdiente Ruhe. Nur die vor Tagen eingetroffene Ersatzkompanie ist zur Flügelsicherung in Stellung.
Wir sind gerade beim Eierkuchenbacken, als plötzlich Alarm gegeben wird: ‚Sofort fertigmachen zum Einsatz – in zehn Minuten ist Abmarsch!‘
Es scheint brandeilig zu sein. Wir suchen schnell unsere Sachen zusammen, und in zehn Minuten steht das Bataillon tatsächlich zur Abfahrt bereit. Bei laufenden Motoren wird uns schnell noch die Lage grob erklärt: Der Russe ist durchgebrochen und hat einen von unseren Jägern gehaltenen Stütz-

---

*) Mauno Jokipii, a.a.O., Seite 579ff.

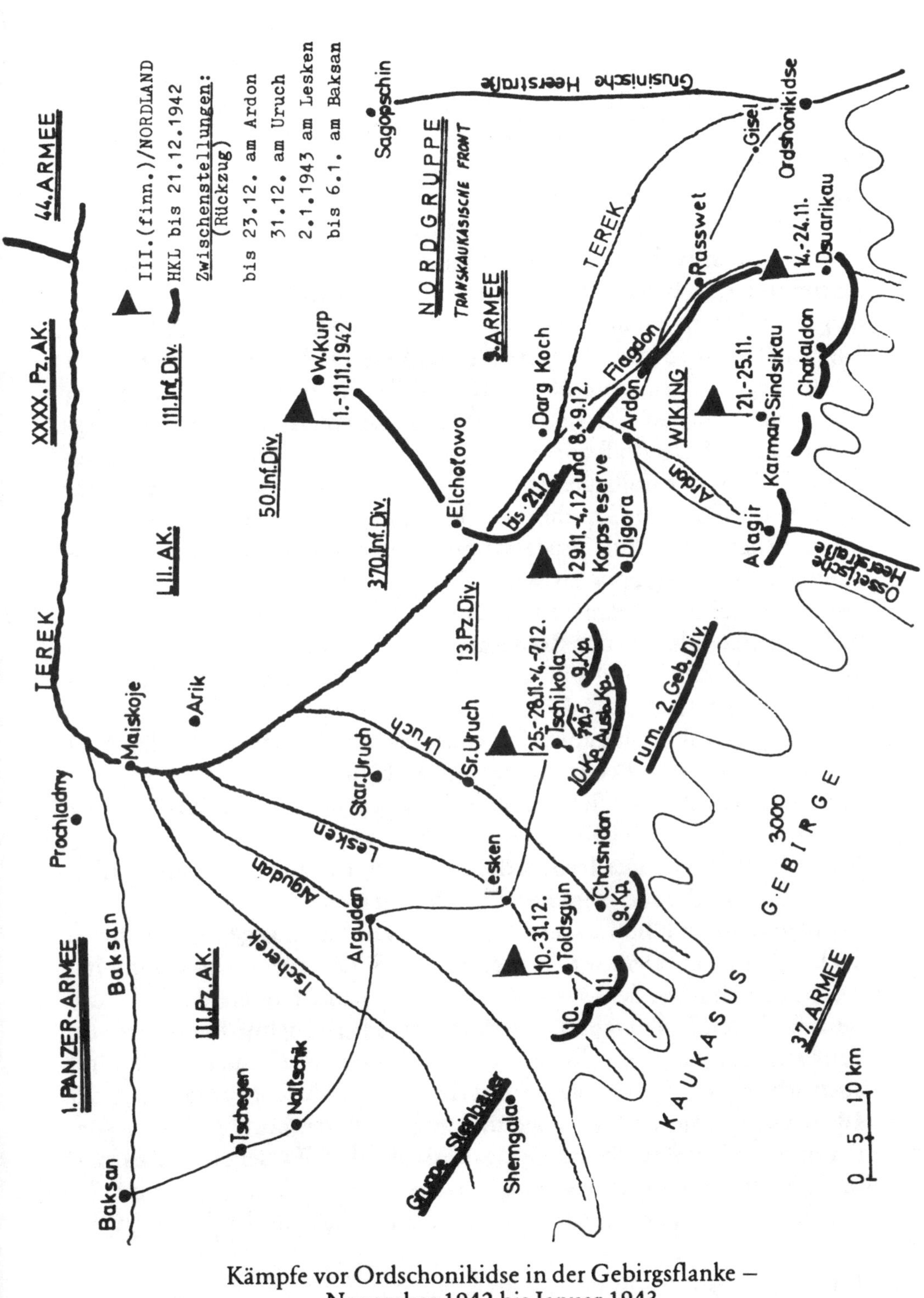

Kämpfe vor Ordschonikidse in der Gebirgsflanke –
November 1942 bis Januar 1943

punkt (Höhe 710,5) mit starken Kräften eingeschlossen. Wir sollen einen Gegenangriff machen und unsere Kameraden heraushauen.
Auf den Mannschaftstransportwagen noch einige Unruhe: Die Magazine der Maschinenpistolen werden geprüft, Stahlhelme aufgesetzt, Handgranaten ins Koppel gesteckt, der Spaten sorgfältig festgeschnallt.
Die Autos setzen sich in Bewegung. Jeder schaut entschlossen nach vorn, wo die Russen nicht nur ‚unsere Neuen', sondern den ganzen Frontabschnitt mit der lebenswichtigen Rollbahn bedrohen."
Gegen 11.00 Uhr hat die deutsche Führung einen genauen Überblick. Die Lage stellt sich so dar: Zwei Feindbataillone im Vorgehen entlang des Höhenweges Chasnidon–Nowo Uruch. Südwestlich und südlich von Tschikola Feind in Stärke von zwei Regimentern im Vorgehen auf Tschikola und die Rollbahn nördlich davon; zunächst gegen die Linie Ziegelei–Fabrik–Kühlhaus. Auf dem Ortsrand von Tschikola liegt Granatwerfer-, MG- und Gewehrfeuer. Von Südwesten schießt russische Artillerie in den Ort hinein. Ortsrand von Tschikola in eigener Hand mit Ausnahme der Häusergruppe zwischen Ziegelei und Kühlhaus.
Sturmbannführer Collani erteilt kurz und knapp die Einsatzbefehle: 9. Kompanie schirmt die Rollbahn ab, 11. Kompanie (und Reste der 10. Kp.) stellt sich beim Kühlhaus bereit und wirft die Russen nach Süden über die Höhe 710,5 zurück.
Die Kompanieführer nehmen ihre eintreffenden Kompanien in Empfang und weisen sie in die Bereitstellung und Sicherung ein.
Schnell hat Ustuf. Ertels 9. Kompanie die Abschirmung der Rollbahn übernommen. Es ist 11.20 Uhr.
Nach der 9. Kompanie treffen die Reste der 10. und 11. Kompanie in Tschikola ein. Darüber berichtet Pertteli Yli-Harja:
„Tollkühn und mit hoher Geschwindigkeit fahren wir gegen 11.00 Uhr in Tschikola hinein. Der von Südwesten und Süden angreifende Feind hat bereits den Südrand des Ortes erreicht und beschießt die auf der Rollbahn heranjagenden Fahrzeuge. In Deckung der Häuser schnell herunter von den Fahrzeugen und ein Überprüfen von Waffen und Gerät. Dann kommt auch schon Ostuf. Pohjanlehto mit dem Angriffsbefehl für den Zug der 10. Kompanie und erklärt Lage und Angriffsdurchführung: Die Russen liegen in den außerhalb des Dorfes verlaufenden Wassergräben. Es sind starke Kräfte, aber sie haben wenig schwere Waffen. Die zusammengefaßte 10. und 11. Kompanie greift zuerst die Häuser diesseits der Wassergräben

an und schwärmt breitgefächert aus, sobald die Wassergräben überwunden sind. Der Angriff wird von zwei eigenen Panzern und zwei Flak-Selbstfahrlafetten, von Nebelwerfern und den eigenen Granatwerfern unterstützt."

Die Männer der 10. und 11. Kompanie stellen sich beim Kühlhaus zum Angriff bereit. Die Werfer-Batterien schießen. Furchtbar heulend und jaulend ziehen serienweise die Raketengeschosse mit einem langen Feuerschweif feindwärts. Um 12.05 Uhr Angriffsbeginn!

„Unsere Flak-Sfl. und die Artillerie schießen", schreibt Yli-Harja, „bei den feindlichen Stellungen steigt Pulverdampf und Staub auf. Die Russen bleiben in ihren Deckungen. Unser Angriff ist schnell – der schnellste, den ich je erlebte. Unsere schweren Waffen unterstützen uns gut. Bald ist das erste Angriffsziel erreicht. Weiter! Wir durchwaten einen Wasserlauf, fächern aus und stürzen uns auf den Feind in der langgezogenen Senke. Ein paar Salven mit der Maschinenpistole, ein paar Handgranaten ins Elektrizitätswerk – 15 Russen kommen heraus und ergeben sich. Schnell weiter! Aus der Senke schießt der Feind mit Maschinenpistolen und MG. Geschosse schwirren uns um die Ohren. Granaten schlagen in unserer Nähe ein. Aber auch unsere Waffen sprechen. Hier stürzt ein MG-Schütze I, das Eiserne Kreuz an der Brust, voran und schießt mit dem MG aus der Hüfte. Dort singt die finnische Maschinenpistole unseres finnischen Rottenführers mit dem prächtigen Vollbart. Und dort, von einem Zaun, schießt der deutsche Gruppenführer wohlgezielte Salven in die feindliche Linie. Die ersten russischen Stellungen werden erreicht. Eine feindliche Maschinenpistole wird in Anschlag gerissen – funktioniert nicht. Überstürzt greift der Russe nach seiner Pistole – schießt – vorbei, wird selber getroffen. Wir stürzen mit Gebrüll in die Senke. Der Feind wird weich. Erst einer, dann fliehen mehrere. Und dann ist das Chaos da! Die Russen flüchten. Wir hinterher und schießen dabei. Im Vorbeilaufen ‚wecke' ich sogar einen Scheintoten."

Obersturmführer Deck führt die aus der 10. und 11. Kompanie bestehende Angriffsgruppe. Obersturmführer Hortling und Pohjanlehto führen die Teilgruppen. Überall sprechen die Waffen. Zunächst wehren sich die Russen erbittert, dann ergreifen sie die Flucht zurück ins Gebirgstal, aus dem sie gekommen sind.

„Jetzt schießen die Granatwerfer des Feindes Sperrfeuer. Im regelmäßigen Abstand rauschen die Wurfgranaten heran, aber trotzdem stürmt der Zug Hortling den Hang hinauf, auf den eigenen Stützpunkt zu, der eingeschlos-

sen war. Die anderen Gruppen setzen die Verfolgung nach links und rechts fort. Wir machen viele Gefangene, und in unserem Feuer fallen viele der Fliehenden, die ein Waldstück zu erreichen versuchen."
Der Zug Hortling von der 11. Kompanie stürmt auf die Höhe 710,5 hinauf. Auch hier weichen die Russen zurück. Die bange Frage, was aus dem Zug Kuutti, der auf der Höhe lag, geworden ist, wird beantwortet. Hierzu schreibt Eero Tulonen:*)
„Wir nähern uns den Löchern des Zuges Kuutti und sind zunächst erschreckt. Hier ein deutscher Militärmantel, dort Feldflaschen und Kochgeschirre. Bisher keine Spur von den eigenen. Dann winken und rufen uns zwei Männer, zwei eigene, zu. Wir stürzen hin und finden in einem Loch den Rottenführer Könönen und den Schützen Pyyhtiä lebend an einem Maschinengewehr und um sich herum Berge von leeren Patronenhülsen. Wir finden auch die verwundeten Schützen Matuszewki und Valtakari und die Gefallenen Hellberg und Hauska. Von den anderen Männern des Zuges Kuutti fehlt jedoch jede Spur.
Als wir die Höhe 710,5 erreicht haben, belegt sie der Russe mit einem mörderischen Granatwerferfeuer. Wir suchen Deckung in den Löchern. Der Sturmmann Järvi fällt am Rand eines Loches durch Granatsplitter. Das Loch, in dem sich Obersturmführer Hortling befindet, bekommt einen Volltreffer. Hortlings Oberkörper wird total zerfetzt.
Große Sorgen bereitet uns der Zug Kuutti. Von ihm keine Spur. Wir nehmen an, daß er in Gefangenschaft geraten ist."
Gegen 13.00 Uhr ist die Höhe 710,5 entsetzt. Während hier der Zug Hortling in Stellung geht, stürmen die anderen Angriffskräfte der 10. und 11. Kompanie weiter. Gegen 14.00 Uhr Einschwenken nach Westen und Angriff auf den Südwestteil von Tschikola. Der Angriff ist schnell und wird von einer Werfer-Batterie und einem Flak-Sfl.-Zug gut unterstützt. Bald ist der Angriff über die Ziegelei hinaus. Gegen 14.30 Uhr wird der Südwestteil von Tschikola erreicht. Die Angriffsgruppe steht damit in der rechten Flanke des Gegners. Flankenfeuer zerbricht auch hier den letzten Widerstand, den letzten Zusammenhalt der russischen Kräfte, die nun ihr Heil in einem überstürzten, ungeordneten Rückzug ins Gebirge suchen. 13 Offiziere und 246 Rotarmisten der 295. Schützendivision werden gefangengenommen und zahlreiches Kriegsgerät wird erbeutet. Ein Sieg der Angriffs-

*) Mauno Jokipii, a.a.O., Seite 580.

gruppe des Obersturmführers Deck mit den Resten der 10. und 11. Kompanie, der sich aufbaut auf das tapfere Ausharren und Verhalten der Ersatzkompanie des Finnischen Freiwilligen-Bataillons. Die Finnen haben sechs Gefallene und sieben Verwundete. Unter den Gefallenen ist Obersturmführer Kai William Hortling, geboren am 14. 4. 1916 in Iisalmi in Finnland, und der Sturmmann Joel Matti Järvi, geboren am 28. 11. 1921 in Ylihärmä in Finnland; beide gefallen am 4. 12. 1942 auf der Höhe 710,5 bei Tschikola im Kaukasus. Unendliche Weiten, Kindheit, Jugendzeit, Träume und Tränen, Hoffnungen und ein unerfülltes, kurzes Leben liegen dazwischen – Jahre der Freude und des Leidens, aber nur eine kurze Zeit zur Ewigkeit.

Nach Aussagen der Gefangenen sollte die 295. Schützendivision Tschikola nehmen und weiter in Richtung Darg Koch vorstoßen, um die Nachschubstraße des III. Panzerkorps zu sperren und den Untergang dieses Korps einzuleiten.

Pertteli Yli-Harja schreibt abschließend: „Bald ist alles vorbei. Der Feind hat sich in den einen Kilometer entfernt liegenden Wald zurückgezogen. In unserem Abschnitt werden viele Gefangene gemacht und ebensoviele Feinde liegen am Boden. Unter den Gefangenen befinden sich zwei Regimentskommandeure und von einem fast sein gesamter Stab, den wir aus einem Keller herausgeholt haben. Unter den Gefangenen ist auch ein Regimentsadjutant mit seiner Frau. Eine andere Frau befindet sich unter den Gefallenen. Wir erhalten von den Gefangenen ausführliche Informationen über den Feind und stellen fest, wie schlecht seine Lage ist. So hatte ein Gefangener einen Schafskopf als Verpflegung bei sich, der weder gekocht, noch gebraten, der nicht einmal enthäutet war. Kein Gefangener hatte Brot bei sich. Von der Feldküche bekamen sie eine Suppe aus etwas Hirse und Grassamen. Sie waren ausgehungert. – Die feindlichen Kräfte waren uns 5- bis 6fach überlegen, aber als sie ihre Führung durch Gefangennahme verloren hatten, waren die russischen Angriffskräfte vollkommen hilflos."

Wesentlichen Anteil am Erfolg des Finnen-Bataillons haben jedoch die Männer des Zuges Kuutti, die die Höhe 710,5 hielten und damit das Vorgehen der Russen verzögerten. Zuletzt lagen noch zwei Tote, zwei Verwundete und zwei kampfentschlossene Finnen auf der Höhe 710,5 und hielten sie, weil sie keine andere Wahl hatten. Der Kriegsgott schob zwei unscheinbaren Männern das entscheidende Pendel der Waage der Schlachtenentscheidung zu, das sie dann unverhofft, ungewollt ergreifen mußten und damit mutig die Wende herbeiführten. Und wie oft ist es so, daß unscheinbare Männer wesentlich zum Sieg beitragen! Die tapferen Finnen, der Rottenführer Kalevi Könönen, geboren am 29. 8. 1918 in Hiitola, und der Schütze Yrjö Pyyhtiä, geboren am 20. 7. 1922 in Viitasaari, werden für ihren Kampf um die Höhe 710,5 am 27. 8. 1943 im „Ehrenblatt des Deutschen Heeres" genannt. Die damit verbundene „Ehrenblattspange" haben sie an deutschen Felduniformen nicht mehr getragen, weil das Bataillon im August 1943 bereits aufgelöst war.*)

Was ist aus den Männern des Zuges Kuutti geworden, die sich unter Führung von Ustuf. Kuutti von der Höhe 710,5 feindwärts abgesetzt haben?

Untersturmführer Kuutti und 17 Männern seines Zuges gelingt der Durchbruch ins feindliche Hinterland. Sie mußten diesen außergewöhnlichen Weg wählen, weil der direkte Weg zu den eigenen Truppen durch starke russische Kräfte gesperrt war. Die Gruppe Kuutti irrt zunächst im feindlichen Hinterland herum, stößt unversehens auf russische Nachschubkolonnen, auf Reserven, die nach vorn marschieren und sogar auf ein Feldlazarett. Sie läßt sich jedoch in keinen Kampf ein. Untersturmführer Kuutti führt seine Männer nach Osten, weil nach seinen Beobachtungen in dieser Richtung die günstigste Stelle zum Erreichen und Überqueren der Frontlinie gegeben erscheint. Es geht von einem Versteck ins andere, geplant und gesichert. Ein Sprung folgt dem anderen. Als es zu dunkeln beginnt, geht es besser, weil die Gefahr des Entdecktwerdens wesentlich geringer ist. Die Männer haben bereits etwa 20 Kilometer hinter sich, werden müde und apathisch. Kuutti

---

*) Könönen und Pyyhtiä wurden im Frühjahr 1944 von ihren finnischen Fronteinheiten zu einer Veranstaltung nach Helsinki kommandiert, wo sie neben anderen Finnen anläßlich einer Feierstunde die deutschen Auszeichnungen nachträglich erhielten. Zur Spange gehörte eine Urkunde, die mit dem Datum vom 17. Mai 1944 von SS-Sturmbannführer Giese unterzeichnet war. Einen Monat später ist Könönen an der finnischen Front gefallen. Von einem Abwicklungsbüro bekam auch der Finne Silfverberg neben anderen im Frühjahr 1944 nachträglich die deutsche Nahkampfspange in Bronze. Er trug die Spange nur einige Male, weil er immer wieder von seinen Kameraden und Vorgesetzten der finnischen Luftwaffe – in der er später diente – gefragt wurde, woher er einen so schönen „Kalevalakoru" (Ordensschmuck) bekommen habe.

feuert sie immer wieder an, macht ihnen Mut und Hoffnung. Als es bereits ganz dunkel ist, erreichen sie die Frontlinie. Horchen, beobachten. Unverständliche Worte. Es muß die Frontlinie sein – also durch! Sie werden beschossen, doch es geht alles gut. Bei Digora treffen sie endlich auf deutsche Soldaten. Hier wird ihnen gewiß, daß sie im Abschnitt der rumänischen 2. Gebirgsdivision die Frontlinie überschritten haben. Was hätte nicht alles passieren können? Von Digora bringt sie ein Fahrzeug des III. Panzerkorps nach Tschikola, und als Ustuf. Kuutti dort seinen Zug bei Sturmbannführer Collani zurückmeldet, fällt allen ein Stein vom Herzen. Untersturmführer Börje Kaarlo Kuutti, geboren am 5. 11. 1918 in Porvoo in Finnland, hat einmal mehr mit Kaltblütigkeit und sicherem Gespür eine Lage gemeistert, die aussichtslos erschien. Der tapfere Kuutti fällt als Obersturmführer zwei Monate später bei Kagalnizkaja, am 2. Februar 1943. Seine überlebenden Männer werden den Irrmarsch am 4. Dezember 1942 hinter den russischen Linien bis an ihr Lebensende nicht vergessen, den Irrmarsch über 25 bis 30 Kilometer.

Während es in den folgenden Tagen im Abschnitt Tschikola verhältnismäßig ruhig ist, greifen die Sowjets am 5. Dezember aus der Ossetischen Paßstraße heraus auf Alagir an. Hier weisen das I./Gebirgsjäger-Rgt. 99 (1. Gebirgsdivision) und eine Pionierkompanie der SS-Pz.Gren.Div. „Wiking" den Angriff der russischen 351. Schützendivision zurück. Der Angriff auf Tschikola und auf Alagir stehen im operativen Zusammenhang.
Am 7. Dezember werden die Sicherungen des Finnen-Bataillons bei Tschikola von der rumänischen 2. Gebirgsdivision (Dumitrache) übernommen. Das III.(finn.)/„Nordland" bleibt in Tschikola, um endlich die längst fällige Neugliederung vorzunehmen.
Am 8. Dezember 1942 wird aus der Ersatz- und Ausbildungskompanie (158 Mann) und alten Unterführern der 11. Kompanie eine neue 11. Kompanie aufgestellt, die fortan von Obersturmführer Eugen Deck geführt wird. Mit einigen Männern der Ersatzkompanie werden auch die anderen Kompanien aufgefüllt, so daß alle etwa gleich stark sind. Die 9. Kompanie führt nach wie vor Untersturmführer Karl-Heinz Ertel und die 10. Kompanie (bisher mit den Resten der 11. Kompanie zusammengelegt) Obersturmführer Tauno Pohjanlehto. Die 12. Kompanie – seit dem Tode von Hauptsturmführer Brückner vom Bataillonsstab mitgeführt, da die Züge ohnehin immer anderen Kompanien unterstellt waren – übernimmt der

genesene Hauptsturmführer Karl-Erik Ladau. Am 13. Dezember übernimmt dann Obersturmführer Hans-Joachim Porsch die 10. Kompanie.

Am 9. Dezember 1942 wird das III.(finn.)/„Nordland" wieder Korpsreserve. Während die 10. und 11. Kompanie zunächst in Tschikola bleiben, verlegen Bataillonsstab und 9. und 12. Kompanie nach Digora.

Am 10. Dezember kommt bereits ein neuer Einsatzbefehl für das Bataillon: Vorziehen und Übernahme des Abschnitts Toldsgun von der Kampfgruppe Dietrich (Nebelwerfereinheit). Meldung bei Major Dietrich.

Die aus dem Gebirge heraustretenden Flußtäler von Uruch und Lesken bieten den Russen günstige Ausgangsbasen zu Vorstößen in die tiefe Flanke des III. Panzerkorps. Aus diesen Tälern heraus stoßen mehrmals die sowjetische 2. Garde- und die 11. Schützen-Division vor.

Dies zunehmend und stärker, je mehr sich die Lage der Deutschen bei Stalingrad verschlechtert und die 1. Panzerarmee durch Abgaben an die 4. Panzerarmee (Entsatzangriff Stalingrad) geschwächt wird. So kommt auch die Kampfgruppe Dietrich in Bedrängnis.

Untersturmführer Ertels 9. Kompanie erreicht zuerst den neuen Einsatzraum und wird auf Befehl von Major Dietrich der Gruppe Marchi unterstellt. Diese sichert bei Chasnidon das aus dem Gebirge austretende Uruch-Tal. Der Einsatz der 9. Kompanie bei Chasnidon wird im nächsten Abschnitt eingehend geschildert.

10. und 11. Kompanie fahren von Tschikola nach Toldsgun. Bataillonsstab und 12. Kompanie kommen von Digora.

In den folgenden Tagen ist beiderseitige verstärkte Aufklärungstätigkeit und Störungsfeuer von schweren Waffen. Am 24. Dezember, bei Morgengrauen, greifen zwei russische Bataillone aus dem Bol Kossolkun-Tal, das die 10. Kompanie sperrt, an. Als sie hier nicht weiterkommen, greifen sie die Sicherungen der 11. Kompanie an, die links von der Zehnten liegt. Die Angriffe werden abgewiesen. Um 09.30 Uhr und gegen 11.00 Uhr schlagen die Finnen nochmals Angriffe des sowjetischen I./Schtz.Rgt. 875 und von 70 Fallschirmjägern ab.

Inzwischen sind erste Teile der „Wiking" per Eisenbahn in Richtung Stalingrad abgefahren. An den Weihnachtstagen folgen weitere Einheiten der Division, so daß das III.(finn.)/„Nordland" schließlich als letzter Verband der „Wiking" die Gebirgsflanke des III. Panzerkorps sichert. Aber das Bataillon ist nicht allein zurückgeblieben. Generalleutnant der Waffen-SS Felix Steiner führt seit dem 14. Dezember 1942 das brandenburgische

III. Panzerkorps. Generaloberst von Kleist führt seitdem die Heeresgruppe A, die Hitler seit dem Fortgang des Feldmarschalls List „nebenbei" führte. Der bisherige Kommandierende General des III. Panzerkorps, von Mackensen, rückte zum OB der 1. Panzerarmee auf und der Kommandeur des SS-Artillerieregiments 5, Oberführer Gille, zum Kommandeur der Division „Wiking".

Am 25. und 26. Dezember weist das III.(finn.)/„Nordland" abermals sowjetische Vorstöße aus dem Bol Kossolkun-Tal unter hohen Verlusten für den Feind ab.

Am 27. Dezember ein starker Angriff im rechten Bataillonsabschnitt. Westlich von Toldsgun kommen die Russen bei starkem Nebel bis dicht an die Stellung der Zehnten heran. Ostuf. Porsch behält das Heft fest in der Hand. Zum Teil im Nahkampf werden die Russen abgewiesen.

Um 07.00 und 09.00 Uhr weitere Angriffe der Russen. Jetzt ist die Sicht besser. Die Feindangriffe brechen im Feuer der Finnen zusammen. Als etwa 300 Rotarmisten nochmals versuchen, den Zug Zinnecker auszuheben, werden sie auf der davor liegenden freien Fläche zusammengeschossen. 25 Tote bleiben vor der Stellung liegen, die anderen laufen oder schleppen sich verwundet zurück.

Am 28. Dezember findet ein Vorstoß gegen die 10. Kompanie im Bol Kossolkun-Tal statt, und am 29. sind schwächere Vorstöße aus dem Lesken-Tal gegen die 11. Kompanie. Alle Angriffe wurden abgewiesen. Überläufer sagen aus, daß das Schützenregiment 1125 von Karman Ssindsikau im Eilmarsch herangeführt wurde, um Toldsgun anzugreifen.

Inzwischen hat das III. Panzerkorps den Frontsack bei Ordshonikidse zurückgenommen und in mehreren Sprüngen die Linie Tschikola–Elchotowo erreicht, wo es an das LII. Armeekorps Anschluß hat.

Bei Stalingrad zeichnet sich die deutsche Katastrophe ab. Dennoch zögert Hitler, die noch weit im Südosten stehende 1. Panzerarmee vom Terek nach Rostow zurückzuführen. Alle militärischen Führer sehen, was auf die 1. Panzerarmee zukommt; nur ein unverzüglicher Rückzug über Rostow hinaus kann sie vor einem zweiten Stalingrad bewahren. Rostow ist das Schlüsselloch, auf Rostow streben bereits russische Verbände vom Don und aus dem Raum Stalingrad zu. Am 29. Dezember unterrichtet der OB der 1. Panzerarmee, General von Mackensen, in seinem Stabsquartier in Pjatigorsk seine Kommandierenden Generale über die Lage im allgemeinen und gründet darauf seine Absicht, den Rückzugsplan von seinem

Stab bereits ausgearbeitet, unverzüglich mit den Korps und Divisionen in Übereinstimmung zu bringen. Am 30. Dezember ähnliche Besprechungen bei den Korpsstäben. Korps und Divisionen koordinieren, legen alle Etappen fest, so daß man nur noch den Knopf zu drücken braucht.

Abwehrkampf der 9. Kompanie bei Chasnidon

Losgelöst vom Bataillon, einer völlig fremden Kampfgruppe unterstellt, besteht die 9. Kompanie des Untersturmführers Ertel einen ihrer schwersten, aber erfolgreichsten Einsätze.
Am 10. Dezember 1942 wird das III.(finn.)/„Nordland" (Korpsreserve) in Tschikola und Digora alarmiert, um die bedrängte Sperrgruppe Dietrich im Uruch- und Lesken-Tal zu verstärken. Aus diesen Tälern rennen die Russen immer wieder gegen die Gebirgsflanke des III. Panzerkorps an, um es im Rücken zu fassen und zu vernichten. Der Abwehrkampf des Finnen-Bataillons im Lesken- und Bol Kossolkun-Tal ist bereits beschrieben worden. Wenden wir uns nun der 9. Kompanie zu:
Untersturmführer Ertels 9. Kompanie trifft zuerst im neuen Abschnitt ein und wird der Kampfgruppe Marchi in Chasnidon unterstellt. Chasnidon liegt in einem schwer zugänglichen Gebirgstal und ist nur über einen steilen, unbefestigten Gebirgsweg mit vielen Serpentinen zu erreichen. Das ist schon das erste Problem, denn die Mannschaftstransportwagen der Kompanie, die schweren Klöckner-Deutz-Diesel können diesen Gebirgsweg, den sonst nur Pferde- und Eselkarren befahren, unmöglich fahren. Aber auch hier wird eine Lösung gefunden: Die Zugmaschinen der Nebelwerfereinheit Dietrich, es sind geländegängige Halbkettenfahrzeuge, fahren die 9. Kompanie nach Chasnidon.
In Chasnidon, einem kleinen, verträumten Gebirgsnest, liegt die Kampfgruppe Marchi, benannt nach ihrem Führer. Ertels Kompanie wird hier sehnlichst erwartet.
Hauptmann Marchi ist ein knochiger alpenländischer Typ, ein Polizeioffizier. Er führt ein Sicherungs-Bataillon, das sich durchweg aus älteren, gv.-feld-geschriebenen Männern zusammensetzt. Normalerweise verrichtet eine solche Einheit Wach- und Feldgendarmeriedienste. Das Bataillon hat

Fahrräder. Zum Bataillon gehört eine Bau-Kompanie aus kaukasischen Männern, hauptsächlich Georgiern.
Ertel meldet sich bei Marchi (sprich Marki). Von der ersten Minute entwickelt sich eine gute, vertrauensvolle Zusammenarbeit zwischen den beiden Offizieren. Marchi ist ein erfahrener Gebirgler, er hat an einer Andenexpedition teilgenommen und trägt ein entsprechendes Ehrenzeichen. Marchi erklärt kurz die Lage: Feindvorstöße aus dem Gebirge heraus. Ein Vorstoß drang bis an den Ortsrand vor. Dabei wurden einige Fahrzeuge der Kampfgruppe geplündert und zerstört.
Marchi weist Ertel auch ins Gelände ein. Chasnidon liegt am Westufer des Uruch. Der Uruch kommt als reißender Gebirgsfluß aus dem Kaukasusgebirge und rauscht in einer tiefen Schlucht am Ort vorbei. Um den Ort herum reihen sich Berge. Feindwärts, nach Südwesten, zieht sich ein langgezogener Hang, auf dem der Weg ins Gebirge verläuft. Die ideale Abwehr wäre, die Höhen rund um den Ort zu besetzen, aber dazu reichen die verfügbaren Kräfte nicht aus. Und die Georgier der Bau-Kompanie können als Kampfeinheit nicht eingesetzt werden, da ihr Kampfwert nicht zu veranschlagen ist.
Nach eingehender Geländebeurteilung wird folgender Entschluß getroffen:
Das Sicherungs-Bataillon verteidigt das Ufer des Uruch, verstärkt durch zwei sMG (russische) der Georgier. Die 9.(finn.)/„Nordland“ bildet zwei Kampfgruppen. Ostuf. Sartio*), mit dem Zug Spöck und zwei sMG, besetzt die Höhen nordwestlich des Ortes mit Feuerschwerpunkt vor den Ort. Dazu kommen die zwei 8-cm-Granatwerfer der Kompanie (Oscha. Holmberg). Oscha. Grabow, Zugführer des schweren Zuges, leitet den Einsatz der sMG und Granatwerfer.
Der zu erwartende Schwerpunkt der Abwehr liegt direkt vor dem Ort. Unübersichtlichkeit, begrenztes Schußfeld und eine typische Hinterhangstellung beeinträchtigen die Verteidigungsmöglichkeiten. Hier, etwas ab-

*) Daß ein Untersturmführer (Leutnant) eine Kompanie führt, und ein Obersturmführer (Oberleutnant) einen Zug dieser Kompanie, liegt in der Hauptsache in Sprachschwierigkeiten und auch in den unterschiedlichen taktischen Führungsmethoden begründet. In diesem Falle war Ertel ganz auf die Führung des Bataillons durch Collani abgestimmt und auch besser in der Lage, seine Befehle auszuführen. Das war kein Einzelfall und bedeutet keine Abwertung eines finnischen Offiziers.

gesetzt vom Ort, geht der Zug des Oscha. Elmgren in Stellung. Dazu ein sMG in vorderster Linie bei der Gruppe des Uscha. Kuuri.
Ertel legt mit den Zug- und Gruppenführern jede MG-Stellung, jedes einzelne Schützenloch fest. Finnen und die Georgier gehen an die Arbeit. Die Kaukasier der Bau-Kompanie sind Meister im Stellungsbau. In zwei Tagen sind die einzelnen Stützpunkte und Stellungen durch Gräben verbunden. Von den einzelnen MG-Stellungen und Schützenlöchern führen Gräben zu den Gruppen- und Zuggefechtsständen, dazu Gräben, die in den Ort hineinführen.
Zunächst läßt Ustuf. Ertel durch Spähtrupps die Feindlage vor dem Ort klären. Keine Feindberührung, die Russen sind in das Gebirge zurückgewichen. Vor dem Ort stehen einige zerstörte Fahrzeuge – Pferdewagen und russische Beute-Kfz. – der Einheit Marchi.
Da alles ruhig ist, fährt Ustuf. Ertel am nächsten Tag mit seinem Kfz. 70 zum Bataillonsgefechtsstand nach Toldsgun, um dem Kommandeur zu berichten und über den rechten Nachbarn Näheres zu erfahren. Rechter Nachbar ist Ostuf. Deck mit seiner 11.(finn.)/„Nordland“; die Kompanie sperrt im Lesken-Tal. Zwischen der 9. und 11. Kompanie klafft eine breite Lücke.
Ertel ist keine Stunde auf dem Bataillonsgefechtsstand, als ein Anruf von Ostuf. Sartio kommt: Auf der Höhe, die er mit seiner Kampfgruppe besetzt hat, ist der Feind in einen Bunker eingezogen, der zwar von der Bau-Kompanie gebaut, aber dann doch nicht von eigenen Kräften besetzt wurde, weil das die Abwehrkraft der Kampfgruppe Sartio zersplittert hätte. Ertel erteilt per Telefon an Sartio den Befehl, den Bunker durch einen Stoßtrupp zu zerstören, und macht sich sofort auf den Weg nach Chasnidon. Als er dort eintrifft, hat Sartio den Auftrag bereits erfüllt.
Der Gefechtsstand der 9./„Nordland“ befindet sich in einem Haus im Südteil von Chasnidon, dicht hinter der Gruppe Kuuri. Vor dem Haus ist ein Schützenloch ausgehoben. Am Zaun des kleinen Vorgartens leuchtet weit sichtbar ein Schild mit dem Namen „Ertel“. Jeder Deutsche, jeder Finne weiß, was sich hinter den paar Buchstaben verbirgt. In der Dämmerung erwacht das sonst friedlich und unscheinbar daliegende Haus zum Leben. Verpflegungsholer umd Melder kommen und gehen. Friede und Geschäftigkeit werden durch keine Aktion des Feindes gestört – wird es hier immer so sein?
Die ersten Tage stößt die Nahaufklärung der 9. Kompanie nicht auf den

Feind, aber alle Verteidiger spüren, daß etwas in der Luft liegt. Ein neuer Spähtrupp soll weiter ins Niemandsland vorfühlen.
Diese Aufgabe übernimmt Uscha. Kuuri mit seiner Gruppe. Kuuri ist ein bewährter Spähtruppführer, ein Pirscher, ein Jäger, ein Waldläufer – Abbild seines Volkes. Dazu unerschrocken und instinktsicher, wenn man das letzte Wort überhaupt auf einen Menschen übertragen kann. Die Gruppe Kuuri wird vollständig mit Maschinenpistolen ausgerüstet; sofern deutsche nicht ausreichen, kommen russische Teller-MPi dazu. Die Gruppe Kuuri pirscht los.
Sie sind schon fast zwei Stunden fort. Vorn rührt sich nichts. In der Stellung des Zuges Elmgren warten die Männer und der Kompanieführer auf die Rückkehr des Spähtrupps. Plötzlich hört man heftigen Gefechtslärm aus der Richtung, wo Kuuri mit seinen Männern vorgegangen ist. Was wird sein? Gedanken, Vermutungen werden ausgesprochen. Die Zeit schleicht nur so dahin und strapaziert die Nerven der Wartenden. Endlich taucht Kuuri mit seinen Leuten im Vorgelände auf – mit allen seinen Männern. Autatmen. Dann sind Kuuri und seine Leute wieder in der eigenen Stellung.
Strahlende Gesichter. Erleichterung. Freude. Fragen, Antworten. Kuuri berichtet: Die Russen sitzen tief im Tal. Sie haben sich gut gesichert und meisterhaft getarnt. Sie hausen in Bunkern im Walde, die kaum zu erkennen sind. Durch einen Holz hackenden Rotarmisten wurde der Spähtrupp auf die Bunker und Stellungen aufmerksam. Wie immer, wollte es Kuuri genau wissen. Ein paar Zeichen – los! Beim Anpirschen wird der Spähtrupp durch einen sowjetischen Offizier überrascht, doch Kuuri ist schneller, seine MPi-Garbe streckt den Russen nieder. Kuuri reißt schnell den großen Sowjetstern von der Mütze des Russen – als Beweisstück, wie es bei den finnischen Soldaten Brauch ist. Dann lösen die überraschten Rotarmisten einen planlosen Feuerzauber aus, den die Finnen mit gezielten MPi-Garben erwidern; sie schießen sich den Rückzug frei und kommen alle unversehrt zurück.
Die Verteidiger von Chasnidon sind gewarnt. Stärkere Kräfte der Russen sind aufgeschlossen und befinden sich vor dem Ort. Eines Morgens fegt eine sMG-Salve eines „Maxim“ durch die Holzwände des Kompaniegefechtsstandes. Die Bretter splittern wie Papier. Ertel und die Männer des Kompanietrupps – gerade beim Frühstück – werfen sich blitzschnell zu Boden. Niemand wird verwundet. Aus einer feindabgekehrten Tür verlas-

sen sie die unglückselige Stätte, die ein scharfäugiger russischer Beobachter als Gefechtsstand erkannt haben muß. Der Kompanietruppführer, Oscha. Pape, sucht sofort einen neuen Gefechtsstand, der 100 Meter weiter zurück in einem Hauskeller inmitten des Dorfes errichtet wird.
Am 22. Dezember kommt die Sonderverpflegung für Weihnachten nach vorn. Angesichts der feindlichen Bedrohung beschließen Kompanieführer und Kompanietruppführer die Sonderverpflegung sofort auszugeben. Was man hat, hat man! Ertel und Pape „spielen" Weihnachtsmann. „Knecht Ruprecht" mit dem prallen Sack ist Ertels „Leibmelder" Olli Helaseppä. Die drei gehen durch die Stellungen, sprechen mit den Männern, Gruppen- und Zugführern und verteilen die Weihnachtszuteilung – Zigaretten, Schnaps und Schoka-Kola.
Das Wetter ist und bleibt unbeständig. Nachts leichter Frost. Der gefrorene Boden trägt. Morgens liegt dichter Nebel im Tal und auf den Höhen von Chasnidon, der den Russen das Anpirschen erleichtert.
Am frühen Morgen des 24. Dezember schreckt plötzlich Gefechtslärm die Verteidiger von Chasnidon hoch. Bei der Gruppe Kuuri rattert das sMG Dauerfeuer. Es ist noch dunkel, dazu neblig und trübe. Maschinenpistolen kleffen. Ertel schickt einen Melder zur Gruppe Kuuri.
Der Gefechtslärm wird stärker. Handgranten detonieren. Ertel zweifelt nicht mehr: Kein belangloses Spähtruppgeplänkel, die Russen greifen an. Der Melder kommt zurück und bestätigt das: Im Schutze des Nebels haben sich die Russen an die Gruppe Kuuri herangeschlichen. Der Aufmerksamkeit des Schützen am sMG ist es zu danken, daß die schemenhaften, erdbraunen Gestalten wenige Meter vor der eigenen Stellung erkannt und vom sMG 34 mit vernichtenden Garben bekämpft worden sind.
Bei Hellwerden flackert der Kampf vor dem gesamten Zug Elmgren erneut auf. Die Russen schießen mit schweren Granatwerfern und vereinzelt aus weiter Ferne mit einem Geschütz auf das Dorf Chasnidon. Die Granatwerfergruppe der 9./„Nordland" schießt Sperrfeuer in die festgelegten Sperrfeuerräume. Der Kompanieführer Ertel behält die Übersicht und muß keine Umgruppierungen oder Gegenstöße einleiten. Nirgends ein feindlicher Einbruch. Die Russen werden vor den eigenen Stellungen abgewiesen.
Gegen Mittag kommt ein VB einer rumänischen Gebirgsbatterie nach vorn. Er wird eingewiesen und errichtet seine B-Stelle auf der Höhe bei der Kampfgruppe Sartio. Von hier ist das Gelände weit einzusehen, bis auf eine

Mulde 200 Meter vor dem Zug Elmgren, den auch dieser nicht einsehen kann. In dieser Mulde sammeln sich die Russen.
Die Feuerleitung der rumänischen Batterie erweist sich als ungenügend. Der rumänische VB kommt nur selten aus seinem sicheren Bunker heraus. Außerdem scheint die Artilleriemunition bei den Rumänen knapp zu sein, oder die Batterie ist zu sehr beim Bataillon im Raum Toldsgun engagiert. Meistens leitet Ostuf. Sartio das Feuer der rumänischen Batterie. Auch wenn nur ab und zu eine Artilleriegranate vor der eigenen Stellung niederrauscht, zeitigen sie eine gewisse moralische Wirkung: Dem Feind demonstrieren sie Stärke, den eigenen Leuten geben sie Rückhalt und das Gefühl, nicht allein zu sein.
Die Kämpfe halten über die Weihnachtstage an. Immer wieder arbeiten sich die Russen an die Stellungen von Elmgren heran, und es gibt einige kritische Stunden. Der Troß wird entblößt. Alle entbehrlichen Leute, Fahrer, Funktioner und Hilfskoch kommen unter Führung des Stabsscharführers, des „Spieß", Oberscharführer Heinkes, nach vorn und bilden die Gegenstoßreserve, aber sie brauchen nicht eingreifen. Der Zug Elmgren hält seine Stellungen. Mit unerschütterlicher Ruhe beherrscht Sven Elmgren zu jeder Zeit die Lage. Er und Kuuri sind die herausragenden Kämpfergestalten, die den Russen den Griff nach Chasnidon verwehren. An ihnen richten sich die Männer auf, wachsen über sich selbst hinaus, verkörpern echtes finnisches Soldatentum. Die Männer hocken in den Schützenlöchern und spitzen die Ohren. Wach sein heißt: Überleben! Immer wieder bellen die Maschinengewehre die Angreifer an. Maschinenpistolen und Handgranaten stimmen in den Höllenlärm mit ein. Dann ist wieder Ruhe – bis zum nächsten Mal.
Der Abwehrkampf des Zuges Elmgren wird wesentlich vom Zug Sartio unterstützt. Aus guter Höhenstellung wirkt besonders die sMG-Gruppe flankierend vor dem Zug Elmgren; mit festgestellten Höhen- und Seitenbegrenzern der Lafetten können die beiden sMG auch „blind" schießen, ohne daß die Richtschützen das Ziel sehen, und das natürlich auch bei dem oft dicht liegenden Nebel. Aus dieser Stellung kann man mit sMG Sperrfeuer schießen.
Natürlich schießt auch die Granatwerfergruppe Sperrfeuer. Aber in jenen Weihnachtstagen haben die Granatwerferleute Probleme mit der gerade gelieferten neuen Munition. Die 8-cm-Wurfgranaten sollen nach dem Auftreffen auf den Erdboden drei Meter in die Höhe springen und dann ex-

plodieren – Schrapnells also –, aber das tun nur wenige. Liegt es am unebnen Boden? Dennoch feuern die Granatwerferleute. Sie beherrschen ihr Handwerk, und daß nicht alle Granaten krepieren, ist nicht ihre Schuld. Hauptmann Marchi atmet immer erleichtert auf, wenn Ustuf. Ertel auf seinem Gefechtsstand erscheint. Ertels 70 Männer vor Chasnidon sorgen dafür, daß 400 Männer Marchis nicht ernsthaft geprüft werden. Niemals braucht Marchis Reserve, seine friedlichen Radfahrer, einzugreifen. Ertel, der immer mit einer Schimütze mit Ohrenklappen aus Katzenfell herumläuft, die ihm ein „Pan" in Amwrosiewka für eine Schachtel Zigarretten geschneidert hat, ist es immer ein weinig peinlich, auf dem Gefechtsstand Marchi nur Männer mit Stahlhelmen auf den ergrauten Häuptern anzutreffen. Beim nächsten Besuch setzt er sich dann auch den Stahlhelm auf, um im vorschriftsmäßigen Dienstanzug zu glänzen.
Am 26. Dezember 1942 wird Ertel vom Bataillon unterrichtet, daß der große Rückzug anläuft. Der Kompanie wird ein Nebelwerfer (Dora) zugeteilt, der in der Nacht seine Munition verschießen soll. Beim Rückzug muß man „leichter" sein. Der Nebelwerfer bekommt als Ziel die Mulde vor dem Zug Elmgren und das Gelände hinter dem Hang vor Kuuri. In der Nacht heult dann hin und wieder eine Granate mit langem Feuerschweif über die Stellungen der Finnen hinweg, und ihre Detonation löst in den Schluchten des Gebirges ein tausendfaches Echo aus, das sich wie fernes Donnergrollen anhört.
Am frühen Morgen des 31. Dezember 1942 kündet ohrenbetäubender Gefechtslärm erneut einen Angriff der Sowjets an. Die Stellungen von Elmgren und Kuuri liegen unter schwerem Beschuß. Auch im Ort prasseln nur so die Granaten nieder, so daß es schwer ist, sich von Haus zu Haus vorzuarbeiten. Ertels Reserve wird alarmiert. Die Kompanie hat den ersten Gefallenen und mehrere Verwundete. Bei Elmgren gelingt es den Finnen, den Feind zu werfen und die Stellung zu behaupten. Inzwischen ist Ertel mit einem Reservezug von Marchi heran, mit dem die Stellung bei Elmgren verstärkt wird. Gegen 08.00 Uhr ist die Lage bereinigt. Es kehrt wieder Ruhe ein. Dennoch sitzen die Männer wie auf Kohlen, denn sie wissen, daß der Rückzug im Gange ist. Gegen Mittag kommt dann endlich der Rückzugsbefehl. Bei einsetzender Dunkelheit sollen die Fahrzeuge nach Toldsgun zurückfahren. Von dort mit dem Bataillon nach Lesken. In Lesken Aufnahme der Kompanien und Abfahrt. Die Stellungskompanien sollen bis Mitternacht in den alten Stellungen bleiben und dann zu Fuß folgen.

In der Abenddämmerung fahren die Fahrzeuge ab. Bald nachdem sie abgefahren sind, Feuerschein in der Richtung, in der die Fahrzeuge gefahren sind. Was hat der Feuerschein zu bedeuten? Rätseln. Ertel schwant nichts Gutes.

Silvesternacht. Es wird kein „Silversterfeuerwerk" geben. Die Kompanie Ertel wird sich als letzte Einheit, als Nachhut, von Chasnidon lösen. Lautlos werden die Männer die Stellungen verlassen. Die letzte Verpflegung wird aufgegessen. Auf dem Kompaniegefechtsstand wird die letzte Flasche Schnaps herumgereicht. Dann springt der Uhrzeiger auf die vereinbarte Zeit. Lautlos lösen sich die Männer wie Schatten aus den Stellungen. Verhaltenes Zischen. Eine Gasmaskenbüchse klappert leise. Hier und da ein unterdrückter Fluch. Die Gruppen und Züge sammeln, marschieren nach Chasnidon herunter. Der Kompanieführer nimmt verhaltene Vollzähligkeitsmeldungen entgegen und befiehlt: „Marsch!"

Um 01.00 Uhr, am 1. Januar 1943, beginnt der Rückmarsch der 9./„Nordland". Alles ist still. Im vergangenen Jahr, am Mius, wurde lauter Silvester gefeiert. Auch bei den Russen bleibt es ruhig. Sie bemerken den Abmarsch der Kompanie nicht. Die Männer stolpern hintereinander den steinigen Gebirgsweg entlang. Nach einiger Zeit kommen sie an einem noch brennenden Lkw vorbei, der von der schmalen Gebirgsstraße abgekommen und in eine Schlucht gestürzt ist. Wie sich später herausstellt, ist es der Waffen-Lkw der Kompanie.

Der Rückzug der 9./„Nordland" ist mit dem Rückzug des III.(finn.)/„Nordland" abgestimmt. Das Bataillon setzt sich – beginnend am linken Flügel mit der Kompanie Ertel – auf die Linie Bery Kessyn in eine Zwischenstellung ab. Hier wird die von der Kampfgruppe Marchi entlassene 9. Kompanie wieder zum Bataillon stoßen. So der Plan.

Nach einem strapaziösen Nachtmarsch erreicht die 9. Kompanie die neue Zwischenstellung. Weit hinter den Männern liegt Chasnidon, dieses kleine, unscheinbare Gebirgsnest, das den Männern der 9. Kompanie des Finnischen Freiwilligen-Bataillons ewig in Erinnerung bleiben wird. Die Kompanie Ertel ist wieder in die soldatische Familie des Bataillons zurückgekehrt, doch eine erneute Prüfung und Bewährung soll sie in der Nacht vom 1. zum 2. Januar erfahren.

Für den Einsatz Chasnidon werden Ustuf. Ertel und die Unterführer Elmgren und Kuuri mit dem EK I ausgezeichnet, weitere vierzehn Unterführer und Männer der 9. Kompanie mit dem EK II.

Rückzug aus dem Kaukasus

Endlich erteilt Hitler der Heeresgruppe A den Befehl zum Rückzug aus dem Kaukasus, der bei der 1. Panzerarmee am Terek beginnt. In der Silvesternacht löst sich das Korps Felmy aus den Stützpunkten der Nogaier Steppe. Nördlich von Mosdok gibt das XXXX. Panzerkorps die lichten Stellungen auf. Aus dem großen Terekbogen marschieren die Fußverbände des LII. Armeekorps nach Nordwesten zurück. Die Gebirgsflanke wird vom III. Panzerkorps in mehreren Etappen aufgegeben. Bis zur letzten Minute hat Hitler gezögert, den Rückzug einzuleiten; das Wort „Rückzug" steht ja nicht in seinem Programm. Gott sei Dank haben die weitsichtigen Truppenführer und Stäbe der 1. Panzerarmee lange gewußt, daß es so kommen wird, und frühzeitig insgeheim entsprechende Rückzugspläne ausgearbeitet.

Die Russen drücken stark in Richtung Rostow, um die deutschen Kaukasustruppen hier abzufangen und ihnen ein zweites Stalingrad zu bereiten. Der Zeitplan der 1. Panzerarmee kann nicht eingehalten werden. Es wird ein Wettlauf gegen die Uhr, mit den Russen im Nacken. Von Menschen, Pferden und Maschinen werden unvorstellbare Leistungen verlangt. Die 1. Panzerarmee marschiert ununterbrochen. An wichtigen Geländeabschnitten halten die wenigen verbliebenen motorisierten Einheiten den Gegner immer wieder auf, um den Fußverbänden Zeit zu verschaffen. Tage später schließt sich auch die an den Hochpässen des Elbrus und bei Maikop stehende 17. Armee dem Rückzug an. Was in den Januartagen des Jahres 1943 von den Soldaten der Heeresgruppe A geleistet werden muß, ist nicht zu beschreiben.

Der Sog der Absetzbewegung erfaßt in der Silvesternacht 1943 auch das III.(finn.)/„Nordland".

Am 31. Dezember 1942 erhält das in Abwehr bei Toldsgun stehende Bataillon den Absetzbefehl in eine Zwischenstellung in der Linie Bery Kessyn. Collani und sein Adjutant, Ostuf. Hirt, machen den Absetzplan für das Bataillon.

Bei Anbruch der Dunkelheit werden die schweren Waffen in die neue Zwischenstellung zurückgezogen. Die MTWs und Trosse des Bataillons fahren nach Lesken. In der Silvesternacht löst sich zuerst die 9. Kompanie von Chasnidon und erreicht bis zum Morgen des 1. Januar die neue Zwi-

schenstellung. Eine Stunde später gibt die 11. Kompanie im Lesken-Tal ihre Stellung auf und wiederum etwas später die 10. Kompanie im Bol Kossolkun-Tal. Bis zum Morgen erreichen auch diese Kompanien die neue Zwischenstellung, die einige Kilometer weiter westlich von der alten Stellung liegt. Hier rücken alle drei Kompanien wieder dichter zusammen. Die Kompanien nehmen untereinander Verbindung auf. Zwischen der 9. und 11. Kompanie besteht eine Lücke. Die neue Stellung des Bataillons stützt sich auf langgezogene Höhen, die bei Tage eine weitreichende Beobachtung ermöglichen.
Den ersten Morgen des neuen Jahres verbringen die Männer der 9. Kompanie auf einer mit Mais bewachsenen Höhe ostwärts des Lesken-Flüßchens. Die Männer ruhen sich aus. Auf Esbitkochern wird aus Schoka-Kola und Wasser ein Kakaotrunk zubereitet. Die Sonne bricht schon früh durch den Morgendunst und wärmt die Männer. Ostuf. Sartio führt noch einmal einen Spähtrupp gegen Chasnidon und meldet, daß die Russen erst gegen 07.00 Uhr zögernd in Chasnidon eingedrungen sind. Ustuf. Ertel nimmt Verbindung mit der 11. Kompanie auf und vereinbart mit dem Kompanieführer, Ostuf. Deck, daß die 11. Kompanie beim Absetzen am Abend auf die 9. Kompanie wartet, um dann gemeinsam nach Lesken zu marschieren, da Ertel den Weg und das Gelände nicht kennt.
Nachdem die Russen das Absetzen des Finnen-Bataillons bemerkt haben, rücken sie mit einer Kompanie von Chasnidon nach Toldsgun nach; andere kommen aus dem Lesken- und Bol Kossolkun-Tal. Um 07.45 Uhr nehmen die schweren Waffen des Bataillons eine Feindansammlung (zirka 600 Mann) in Toldsgun unter Feuer. Gegen 13.00 Uhr weist die am rechten Flügel des Bataillons stehende 10. Kompanie einen vorfühlenden Spähtrupp ab; der Feind hinterläßt hier acht Gefallene.
Am Nachmittag treffen Gruppen der Aufklärungs-Abteilung der 13. Panzerdivision bei den Kompanien des Finnen-Bataillons ein, die ab 15.30 Uhr die Nachhut bilden sollen.
Um 16.00 Uhr lösen sich die Kompanien des III.(finn.)/„Nordland" befehlsgemäß aus den Stellungen, um im Fußmarsch Lesken zu erreichen. Während der Rückmarsch der 10. und 11. Kompanie reibungslos und ohne Störung verläuft, wird er für die 9. Kompanie ein dornenvoller.
Bei beginnender Dunkelheit marschiert die 9. Kompanie zum vereinbarten Treffpunkt, aber Ostuf. Deck ist mit seiner Elften nicht mehr da. Nachzudenken, was ihn zum Abmarsch veranlaßt hat, bleibt keine Zeit. Ob das die

vereinbarte Waldecke ist, ist nicht festzustellen. Die Zeit drängt. Also weiter. Um 20.00 Uhr soll Ertels Kompanie in Lesken sein, dann soll von dort der Rückmarsch mot. weitergehen. Kam auch Deck bereits in Zeitnot?
Für Ertel und seine Führer und Unterführer ein unbekanntes Gelände. Nach der Karte führt eine sogenannte Straße – sprich Feldweg – im weitem Bogen nach Südwesten über die einzige Brücke über den Lesken. Ertel erscheint ein Marsch auf diesem Wege zu riskant, da die Russen mit Sicherheit nun schärfer nachdrängen werden. Und auf einen Kampf darf er sich auf keinen Fall einlassen, soll nicht der ganze Rückzugsplan durcheinander kommen. So führt Ertel seine Kompanie nach dem Kompaß zurück.
Bis nach Lesken nur Berge und Wald und dazwischen noch der Lesken-Fluß, den man überwinden muß. Es wird ein fürchterlicher Marsch – mit der Zeit im Nacken. Rufe und Flüche. Eine dunkle, nach Schweiß riechende Masse hastet über Berge und durch Wälder, stolpert durch dichtes Unterholz. Führer und Unterführer drücken beide Augen zu, als die Granatwerfermunischützen ihre schweren Kästen ausleeren. Das rechtzeitige Ankommen in Lesken ist wichtiger. Und schneller kann man nur vorwärtskommen, wenn man keine schwere Last zu tragen hat.
Endlich lichtet sich der Wald. Der Nachthimmel ist bedeutend heller geworden. Die Uhren zeigen 19.15 Uhr an. Weit drunten im Tal ist leise das Röhren der Dieselmotoren zu hören, die Fahrzeuge des Bataillons laufen schon.
Die 9. Kompanie ist an einem Steilufer angekommen. Motorengeräusche und tief unten im Tal verschwommen ein Ort. Ist es Lesken? – Es kann nur Lesken sein! Das Marschziel ist nahe, aber vor den Männern gähnt der dunkle Abgrund. Tief unten rauscht Wasser – es kann nur der Lesken sein. Zum ersten Mal bekommt Ertel Zweifel, das Bataillon noch rechtzeitig zu erreichen. Wird es warten? Bohrende Fragen. Nicht das erste Mal würde eine Einheit durch Mißverständnisse und eine Kette unglückseliger Umstände zurückbleiben!
Nur eine Minute des Überlegens, des Durchdenkens aller nun verbliebenen Möglichkeiten. Ertel erteilt dem Oscha. Spöck, einem berggewohnten Steyrer, den Auftrag, so schnell als möglich einen Abstieg in die Schlucht zu erkunden. Nach an den Nerven zehrenden Minuten kommt Spöck zurück und meldet, daß er einen Abstieg gefunden habe.
Spöck übernimmt die Führung. Los! Aus Panzergrenadieren werden Gebirgsjäger. Fluchen. Warnende Rufe. Anweisungen. Ein Weitertasten von

Vorsprung zu Vorsprung. Ein MG-Schütze stürzt fünf Meter tief hinab; er ist unten, er ist unverletzt, doch der Schock hat ihn vorübergehend blind gemacht. Endlich sind alle Männer der Kompanie unten – am Ufer des wilden Gebirgsflusses.
Jetzt sind die Motoren deutlicher zu hören – sie laufen im Stand. Das gibt neuen Mut. Aber zwischen der Kompanie und dem abmarschbereiten Bataillon liegt der etwa 30 Meter breite Leskenfluß.
Ertel weist Ostuf. Sartio an, die Kompanie nachzuführen. Er selbst eilt mit dem Kompanietrupp voraus, um einen Weg durch den Fluß zu erkunden und das Bataillon so lange festzuhalten, bis die Kompanie heran ist. Nirgends eine Brücke, ein Steg. Wo ist eine Furt? Zum Suchen ist keine Zeit mehr. Also hinein in den Fluß. Er ist nicht sehr tief. Die starke Strömung macht den Männern zu schaffen. Das Wasser ist eiskalt. Als sie drüben sind, sind sie glücklich. Und so kommt die ganze Kompanie nach.
Ertel eilt mit dem Kompanietrupp immer noch voraus, doch dann müssen sie erkennen, daß sie vor einem gestauten Mühlengraben stehen, der ein unüberwindliches Hindernis darstellt. Ist der Leidensmarsch noch nicht beendet?
Die Kompanie schließt auf. Eine Umgehungsmöglichkeit wird gesucht. Dann Rufe: „Wir haben Baumstämme und dicke Bohlen gefunden!"
„Her damit – hierher!"
Schnell ist ein Notsteg zusammengebaut. Mann hinter Mann zieht die Kompanie über den schwankenden Steg, und endlich haben sie den Weg vor sich, der nach Lesken hineinführt.
Am Ortsrand liegen noch Sicherungen des Bataillons. Die „Pojat" (Jungen) verständigen sich schnell in finnischer und deutscher Sprache. Auch die Sicherungsposten sind froh, als endlich die Kompanie da ist. Geschafft! Jetzt kann auch das Finnen-Bataillon in die Rückzugsbewegung der 1. Panzerarmee einfließen.
Gegen 20.30 Uhr hat Ustuf. Ertel den Bataillonsgefechtsstand erreicht. Als Ertel den Raum des Hauses betritt, starrt ihn Stubaf. Collani an, als sei er nur eine Vision. Collani ist marschfertig, hat den Mantel an und die Mütze auf. Als Ertel die 9. Kompanie zurückgemeldet hat, kommt Collani auf ihn zu und schließt in in seine Arme – so wie der Vater seinen verlorenen Sohn.
Erschöpft und durchnäßt steigen die Männer der Neunten auf ihre Fahrzeuge. Und keiner bleibt lang wach.

In der Nacht zum 2. Januar 1943 rollt das III.(finn.)/„Nordland" über Argudan–Naltschik nach Nordwesten. Um 02.45 Uhr trifft es in Baksan ein. Damit ist das Bataillon aus dem unmittelbaren Kampfgebiet heraus, und auch die Unterstellung unter das III. Panzerkorps ist aufgehoben. In Baksan ist Quartier gemacht. Müde und naß steigen die Männer der Neunten, und auch die der anderen Kompanien, von den Fahrzeugen. Sachen trocknen, und die üblichen Tätigkeiten, die mit einem mot. Marsch verbunden sind, füllen den Tag aus. Und ausruhen und schlafen – schlafen. Hier in Baksan erfährt Ustuf. Ertel, daß der brennende Lkw am Weg von Chasnidon nach Toldsgun der Waffen- und Gerätewagen der 9. Kompanie war. Der WuG, Uscha. Brosette, verspricht, alle verlorengegangenen Waffen und Geräte wieder zu beschaffen. Wie, danach fragt Ertel nicht. Auf dem Rückzug ergeben sich günstige Gelegenheiten; als die Kompanie im neuen Einsatzraum ist, meldet Brosette die Vollzähligkeit des Waffen- und Gerätebestandes.
Am 3. Januar fährt das III.(finn.)/„Nordland" morgens von Baksan ab und trifft gegen 14.30 Uhr in Pjatigorsk ein, wo eine Nachtrast eingelegt wird. Am 4. Januar erreicht es den Raum Kurssowka und macht in Alexejewskoje Quartier, wo es auch wegen Betriebstoffmangels am 5. Januar liegenbleibt. Am Morgen des 6. Januar treffen endlich die Tankwagen ein. Nach dem Auftanken fährt das Bataillon gegen 08.00 Uhr von Alexejewskoje ab und trifft gegen 11.00 Uhr in Newinnomyskaja ein. Hier ist Betriebsstoff bereitgestellt. Auftanken und gegen 14.00 Uhr Weitermarsch bis Woroschilowsk, wo das Bataillon gegen 22.00 Uhr eintrifft. Wieder ist der Treibstoff restlos aufgebraucht, und da kein neuer da ist, muß eine Zwangspause eingelegt werden.
Vom 6. Januar abends bis 9. Januar mittags liegt das Bataillon in Woroschilowsk fest. Woroschilowsk, das alte Stawropol, ist eine Etappenstadt, wie sie Berichte aus dem Ersten Weltkrieg beschreiben. Die Hektik des Rückzugs ist zu ihr noch nicht vorgedrungen. Hier gibt es unzählige Stäbe, große Vorratslager, eine Frontleitstelle, ein Soldatenheim, ein Durchgangslazarett und ein Frontkino. Hier gibt es auch deutsche Rote-Kreuz-Schwestern, Wehrmachtshelferinnen und auch hübsche Russinnen. Die Ruhe und die Abwechselung tut den Männern des Finnen-Bataillons gut, und nicht wenige zarte Liebesbande werden geknüpft. Im Frontkino sehen die Männer den Film: „Die große Liebe", mit Zarah Leander, die mit rauchiger Stimme den Hit singt: „Es geht alles vorüber ..." Wie wahr das ist:

Chasnidon und der Schreckensmarsch nach Lesken sind vorbei. Und auch die schönen Ruhetage in Woroschilowsk gehen vorüber. Am 9. Januar 1943 trifft endlich der Sprit ein. Die Fahrer tanken die Fahrzeuge auf. Gegen Mittag des 9. Januar Abfahrt von Woroschilowsk. Am Abend Nachtrast in Bessopassnoje. Gegen Mittag des nächsten Tages zieht das Bataillon bereits in Rasvilnoje unter. In Rasvilnoje tritt das Bataillon wieder unter den Befehl der Division „Wiking", die im Rahmen des LVII. Panzerkorps (Kirchner) und der 4. Panzerarmee (Hoth) im hinhaltenden Kampf den Russen das schnelle Vordringen auf Rostow verwehrt. Das Panzerkorps Kirchner hat die Aufgabe, so lange zu halten, bis die 1. Panzerarmee das Schlupfloch Rostow passiert hat.

Am 11. Januar 1943 werden die Kompanien des III.(finn.)/„Nordland" auf Befehl der Division von Rasvilnoje mot. nach Nag Renitschansky ostwärts von Proletarskaja vorgezogen, um als Einsatzreserve der Division „Wiking" bereitzustehen.

Der lange, motorisierte Marsch des Finnen-Bataillons vom Terek bis an den Manytsch ist beendet. Es war ein beschwerlicher Marsch bei Schneestürmen und Kälte, der von Fahrern und I-Staffeln äußersten Einsatz verlangte. Die Trosse der Kompanien fahren von Nag Renitschansky nach Salsk und richten sich dort ein.

Krasnoje Snamja und Proletarskaja

Nach dem gescheiterten Entsatzangriff der 4. Panzerarmee auf Stalingrad wurden die deutschen Angriffskräfte durch immer stärker werdende russische Kräfte aus der Offensive in die Defensive gedrängt. Nach Stalingrad ist das Ziel der Russen die Vernichtung der noch weit im Ostkaukasus stehenden 1. Panzerarmee und der im Westkaukasus stehenden 17. Armee der Heeresgruppe A. Immer wieder treibt Stalin seine Verbände zur Eile an; sie sollen Rostow vor den Deutschen erreichen.

Das LVII. Panzerkorps des Generals Kirchner, das Kernstück von Generaloberst Hoths 4. Panzerarmee, hat die Aufgabe, den russischen Vormarsch aufzuhalten und das Schlupfloch Rostow für die zurückgehenden Verbände der deutschen Kaukasus-Heeresgruppe offen zu halten. Alle Soldaten des LVII. Panzerkorps wissen, worum es geht.

Nach Abbruch des Entsatzangriffs auf Stalingrad wurden die Einheiten der SS-Panzergrenadierdivision „Wiking" im Eil-Eisenbahntransport vom Terek in die Kalmückensteppe bis Kotelnikowo–Remontnaja verlegt, um die inzwischen eingetretene Unterlegenheit des LVII. Panzerkorps gegenüber drei russischen Armeen etwas auszugleichen, zumal auch die rumänische 4. Armee völlig ausfällt und, zu Fuß und auf Leerzügen, demoralisiert, nach Westen zurückflutet.
Die Männer der „Wiking" treffen hier auf völlig neue Kampfbedingungen. Es herrschen große Kälte und Schneestürme. Die armseligen Dörfer liegen 30 bis 40 Kilometer auseinander. Dazwischen nichts als Steppe, die mit Schnee bedeckt wie eine Mondlandschaft aussieht. Diese weiße Einöde ist mitunter etwas hügelig und von Balkas – Schluchten – durchzogen, die man erst erkennt, wenn man ganz nahe davor steht. Es gibt keine festen Straßen, keine Bäume, keine Sträucher. Ein kalter Ostwind fegt über die Steppe, und seine Kraft wird weder von Wäldern noch anderen Bodenbedeckungen gebrochen. Erst im westlichen Teil der Steppe ziehen sich angepflanzte Baumschutzstreifen durch die Einöde. Wegen der kalten Winde sind auch die Häuser der Kalmücken in die Erde gebaut, und nur die spitzen Strohdächer ragen aus dem Erdboden heraus.
Die Kalmücken sind Tataren, Nachkommen Dschingis-Chans, die vor langer Zeit bis nach Mitteleuropa vorgedrungen sind. Teile von ihnen sind auf der Krim seßhaft geworden. Die letzten Rückwandererströme der Tataren kamen nicht mehr über die Wolga, die inzwischen überschwemmt war, und blieben in jener Steppe zwischen Don und Wolga, die später nach ihnen benannt wurde. Die Kalmücken waren Nomaden; sie sind jedoch unter den Sowjets seßhaft gemacht worden und seitdem ihre Gegner, weil sie ihnen althergebrachte Lebensgewohnheiten genommen haben. Viele Kalmücken schlossen mit den Deutschen Freundschaft.
Der Krieg in der Steppe hat seine eigenen Gesetze. Eisige Schneestürme und Kälte bis zu 50 Grad minus zwingen dazu, die Verteidigungslinien an Dörfer, Eisenbahnlinien und Baumschutzstreifen anzulehnen. Die Posten und Feldwachen müssen in kurzen Perioden abgelöst werden, da es niemand lange in der Kälte draußen aushält. Das Waffenöl gefriert nicht selten und macht die Waffen funktionsunfähig. Die Motore der Fahrzeuge müssen dauernd laufen, sonst sind die Getriebeblocks in kurzer Zeit nur noch ein Eisklumpen und nicht mehr in Gang zu setzen. Der Krieg in der Steppe dreht sich um die Dörfer; sie verheißen Wärme.

Trotz ungewöhnlicher Kampfbedingungen hält das LVII. Panzerkorps tagelang drei russische Armeen auf, die zwischen Ssal und Manytsch nach Westen angreifen. Hier bestehen die „Wikinger" ihre bisher härteste Bewährungsprobe. Remontnaja, Simowniki, Kuberle und Orlowskaja sind Stationen ihres hinhaltenden Kampfes für die Kameraden der Kaukasusverbände, die bei Eis und Schneestürmen in Gewaltmärschen nach Rostow streben, um vor den Russen dieses Nadelöhr zu erreichen.
Am 14. Januar 1943 hält das LVII. Panzerkorps 30 Kilometer ostwärts Proletarskaja in der Linie beiderseits Romanow. Ganz am linken Flügel des Korps steht die bewährte 17. Panzerdivision, in der Mitte bei Krasnoje Snamja und Romanow die „Wiking", und am rechten Flügel mit Anlehnung an den Manytsch die 23. Panzerdivision, die vor der „Wiking" von Ordshonikidse zum LVII. Panzerkorps verlegt worden ist.
Als sich abzeichnet, daß die 17. Panzerdivision an ihrem Nordflügel von der sowjetischen 2. Gardearmee und der 51. Armee überflügelt wird, wird die 16. Infanteriedivision mot. des Generals von Schwerin – die bisher in der Manytschniederung gefochten hat – zur Abdeckung der Nordflanke des Korps herangeführt. Die erdrückende Übermacht der Russen führt zur zeitweiligen Einschließung von Teilen der 17. Panzerdivision und schließlich zur Zurücknahme des Nordflügels des Korps, an dem vorbei nun sowjetische Kräfte in Richtung Sporny und Manytschkaja vorgehen. Der Manytschübergang bei Sporny wird in letzter Minute von einer Kampfgruppe der 16. Inf.Div. mot. gesperrt, wodurch der Rücken des LVII. Panzerkorps freigehalten bleibt.
Währenddessen toben heftige Kämpfe um Romanow und Krasnoje Snamja. Romanow wird von den Regimentern „Germania" und „Westland" gehalten. Das Regiment „Nordland" verteidigt beiderseits Krasnoje Snamja, mit dem I. Bataillon im Schwerpunkt Krasnoje Snamja. Die Stellungen des I. Bataillons sind an den Ort angelehnt.
Am 14. Januar 1943 toben um Krasnoje Snamja heftige Kämpfe. Stubaf. Lohmanns Bataillon wehrt sich verzweifelt gegen eine erdrückende Übermacht. Feindangriffe, Abwehr, Einbrüche und Gegenstöße. Die Russen haben Panzer. Kampf um jede Kate. Die Männer des I. Bataillons wissen, daß sie halten müssen, daß sie den Zeitablauf des Rückzuges nicht durcheinanderbringen dürfen. Sie wissen, daß sie halten müssen wegen der vielen Verwundeten, die noch im Dorf liegen; sie wissen, daß ein Rückzug zum nächsten Dorf bei Tage über die offene Steppe den Untergang des Batail-

lons bedeuten würde. Sie krallen sich in den Lehmmauern und Ruinen fest und halten befehlsgemäß Krasnoje Snamja.
Sturmbannführer Lohmann schildert dem Regimentskommandeur über die intakte Fernsprechleitung die Lage. Obersturmbannführer Joerchel sagt Hilfe zu. Das am 12. Januar 1943 in Orlowskaja stehende und einen Tag später nach Donskoje vorgezogene III.(finn.)/„Nordland" erhält um 14.30 Uhr vom Regiment den Befehl, unverzüglich eine Kompanie nach Krasnoje Snamja zur Unterstützung des I. Bataillons in Marsch zu setzen. Um 15.05 Uhr fährt Ostuf. Deck mit seiner 11. Kompanie ab. Gleichzeitig werden zwei Kompanien des II. Bataillons, das in Grakow (südlich Krasnoje Snamja) liegt und weniger angegriffen wird, nach Krasnoje Snamja geführt.
Indessen erreicht der Kampf um das armselige Steppendorf Krasnoje Snamja den Höhepunkt. Acht russische Panzer und 400 Rotarmisten sind in den Ostteil des Dorfes eingedrungen. Die HKL – sofern man von einer solchen sprechen kann – verläuft mitten durch den Ort. Der Bataillonsarzt, Hstuf. Dr. Spitzi, und seine Sanitäter greifen zu den Waffen und verteidigen den Verbandsplatz, der noch mit zahlreichen Verwundeten belegt ist.
Gegen 16.15 Uhr ist Ostuf. Deck mit seiner 11./„Nordland" heran. Deck wird von Lohmann eingewiesen. Kurze Bereitstellung. Gegenangriff. Hurragebrüll. Die Waffen sprechen. Die Sowjets werden aus den Ort herausgedrückt. Aber bald sind sie wieder drin, besetzen Haus um Haus. Die Kälte treibt sie vorwärts. Gegen Mitternacht sind dann auch die zwei Kompanien des II. Bataillons heran.
Vorbereitungen zum Gegenangriff. Punkt 24.00 Uhr zischt eine weiße Leuchtkugel in den klaren Winterhimmel empor. Gegenangriff. Gefechtslärm setzt ein. Ein Feindpanzer wird durch Nahkampfmittel erledigt, die explodierende Munition vollendet die Vernichtung und nimmt auch den anderen Panzern den Schneid; sie rollen zurück. Um 00.30 Uhr ist Krasnoje Snamja wieder vollständig in eigener Hand. Sofort werden die Verwundeten abtransportiert. Die 11./„Nordland" hat zwei Gefallene und dreizehn Verwundete. Zweihundert gefallene Russen werden gezählt.
Der Zeitplan bindet das I./„Nordland" auch am 15. Januar an Krasnoje Snamja. Die Russen drücken nun auch auf Grakow; die zwei Kompanien des II. Bataillons müssen nach dort geworfen werden. Dafür bricht am 15. Januar, um 07.10 Uhr, die 9./„Nordland" nach Krasnoje Snamja auf und wird dem I. Bataillon unterstellt.

Wie vorauszusehen, dringen die Sowjets am Morgen des 15. Januar erneut mit Panzerunterstützung in Krasnoje Snamja ein. Und wieder ein Katz-und-Maus-Spiel mit den russischen Panzern. Wieder gerät der Ostteil des Ortes in russische Hand.
Gegen Mittag treffen die 9. Kompanie und vier Sturmgeschütze der Sturmgeschütz-Abteilung 203 (takt. Zeichen ein Elefant) bei Krasnoje Snamja ein. Der Führer der Sturmgeschütze, ein Hauptmann, und Ustuf. Ertel, Führer der 9./„Nordland", werden von Stubaf. Lohmann in die Lage eingewiesen; der Auftrag lautet: Gegenangriff!
Die 9./„Nordland" ist noch 35 Mann stark und in zwei Züge geliedert. Links von der Dorfstraße stürmt der 2. Zug unter Oscha. Spöck, rechts der 1. Zug unter Oscha. Elmgren. Dicht hinter dem Zug Elmgren folgen der Kompanietrupp, die sMG- und die Granatwerfer-Gruppe. Dazwischen die Sturmgeschütze. Kurz nach dem Antreten wird der erste Feindpanzer in Brand geschossen. Nun sind die Finnen nicht mehr zu halten. Haus um Haus wird gestürmt. Rauchsäulen von abgeschossenen Feindpanzern verkünden den Sieg. Alle sieben Feindpanzer kommen nicht mehr zurück und bleiben als blakende Wracks zwischen den Häusern von Krasnoje Snamja liegen. Die Stürmenden erreichen den Ortsrand. Die letzten Russen flüchten über eine Anhöhe. Die Sturmgeschütze stoßen nach und führen die vor dem Ort eingeschlossene Gefechtsvorpostengruppe des Oscha. Stock vom I. Bataillon zurück.
In den Abendstunden des 15. Januar rücken neue russische Kräfte an Krasnoje Snamja heran. Gerade als das Bataillon Lohmann mit den Unterstellungen befehlsgemäß nach Proletarskaja abrücken will, greifen die Russen wieder an. Sturmgeschütze und Panzergrenadiere machen noch einmal kehrt und jagen die Russen aus dem Ort heraus. Dann setzt sich die Kampfgruppe Lohmann – darunter alle Sturmgeschütze – ab und erreicht nach einem beschwerlichen Nachtmarsch Proletarskaja.
Während die 9. und 11./„Nordland" im Rahmen des I. Bataillons um Krasnoje Snamja kämpfen, marschieren am 15. Januar, gegen 13.00 Uhr, Stab III./„Nordland" sowie die 10. und 12. Kompanie von Donskoje nach Proletarskaja und besetzen den vorgesehenen Abschnitt des Bataillons ganz am linken Flügel des sich bildenden Brückenkopfes Proletarskaja. Rechts hat das Bataillon Anschluß an das II. Bataillon und links an den Manytsch.
Der Brückenkopf Proletarskaja blockiert den wichtigen Manytsch-Über-

gang zwischen Proletarskaja und Salsk. Flußübergangsstellen sind ebenso wie Gebirgspässe wichtige Punkte, die in die Strategie einbezogen werden. Ein Brückenkopf kann Sprungbrett zu einer Offensive, aber auch ein Riegel bei einer Defensive sein. Und der Brückenkopf Proletarskaja verriegelt den Vormarsch der Russen auf Zeit. Hier stehen noch einmal alle drei Regimenter der „Wiking" in der Abwehr dicht beieinander, und zwar von links nach rechts: „Nordland", „Westland" und „Germania".
Während „Germania" und „Westland" am 17. Januar heftige Feindangriffe abwehren, bleibt es im Abschnitt des Regiments „Nordland" verhältnismäßig ruhig. Südlich von Proletarskaja, bei Stalinskij, wehrt das Pionier-Bataillon der „Wiking" einen Feindangriff ab und wirft im Gegenangriff die Russen nach Osten zurück.
Da die sowjetische 28. Armee infolge der energischen Abwehr der Regimenter „Westland" und „Germania" den Brückenkopf Proletarskaja nicht aufzubrechen vermag, erteilt ihr Oberbefehlshaber, General Gerassimenko, der 99. Schützenbrigade den Befehl, südostwärts von Proletarskaja über den zugefrorenen Manytsch zu gehen und den deutschen Brükkenkopf von hinten aus den Angeln zu heben. Der Vorstoß wird über Jekaterinowka auf Salsk angesetzt. Salsk ist ein Eisenbahn- und Straßenknotenpunkt etwa 20 Kilometer südlich von Proletarskaja. Von Salsk steigen noch Ju 52 zu Versorgungsflügen nach Stalingrad auf. Hier startet und landet auch eine Gruppe des Jagdgeschwaders 52, aber es ist schon abzusehen, daß das nicht mehr lange möglich sein wird. Mit der Aufgabe von Proletarskaja und Salsk werden auch die Versorgungspflüge nach Stalingrad eingestellt werden müssen, wird Stalingrad endgültig verloren sein.

Jekaterinowka

In der Nacht zum 19. Januar 1943 geht die sowjetische 99. Schützenbrigade über das Eis des Manytsch und dringt mit ihrer Spitze in Jekaterinowka ein. Damit ist der Rückweg der „Wiking" aus dem Brückenkopf Proletarskaja unmittelbar gefährdet. Die 17. Panzerdivision, die mit dem Beziehen des Brückenkopfes Proletarskaja südlich des Manytsch verlegt wurde, um den Raum ostwärts Salsk abzuschirmen, liegt in weitgestreuten Verteidigungs-

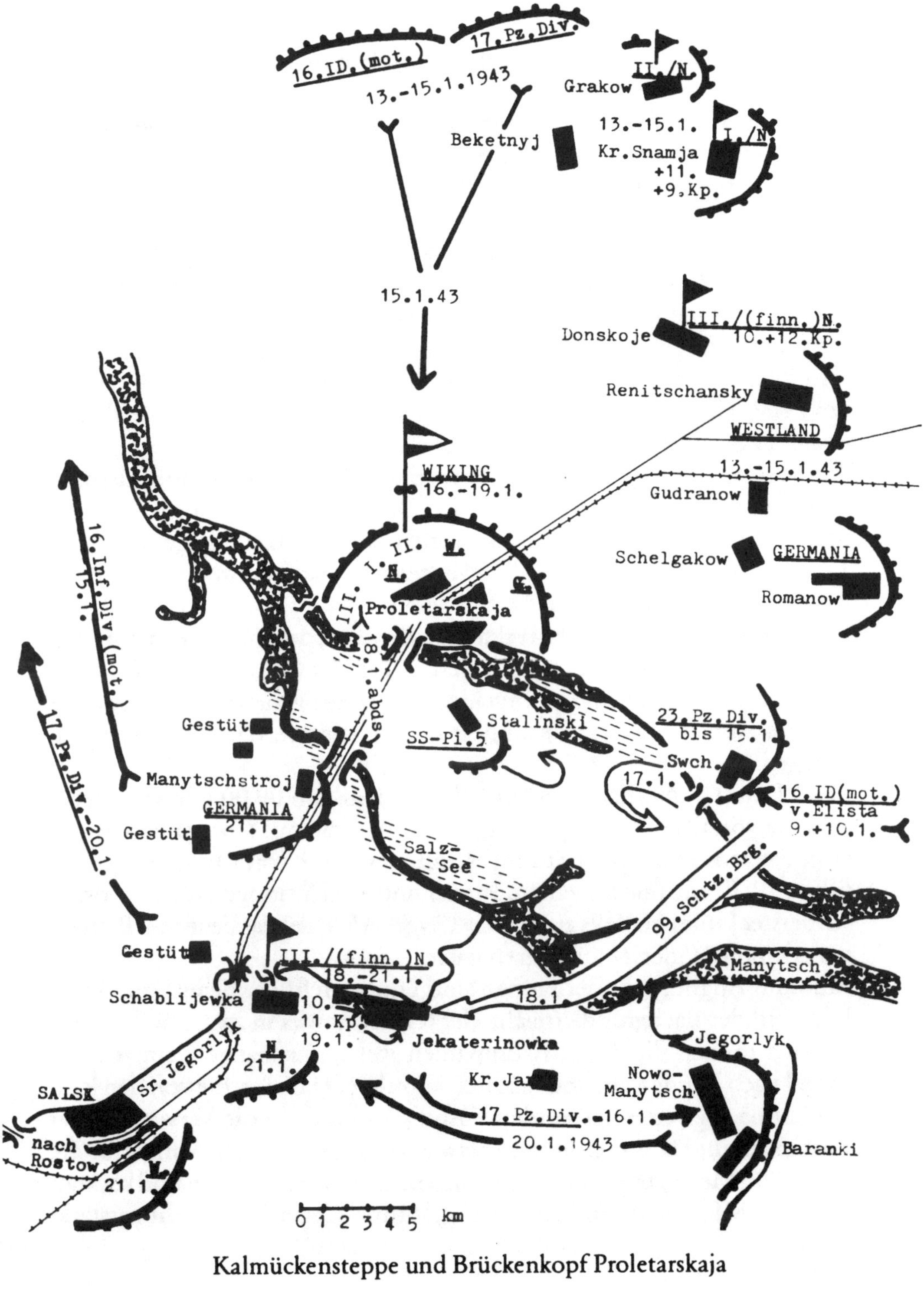

Kalmückensteppe und Brückenkopf Proletarskaja

stützpunkten und kann das Eindringen der Sowjets in Jekaterinowka nicht verhindern.
Die Division „Wiking" ist unmittelbar gefährdet. Auf dem Divisionsgefechtsstand überschlagen sich die Hiobsmeldungen. Der Kommandeur, Oberführer Gille, und sein Ia, Stubaf. Schönfelder, sehen, was auf sie zukommt: Die Bedrohung des Rückzugsweges an einer empfindlichen Stelle, an den Manytschbrücken und dem langen Damm zwischen Proletarskaja und Salsk. Gille und Schönfelder kommen überein, das weniger bedrängte Finnen-Bataillon am linken Flügel des Brückenkopfes herauszuziehen und nach Jekaterinowka zu werfen. Die Stellungen des III. Bataillons muß zusätzlich das I./„Nordland" mit übernehmen. Am 18. Januar, um 21.30 Uhr, marschiert das Finnen-Bataillon von Proletarskaja ab und erreicht zwei Stunden später Schablijewka.
Am Morgen des 19. Januar 1943 bleibt die 9. Kompanie als Ortssicherung und Bataillonsreserve in Schablijewka. Die anderen Kompanien des Finnen-Bataillons ziehen in den von Teilen des Schützenregiments 40 der 17. Panzerdivision gehaltenen Südwestteil von Jekaterinowka vor und stellen sich zum Angriff auf den Ostteil bereit.
Jekaterinowka ist ein langgestrecktes Straßendorf, dessen Ostteil vom übrigen Dorf etwas abgesetzt liegt. In diesem Teil des Ortes haben etwa 1000 Rotarmisten der 99. Schützenbrigade in der vergangenen Nacht Fuß gefaßt und bis zum Morgen „Ratschbumm" und schwere Granatwerfer nachgezogen.
Das III.(finn.)/„Nordland" greift befehlsgemäß um 09.00 Uhr an. Rechts geht die von Ostuf. Deck geführte 11. Kompanie mit Unterstützung von zwei Panzern und einem Sturmgeschütz, links die von Ostuf. Porsch geführte 10. Kompanie mit einem Panzer und zwei Sturmgeschützen vor; in vorderster Linie ebenfalls ein VB der 12./SS-AR 5, der das Feuer der Batterie auf erkannte Widerstandszentren leitet.
Mut und Angriffsgeist der Finnen sind unübertrefflich. Bereits um 09.15 Uhr wird der Bachgrund erreicht, der Jekaterinowka in zwei Hälften teilt. Danach drehen die Angriffskompanien mit zurückhängendem rechten Flügel nach Norden ein und nehmen einzeln die Häuser, die von den Russen hartnäckig verteidigt werden. Ostuf. Porsch nutzt die Verwirrung der Russen aus und kommt mit seiner etwas vorgestaffelten 10. Kompanie die ersten 800 Meter gut vorwärts. Überall krachen Handgranaten und keckern MG und MPi. Haus um Haus wird gestürmt. Gegen 09.45 Uhr verstärkt

sich der Widerstand, und es wird nur noch ein mühsames Vorboxen von Gehöft zu Gehöft. Die rechts vorgehende 11. Kompanie schließt auf gleiche Höhe auf. Die Russen werfen neue Reserven in den Kampf. Die Feindstärke nimmt ständig zu. Die schweren russischen Waffen mischen kräftig mit. Um 10.00 Uhr fällt der Führer der Zehnten, Ostuf. Porsch, durch Kopfschuß. Die Kompanie übernimmt Ostuf. Pohjanlehto.
Um 10.15 Uhr werden Feindbewegungen vor der Front der 11. Kompanie erkannt; aus dem Raum Krasnoje Jar (Kolchos) gehen stärkere Feindkräfte nach Süden und Südwesten vor und setzen zur Umfassung des rechten Flügels des Bataillons an. Zur Sicherung der Straße Jekaterinowka–Nowo Manytsch wird eine Gruppe des Pionierzugs der 12. Kompanie eingesetzt. Der Rest des Zuges bleibt in Reserve. Die Front geht mitten durch das langgestreckte Dorf Jekaterinowka hindurch.
Gegen 10.30 Uhr greifen 600 Rotarmisten mit lauten „Urrä-Geschrei" die 10. Kompanie an, aber die Finnen – unter Führung ihres Landsmannes Pohjanlehto – weichen nicht. Kaltblütig lassen sie die Russen auf nächste Entfernung herankommen, um sie dann zusammenzuschießen. An einigen Stellen kommt es zu erbitterten Nahkämpfen. Der Angriff wird unter hohen Verlusten für den Feind abgeschlagen. Und dann ein Gegenstoß der Finnen. Eine feindliche Granatwerferstellung, die den eigenen Angriff stark beeinträchtigte, wird überrannt.
Der Oberbefehlshaber der sowjetischen 28. Armee, General Gerassimenko, drängt die 99. Schützenbrigade zum Erfolg und schickt neue Reserven. Gegen 11.30 Uhr greifen neue Wellen die 10. und 11. Kompanie an. Die eigenen Verluste steigen. Pak und IIG der Zwölften feuern ununterbrochen. Die Läufe der Maschinengewehre glühen. Immer wieder rauschen die Lagen der Granaten der 12. Batterie des Artillerieregiments der „Wiking" heran und schlagen in die dicksten Feindmassierungen ein; der VB erweist sich als ein Meister seines Faches. Um 11.35 Uhr wird der Rest des in Reserve gehaltenen Pionierzuges der hart bedrängten 10. Kompanie zugeführt.
Gegen 12.15 Uhr greift eine neue Welle von 400 Rotarmisten aus dem abgesetzten Nordostteil Jekaterinowkas an, und auch diese Welle wird zu Boden gezwungen; um 12.45 Uhr ziehen sich die Reste zurück.
Um 13.00 Uhr wird ein Pionierzug des Schützenregiments 40 (17. Pz.Div.) der 10./„Nordland" zur Verstärkung ihrer linken Flanke zugeführt. Es folgen noch mehrere Angriffe auf die 10. Kompanie, jedoch ohne Wucht und

Durchschlagsvermögen. Alle Angriffe werden schon weit vor der eigenen HKL von den schweren Waffen zusammengeschossen. Bis zum Abend wächst die Zahl der Feindtoten auf 300, die Zahl der Gefangenen auf 159; darunter ein Bataillonskommandeur, ein Nachrichten- und ein Pionier-Offizier der 99. Schützenbrigade. Die Kriegsbeute der Finnen beträgt: 2 Wagen mit Nachrichtengerät, 5 überschwere Granatwerfer, 1 mittlerer Granatwerfer, 13 Panzerbüchsen, 2 sMG, 5 lMG und viele Handfeuerwaffen.

Das Finnen-Bataillon hat 9 Gefallene und 24 Verwundete. Unter den Gefallenen Ostuf. Porsch, der Chef der Zehnten, und drei Unterführer.

In der Nacht zum 20. Januar 1943 schieben die Sowjets neue Kräfte in den abgesetzten Nordostteil Jekaterinowkas; sie wollen die Angriffe am folgenden Tag fortsetzen. Um ihnen zuvorzukommen, befiehlt Stubaf. Collani einen Gegenangriff.

20. Januar 1943: Der Befehl zum Angriff erreicht die 10. und 11. Kompanie. Beide Kompanien sind äußerst schwach, sie haben tatsächlich nur noch die Kampfstärke eines Zuges. Angriffsvorbereitungen? – Was ist da viel vorzubereiten! – Die Finnen wissen, wo die Russen stehen. Ein VB der Artillerie wird zur Bekämpfung der Feindnester eingewiesen. Zwei eigene Panzer rollen heran. Ostuf. Pohjanlehto, neuer Chef der Zehnten, rafft schnell einen Stoßtrupp zusammen – die Pioniergruppe unter Führung von Uscha. Toivo Vainio und in der Nähe liegende Männer der 10. und 11. Kompanie; darunter den Sanitäter Valtonen und die Melder Forss und Silfverberg vom Kompanietrupp der Zehnten. Pohjanlehto weist die Männer des Stoßtrupps mit wenigen Sätzen ein. Dann geht es los. Während die Artillerie die erkannten feindbesetzten Gehöfte und Häuser schlagartig mit Granaten zudeckt und ein Teil der eigenen Infanteriekräfte flankierend die Feindnester mit MG- und Gewehrfeuer eindeckt, rennt verabredungsgemäß um 07.55 Uhr Ostuf. Pohjanlehto mit seinem elf Mann starken Stoßtrupp in Sprintergeschwindigkeit über eine offene Fläche dem Nordostteil von Jekaterinowka entgegen. Gleichzeitig rollen entlang der Dorfstraße die zwei eigenen Panzer vor und feuern aus allen Rohren. Pohjanlehtos Stoßtrupp erreicht ohne Ausfälle den Nordostteil des Ortes und läßt dann Maschinengewehre, Maschinenpistolen und Handgranaten sprechen. Alles geht blitzschnell. Die Russen sind völlig überrascht; wie sich später herausstellt, sind es Leute, die erst vor kurzem zur Roten Armee eingezogen worden sind und nur wenig Kampferfahrung haben. Sie stam-

men vom Mündungsgebiet der Wolga und von den Ufern des Kaspischen Meeres und sind von Astrachan in Eilmärschen herangekommen. Hier trifft sie nun der Krieg mit voller Härte. Anstatt aus den Häusern herauszugehen und draußen Deckung zu nehmen und sich zu wehren, verbleiben sie in den Häusern. Panzersprenggranaten fahren in die Häuser und halten blutige Ernte.

Pohjanlehto stürmt voran, feuert seine Männer an – für jedes Haus ein, zwei Handgranten und dann weiter. Die Männer des Stoßtrupps sind wie von Sinnen. Sie dürfen nicht zögern. Müssen die Verwirrung des Gegners voll ausnutzen, ehe er sich zur Gegenwehr formiert. Das sichert den Erfolg und spart eigenes Blut.

Pohjanlehto führt immer noch die Spitze an. Er ruft seinen Männern kurze Anweisungen zu. Russen kommen aus Kellern und Häusern heraus und geben sich gefangen. Immer mehr Russen werfen die Gewehre weg. Einige Männer des Stoßtrupps führen sie zurück, damit der Stoßtrupp den Rücken frei behält.

Als Pohjanlehto endlich den Ortsrand erreicht hat, sind noch fünf Männer seines Stoßtrupps bei ihm. Die anderen „sammeln" die Gefangenen ein. Zwei Pioniere bringen ein Beute-sMG in Stellung und beschießen damit die fliehenden Russen. Eine kleine verwegene Schar, in der Stunde der Not geboren, hat bei einem eigenen Leichtverwundeten dem zahlenmäßig weit überlegenen Gegner den schon greifbaren Kampferfolg zunichte gemacht und der eigenen Division den Rücken freigehalten.

Die Säuberung wird zu Ende geführt, und gegen 09.00 Uhr ist der gesamte Nordostteil Jekaterinowkas in finnischer Hand. Über 100 gefallene Russen bedecken das Kampfgelände. 73 Rotarmisten gehen in deutsche Gefangenschaft. Die Beute beträgt: 3 überschwere Granatwerfer, 1 Pak, 3 sMG, 2 lMG, 30 MPi und 200 Gewehre sowie 1 Feldküche und 17 Wagen mit Munition, Ausrüstung und Gerät.

Nach Gefangenenaussagen hatte die 99. Schützenbrigade den Auftrag, Jekaterinowka zu nehmen und im weiteren Vorstoß die Straße Proletarskaja–Salsk zu sperren und der im Brückenkopf Proletarskaja stehenden Division „Wiking" den Rückzugsweg abzuschneiden. Daß dies nicht gelungen ist, ist dem tapferen Einsatz des Finnen-Bataillons zu verdanken.

Unter dem Schutz des Finnen-Bataillons geben die Regimenter der „Wiking" in der Nacht zum 20. Januar 1943 den Brückenkopf Proletarskaja auf

und fahren über die Manytsch-Brücken und den Damm zurück, um im großen Halbkreis um Salsk eine neue Abwehrstellung zu beziehen. I. und II. Bataillon „Nordland“ verlegen für kurze Zeit nach Schablijewka und Jekaterinowka, um dem Finnen-Bataillon Rückhalt zu geben, das sich zu dieser Zeit mit den Russen in Jekaterinowka herumschlägt.
Der Ablauf der deutschen Rückzugsbewegungen ist präzise nach der Uhr ausgeklügelt und festgelegt. Die einzelnen Takte führen die Verbände überschlagend zurück. Eine Zwischenstellung wird nach der anderen bezogen. Langsam kommen auch die Truppen der 1. Panzerarmee aus dem Ostkaukasus heran und werden bald die Verbindung mit dem LVII. Panzerkorps herstellen. Die 17. Armee wird aus dem Westkaukasus in den Kubanbrückenkopf dirigiert, aus dem heraus im nächsten Sommer erneut der Kaukasus angegriffen werden soll; aber die Ereignisse und die Entwicklung der Großlage machen diesen Plan zunichte.

Von Salsk bis Jegorlykskaja

Mit dem Überschreiten des Manytsch haben die „Wikinger“ die Kalmükkensteppe hinter sich gelassen. Südlich des Manytsch, zwischen Salsk und Rostow, liegen die Dörfer wieder dichter beieinander. Hier gibt es auch bessere Straßen. Sanfte Hügel und Täler, Baumgruppen und Obstbaumplantagen, Bachläufe und große Getreidefelder geben der Landschaft wieder ein anderes Gepräge. In den Orten gibt es kleine Industrien und in der Landschaft verteilt Kolchosen und Gestüte, wo gute Pferde gezüchtet werden. Nur Kälte und Schnee bleiben, und kalte Ostwinde zwingen nach wie vor, die Verteidigungslinien an die Dörfer anzulehnen.
Am 21. Januar 1943 werden an der ganzen Front um Salsk, darunter auch beim Finnen-Bataillon in Jekaterinowka, Angriffe der Russen abgewehrt. In der Nacht zum 22. Januar setzt sich die „Wiking“ erneut ab. Am nächsten Morgen steht die Abwehr folgendermaßen: Das Regiment „Nordland“ mit dem I. Bataillon in Gigant, dem II. Bataillon um Petschakowskij und dem III. (finn.) Bataillon in Zelina. Das II./„Westland“ steht in Adranow mit loser Verbindung nach Norden zur 23. Panzerdivision und dem I./„Westland“ in Zelina. Das Regiment „Germania“ macht den weitesten Sprung

und baut beiderseits Nesselyj eine neue Verteidigungslinie auf. Die offene Südflanke überwachen Panzerspähtrupps der Aufklärungs-Abteilung „Wiking".

Am 22. Januar wird das an der Hauptstraße Salsk–Rostow in Gigant stehende I./„Nordland" hart bedrängt. Eine nördliche Umfassung des Bataillons zeichnet sich ab.

Um 15.00 Uhr erhält das in der Ortssicherung von Zelina stehende III.(finn.)/„Nordland" den Befehl, nach Verchnij Chutor (zwischen Gigant und Zelina) vorzufahren, um dort eine Aufnahmestellung für das in Gigant bedrängte I. Bataillon aufzubauen. Die befohlene Bewegung ist um 16.15 Uhr eingenommen. Zelina wird allein vom I./„Westland" gesichert.

Gegen Abend hat der Gegner das I./„Nordland" nördlich umgangen und seine Rückmarschstraße blockiert. Das Bataillon Lohmann kommt unter Umgehung der russischen Sperre über freies Feld aus Gigant heraus, erreicht weiter westlich wieder die Hauptstraße und passiert zwischen 19.45 und 21.30 Uhr die Aufnahmestellung des Finnen-Bataillons in Verchnij Chutor. Ein vorgeschobener Spähtrupp des Finnen-Bataillons meldet bereits um 23.00 Uhr Panzergeräusche aus Richtung Gigant. Als keine eigenen Kräfte mehr kommen, gibt das Finnen-Bataillon gleich nach Mitternacht Verchnij Chutor auf und fährt nach Zelina, um hier wieder einen Sicherungsabschnitt zu besetzen.

Wie am Vortag, so liegt auch am Sonnabend, dem 23. Januar 1943, der Schwerpunkt des Feinddrucks an der Straße nach Rostow. Nach einem beschwerlichen Nachtmarsch über schneeverwehte Wege und bei großer Kälte steigen die Grenadiere am Morgen des 23. Januar von den Fahrzeugen. Außer den notwendigen Wachen verschwindet alles in die Häuser, um sich aufzuwärmen und die Waffen zu reinigen. Die Waffen und Fahrzeuge kommen bei diesem mörderischen Rückzug noch vor dem Essen. Die Fahrer beheben an ihren Wagen kleinere Schäden und tanken sie auf. Die Dieselmotore der schweren „Klöckner-Deutz" dürfen nicht zum Stillstand kommen, weil sonst bei der Kälte schnell Motoren und Getriebe zu Eis gefrieren und kaputt sind. Anfangs mußten aus diesem Grunde Fahrzeuge gesprengt werden.

Ständig rücken die Russen nach und besetzen die Dörfer, die von den deutschen Einheiten aufgegeben worden sind. Man kennt bereits die Uhrzeit, wann sie erneut zu den neuen Abwehrlinien aufgeschlossen haben werden. So geht es jeden Tag. Jeden Tag gegen Mittag kommen die eigenen Mot-

spähtrupps zurück und melden präzise den An- und Aufmarsch der russischen Kräfte.
Gegen 11.30 Uhr sind russische Verbände, darunter einige Panzer, bei Zelina aufgeschlossen und greifen nach kurzer Bereitstellung in mehreren Wellen den Ort an. Der Schwerpunkt liegt an der Bahnlinie und südlich der Straße.
Eine rote Leuchtkugel zischt in den klaren Winterhimmel empor. Schlagartig setzt das deutsche Abwehrfeuer ein und zwingt die russischen Angriffswellen zu Boden. Alle Versuche, den Angriff wieder in Gang zu bringen, werden durch MG-Feuer und durch das Feuer von 2-cm-Vierlingsflak im Keime erstickt.
Danach umgehen im Norden stärkere Kräfte den Ort und streben einem etwa drei Kilometer nördlich von Zelina liegenden Kolchos zu. Um der feindlichen Besetzung zuvorzukommen und lose Verbindung zum II./„Nordland" in Petschapokowskij zu halten, erhält die 9./„Nordland" den Befehl, diesen Kolchos zu besetzen. Hierzu ein Bericht des Kompanieführers Ertel:
„Gegen 13.00 Uhr erhalte ich den Befehl, mit meiner Neunten den Kolchos etwa drei Kilometer nordostwärts von Zelina zu besetzen. Meine Kompanie ist sehr schwach, da der Zug Elmgren von einem Spähtruppunternehmen noch nicht zurück ist und mir somit nicht zur Verfügung steht. Bald fährt die Kompanie an. Bei uns befindet sich eine 5-cm-Pak der Zwölften.
Bereits beim Überschreiten der Bahnlinie erhält die Kolonne von rechts Feuer, wohl von den russischen Angriffswellen, die ostwärts vor Zelina festliegen. Das Feuer kommt aus weiterer Entfernung und ist wirkungslos. Ich fahre mit meinem Kfz 70 vorn und behalte den Kolchos im Auge, den wir besetzen sollen. Als wir näher kommen, erkenne ich am Kolchos verdächtige Bewegungen.
‚Absitzen!' ist meine erste Reaktion. Die Männer springen von den Fahrzeugen und gehen beiderseits des Weges, der zum Kolchos hinführt, in Deckung. Unser Absitzen löst dann auch starkes Feuer aus dem Kolchos aus. Wir beobachten zunächst und erkennen mehrere MG- und eine 7,62-cm-Pak-Stellung, die sich durch Mündungsfeuer verraten. Vermutlich haben uns die Russen erwartet und wollten uns in eine Falle fahren lassen.
Die Männer meiner Kompanie werden nicht das erste Mal mit so einer schwierigen Situation fertig. Während sich die Gruppen zum Angriff fertig

machen, bringen mein Fahrer und der Kraftfahrzeugstaffel-Führer der Kompanie die Fahrzeuge zumeist im Rückwärtsgang aus der Gefahrenzone.
Der Geschützführer der Pak fällt durch Kopfschuß. Durch Leuchtspur gerät auf der Pak-Zugmaschine ein Bezinkanister in Brand, und die Bedienung ist zunächst etwas kopflos. Ich spreche sie energisch an und kommandiere: ‚Halbrechts vor uns Kolchose feindbesetzt. Aus langem Gebäude, linkes Fenster, MG-Feuer. Pak, Sprenggranaten, auf das angegebene Ziel – Feuer frei!' Im Handumdrehen ist die Pak in Stellung und eröffnet das Feuer.
Inzwischen ist auch unsere Granatwerfergruppe im Straßengraben (mehr eine Rinne) in Stellung und greift in den Feuerkampf ein. Unsere Artillerie, die unser Vorfahren überwacht, hat natürlich auch die Situation erkannt und beschießt den Kolchos. Sie legt dann Sperrfeuer davor, um den Russen die Beobachtung zu erschweren.
Die Kompanie greift an – was heißt Kompanie?! – Knapp dreißig Männer greifen an und arbeiten sich sprungweise vor. Bis zum Kolchos sind es vielleicht 800 Meter – 800 Meter Präsentierteller. Mir wird das erst später bewußt.
Als die Kompanie etwa 100 bis 200 Meter Boden gewonnen hat, kommt der Ordonnanzoffizier des Bataillons, Ustuf. Scholz, auf einem Krad dahergebraust und bringt mir den Befehl des Bataillonskommandeurs: ‚Angriff einstellen und auf Ausgangsstellung zurückgehen. Die 9. Kompanie geht nördlich des Bahndamms in Abwehrstellung!' Ustuf. Scholz mußte sehr eilig aufgebrochen sein, denn er ist ohne Mütze, Mantel und Koppel.
Der Bataillonsbefehl ist schnell ausgeführt, und die Kompanie geht zurück und am Bahndamm in Stellung. Ein MG-Trupp bleibt als Gefechtsvorposten zurück. Am Bahndamm stößt auch der Zug Elmgren wieder zur Kompanie – was heißt ‚Zug': Zwölf Hansel sind es mit zwei Maschinengewehren.
Kaum haben wir uns am Bahndamm eingerichtet, kommt zu mir ein Ordonnanzoffizier des Regiments mit dem Befehl, abermals den Kolchos anzugreifen. Dieses Mal sollen wir von zwei eigenen Panzern unterstützt werden. Glücklicherweise kommt der Kommandeur der Panzerabteilung, Stubaf. Mühlenkamp, hinzu, und wir schildern die Lage. Auch Mühlenkamp hält den Angriff für sinnlos und wirkt dementsprechend auf das Regiment

ein. Der Angriff wird abgeblasen. Wir bleiben am Bahndamm in Stellung und bilden beim Absetzen bei beginnender Dunkelheit mit zwei Panzern die Nachhut."

Wie sich später durch Gefangenenaussagen herausstellt, haben etwa 400 Russen den Kolchos besetzt, der von 40 Männern der 9./„Nordland" gestürmt werden sollte.

Beim I./„Nordland" greifen in der Abenddämmerung noch einmal russische Kräfte mit Panzerunterstützung entlang von Bahn und Straße von Osten her Zelina an. Als ein Feindpanzer von einer im Nordteil Zelinas stehenden 8,8-cm-Flak abgeschossen wird, bricht auch dieser Angriff zusammen.

Bei eingetretener Dunkelheit lösen sich die „Wikinger" aus Zelina. Ustuf. Ertels 9./„Nordland" bildet die Nachhut. Der nächste Sprung geht bis Jegorlykskaja. Das Finnen-Bataillon zieht im Nordteil des Ortes gegen 22.30 Uhr unter.

Jegorlykskaja

Jegorlykskaja, eine größere Ortschaft zwischen Salsk und Rostow, soll zwei Tage gehalten werden. Südlich von Jegorlykskaja soll die Verbindung mit den vom Ostkaukasus kommenden Verbänden der 1. Panzerarmee zustande kommen.

Am 29. Juli 1942 durcheilte die „Wiking" Jegorlykskaja bei ihrem Sturm nach Süden und nahm dann Sred. Jegorlyk und Belaja Glina. Damals war schönster Sommer, und heute herrscht trostloser Winter. Damals waren die „Wikinger" die Jäger und die Russen die Bedrängten – heute ist es umgekehrt. Damals wie heute untersteht die „Wiking" dem LVII. Panzerkorps des Generals Kirchner. Damals gingen die deutschen Verbände lückenlos nach Süden vor – heute hat das Korps nach Süden noch keinen Anschluß, und der Südflügel hängt in der Luft. Aber dies ist kein Grund zur Beunruhigung: Mit Funk ausgestattete Spähtrupps der Aufklärungs-Abteilung „Wiking" überwachen äußerst geschickt und beweglich die offene Südflanke des LVII. Panzerkorps und melden präzis Stärke, Zusammensetzung und Marschrichtung der nachrückenden russischen Ver-

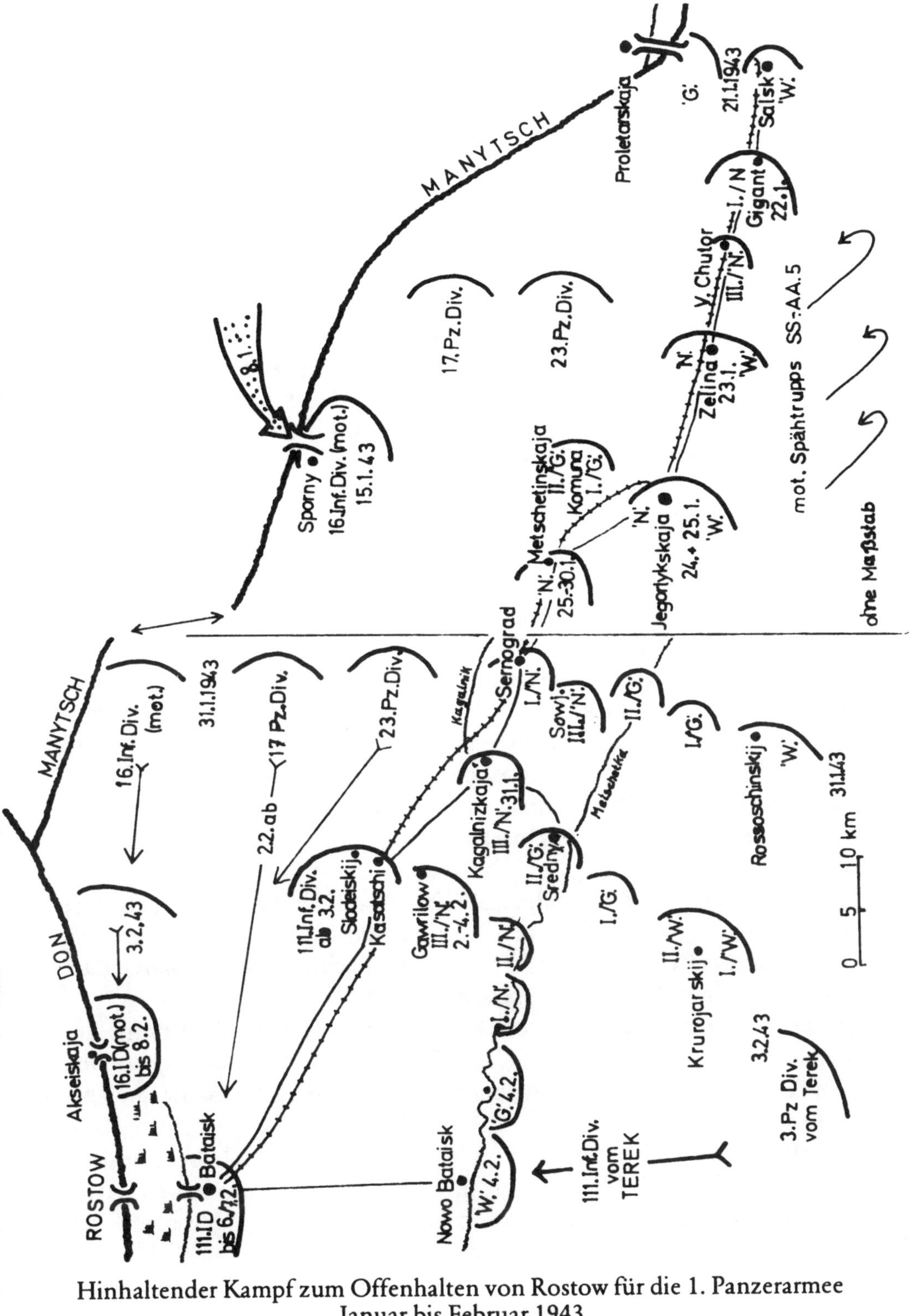

Hinhaltender Kampf zum Offenhalten von Rostow für die 1. Panzerarmee
Januar bis Februar 1943

bände. So sind Division und Korps über die feindlichen Bewegungen jederzeit im Bilde und können entsprechende Abwehrmaßnahmen treffen. Nicht nur von Salsk her rücken russische Verbände, darunter auch Panzereinheiten, nach, nun kommen auch von Südosten her russische Infanterie-, Kavallerie- und Panzerverbände heran, die mit den erstgenannten bei Jegorlykskaja zusammentreffen werden. Dementsprechend werden stärkere Kräfte der „Wiking“ nach Jegorlykskaja hinein befohlen.
In der Nacht zum 24. Januar 1943 treffen nacheinander das Regiment „Westland“, das Regiment „Nordland“, das Pionier-Bataillon und die Panzerabteilung der Division „Wiking“ in Jegorlykskaja ein. Die eingetroffenen Kompanien sitzen ab und wärmen sich in den Häusern auf. Alle glauben, daß die Russen erst im Laufe des nächsten Vormittags – wie üblich – aufschließen werden. Jegorlykskaja ist in dieser Nacht voller Leben und Bewegungen. Immer wieder treffen Kompanien ein. Fahrzeuge werden untergezogen und aufgetankt. Verpflegung und Munition wird ergänzt. Viele Männer, zerschlagen vom strapaziösen Nachtmarsch, hauen sich in irgendeine warme Ecke hin und schlafen. Aufmerksamkeit und Sicherung kommen ein wenig zu kurz. Alle nehmen an, daß die Russen erst am nächsten Tag wieder angreifen.
Doch in der Nacht zum 24. Januar 1943, gegen 02.00 Uhr, beschießen russische Panzer Jegorlykskaja und dringen 45 Minuten später in den Ort ein. Die meisten „Wikinger“ erkennen die heraufziehende Gefahr nicht und nehmen kaum von den paar Panzergranaten Notiz, ja, wissen nicht einmal, woher sie kommen. Wer vermag in der Dunkelheit immer noch eintreffende eigene Einheiten von nachrückenden russischen zu unterscheiden?
Um die gleiche Zeit nähert sich die 9./„Nordland“ als Nachhut der eigenen Absetzbewegung von Zelina dem Ort Jegorlykskaja. Vor der Kompanie fahren die zwei Panzer, die mit ihr bis zuletzt in Zelina geblieben waren. Der Kompanieführer, Ustuf. Ertel, berichtet hierzu:
„In der Winternacht taucht vor uns Jegorlykskaja als dunkler Schatten in der Schneelandschaft auf. Unsere beiden Panzer, die vor uns fahren, machen plötzlich einen Lärm, und ich wundere mich darüber, kann es mir zunächst nicht erklären.
Als wir dann die ersten Häuser von Jegorlykskaja erreicht haben, beginnt überraschend ein mächtiger Feuerzauber. Feindliche Panzer haben gleichzeitig mit uns etwas seitlich den Ort erreicht. Leuchtspurgranaten fegen

über die Kompaniekolonne hinweg. Der stählerne Klang des Geschoßknalls, dem kurz darauf der dumpfe Abschußknall folgt, läßt erkennen, daß aus nächster Nähe geschossen wird. Mein erster Gedanke: Runter von der Straße! Ich springe aus meinem Kfz 70 und dirigiere die Fahrzeuge der Kompanie nach rechts, wo sie hinter Häusern abgestellt werden. Dann laufe ich in ein Haus und treffe dort Stubaf. Lohmann, den Kommandeur des I. Bataillons. Diesem unterstelle ich meine Kompanie, die sich inzwischen kampfbereit macht.
So plötzlich wie der Kampflärm aufkam, so schnell verstummt er wieder. Niemand weiß recht, was eigentlich los ist. Als mein Fahrer und ich zu unserem Kübelwagen zurückkommen, finden wir dort unseren Kompaniesanitäter tot vor. Eine Panzergranate ist durch den Autokühler gesaust und hat unseren Sani getötet. Mein Fahrer hat das Loch im Kühler später mit dem russischen Baustoff – Lehm und Kuhkot – verschmiert und so den Wagen weitergefahren, bis es einen neuen Kühler gab.
Noch in der Nacht suche ich das Bataillon und führe ihm meine Kompanie zu."
Das inzwischen alarmierte III.(finn.)/„Nordland" bezieht im Nordteil Jegorlykskajas Sicherung.
In dem Durcheinander dringen russische Panzer mit Begleitinfanterie bis zur Ortsmitte vor und bilden einen Igel. Stubaf. Mühlenkamp setzt in aller Stille seine Panzer auf die russischen an; jeden einzenen weist er ein und zieht sie in gute Schußpositionen vor. Jeden Panzerkommandanten schärft er ein, nur auf seinen Befehl, den er über Funk geben wird, zu feuern. Der Feuerbefehl wird bei aufkommendem Tageslicht gegeben werden.
Inzwischen ist es in Jegorlykskaja wieder ruhig. Jede Partei hält ihren Sektor. Nervenanspannung und unglaubliche Kaltblütigkeit. Einzelne Aktionen. Mit Vorsicht und List versucht man an den Gegner heranzukommen, seine Stärke einzuschätzen, seine eigenen Chancen abzuwägen, eine Übersicht über die Lage zu gewinnen, um daraus Pläne für die Aktionen am nächsten Morgen zu machen. Die Bataillonskommandeure weisen ihre Kompanieführer ein, aber viel können sie ihnen nicht sagen. So werden Verbindungen geschaffen, in aller Stille Sicherungen bezogen und der russische Igel eingekreist. Ein Bericht des Sturmmannes Silfverberg, Melder im Kompanietrupp der 10./„Nordland", beleuchtet treffend die Lage in jener Nacht zum 24. Januar 1943:
„Unsere Kompanie rollt nach dreistündiger Nachtfahrt gegen Mitternacht

nach Jegorlykskaja hinein. Nachdem die Fahrzeuge wieder aufgetankt sind und wir die erkundeten Quartiere belegen wollen, um ein wenig zu schlafen, schießen plötzlich russische Panzer die Straßen entlang. Zunächst gibt es ein ziemliches Durcheinander. Leuchtspurgranaten haben einige Häuser in Brand gesetzt und machen die Winternacht etwas hell. Die Gruppen verlassen schleunigst die Unterkünfte und sammeln. Anweisungen. Befehle. Die Kompanie geht in Richtung Ortsende vor. Wie Gespenster ziehen wir unter Führung von Kompaniechef Ostuf. Pohjanlehto in lichter Kette durch die Häusernischen.
Plötzlich taucht aus der Finsternis ein junger Untersturmführer der Artillerie auf. Er kommt gerade aus dem Urlaub und sucht seine Batterie. Wie bei Urlaubern üblich, trägt er Schirmmütze mit blinkender Silberkordel und einen tadellosen Mantel, und an seinem Koppel eine kleine Pistole. Irgendwie steht er in bizarrem Kontrast zu uns, die wir pelzgefütterte Anoraks und Filzstiefel tragen. Seine Bewaffnung besteht aus einer kleinen Pistole; wir haben Maschinengewehre und die meisten der Schützen russische Teller-MPis. Die Verständigung geht schnell:
‚Was für Landsleute?'
. . .
‚Ach so, Finnen! – Was habt Ihr vor?'
‚Sollen versuchen, ein paar Panzer zu knacken!'
‚Was! – Darf ich mitmachen?'
‚Klar!'
Die Antwort auf seine zweite Frage ist übertrieben, denn wir haben nur eine einzige Haftladung (Magnetmine), dazu einige Handgranaten und eine Leuchtpistole. Warum sollte man nicht einen Artilleristen in die täglichen Kampfbedingungen – auch nachts – der Panzergrenadiere einführen?! – Er schließt sich uns begeistert an und bleibt mehrere Stunden.
Nach einiger Zeit erreicht die Schützenkette ein großes Haus. Wir schleichen vorsichtig um das Gebäude herum und stellen fest, daß es die Schule des Dorfes ist. Dann erkennen wir auf dem Schulplatz, 30 Meter von der Tür entfernt, einen Panzer. Es muß ein russischer sein. In der Dunkelheit können wir nicht einmal erkennen, wohin das Rohr gerichtet ist.
Wir stehen unschlüssig an der Ecke des Hauses und diskutieren leise, was mit dem Panzer zu machen sei. Links von uns hört man plötzlich ein Geräusch und sofort schießt das MG des Panzers eine Garbe dort hin. Nun wissen wir durch das Mündungsfeuer, in welcher Richtung der Turm steht.

Nach einer Weile kommen hinter uns zwei Fernsprechleute heran, die eine Leitung ziehen. Sie fragen uns, ob wir wissen, wo der Gefechtsstand des I./„Westland“ ist.
‚Wahrscheinlich rechts von uns! – Aber seid vorsichtig, 30 Meter vor uns steht ein russischer Panzer!‘
Die Fernsprecher schleichen weiter nach rechts und ziehen leise ihren Draht hinter sich her. Der russische Panzer fährt ab und wir besetzen das Schulgebäude. Drinnen ist es kalt und finster.
Der Chronist hat in sein Tagebuch eingetragen: 00.00 Uhr 1 Panzer, 02.00 Uhr 2 Panzer, 06.00 Uhr 4 Panzer, 08.00 Uhr 8 Panzer. – Zur Zeit in Motti (von motittaa = einkesseln).
Wir haben das Schulgebäude besetzt und behalten die russischen Panzer im Auge. Als dann der Morgen langsam heraufdämmert, werden die russischen Panzerbesatzungen nervös und fahren mit ihren Kettenfahrzeugen, sich gegenseitig deckend, im Ort herum. Wir sehen mit an, wie ein T 34 den Verpflegungswagen der Kompanie, der hinter einem Haus steht, mit einer Panzergranate voll trifft, so daß Brote und andere Lebens- und Genußmittel umherfliegen. Einige von uns beschießen aus den Fenstern heraus die russischen Panzerkommandanten, die ihre Köpfe aus den Turmluken herausstecken. Zweimal wird unser Haus von russischen Panzern mit Panzergranaten statt Sprenggranaten bedacht; daran erkennen wir, daß ihnen die Munition knapp geworden ist.
In einem Klassenzimmer hocken einige Jungen der 10. Kompanie auf dem Fußboden und erzählen Witze. Nach einer Weile geht einer zum Fenster und schaut hinaus, doch ruckartig nimmt er seinen Kopf wieder tiefer herunter und sagt zu seinem Kameraden, dem langen Fahnenträger des Bataillons: ‚Katso Henry, tuolla ulkona sataa lunta!‘ (Guck ’mal Henry, es schneit draußen). Henry hebt den Kopf und guckt hinaus, doch so schnell wie ein Blitz zieht er wieder den Kopf herunter; Henry hatte in die Mündung einer 7,62-cm-Panzerkanone gesehen – Entfernung zwei Meter.
Niemals haben wir in dieser Nacht das Gefühl, unterlegen zu sein. Wir wissen, daß Jegorlykskaja voller ‚Wikinger‘ ist und daß bei Anbruch des Tages dem russischen Panzerspuk ein Ende bereitet wird. Und so kommt es dann auch.“
Bei aufkommendem Büchsenlicht erteilt Stubaf. Mühlenkamp an seine Panzer den Feuerbefehl. Mit einem Schlag ist der Teufel los. Die meisten russischen Panzer gehen in der Minute des deutschen Feuerbefehls in die

Luft. Was die eigenen Panzer nicht schaffen, wird durch Nahkampftrupps der Panzergrenadiere und des Pionier-Bataillons vollendet. Alle russischen Panzer, dreizehn an der Zahl, werden in Jegorlykskaja zur Strecke gebracht. Damit vergeht den Russen das Angreifen auf Jegorlykskaja und sie ziehen nördlich am Ort vorbei nach Westen. Dort treffen sie auf das Regiment „Germania".

Von Metschetinskaja bis Rostow

Am 25. Januar 1943 wird das III.(finn.)/„Nordland" aus der Verteidigung Jegorlykskajas entlassen und nach Metschetinskaja geworfen, um einer nördlichen Umfassung durch die Russen zu begegnen. Gegen 13.30 Uhr stellt ein Spähtrupp des Bataillons die Verbindung mit dem Regiment „Germania" her, das bei Komuna hält. Gegen 15.00 Uhr wird auch das I./„Nordland" zur Sicherung von Metschetinskaja herangezogen. Gegen Abend meldet ein Verbindungsspähtrupp des Finnen-Bataillons bereits russische Infanterie- und Panzerkräfte südostwärts von Komuna. Auch am nächsten Tag werden hier russische Kräfte im Aufschließen gemeldet. Die Russen lassen Jegorlykskaja links liegen und gehen südlich der „Germania" auf Metschetinskaja vor. Sie wählen den Weg des geringsten Widerstandes.
Am 27. Januar ist es dann soweit. Bereits in den Morgenstunden stellen sich starke Feindkräfte zwischen der Straße Jegorlykskaja–Metschetinskaja und Metschetka-Tal zum Angriff bereit. Gegen 06.15 Uhr greifen sie das an der Straße stehende I./„Nordland" an. Die nördlich davon stehende 11./„Nordland" nimmt die Angreifer unter Flankenfeuer. Zwei überschwere Beute-Granatwerfer (12 cm) werden in Stellung gebracht und die dazu gehörenden 400 Schuß Munition auf die Angreifer verschossen. Der Angriff steht. Zwei deutsche Kampfflieger greifen in den Erdkampf ein. Gegen 11.15 Uhr kommen eigene Panzer aus Richtung Jegorlykskaja. Davor weicht der Feind fluchtartig nach Osten aus.
Inzwischen ist Jegorlykskaja aufgegeben worden. „Germania" räumt das Gebiet um Komuna. Alle Einheiten gehen weiter rückwärts erneut in Abwehrstellung.
Am 28. Januar meldet das im Nordteil von Metschetinskaja stehende

III.(finn.)/„Nordland“ starke Feindbewegungen vor seinem Abschnitt. Am 29. Januar bringt ein ins Metschetka-Tal vorgehender Aufklärungsspähtrupp 11 Gefangene mit. 17 Überläufer kommen hinzu. Der linke Nachbar (Teile der 23. Panzerdivision) zieht sich auf die Stellung der 9./„Nordland“ am Bahnhof von Metschetinskaja zurück. Das von ihm aufgegebene Kagalnitschek wird von den Russen besetzt.
Der etwa zwei Kilometer nordostwärts von Metschetinskaja liegende Bahnhof wird von der 9./„Nordland“ (Ertel) gehalten. Sie bildet mit einer 8,8-cm-Flak-Batterie der Flak-Abteilung „Wiking“ und einer von Ostuf. Pleiner geführten Batterie des Artillerieregiments „Wiking“ eine selbständig operierende Kampfgruppe, die mit ihren weitreichenden Geschützen das Gelände nach Norden weithin beherrscht.
Ein am Morgen des 30. Januar 1943 von Metschetinskaja nach Nordosten angesetzter Aufklärungsspähtrupp des Finnen-Bataillons bringt 22 Gefangene mit. Das Aufklärungsergebnis: Der Kolchos drei Kilometer ostwärts vom Bahnhof Metschetinskaja ist feindbesetzt.
Gegen Mittag nähert sich eine bespannte Kolonne den Sicherungen des Finnen-Bataillons am Nordostrand von Metschetinskaja. Die Russen sind ahnungslos. Haben sie sich verirrt, hat man sie falsch unterrichtet? Die Finnen schalten sofort und lassen sie kommen. Sie verhalten sich völlig ruhig und lassen den russischen Troß in ihre Sicherung hineinfahren. Groß ist der Schreck der Russen, als sie plötzlich von Finnen umstellt sind. Sie haben keine Chance und ergeben sich. 20 Rotarmisten werden gefangengenommen und 7 Pferde, 4 Kamele, 5 Wagen, 1 Feldküche, 1 Pkw, 50 Gewehre, 7 MPi und viel Verpflegung erbeutet. Amerikanische Konserven sind eine willkommene Aufbesserung des Speisezettels der Finnen.
Am Spätnachmittag des 30. Januars wird im Rahmen der hinhaltenden Verteidigung des LVII. Panzerkorps die deutsche Abwehr noch einmal zurückgenommen. Im Abschnitt „Wiking“ geht das Regiment „Nordland“ weiter nach Westen zurück und bezieht beiderseits Sernograd neue Abwehrstellungen. Das Regiment „Germania“ setzt sich rechts (südlich) daneben und verteidigt die Gehöfte und kleinen Orte beiderseits des Metschetka-Tales. Das Regiment „Westland“ schwenkt ganz an den rechten Flügel der Division in eine Linie südlich von Nowo Bataisk ein, wo es Verbindung mit der vom Terek kommenden 3. Panzerdivision erhält.
Im Zuge dieser Bewegung löst sich das III.(finn.)/„Nordland“ um 17.30 Uhr (30. 1.) befehlsgemäß aus den Stellungen bei Metschetinskaja und be-

zieht gegen 20.00 Uhr eine neue Sicherungslinie beim Kolchos südwestlich von Sernograd. Sernograd wird vom I. und II./„Nordland“ verteidigt.
Am 31. Januar 1943 ist es im Abschnitt des III.(finn.)/„Nordland“ ruhig. Spähtrupps stellen die Verbindung nach beiden Seiten mit den Nachbarn her. Gegen Mittag rücken russische Kräfte an Sernograd heran und beschießen von dort aus mit zwei „Ratschbumm“ die Stellung des Finnen-Bataillons beim Kolchos.
Aber auch diese Abwehrlinie wird nicht lange gehalten und kommt bereits am Nachmittag des 31. Januar wieder in Bewegung. Um 16.00 Uhr zieht das III.(finn.)/„Nordland“ befehlsgemäß nach Kagalnizkaja und wird Regimentsreserve. Gegen 17.00 Uhr wird die 10. Kompanie dem II./„Nordland“ zur Ortssicherung von Kagalnizkaja unterstellt.
Am 1. Februar 1943 bleibt es an der Front bei Kagalnizkaja ruhig. Die Russen sind im Aufschließen begriffen.
Am Morgen des 2. Februar läuft ein Spähtrupp des Finnen-Bataillons zum Regiment „Germania“, das acht Kilometer südwestlich entfernt im Metschetka-Tal steht. Hier im Süden sind die Russen noch nicht aufgeschlossen.
Gegen Mittag sind starke russische Kräfte auf Kagalnizkaja versammelt und stellen sich zum Angriff bereit. Wenig später wird das im Bahnhof von Kagalnizkaja stehende I./„Nordland“ von Feindkräften angegriffen. Um 12.05 Uhr wird die 9. Kompanie (Ertel) dem I. Bataillon zugeführt und greift in die Abwehrkämpfe ein.
Gleichzeitig wird auch das am Ostrand von Kagalnizkaja stehende II./„Nordland“ frontal von starken russischen Kräften angegriffen. Die Stärke der Russen: Etwa 1500 Mann mit 6 Panzern. Die Lage wird kritisch. Die 10./„Nordland“, dem II. Bataillon unterstellt, hält auf vorgeschobenem Posten und wird gegen 14.00 Uhr bereits von feindlichen Infanterie- und Panzerkräften im Rücken angegriffen. Die Kompanie „igelt“ sich in einem Kolchos ein und wehrt alle Feindangriffe ab. Hierzu schreibt Silfverberg von der Zehnten: „Um 12.00 Uhr ein Angriff der Russen, den keiner von uns vergessen wird. Die 35 Mann starke Kompanie wird sechs Stunden lang von feindlichen Panzern und Infanterie eingeschlossen. Seitdem werden Kuutti, Nyrke, Mansikka, Syreeni und Aalto vermißt – gefallen oder gefangengenommen?“ Und Latva-Panttila schreibt später dazu: „Wir liefen auch vor den russischen Panzern – sehr schnell. Dieser Tag war der allerschwerste. Mehr mag ich darüber nicht schreiben.“

Vom Kampf um Kagalnizkaja berichtet auch der Finne Erkki Liukkonen: „Die Situation ist für uns ungünstig, da hinter Kagalnizkaja der Kagalnik durch ein Nadelöhr – über eine Brücke – passiert werden muß und ein anschließender, langer und gut einsichtiger Vorderhang dem Feind alle unsere Bewegungen nach rückwärts offenlegt. Er sieht also unseren Fahrzeugstrom am frühen Nachmittag zurückfließen, dem sich schwere Waffen und Panzer anschließen, und greift überall noch wütender an. Die 10. Kompanie ist im Kolchos eingeschlossen. Dort fahren die feindlichen Panzer um Strohschober und um die wenigen Kolchosgebäude. Der Kompanieführer ‚Poku' Pohjanlehto fordert vom Bataillon Hilfe und Verstärkung an, aber Reserven stehen keine mehr zur Verfügung, und die schweren Waffen ziehen bereits zurück. Die Kompanie erhält den Befehl, sich bei Beginn der Dunkelheit zu den eigenen Linien durchzuschlagen."*)

Zur gleichen Zeit, als die 10. Kompanie unter Führung von Ostuf. Pohjanlehto durch ihren verzweifelten Abwehrkampf den Russen das raumgewinnende Vorwärtskommen schwermacht, „brennt" es auch am Südostrand von Kagalnizkaja. Hier wird gegen 14.30 Uhr die letzte Reserve, die 11./„Nordland" (Deck), und eine Pak der Zwölften eingesetzt. Gegen 16.30 Uhr wird die vorwärts des Ortsrandes eingesetzte Kompanie auf den Ortsrand zurückgenommen.

Bereits als der Kampf um Kagalnizkaja kritisch wird, führt der Chef der Zwölften, Hstuf. Ladau, alle nicht benötigten Kraftfahrzeuge des III.(finn.)/„Nordland" nach Gawrilow zurück.

Am Abend wird die Front bei Kagalnizkaja und am Kagalnik aufgegeben. Erkki Liukkonen, als Melder der 10. Kompanie zum Bataillon abgestellt, erhält den Auftrag, auf die 10. Kompanie zu warten und sie nachzuführen. Er schreibt dazu: „Um 18.00 Uhr soll die Kagalnik-Brücke gesprengt werden. Ich warte mit bebendem Herzen auf die Kompanie eine lange, lange Zeit. Als die Brücke in die Luft fliegt, ist von der Kompanie Pohjanlehto noch nichts zu hören. Als nach meinem Empfinden eine Ewigkeit vergangen ist, höre ich endlich das Klopfen der Dieselmotoren der ‚Klöckner-Deutz' und bald danach tauchen die drei Gruppenwagen der 10. Kompanie auf. Ich weise Ostuf. Pohjanlehto ein, und wir fahren an einer flachen Ufer-

*) Mauno Jokipii, a.a.O., Seite 618.

stelle über das Eis des kleinen Flusses und dem Bataillon nach. Fünf Männer der 10. Kompanie waren in der Kolchose geblieben, vermutlich gefallen."*)
Am Abend des 2. Februar 1943 wird der letzte Takt der hinhaltenden Verteidigung des LVII. Panzerkorps südlich von Manytsch und Don eingeleitet. Allmählich bildet sich ein Brückenkopf um Bataisk, südlich von Rostow. Im Zuge dessen fährt das III.(finn.)/„Nordland" nach Gawrilow und bezieht dort erneut eine Verteidigungsstellung.
Inzwischen sind große Teile der 1. Panzerarmee über den Damm und die Brücken von Bataisk nach Westen abgeflossen. Der Gewaltmarsch bei Kälte und Schneestürmen ist zu Ende. Die 1. Panzerarmee ist gerettet. Ein zweites Stalingrad fand nicht statt. Aber nördlich von Rostow, am Donez, ziehen bereits neue Gewitterwolken auf: In der Weiterentwicklung ihres Erfolges bei Stalingrad setzen die Russen zu einer Umfassung des gesamten Südflügels der deutschen Ostfront an. Die Panzergruppe Popow hat bereits den Donez bei Isjum überschritten und strebt nach Südwesten. Um dieser Gefahr zu begegnen, werden auch Kräfte des LVII. Panzerkorps benötigt. Der Brückenkopf Bataisk wird gelichtet. In der Nacht zum 3. Februar 1943 werden die 17. und 23. Panzerdivision, die nördlich der „Wiking" hinhaltend verteidigten, aus dem LVII. Panzerkorps entlassen und über Rostow zu neuer Verwendung in den Raum Stalino verlegt. In der Ostfront des Brükkenkopfes stehen somit von Norden nach Süden: 16. Infanteriedivision (mot.), südlich davon fließt die vom Terek herangekommene 111. Infanteriedivision ein, und die „Wiking" im Schwerpunkt an der Straße und Bahnlinie von Salsk nach Rostow, mit nach Westen umgebogenem Südflügel.
Am 3. Februar 1943 toben heftige Kämpfe im ganzen Abschnitt des Brükkenkopfes. Erhebliche Feindkräfte, die der 1. Panzerarmee auf dem Fuße folgten, vereinigen sich mit den Kräften, die das LVII. Panzerkorps seit Wochen bedrängten. Die Russen wollen unbedingt zum Erfolg kommen und nach Zerschlagung der deutschen Kräftegruppe bei Bataisk von hier aus nach Süden vorstoßen, um der 17. Armee, die aus dem Westkaukasus in den Kubanbrückenkopf zurückgeht, in den Rücken zu fahren. Immer wieder muß Stubaf. Mühlenkamp seine wenigen verbliebenen Panzer zu

*) Mauno Jokipii, a.a.O., Seite 619.

Gegenstößen vorschicken, die aber nur vorübergehend Luft schaffen können.

Das III.(finn.)/„Nordland“ steht in Gawrilow und hat links die 9. und rechts die 11. Kompanie in vorderster Linie eingesetzt, die eigentlich nur aus einer dünnen Stützpunktkette besteht. Nach links besteht lose Verbindung zur 111. Infanteriedivision, nach rechts klafft eine Lücke von vier Kilometern bis zum II. Bataillon, das im Metschetka-Tal bei Wassiljewo–Schamschewo steht. Ein am Nachmittag des 3. Februar auf Gawrilow laufender Feindangriff wird schon weit vor den Stellungen des III.(finn.)/„Nordland“ abgewiesen.

Der beim Kampf um Kagalnizkaja (2. 2.) vermißte Finne Mansikka der 10. Kompanie kehrt zum Bataillon zurück. Das ist eine besondere Geschichte:

Der Finne geriet in russische Gefangenschaft, konnte aus dieser aber in der Nacht entweichen und schlug sich nach Westen durch, wo er die deutschen Stellungen vermutete. Am Vormittag des 3. 2. erreicht er die deutsche Linie bei Slodeiskij. Hier stehen aber nicht „Wikinger“, sondern Ostbrandenburger der 111. Infanteriedivision, die in der Nacht zum 3. Februar diesen Abschnitt besetzt hat. Gegen Mittag ruft ein Offizier der 111. Infanteriedivision den rechten Nachbarn, die 9./„Nordland“, an und berichtet dem Kompanieführer, Ustuf. Ertel, daß ein gebrochen deutsch sprechender Mann in deutscher Uniform in seine Linie gekommen sei und behauptete, ein Finne zu sein. Das ist für einen guten preußischen Offizier doch recht unwahrscheinlich, denn er kann sich nicht erklären, wie ein Finne hierher kommt. Ustuf. Ertel bestätigt die Angaben des Finnen und klärt den Zusammenhang auf. Daraufhin wird der Finne Mansikka zum Bataillon nach Gawrilow geschickt, wo er von seinen Kameraden der 10. Kompanie freudig begrüßt wird.

Am 4. Februar 1943 wird der Brückenkopf Bataisk im Süden bis auf das Kagalnik-Flüßchen zurückgenommen. Noch einmal tritt bei der „Wiking“ eine Umgruppierung ein. Während das Regiment „Westland“ eng an Nowo Bataisk heranrückt, wird das Regiment „Germania“ zwischen diesem und dem Regiment „Nordland“ eingeschoben und verteidigt im Kagalniktal bei Iwanowo–Schamschewskij.

Planmäßig soll der Brückenkopf Bataisk am 4. Februar gehalten und im Laufe der kommenden Nacht auf einen engen Brückenkopf südlich der Don-Übergänge von Rostow zurückgenommen werden. Bei dieser letzten

Bewegung sollen auch die 16. Infanteriedivision (mot.) und die „Wiking" herausgelöst werden. Dann soll die 111. Infanteriedivision noch einige Tage den engen Brückenkopf allein halten.
Bereits in den Morgenstunden des 4. Februar werden die Regimenter „Westland" und „Germania" und das I./„Nordland" in den Gehöften am Kagalnik von starken Feindkräften angegriffen. Den ganzen Tag über hin- und herwogende Kämpfe. Die „Wikinger" halten – sie müssen halten.
Auch das III.(finn.)/„Nordland" wird bei Gawrilow heftig angegriffen. Bereits am Morgen sickern 150 Rotarmisten zwischen zwei Stützpunkten der im rechten Bataillonsabschnitt eingesetzten 11. Kompanie durch. Die eigene Abwehrlinie muß halten – auch die der 11. Kompanie –, soll der ganze Brückenkopf nicht in Gefahr geraten. Also Gegenstoß, die Russen zurückwerfen und die eigene Linie wieder schließen. Gegen 05.00 Uhr tritt Ostuf. Deck mit 20 Männern der 11. Kompanie zum Gegenstoß an. Die kleine Streitmacht umgeht die Feindkräfte und faßt sie überraschend in der Flanke. Dabei werden drei russische Pak vernichtet und 50 Gefangene eingebracht. 30 tote Russen bleiben auf der glitzernden Schneefläche liegen.
Gegen 08.00 Uhr greifen 7 russische Panzer und 400 Rotarmisten den rechten Stützpunkt der 11. Kompanie an. Dabei wird von einer eigenen Pak ein Panzer vom Typ „Mark III" abgeschossen. Die Stützpunktbesatzung (etwa 15 Mann) zieht sich auf die nordwestlich liegende Kolchose zurück und verstärkt die dortigen Verteidiger.
Gegen 08.30 Uhr greifen Panzer und Sturmgeschütze der „Wiking" in den Abwehrkampf ein. Sie umfassen die Feindgruppe (Horizontschleicher) und greifen sie aus der Flanke und im Rücken an. Im Nu werden drei Feindpanzer abgeschossen; die anderen fahren im Höchsttempo zurück. Die fliehenden Rotarmisten werden von den Bordwaffen der Panzer erfaßt; 300 bleiben als Tote auf dem Gefechtsfeld zurück.
Hierzu berichtet der Chef der links eingesetzten 9. Kompanie, Ustuf. Ertel: „Die Umgehung des Feindes durch unsere Panzer ist eine taktische Meisterleistung von Mühlenkamp (Kommandeur der Panzerabteilung ‚Wiking'). Wir verfolgen mit Sorge die Marschrichtung einer feindlichen Kräftegruppe, die halbrechts vor uns anmarschiert. Mein rechtes lMG – ein MG 42 – schießt einige Garben auf die etwa 600 Meter entfernt vorbeiziehenden Russen, die auch einige Panzer bei sich haben. Die Stoßrichtung der Russen zielt offensichtlich an den Südflügel meiner Kompanie vorbei.

Plötzlich sehen wir hinter der russischen Kräftegruppe weitere Panzer. Uns wird mulmig zumute, denn wir glauben, daß die Russen mit weiteren Kräften nachrücken. Aber dann erleben wir ein Drama: Die nachrückenden Panzer sind eigene. Es kracht und blitzt und scheppert. Die Russen sind völlig überrascht. Die hervorragend geführte eigene Panzergruppe vernichtet in ganz kurzer Zeit die gesamte feindliche Kampfgruppe. Es gibt kein Loch, keine Deckung auf der gefrorenen, flachen Ebene; schutzlos sind die Russen den Waffen der deutschen Panzer und Sturmgeschütze ausgeliefert."

Kurz nach 09.00 Uhr wird der aufgegebene rechte Stützpunkt wieder von der 11. Kompanie besetzt. Je sechs lMG und sMG, vier Panzerbüchsen und zwei Granatwerfer werden von der 11. Kompanie erbeutet. Die eigenen Verluste der Kompanie des Ostuf. Deck betragen einen Gefallenen und acht Verwundete.

Dem III.(finn.)/„Nordland" werden zwei Kompanien des Grenadierregiments 50 (111. Inf.Div.) nach Gawrilow zugeführt und unterstellt. Zum nördlichen Nachbarn, dem in Kasatschi stehenden Grenadierregiment 70, klafft eine Lücke.

In den Abendstunden des 4. Februar 1943 geben die Einheiten der „Wiking" ihre letzten Stellungen in Kaukasien auf. Um 17.00 Uhr setzt sich das III.(finn.)/„Nordland" – das Finnen-Bataillon – mit den zwei unterstellten Kompanien des Grenadierregiments 50 und einer 8,8-cm-Flak befehlsgemäß nach Nordwesten ab. Während die 111. Infanteriedivision um die Bataisker Brückenauffahrt noch einmal einen engen Brückenkopf bezieht, fahren die Einheiten der „Wiking" weiter – über den Damm und über die Brücken nach Rostow. Der Don, der vor einem halben Jahr im Siegeszug nach Kaukasien, in den Kaukasus, überschritten wurde, bleibt neben den deutschen und europäischen Freiwilligen auch hinter den Männern aus Finnland zurück, aber in den Gesprächen bis in die Gegenwart leben diese Tage, lebt dieser schicksalhafte Don, lebt Rostow als Tor zum Kaukasus weiter.

Die Division „Wiking" hat mit allen ihren Einheiten, mit Männern aus ganz Europa, im Verband des LVII. Panzerkorps des Generals der Panzertruppen Kirchner, dazu beigetragen, daß Rostow nicht zum zweiten Stalingrad wurde, zum Untergang der 1. Panzerarmee des Generals von Mackensen. Einen erheblichen Anteil an dieser Abwehrleistung haben die Freiwilligen aus Finnland.

Ein Tagesbefehl würdigt abschließend den Einsatz der „Wiking“:

Der Kommandierende General
des LVII. Armeekorps (mot.)

K.G.St., den 4.2.1943

An SS-Pz.Gren.Div. „Wiking“

Die SS-Pz.Gren.Div. „Wiking“ scheidet mit dem heutigen Tage aus dem Verband meines Panzerkorps aus. Vom ersten bis zum letzten Tage der Unterstellung hat die Division in schwungvollem Angriff und härtester Abwehr in ununterbrochenen, wochenlangen Kämpfen unter ungünstigen Wetterbedingungen gegen stets zahlenmäßig überlegenen Feind Bewundernswertes geleistet und einen ganz hervorragenden Kampfgeist bewiesen, durch den dem Gegner aufs Schwerste Abbruch getan wurde. Sein Ziel – Durchbruch und Umfassung – hat der Feind dank der vorzüglichen Haltung der Division, nicht erreicht. So sehe ich heute die tapferen Männer der SS-Pz.Gren.Div. „Wiking“ schweren Herzens aus meinem Verbande scheiden. Mein Dank und meine volle Anerkennung gilt gleichermaßen Führung und Truppe.

gez. Kirchner

„Panzergruppe Popow festhalten!“

Stalin will mehr als Stalingrad. Bald stellt sich heraus, daß mit dem hinhaltenden Abwehrkampf des LVII. Panzerkorps und der Rettung der 1. Panzerarmee keineswegs die Krise im Südabschnitt der Ostfront gebannt ist. Nach dem Durchbruch der Sowjets am Oberlauf des Don bei der italienischen 8. Armee und ihrer Trennung von der Armeeabteilung Fretter-Pico setzen sie in den Weihnachtstagen 1942 den in Etappen anlaufenden Großangriff gegen die ungarische 2. Armee fort und drücken sie aus dem Raum Woronesch und südlich nach Westen zurück. Durch die entstandene 500 Kilometer breite Lücke strömen russische Verbände nach Westen, mit dem Ziel, durch große Umfassungen die gesamte deutsche Südfront zu zer-

schlagen. Nach der Wiedereroberung von Charkow sind die Dnjeprübergänge bei Saparoshje und Dnjepropetrowsk das erklärte Ziel der Sowjets. Die Heeresgruppe Don, später Heeresgruppe Süd, die Generalfeldmarschall von Manstein führt, kämpft mit den Armee-Abteilungen Fretter-Pico und Hollidt sowie Teilen der Heeresgruppe A (v. Kleist), die noch rechtzeitig das Schlupfloch Rostow passieren konnten, auf Zeit, um das Herankommen von Verstärkungen und den Aufbau einer neuen Verteidigungslinie zu ermöglichen. Die Verteidigung des Raumes westlich von Charkow wird der Armee-Abteilung Kempf übertragen. In diesen Raum fließt aus dem Westen das SS-Panzerkorps Hausser mit den SS-Panzerdivisionen „Leibstandarte", „Das Reich" und „Totenkopf" ein, das später die Schlacht um Charkow schlägt.
Während ein Teil der russischen Offensivkräfte auf Charkow vorgeht, schwenkt ein anderer Teil nach Überschreiten des Donez nach Südwesten ein; mit der Panzergruppe Popow als Spitze. Am 5. 2. 1943 wird Isjum von den Russen erobert und der Donez in diesem Raum auf breiter Front überschritten. Eine weitere Offensivgruppe der Russen stößt nördlich davon über Losowaja und Pawlograd auf Dnjepropetrowsk vor, mit dem Auftrag, den wichtigen Dnjeprübergang zu sperren. Das Ziel ist klar: Umfassung und Vernichtung der Heeresgruppe Süd.
Zahlen- und waffenmäßig sind die Russen den Deutschen weit überlegen. Stalin treibt seine Verbände zur Eile an, denn er glaubt, jetzt den Deutschen den Todesstoß versetzen zu können. Hitler verfährt nach der Maxime: Halten um jeden Preis! Aber Feldmarschall von Manstein, einer der fähigsten deutschen Strategen, ringt Hitler Handlungsfreiheit ab und schiebt seine Verbände wie Schachfiguren im gefährdeten Raum hin und her. Es ist ein Wettlauf mit der Zeit, den am Ende von Manstein mit seiner Heeresgruppe gewinnt. Auf verschneiten Wegen, bei grimmiger Kälte, rollen, quälen sich die deutschen Einheiten in ihre neuen Einsatzräume – immer wieder von ihren Kommandeuren zur Eile angetrieben. Die Fahrer sind übermüdet. Es gibt Stauungen, Verstopfungen, lange Halts an Brücken und sonstigen Weghindernissen, die Feldgendarmen und Pioniere immer wieder in größter Eile beseitigen.
Feldmarschall von Manstein verlegt seinen Gefechtsstand nach Saporoshje. Von hier aus verfolgt er jeden Zug der Russen und antwortet mit einem Gegenzug. Aus dem Südabschnitt, der viele „Löcher" hatte, entsteht so allmählich wieder eine neue feste Front.

Die Armee-Abteilung Hollidt sammelt nordwestlich von Rostow. Sie besetzt und hält die Mius-Linie, die bereits im Winter 1941/42 im Süden der Ostfront die deutsche Front bildete. Die stark dezimierten Verbände von General von Mackensens 1. Panzerarmee, die soeben aus Kaukasien gekommen sind, sammeln im Raum Stalino. General Breith soll mit seinem III. Panzerkorps aus dem Raum Slawjansk Popow in die Flanke fahren, während das XXXX. Panzerkorps des Generals Henrici Popow am weiteren Vordringen hindern soll. Die im Raum Pawlograd sammelnde 4. Panzerarmee des Generals Hoth soll später nach Norden angreifen, um die Verbindung mit der südwestlich von Charkow stehenden Armee-Abteilung Kempf herzustellen und damit die Lücke zwischen Charkow und Pawlograd zu schließen. Um diesen Plan durchführen zu können, kommt es zunächst darauf an, das Vordringen der Russen zu stoppen.
Am 11. Februar 1943 erreicht die Panzergruppe Popow den Ort Grischino und wenig später Krasnoarmejskoje. Damit ist die wichtigste Nachschubverbindung des Südflügels der deutschen Ostfront, die Bahnlinie Dnjepropetrowsk–Stalino–Rostow gesperrt.
Um diese Zeit befindet sich die SS-Panzergrenadierdivision „Wiking", die bis zuletzt den Rückzug der Kaukasustruppen bei Rostow deckte, auf dem Marsch in den Raum Stalino zur Verfügung des III. Panzerkorps (Breith). Zunächst soll die Division einige Tage Ruhe zur dringend notwendigen Auffrischung erhalten, als aber der zur Einweisung vorausfahrende Divisionskommandeur Steiner am 10. Februar beim Generalkommando III. Panzerkorps nördlich von Stalino eintrifft, liegt dort ein neuer Einsatzbefehl vor:

> Von Pz.AOK 1 an Division „Wiking" – Dringend!
> Starker Feind, Panzergruppe Popow, bei Isjum über Donez im Vorgehen nach Süden auf Krasnoarmejskoje. Division „Wiking" sofort nach Westen abdrehen. Angriff auf Krasnoarmejskoje. Auftrag: Festhalten der Panzergruppe Popow.
>
> gez. v. Mackensen

Das äußerst schwache XXXX. Panzerkorps (Henrici) hatte mit der 7. Panzerdivision des Generals von Funck Slawjansk gehalten, aber General Popow stieß westlich davon vorbei nach Süden in einen fast truppenleeren Raum vor. In dieser Lage wird die gerade in Stalino ankommende SS-Panzergrenadierdivision „Wiking" statt nach Norden zum III. Panzerkorps, nach

Westen abgedreht und dem XXXX. Panzerkorps unterstellt, um in einer ausholenden Bewegung gegen die bis Krasnoarmejskoje vorgedrungene Panzergruppe Popow vorzugehen. Gleichzeitig wird der Raum Slawjansk vom III. Panzerkorps mit übernommen und die thüringische 7. Panzerdivision Funcks, und weiter nördlich die schlesische 11. Panzerdivision des Generals Balck, auf die tiefe Flanke Popows angesetzt. 7. und 11. Panzerdivision blockieren die rückwärtigen Verbindungen Popows, so daß schließlich kein Nachschub mehr seine Kampfverbände erreicht.
Soweit die Großlage. Doch nun zu von Mansteins Akteuren, den unzähligen Soldaten, die innerhalb ihrer Gruppen, ihrer Züge, Kompanien und Bataillone die Lasten des beschwerlichen Marsches, die Unbilden der Witterung und die Nöte des Kampfes auf sich zu nehmen haben.
Das III.(finn.)/„Nordland“ hat, wie alle anderen Einheiten der SS-Panzergrenadierdivision „Wiking“, einen beschwerlichen Marsch aus dem Brükkenkopf Bataisk über Rostow bis an den Mius hinter sich. Am 5. Februar 1943 liegt das Bataillon in Kiriloff fest, um bis zum 8. Februar hier die aufgetretenen Schäden an 3 Pkw und 20 Lkw zu reparieren. Schwere Tage für Fahrer und I-Staffeln; angefüllt mit Arbeit unter primitiven Arbeitsbedingungen.
Vom 9. bis 12. Februar geht es durch altvertraute Orte am Mius. Mit alten Quartierwirten (Winterstellung 1941/42) gibt es zahlreiche Wiedersehen. Hscha. Pape, Kompanietruppführer der 9./„Nordland“, fährt mit seinem Kompaniechef und den Meldern zu seiner „Chosajka“, bei der er in Quartier gelegen hatte. Es wird ein herzliches Wiedersehen. Es gibt viel zu erzählen. Wo eigentlich Feindschaft sein müßte, leuchtet die Freundschaft noch einmal hell auf. Aus den Berichten der Frauen und Alten klingt aber auch an, daß die deutsche Zivilverwaltung, die nach dem Fortzug der Fronttruppen gekommen ist, viele Fehler gemacht und die Herzen der Bevölkerung nicht gewonnen hat.
Am 10. Februar 1943 erreicht das von Ostubaf. Joerchel geführte Regiment „Nordland“ als Spitze der Division „Wiking“ den Raum Stalino und wird auf Grund des neuen Befehls für die Division „Wiking“, die Panzergruppe Popow festzuhalten, gleich weiter vorgezogen. Erste Teile des Regiments fahren über Galluzinowka–Selidowka bis Datschanskij und bauen hier eine Sicherung auf. Damit ist der Ansatzpunkt für weitere eintreffende Verbände der „Wiking“ gesichert.
In der Nacht zum 11. Februar 1943, als bereits Spitzen des Regiments

„Nordland“ den Raum südlich Krasnoarmejskoje sichern, erhält das in Gorlowka liegende Finnen-Bataillon die neueste Lage und den Befehl zum Vorziehen am kommenden Tag.
Am 11. Februar, morgens um 06.00 Uhr, marschiert das III.(finn.)/„Nordland“ von Gorlowka ab, passiert Stalino in Richtung Datschanskij und gliedert sich um 10.50 Uhr zum Gefechtsmarsch. Spitze bildet die 9. Kompanie mit einem unterstellten Pak- und IG-Zug der Zwölften. Scharen von Italienern kommen den Vorfahrenden entgegen, die offensichtlich bemüht sind, soweit wie möglich „nach rückwärts Boden zu gewinnen“. Deutsche und Finnen rufen ihnen „Avanti, avanti!“ zu. Gegen 13.00 Uhr wird Datschanskij, von schwachen eigenen Kräften gesichert, erreicht und die Ortssicherung übernommen. Spähtrupps werden vorgeschickt. Die Aufklärung ergibt: Vier feindliche Panzer vier Kilometer nördlich der eigenen Sicherungslinie auf der Straße nach Krasnoarmejskoje. Gegen 14.00 Uhr werden die Sicherungen westlich der Straße Datschanskij–Krasnoarmejskoje vom eintreffenden II./„Nordland“ übernommen.
Das III.(finn.)/„Nordland“ erhält den Befehl, nach Norden, auf Nowo Pawlowka vorzugehen, um den Bereitstellungsraum für das Regiment „Nordland“ zum Angriff auf Krasnoarmejskoje zu gewinnen. Da Gubin von schwachen eigenen Kräften besetzt sein soll, geht es zunächst im mot. Gefechtsmarsch weiter. Ustuf. Ertels 9. Kompanie bildet die Spitze.
Weit auseinandergezogen fährt Ertels Kompanie auf einen langen Hang zu. Ein Beiwagenkrad mit Fahrer und den Obersturmführern Deck und Pohjanlehto rast an der Kolonne vorbei. Deck und Pohjanlehto winken den Männern der Neunten und dem Ustuf. Ertel übermütig, jungenhaft zu. Wenig später ist eine kurze Schießerei hinter dem Hang zu hören, aus der Richtung, in die das B-Krad hingefahren ist. Die Neunte „schleicht“ noch langsamer und vorsichtiger an die Kuppe vor. Als Ertel mit seinem Kompanietruppführer und den Meldern die Kuppe erreicht hat, ahnt er, was geschehen ist. In langen Sätzen kommen Deck und Pohjanlehto zurück. Als sie Ertel erreicht haben, berichten sie: Sie glaubten, daß Gubin feindfrei ist und wollten für ihre Kompanien die besten Möglichkeiten für den Angriff auf Nowo Pawlowka erkunden. Dabei wurden sie von Russen angeschossen. Der Fahrer des B-Krades, Pöntinen, ist gefallen.
Ertel läßt seine 9. Kompanie absitzen und beiderseits der Straße Datschanskij–Gubin in Stellung gehen. Unter ihrem Schutz werden die 10. und 11. Kompanie vorgeführt und zum Angriff bereitgestellt.

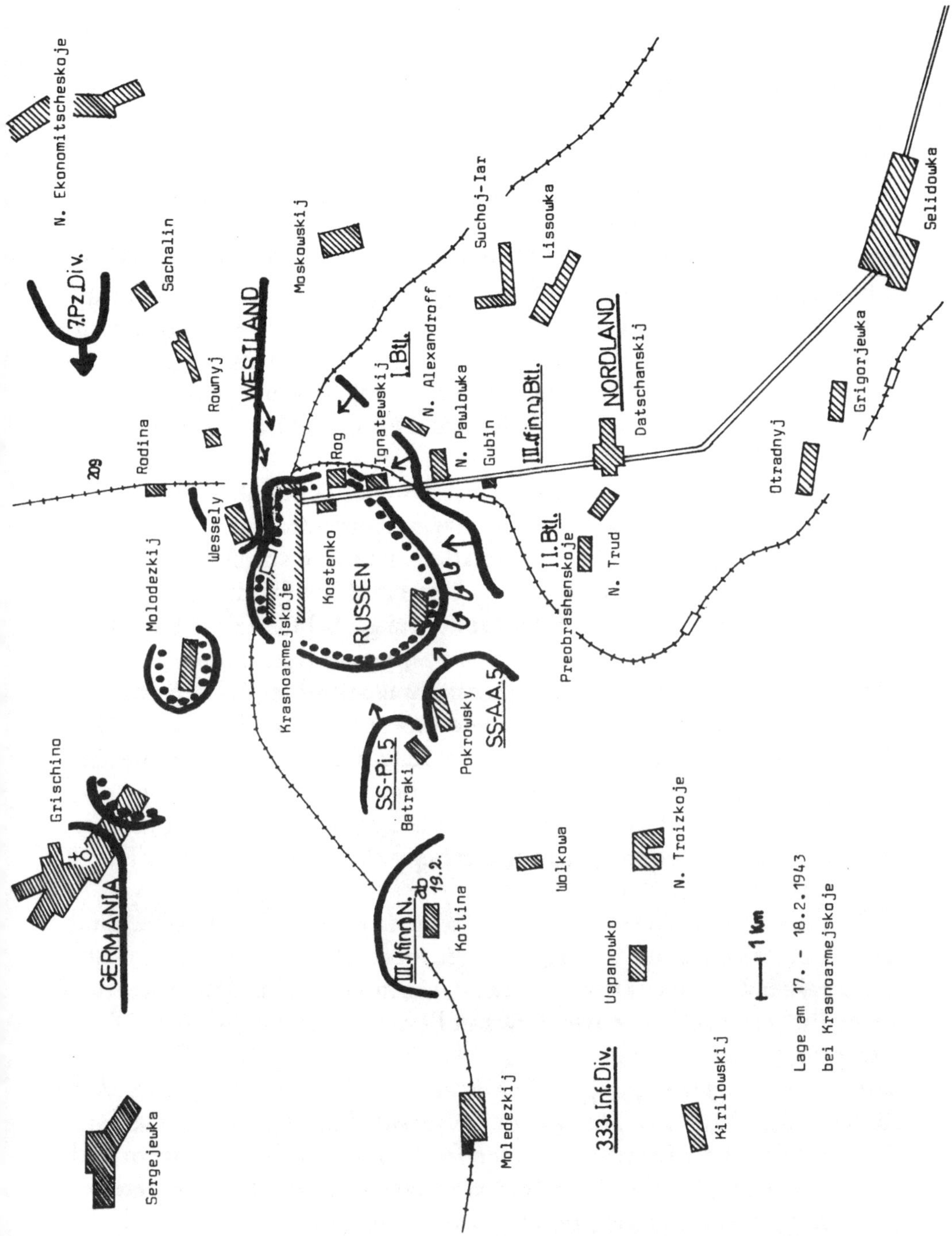

Vernichtung der Panzergruppe Popow bei Krasnoarmejskoje – Februar 1943

Um 16.05 Uhr tritt das III.(finn.)/„Nordland" zum Angriff an. Im zügigen Vorgehen wird Gubin erreicht. Schwache Feindsicherungen ziehen sich nach Nowo Pawlowka zurück. Die Finnen setzen ihnen nach. Gegen 17.30 Uhr sind dann auch die Rotarmisten aus Nowo Pawlowka zurückgeworfen. Das Finnen-Bataillon besetzt und sichert den Ort.
Die 9. Kompanie sichert am linken Flügel des Bataillons, an der Straße Nowo Pawlowka–Ignatiewskij. Direkt an der Straße, am Ortsausgang von Nowo Pawlowka, liegt eine sMG-Gruppe der Kompanie. Gegen 18.30 Uhr, es ist bereits dunkel, kommt aus Richtung Krasnoarmejskoje ein Fahrzeug mit vollen Scheinwerfern auf die Stellung der sMG-Gruppe zu. Der Gruppenführer behält die Nerven und überträgt seine Ruhe und Überlegenheit auch auf seine Männer. Als das Fahrzeug auf 20 Meter an die eigenen Stellungen herangekommen ist, befiehlt der Gruppenführer: „Dauerfeuer – Feuer frei!"
Zwei schwere Maschinengewehre bellen das feindliche Fahrzeug wie wütende Hunde an. Die Gewehrbedienungen arbeiten trotz der Dunkelheit präzise. Leuchtspur prallt an Panzerplatten ab und versprüht hellgleißendes Licht, so wie bei einem Feuerwerk. Das feindliche Fahrzeug steht. Der Motor läuft. Auf der Gegenseite fällt kein einziger Schuß. Die sMG stellen das Feuer ein. Vorsichtig gehen die sMG-Bedienungen auf das dunkle Etwas zu, das sich als russischer Panzerspähwagen entpuppt. Die Sichtluke ist offen. Drei Mann der Besatzung sind tot – erfaßt von den Garben der sMG. Zufall und Schicksal für die eine Seite, Glück für die andere. So unberechenbar sucht sich der Krieg seine Opfer.
Die Neunte benutzt noch einige Tage ihre Siegestrophäe. Dann gibt sie den russischen Panzerspähwagen an das Regiment ab, weil er zu viel Treibstoff und Öl braucht.
Unklarheit über die Lage herrscht anscheinend auch bei den Russen. Eine halbe Stunde nach dem Panzerspähwagen, der inzwischen von einem kundigen Fahrer zurückgebracht worden ist, gegen 19.00 Uhr, rollen vier russische Panzer, im Gefolge zwei Lkw mit Begleitinfanterie, auf Nowo Pawlowka zu. Stunden vorher hatte die STAWKA, das russische Oberkommando, seiner Heeresgruppe „Südwest-Front" den Befehl gegeben, den Rückzug der Deutschen auf Dnjepropetrowsk und Saparoshje zu verhindern und sie auf die Krim zurückzuwerfen, um sie dort auszuhungern und zur Aufgabe zu zwingen. Und Generaloberst Watutin, der Oberbefehlshaber der „Südwest-Front", treibt in Ausführung dieses Befehls auch die

Panzergruppe Popow wieder zur Eile an. Aber die STAWKA und Watutin irren: Die Deutschen ziehen sich nicht zurück, sie gliedern um, um von Mansteins genialen Plan, im Schlagen aus der Nachhand, doch noch einen Sieg zu erringen und die siegestrunkenen, vorgestürmten russischen Verbände in einer großen Zange zu zerschlagen. Aber noch ist es nicht soweit. Noch quälen sich die deutschen Verbände in ihre von Manstein bestimmten Ausgangspositionen hinein. Das führt dazu, daß die bereits am Feind stehenden deutschen Verbände und oftmals kleine Einheiten Krisen zu meistern haben, die entstehen, wenn alles auf eine Karte gesetzt werden muß.
Ein „Stich" im Trumpfblatt des XXXX. Panzerkorps, der Division „Wiking", ist das Finnen-Bataillon, das weit vorgeschoben auf Krasnoarmejskoje, in Nowo Pawlowka steht. Links konnte das II. und rechts das I. Bataillon des Regiments „Nordland" noch nicht aufschließen. Die gegen 19.00 Uhr auf Nowo Pawlowka vorrollende Panzerspitze mit Begleitinfanterie wird von den Finnen mit Feuer empfangen. Eine Pak der Zwölften feuert, wird aber schon nach fünf Granaten von russischen Panzerkanonen zusammengeschossen, die gleichzeitig den Ortsrand unter heftiges Feuer nehmen. Der neue Befehl der STAWKA und des OB der „Südwest-Front" enthält auch die Weisung, stärkeren Widerstand zu umgehen und möglichst viel Raum zu gewinnen. Die russischen Panzer rollen westlich an Nowo Pawlowka vorbei nach Süden, auf das bei Preobrashenskoje sichernde II./„Nordland" zu, das von Stubaf. Krügel geführt wird.
Wegen unklarer Feindlage wird das III.(finn.)/„Nordland" von Nowo Pawlowka auf Datschanskij zurückgenommen, wo die Kompanien am 12. Februar, morgens um 04.00 Uhr, eintreffen und in die Ortssicherung einbezogen werden.
In der Nacht zum 12. Februar sind weitere Teile der „Wiking" aufgeschlossen. Das SS-Pionier-Bataillon 5, das von Stubaf. Schäfer geführt wird, wird hinter der Sperrlinie des Regiments „Nordland" beiderseits Datschanskij auf Swerow vorgezogen, um Krasnoarmejskoje von Südwesten her einzuschließen. Die Aufklärungs-Abteilung der „Wiking" wird noch weiter westlich umfassend vorgeführt und erreicht über Nowo Troizkoje den großen Ort Sergejewka, 15 Kilometer nordwestlich von Krasnoarmejskoje. Das Regiment „Westland" wird von Selidowka scharf nach Norden abgedreht und erreicht in derselben Nacht über Lissowka den Ort Rownyj, vier Kilometer ostwärts von Krasnoarmejskoje. Das als letzte Gefechtsgruppe

der „Wiking“ in Selidowka eintreffende Regiment „Germania“ marschiert im Morgengrauen des 12. Februar 1943 über Nowo Troizkoje–Sergejewka nach Grischino, um Krasnoarmejskoje auch von Westen her einzuschließen. Damit sitzt die Panzergurppe Popow in der Falle, die jedoch noch nicht völlig zuschnappen kann, da die Einschließungskräfte der „Wiking“ im Verhältnis zur Frontlänge äußerst schwach sind.
Hier kann nur die Artillerie helfen. Sie wird zum entscheidenden Pendel an der Waage des Kriegsgottes, die schließlich die Panzergruppe Popow als zu leicht befindet. Oberführer Herbert Gille, von Hause aus Artillerist, gliedert die Artillerie der „Wiking“ zum entscheidenden Einsatz: Je eine Abteilung werden den Regimentern „Germania“ und „Westland“ beigegeben, während die Masse des Artillerieregiments und die Flak-Abteilung „Wiking“ hinter dem Regiment „Nordland“ in Feuerstellung geht. In diese Kräfte werden auch die schweren Infanteriegeschütze des Regiments „Nordland“ einbezogen und ihre Feuerschläge von den B-Stellen der Artillerie geleitet. Zu wechselnden Zeiten, von allen Seiten, beschießen die Haubitzen und Geschütze und die Kanonen-Batterie der „Wiking“ Krasnoarmejskoje. Oberführer Gille erweist sich als ein Meister seines Faches. In ständig wechselnder Stärke donnern die Salven der deutschen Artillerie in Krasnoarmejskoje ein und zermürben allmählich die Russen.
Im Zuge der allseitigen Verengung des Ringes um Krasnoarmejskoje greift das Finnen-Bataillon am 12. Februar von Osten her erneut Nowo Pawlowka mit der 9. und 11. Kompanie an. Die Kompanien treten um 09.00 Uhr an und sind bald danach im Besitz der Ortschaft. Einsetzende Gegenangriffe, durch heftiges feindliches Artilleriefeuer unterstützt, brechen in der Abwehr der Finnen zusammen. Um 14.30 Uhr wird Pohjanlehtos 10. Kompanie von Datschanskij nach Nowo Pawlowka nachgezogen, weil neue feindliche Bereitstellungen erkannt worden sind.
Und abermals ein russischer Angriff auf Nowo Pawlowka! Die russische Infanterie wird von den Finnen niedergezwungen; gegen 15.30 Uhr dringen vier T 34 in Nowo Pawlowka ein. Es beginnt ein Katz-und-Maus-Spiel. Die T 34 decken sich gegenseitig und fahren zwischen den Häusern umher. Die Finnen halten sich die russische Infanterie vom Halse und warten auf günstige Gelegenheiten, um die T 34 zu knacken. Links vom Dorfeingang fährt sich am späten Nachmittag ein T 34 in einem Schlammloch fest und bleibt bewegungsunfähig liegen. Inzwischen wird es dunkel. Unterscharführer Zinnöcker und Sturmmann Silfverberg von der Zehnten,

Kompanietruppführer und Melder, entdecken beim Durchkämmen des Ortes den bewegungsunfähigen T 34. Der Mond steht mit halber Sichel bereits am Nachthimmel. Im fahlen Mondschein schleichen sie sich an den Panzer heran. Die Turmluke ist offen, schwach leuchtet das Bordlicht heraus. Zinnöcker und Silfverberg springen wie Katzen den Panzer an und werfen Handgranaten in den Panzer hinein. Dumpfe Detonationen, die Bordmunition geht in die Luft. Grelle Stichflammen zeigen das Ende des T 34 an. Wahrscheinlich hatte die Besatzung schon vorher den Panzer verlassen.

Am 13. Februar erneute Versuche der Panzergruppe Popow gemäß ihrem Auftrag, nach Südwesten voranzukommen. Westlich von der Gruppe Popow gewinnt General Charitonows sowjetische 6. Armee Boden nach Südwesten und nähert sich dem Dnjepr. Die Antreiberei setzt sich von Stalin über Watutin auf die kleineren Einheiten Popows fort. Neben anderen Räumen beschießt russische Artillerie Datschanskij und die nördlich davon liegenden Stellungen des Finnen-Bataillons. Alle Angriffe Popows werden im Keime erstickt. Eigene Artillerie schießt zusammengefaßte Feuerschläge; sie wechselt oft den Schwerpunkt und täuscht so eine viel größere Stärke vor. Die Klammer der „Wiking“ hält.

Am 14. Februar 1943 ist der Zeitpunkt da, um den Angriff auf das „Wespennest“ Krasnoarmejskoje losbrechen zu lassen. Während „Germania“ den größten Teil von Grischino erobert und „Westland“ weiter Gelände zwischen Rownyj und Krasnoarmejskoje gewinnt, greift das Regiment „Nordland“ von Süden her Krasnoarmejskoje an.

Die Angriffsgliederung des Regiments „Nordland“: Rechts I., Mitte III. und links II. Bataillon.

Der Stärke vortäuschende Einsatz der Artillerie, der Flak und der schweren Infanteriegeschütze der „Wiking“ führt beim Führungsstab der Panzergruppe Popow in Krasnoarmejskoje zu falschen Schlüssen, und Popow funkt an seine übergeordnete Stelle, die „Südwest-Front“: „Werde von fünf SS-Panzerdivisionen angegriffen. Kann mich nur mühsam behaupten. Hilfe dringend erforderlich. Es lebe Stalin!“

In Wahrheit ist es allein die Division „Wiking“, die angreift. Ihre Regimenter und Bataillone sind äußerst schwach. Die Kampfstärke der Kompanien beträgt im Durchschnitt nur etwa 40 Mann. Die Einheiten sind von den pausenlosen Einsätzen im Kaukasus und in der Kalmückensteppe arg mitgenommen. Völlig ungenügender Ersatz ist zur Division gekommen.

Am 14. Februar, um 11.00 Uhr, greift das III.(finn.)/„Nordland“ im Rahmen des Generalangriffs auf Krasnoarmejskoje mit der 10. und 11. Kompanie abermals Nowo Pawlowka an. Die 9. Kompanie bildet die Reserve. Beim Angriff wird eine mitfahrende Selbstfahrlafette der Panzerjäger-Abteilung von russischen T 34 abgeschossen. Nowo Pawlowka wird von zahlreichen Rotarmisten und drei T 34 verteidigt. Die mit den Finnen vorgehenden VB der 8. und 9. Batterie des Artillerieregiments „Wiking“ leisten präzise und hervorragende Arbeit; sie leiten das Feuer ihrer Batterien, das die Russen aus Nowo Pawlowka herauszwingt. Das Finnen-Bataillon nimmt den Ort und erreicht gegen 15.00 Uhr die Höhen einen Kilometer nördlich von Nowo Pawlowka. Auf dem Höhenzug wird eine neue HKL aufgebaut, die nach Krasnoarmejskoje mit T-Minen gegen russische Panzervorstöße gesichert wird.
Das rechts vom III. Bataillon angreifende I. Bataillon wird von einem Panzerzug, der auf der Strecke Stalino–Krasnoarmejskoje mitfährt, unterstützt. Stubaf. Lohmanns I. Bataillon trifft auf eine besonders heftige Abwehr und erleidet empfindliche Verluste, insbesondere durch Granatwerfer und Artillerie, die auf der gefrorenen deckungslosen Schneefläche reichlich Opfer finden. Die 3. Kompanie verliert ihre letzten Führer und auch fast alle verbliebenen Unterführer. Und ähnlich ergeht es auch dem II. Bataillon (Krügel). Es stellt sich heraus, daß die Russen doch noch kampfkräftiger sind als angenommen. Der Angriff des Regiments „Nordland“ wird eingestellt.
Am Morgen des 15. Februar stellt ein Spähtrupp des Finnen-Bataillons die Verbindung zum I. Bataillon nordostwärts von Nowo Pawlowka, ein anderer die Verbindung mit dem II. Bataillon westlich vom Bahnhof Gubin her. Um 10.30 Uhr wird die Reservekompanie, die Neunte, vorgezogen und sichert am rechten Flügel des Finnen-Bataillons den kleinen Ort Nowo Alexandroff.
Am 16. und 17. Februar ist die Front bei Krasnoarmejskoje verhältnismäßig ruhig. Freund und Feind verhalten sich passiv. Deutscherseits ist man bemüht, die Panzergruppe Popow durch Artilleriefeuerschläge und Abwürgen ihres Nachschubs weiter zu zermürben. Die Nachschubwege Popows werden zunehmend verunsichert. Popows schwach gesicherte Ostflanke wird aus dem Raum Nowo Ekonimischeskoje von General Funcks 7. Panzerdivision angegriffen. Reihenweise werden Popows Betriebsstoff- und Munitionsnachschub-Fahrzeuge abgeschossen. Weiter nördlich ver-

fährt General Balcks 11. Panzerdivision ebenso, so daß Popows Nachschub völlig versiegt. Die Offensivgruppe Popow sitzt in der Falle, aus der es kein Entrinnen gibt. Am 18. Februar hat der Funk-Horchzug des XXXX. Panzerkorps den russischen Funkschlüssel geknackt und entziffert einen Funkspruch Popows an die „Südwest-Front", der mit den Worten beginnt: „Alle Räder stehen still ..." und meldet, daß bald kein Panzer mehr fahren und schießen kann, da es an Munition und Treibstoff fehlt. Die Nachschubwege über Slawjansk seien von den Deutschen unterbrochen worden.
Ignatiewskij ist von starken russischen Infanteriekräften besetzt. Drei T 34 bilden das Rückgrat. Popow wartet vergeblich auf Verstärkungen und Nachschub, um seinen Marsch nach Süden fortsetzen zu können. Verstärkungen und Nachschub werden von der 7. und 11. deutschen Panzerdivision aufgehalten und zusammengeschossen. Nun scheint die Zeit reif zu sein, um der Panzergruppe Popow den Todesstoß zu versetzen.
Am Nachmittag des 18. Februar 1943 greift das Regiment „Nordland" im Rahmen des Angriffs der Division „Wiking" wieder an. Gegen 15.00 Uhr erobert die 9./„Nordland" Ignatiewskij gegen zähen feindlichen Widerstand. Die Russen fluten nach Krasnoarmejskoje zurück. Der Angriff der Neunten wird durch einen eingegrabenen Feindpanzer gestört, der aus der Flanke die Kompanie beschießt, bis auch er schließlich von einer Granate getroffen wird. Dadurch hat die Kompanie einen Toten und mehrere Verwundete. Ein Fernsprechtrupp legt eine Drahtverbindung vom Bataillonsgefechtsstand in Nowo Pawlowka bis zur vorgestoßenen Neunten, doch der Draht ist kurz vor Ignatiewskij alle. Während die Männer der Neunten im Nordrand von Ignatiewskij neue Stellungen herrichten und sich abwechselnd in den Häusern aufwärmen, hält sich ihr Kompanieführer, Ustuf. Ertel, auf freiem Felde 30 Meter südlich des Südrandes von Ignatiewskij auf, um ständig mit dem Bataillon in Drahtverbindung zu bleiben. Als ein Gegenangriff der Russen erkannt wird und Ertel dies an das Bataillon meldet, setzt prompt das Abwehrfeuer der 13. Kompanie „Nordland" ein, das teilweise in die Stellung der Neunten niedergeht. Zum Glück hat die Kompanie keine Verluste. Spielen die Berechnungs- und Richtmittel der sIG bei der Kälte verrückt?
Ustuf. Ertel harrt die ganze kalte Nacht über in der Nähe des Feldtelefons aus, um ständig mit dem Bataillon in Verbindung zu bleiben.
Beim Vorbringen von warmer und kalter Verpflegung fährt der „Spieß" der 9. Kompanie auf eine Mine und wird getötet. Hascha. Heinkes war immer

rührend um die Männer seiner Kompanie besorgt und brachte ihnen selbst in verzwicktesten Lagen das Mittagessen nach vorn. Oscha. Pape wird neuer „Spieß" der Kompanie.

Um die gleiche Zeit, als die 9. Kompanie Ignatiewskij angreift, meldet um 17.45 Uhr ein am Nordrand von Nowo Alexandroff stehender Spähtrupp vom Bataillonsstab den Anmarsch von 60 Rotarmisten. Stab III./„Nordland" und Reservekompanie nehmen die Russen unter Feuer und werfen eingedrungene Russen wieder aus dem Ort heraus. Die gefallenen Russen tragen unter der Uniform ihre Zivilsachen. Sie wollten vermutlich zur Nacht in die Häuser, um sich aufzuwärmen.

Hstuf. Ladau, Chef der Zwölften, wird durch Minenexplosion verwundet. Die schwere Kompanie des Finnen-Bataillons übernimmt der finnische Ostuf. Tenomaa. Das Bataillon hat am 18. Februar 1943 zwei Gefallene und acht Verwundete.

Am Morgen des 19. Februar werden die verlegten eigenen Minen von Pionieren aufgenommen. Um 08.30 Uhr beginnt der konzentrische Angriff der „Wiking" auf Krasnoarmejskoje. Von Süden her greift das Regiment „Nordland" an. Erstes Angriffsziel des II. und III. Bataillons ist Rog, hart südostwärts von Krasnoarmejskoje. An der Bahnlinie von Stalino, westlich von Moskowskij, drückt das I. Bataillon auf den Ostrand von Krasnoarmejskoje. Gegen 09.45 Uhr bricht die zunächst hartnäckige Abwehr der Russen zusammen, die Überlebenden ziehen sich fluchtartig auf Krasnoarmejskoje zurück. Die Panzergruppe Popow gerät in eine aussichtslose Lage. Es gibt keine Chance mehr. Der Kampf wird sinnlos, die Einheiten zerfallen, das Chaos breitet sich aus. Zum Entkommen fehlt es an Treibstoff. Die Rückzugsmöglichkeiten sind von den Deutschen verbaut.

II. und III./„Nordland" erobern Rog. Allein das Finnen-Bataillon erbeutet hier fünfzehn Lkw, zwei T 34 und zahlreiches Kriegsgerät. Von Nordwesten drückt das Regiment „Germania", von Nordosten das Regiment „Westland". Die Straßen nach Norden sperrt die 7. Panzerdivision. Die Panzergruppe Popow wird in Grischino und Krasnoarmejskoje aufgerieben; nur Reste schlagen sich in der folgenden Nacht über Felder und durch Wälder nach Norden zu den russischen Verbänden am Donez durch.

Um 16.00 Uhr werden die Sicherungen bei Rog vom II. Bataillon mit übernommen; das III.(finn.)/„Nordland" wird nach Kotlina verlegt und als Ortssicherung eingesetzt.

Am 19. Februar 1943 ist das Ende der Panzergruppe Popow gekommen. Stalin, seine Oberbefehlshaber der „Südwest-Front“ und der „Woronesch-Front“, die Generalobersten Golikow und Watutin, erkennen immer noch nicht von Mansteins geniale Strategie des Schlagens aus der Nachhand, des Angriffs aus dem Rückzug. Sie weisen immer noch ihre Verbände an, so schnell als möglich den Dnjepr zu erreichen. Sie bemerken die Fallen nicht, die ihnen von Manstein stellt, oder wollen sie nicht sehen.
145 Panzer vom Typ T 34 hatte die Panzergruppe Popow beim Übergang über den Donez, jetzt verfügt sie nur noch über wenige einsatzbereite. Ob Stalin das weiß? Gegen seine Befehle gibt es keine Widerrede. Sein Wort, sein Befehl gilt. Und die Armeeführer und Oberbefehlshaber kuschen und geben seine Befehle weiter. Von einer übergeordneten Kommandostelle zur nächst niedrigeren. So nimmt das Verhängnis seinen Lauf; es beginnt mit der Zerschlagung der Panzergruppe Popow; ihr folgt die Vernichtung der sowjetischen 6. Armee, und am Ende steht die Wiedereroberung von Charkow durch die Deutschen und die Herstellung einer festen Front im Süden Rußlands. Das „größere Stalingrad“ – die Vernichtung des ganzen Südflügels der deutschen Ostfront – findet in jenen Februartagen 1943 nicht statt – noch nicht!
Über die Panzergruppe Popow, ihre Stärke, ihren Kampf und ihren Untergang hat der Ic der Division „Wiking“, Professor Jankuhn, nach Gefangenenaussagen und mitgehörten russischen Funksprüchen einen Bericht verfaßt, als Anlage Nr. 1 zum Divisionsbefehl der „Wiking“ vom 21. Februar 1943, der bereits der Division neue Ziele zuweist:
„Feind hielt am 18. Februar 1943 Krasnoarmejskoje mit fünf Verbänden (9., 12., 14. Garde-Panzerbrigade, 3. Garde-mot.-Brigade, 7. Ski-Brigade) besetzt. Der eigene Angriff am Morgen des 19. Februar traf den Gegner überraschend. Über die Stärke unserer Angriffskräfte im unklaren, gab die gegnerische Führung am 19. 2. Befehl, die in Krasnoarmejskoje eingedrungenen deutschen Teile zu vernichten, ohne jedoch dem in Krasnoarmejskoje kämpfenden IV. Garde-Panzerkorps entsprechende Reserven zuzuführen. Gruppe Popow setzte vielmehr die Versammlung des X. Panzerkorps am 19. 2. im Raume Dobropolje (25 Kilometer nordwestlich Krasnoarmejskoje) fort und befahl gleichzeitig das Herauslösen des III. Panzerkorps aus Kramatorskaja. Erst am 20. 2. morgens erhielt die Gruppe Popow Kenntnis von dem Verlust der Orte Krasnoarmejskoje (durch ‚Nordland‘ und ‚Westland‘) und Grischino (durch ‚Germania‘).

Zur selben Zeit erwies sich auch der Auftrag des III. Panzerkorps, über Alexandrowka (25 Kilometer südwestlich von Kramatorskaja) nach Stepanowka zu marschieren, durch den Angriff der 11. Panzerdivision (Balck) als unausführbar. Durch die erneuten Vorstöße der 7. Panzerdivision am 21. 2. aus dem Raum Dobropolje nach Norden und Nordwesten und der 11. Panzerdivision aus dem Raum westlich Alexandrowka nach Norden in den Raum Lawrowka–Oktjabrskij (25 Kilometer nordwestlich Kramatorskaja) wurde heute der Gegner gezwungen, seinen ursprünglichen Entschluß, der deutschen Kampfgruppe ein etwaiges Ausweichen nach Westen durch überraschenden Vorstoß in den Raum Slawjanka–Petropawlowka zu verhindern, zu ändern. Die Gruppe Popow hat nunmehr am Nachmittag (21. 2.) allen ihren Teilen, die zudem zur Zeit größere Nachschubschwierigkeiten an Benzin und Verpflegung haben, den Rückzug in den Raum Gniluscha befohlen, während die Reste der 7. Ski-Brigade und der 9. Garde-Panzerbrigade im Westteil Krasnoarmejskoje ihrer Vernichtung entgegengehen."

Am 23. Februar 1943 brechen die Divisionen des XXXX. Panzerkorps bei Krasnoarmejskoje und nördlich davon den letzten Widerstand der Gruppe Popow und stoßen auf breiter Front nach Norden vor. Popow bittet über Funk Watutin um Hilfe, aber statt dessen befiehlt dieser, daß Popow den Feind, das deutsche XXXX. Panzerkorps, im Raum Barwenkowo, aufzuhalten und zu vernichten habe.

Der Donez ist das Ziel

Am 21. Februar 1943 zeichnet sich eine Entlastung an den Krisenherden der Heeresgruppe Süd ab. Die Front am Mius hat gehalten. Der Druck auf den Eckpfeiler der Heeresgruppe, zwischen Mius und Donez, wurde von der Armee-Abteilung Fretter-Pico erfolgreich abgefangen. Im Abschnitt der 1. Panzerarmee geht die Panzergruppe Popow ihrer Vernichtung entgegen. Die 4. Panzerarmee hatte Pawlograd wieder erobert, kesselte die im dortigen Raum stehenden russischen Kräfte der 6. Armee ein und befindet sich nun im Vormarsch zum Donez. Die russischen Offensivkräfte sind erlahmt.

Damit hat die Heeresgruppe Süd die Initiative wieder an sich gerissen und kann nunmehr darangehen, die noch zwischen Dnjepr und Donez stehenden Feindkräfte zu schlagen oder über den Donez zurückzuwerfen, denn am Donez soll die neue feste Front aufgebaut werden. Aus dieser Entwicklung heraus wird Charkow durch das SS-Panzerkorps Hausser wieder eingenommen.

Die SS-Panzergrenadierdivision „Wiking" tritt nach Zerschlagung von Popows Panzerspitze am 22. Februar 1943 im Rahmen des XXXX. Panzerkorps (Henrici) zum Angriff nach Nordwesten an.

Am 22. und 23. Februar sichert das III.(finn.)/„Nordland", das über Kotlina herangezogen wurde, den Ort Andrenowka, an der linken Flanke der Division. Der Angriff der 4. Panzerarmee hängt noch weit zurück, und dadurch wird die linke Flanke immer länger. Von Andrenowka aus werden noch russische Kräfte aus dem Raum Selenyj im Vorgehen nach Süden beobachtet. Während Mansteins Kräfte schon im Begriff sind, nach Norden anzugreifen, um die große Lücke der deutschen Front am Donez zu schließen, hetzt Stalin seine Verbände noch nach Süden zum Dnjepr – ein verhängnisvoller Irrtum!

Bei der Absicherung der linken Divisionsflanke arbeitet das Finnen-Bataillon eng mit der Aufklärungs-Abteilung „Wiking" zusammen. Eine Aufgabe, die Steiner den Finnen zugewiesen hat, weil er das Bataillon gerne als Kradschützen- oder Sturmbataillon in seinem neu aufzustellenden Korps behalten möchte.

Bei Temperaturen um Null Grad – mal Tauwetter, mal Frost – ist der Vormarsch der „Wiking" und aller anderen deutschen Verbände eine endlose Quälerei, aber die „Wikinger" sind froh gestimmt, weil es wieder vorwärts geht.

Am 24. Februar trifft das Regiment „Westland" im Raum Bogdanowka auf Popows letzte kampfkräftige Truppe, das X. Panzerkorps, das sich hartnäckig verteidigt. Es kommt zu einem für beide Seiten verlustreichen Gefecht. Im Zuge dessen und der Abdeckung der offenen linken Flanke wird das Finnen-Bataillon an diesem Tage zur Sicherung in Kriworoshje und beim Kolchos Tscherwona Sirka, einen Tag später bei Schewtschenka, eingesetzt.

Nachdem der Gegner bei Bogdanowka geschlagen ist, geht die „Wiking" gegen den Suchoj-Torez-Abschnitt vor. Dabei verschafft ihr rechts vorgehendes Regiment „Germania" der rechts angelehnten 7. Panzerdivision

(Funck) Luft durch einen Angriff auf Barwenkowo. Danach erobert „Germania“ die Orte Podolje und Archangelskaja. In der Mitte der Division „Wiking“ erreicht das Regiment „Westland“ das Höhengelände bei Zyglerowka, das der Gegner stärker verteidigt. Bei dem beginnenden Gefecht wird der Kommandeur des Regiments „Westland“, Ostubaf. Reichel, schwer verwundet; er stirbt Tage später im Feldlazarett Dnjepropetrowsk.
Das im linken Divisionsabschnitt vorgehende Regiment „Nordland“ und die Panzerabteilung „Wiking“ packen den Gegner, der „Westland“ und „Germania“ aufhält, in der Flanke und zwingen ihn zum Rückzug nach Norden.
Für das Finnen-Bataillon ergeben sich indessen immer neue Sicherungsaufträge.
Am 26. Februar 1943 marschiert das Bataillon über Nowo Alexandrowka –Gawrilowka nach Bugajewka.
Am 27. Februar Weitermarsch und fortlaufende Sicherungen in Danilowka, Krasnoje Dolina und Molotschnyj.
Am 28. Februar sichert das III.(finn.)/„Nordland“ Molotschnyj. Gegen 08.15 Uhr starke Feindbewegungen von Südwesten auf den Ort, die jedoch von der eigenen Artillerie frühzeitig unter gutliegendes Feuer genommen werden. Der Gegner dreht ab und hinterläßt drei beschädigte Lkw, zwei Geschütze und einen Panzer vom Typ T 26.
In der Nähe des Donez kommen alle Restkräfte Popows und der sowjetischen 6. Armee zusammen, die aus den Kämpfen weiter südlich entkommen konnten. Deutscherseits weiß man noch nicht, ob Stalin seinen Armeen den Rückzug über den Donez freigestellt hat, oder ob er neue Verbände zum Stoß in Richtung Dnjepr versammelt. Also: Versammlung zu neuem Angriff oder zur Deckung des Uferwechsels nach Norden?
Am 1. März 1943 marschiert das III.(finn.)/„Nordland“ mit der Aufklärungs-Abteilung der Division „Wiking“ über Wodjany–Dmitriewka nach Petropolje. Die Straßen und Wege sind durch das eingetretene Tauwetter nur noch Schlammpisten. Das Finnen-Bataillon bleibt über Nacht in Petropolje.
Am 2. März unterstützt das Bataillon mit seinen schweren Waffen und durch Flankenfeuer den Angriff der Aufklärungs-Abteilung „Wiking“ gegen die dem Donez vorgelagerten Höhen bei Andrejewka. Die Uferhöhen fallen in deutsche Hand.

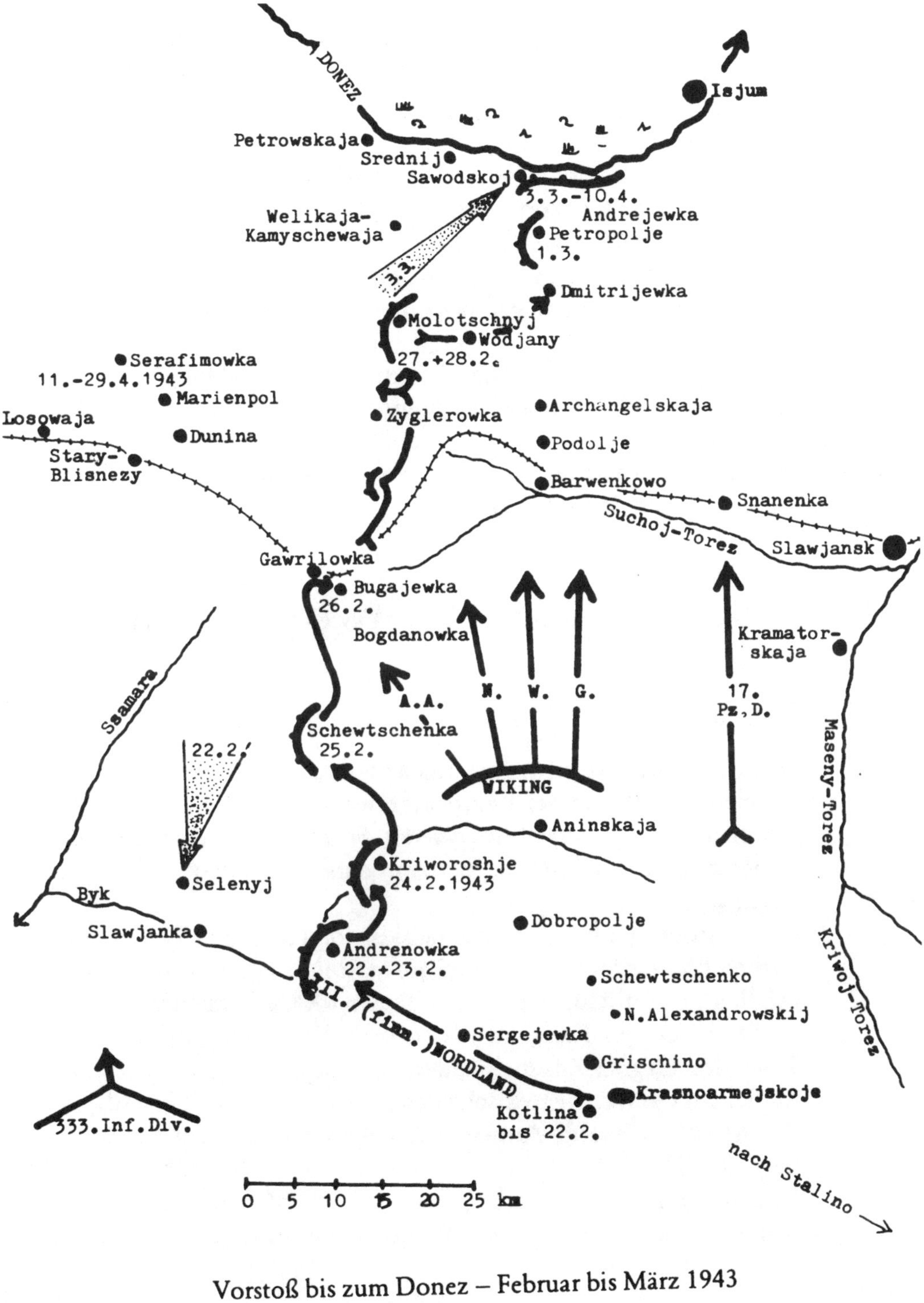

Vorstoß bis zum Donez – Februar bis März 1943

In der Nacht zum 3. März schlägt wieder das Wetter um. Nach Tauwetter starkes Schneetreiben, das dem Rückzug der versprengten russischen Kräfte entgegenkommt. Bei Morgengrauen, gegen 06.00 Uhr, erkennen die Sicherungen des Finnen-Bataillons bei Petropolje Feindbewegungen in Richtung Sawodskoj. Bald darauf hören sie eine starke Explosion – die Russen haben hinter sich die Donezbrücke gesprengt. Gegen 07.00 Uhr melden Spähtrupps, die den Russen gefolgt sind, daß Sawodskoj feindfrei ist. Nach Versorgung und Auftanken ziehen die Kompanien des Finnen-Bataillons weiter vor und erreichen gegen Mittag Andrejewka, wo sie unterziehen und sichern.

Fast gleichzeitig erreichen alle Gefechtsgruppen der „Wiking" und des XXXX. Panzerkorps den Donez auf breiter Front westlich der Donezschleife von Isjum.

Am 4. März 1943 würdigt der Kommandeur der „Wiking" in einem Tagesbefehl die Leistungen der Soldaten:

SS-Panzer-Grenadier-Division „Wiking" — Div.Gef.St., den 4. März 1943

Kameraden!

Nach langen und schweren Rückzugskämpfen, die infolge der schwierigen Lage an der Donfront erforderlich waren, hat die Division in einem Augenblick wieder Front gemacht, in dem der bisher kaum behinderte Gegner zum entscheidenden Schlage ausholen wollte.

Die Division hat bei Krasnoarmejskoje den stärksten Teil der russischen Operationsgruppe, die Panzerarmee Popow, zunächst aufgehalten, und alsdann im Verbande des XXXX. Panzerkorps, Seite an Seite mit den Kameraden der 7. und 11. Panzerdivision, die Teile des Gegners nacheinander geschlagen. Heute stehen wir wieder am Donez, die russische Panzerarmee Popow ist geschlagen, die russische 1. Garde-Armee und 6. Armee sind in der Auflösung begriffen. Das deutsche Soldatentum hat abermals gesiegt.

Erneut hat die Division wie immer ihre Pflicht getan, an entscheidender Stelle siegreich gekämpft und neuen Ruhm erworben.

In diesen Tagen habt Ihr wahrhaft um das Schicksal Eurer Heimat gerungen und gesiegt. Sie wird Euch einst dafür danken. Heute wollt Ihr alle zunächst mit meinem Dank und meine hohe Anerkennung sowie dem Stolz auf Eure Leistungen zufrieden sein.

(gez.) Steiner*)

Letzte Stellung und Abschied von Rußland

Das III.(finn.)/„Nordland" hat im Rahmen der Division „Wiking" den Donez erreicht und ist in Andrejewka untergezogen. Die Kompanien gehen am Donez in Stellung. Das erste Operationsziel der Heeresgruppe Süd ist erreicht. In der zweiten Operationsphase wird am 16. März die Stadt Charkow vom SS-Panzerkorps Hausser zurückerobert.
Die Kompanien der SS-Panzergrenadierdivision „Wiking" sind von langen Kampfwochen dezimiert und bedürfen der Auffüllung und Auffrischung. Da nun der Donez der neuen Stellung eine gewisse Sicherheit bietet – wie alle Stellungen hinter Flußbarrieren –, kann die Division ihre angeschlagenen Verbände im Hinterland des Donez bataillonsweise auffrischen.
Das Gelände der neuen Stellung begünstigt die Verteidigung. Südlich des Donez liegen sanfte Hügel, ein zusammenhängendes Höhengelände, das zum Fluß hin abfällt und sehr übersichtlich ist. Jenseits des Donez, auf der Feindseite, ist dichtes Wald- und Buschgelände; wenig geeignet für Panzer und den Ansatz größerer Infanterieverbände. Nachdem bereits Anfang März das Eis des Flusses aufgeht, bietet also diese Stellung den Deutschen eine große Sicherheit. Nur Artilleriestreufeuer und die Tätigkeit russischer Scharfschützen, die überall in den Ufergehölzen sitzen, zwingen die Soldaten der „Wiking" zur Vorsicht.
Ab 4. März 1943 geht das III.(finn.)/„Nordland" im HKL-Abschnitt Andrejewka an den Ausbau der neuen Stellung. Gräben werden geschaffen und Wohnbunker entstehen. An gefährdeten Stellen werden Hindernisse, Minen und Drahtverhaue, geschaffen.

---

*) Straßner, „Europäische Freiwillige", Munin Verlag Osnabrück, Seite 201, 202.

Am 10. März greifen die Russen aus einem Brückenkopf bei Isjum die dort stehende 7. Panzerdivision an. Daraufhin trifft auch die Division „Wiking" Sicherheitsvorkehrungen: Die in Andrejewka in Reserve liegende 10. Kompanie des Finnen-Bataillons wird dem I./„Nordland" zugeführt, das in Dmitrijewka als Korpsreserve (XXXX. Panzerkorps) liegt. Die Krise bei Isjum wird jedoch von der 7. Panzerdivision allein gemeistert, so daß das Bataillon Lohmann mit der unterstellten 10./„Nordland" nicht einzugreifen braucht.

In den nächsten Wochen erfolgt innerhalb der Division, der Regimenter und Bataillone ein Austausch der Stellungseinheiten, um allen nacheinander Zeit zur Ruhe, zur Auffrischung und Ergänzung von Waffen und Geräten zu ermöglichen. Mit dem Eintreffen von frischen deutschen Divisionen erfolgt ab Mitte März 1943 eine Umgliederung innerhalb der Armeekorps und der Armeen. Die Panzerdivisionen werden größtenteils durch Infanteriedivisionen ersetzt und im Hinterland mit neuen Panzern und Fahrzeugen ausgestattet. Einige Abschnitte werden durch Einschieben weiterer Divisionen verkleinert.

So verbringt auch das Finnen-Bataillon bis zum 7. April 1943 verhältnismäßig ruhige Tage in der Donez-Stellung, abgesehen von gelegentlichen Artilleriefeuerüberfällen und der Tätigkeit russischer Scharfschützen. Am 12. März wird der Chef der 10. Kompanie, Ostuf. Pohjanlehto, verwundet, die Kompanie übernimmt Ostuf. Ingerö. Am 26. März erkrankt der Chef der 12. Kompanie, Ostuf. Tenomaa, die Zwölfte übernimmt Ostuf. Sartio.

Gerüchte halten sich hartnäckig, wonach das Bataillon herausgezogen und nach Deutschland abtransportiert werden soll. Die zweijährige Verpflichtungszeit der Finnen läuft ab. Deutscherseits bemüht man sich, den Vertrag zu verlängern. Da nun aber ein deutscher Endsieg nicht mehr sicher zu sein scheint, lassen sich die Staats- und Militärführer Finnlands verständlicherweise Zeit; sie wollen – wer will es ihnen verdenken – die staatliche Einheit Finnlands und den völkischen Zusammenhalt über alle Wirrnisse der Zeit hinweg erhalten.

Anfang April 1943 wird es dann gewiß, daß das Finnen-Bataillon aus dem Verband der Division „Wiking" entlassen und nach Deutschland abtransportiert wird.

Am 8. April werden alle nicht benötigten Trosse und Fahrzeugstaffeln des Bataillons nach Stary Blisnezy zurückverlegt. Ein Vorkommando der Ber-

lin-brandenburgischen 257. Infanteriedivision (General Püschler) trifft ein und wird in die Stellungen des Finnen-Bataillons eingewiesen.
In der Nacht zum 10. April 1943 wird das III.(finn.)/„Nordland“ vom II./ Grenadierregiment 457 abgelöst und fährt am nächsten Morgen von Andrejewka nach Petropolje und einen Tag später in den neuen Unterkunftsraum Serafimowka–Marienpol–Dunina.
Am 12. und 13. April werden Waffen, Fahrzeuge und Geräte gereinigt und instand gesetzt und ihre Übergabe an das an der Front eintreffende estnische Freiwilligen-Bataillon „Narwa“ vorbereitet.
Das SS-Freiwilligen-Bataillon „Narwa“ war bisher I. Bataillon des 1. Regiments der Estnischen Legion. Es wird von Hstuf. Georg Eberhardt geführt. Das Bataillon setzt sich aus aktiven Offizieren und Unterführern des ehemaligen estnischen Heeres zusammen, das nach der sowjetischen Besetzung Estlands im Jahre 1939 aufgelöst wurde. Das Bataillon hat bereits Fronterfahrung und war auch im Partisaneneinsatz. Am 14. April 1943 übernimmt das Esten-Bataillon Waffen, Geräte und Fahrzeuge vom Finnen-Bataillon und zieht an die Front.
Mit der Vergrößerung der Waffen-SS durch Aufstellung neuer Divisionen und auch eigener Armeekorps zeichnet sich schon ab, daß das Regiment „Nordland“ durch die Umgliederung der Division „Wiking“ in eine Panzerdivision – die laut Kriegsstärkenachweis nur noch zwei Panzergrenadierregimenter hat – aus dem Verband der „Wiking“ ausscheiden muß. Es soll zu einer Division aufgestockt werden.
„Nordland“ und die ebenfalls zur Division aufzustockende Legion „Nederland“ sollen das III. (germ.) SS-Panzerkorps bilden.
Als Kommandierender General ist Felix Steiner vorgesehen, der die Führung der „Wiking“ an Generalmajor der Waffen-SS Herbert Gille abgeben soll. Kommandeur der neu zu bildenden Division „Nordland“ soll der ehemalige Regimentskommandeur, Generalmajor der Waffen-SS Fritz von Scholz, werden.
Im Unterkunftsraum des III.(finn.)/„Nordland“ herrscht bereits Aufbruchstimmung. Sechzehn Monate Entbehrungen und härteste Kämpfe bei Gluthitze und eisiger Kälte. Sechzehn Monate Kriegseinsatz – fern der Heimat. Es war ein beschwerlicher Weg, und viele einfache Feldgräber blieben als Zeichen des Kampfes auch für die Freiheit Finnlands zurück – das muß man den finnischen Freiwilligen zu jener Zeit glauben. Der Glaube ist alles, er versetzt Berge, der Glaube an eine gute Sache, wie sie sich ihnen

darstellte. Das muß man ihnen abnehmen! Und sie, die finnischen Freiwilligen, erfuhren das große Erlebnis der Gemeinschaft von gleichgesinnten Männern, die Kameradschaft, die Ländergrenzen belanglos werden ließ, die alle europäischen Freiwilligen der Division „Wiking" einschließt.
Am 20. April 1943 wird der Kommandeur des Regiments „Nordland", Obersturmbannführer Joerchel, zum Standartenführer befördert. Am gleichen Tage wird der Kommandeur des III. (finn.) Bataillons „Nordland", Sturmbannführer Collani, Obersturmbannführer. Damit werden gleichzeitig die Verdienste eines Mannes gewürdigt, der mit Tatkraft, Umsicht, Tapferkeit und menschlichem Einfühlungsvermögen seine ihm anvertrauten Finnen von Erfolg zu Erfolg geführt hat.
Der Fronteinsatz der Finnen wird am 22. April 1943 durch Verleihung der finnischen Tapferkeitsmedaille I. und II. Klasse an 112 Soldaten des III.(finn.)/„Nordland" gebührend gewürdigt.
General der Waffen-SS Steiner, der das Bataillon gern als Kradschützen- oder Sturmbataillon in seinem neuen Panzerkorps gehabt hätte, verabschiedete das Finnen-Bataillon als Kommandeur der Division „Wiking" am 24. April 1943 in Serafimowka. Er gedachte der Toten und würdigte noch einmal den Einsatz des Bataillons: „Jeder, auch der schwierigste Auftrag wurde von Euch vorbildlich ausgeführt!"
Alle Finnen, die in anderen Einheiten der Division „Wiking" stehen, werden zum Finnischen Freiwilligen-Bataillon versetzt.
Am 29. April 1943 ist es dann soweit: 16 Führer und 353 Unterführer und Mannschaften steigen auf dem Bahnhof Stary Blisnezy in einen Transportzug und fahren nach Deutschland, wo sie am 7. Mai auf dem Truppenübungsplatz Grafenwöhr, dem Aufstellungsraum des III. (germanischen) SS-Panzerkorps, eintreffen.

In Deutschland und Rückkehr nach Finnland

Am 7. Mai 1943 bezieht das III.(finn.)/„Nordland", das Finnische Freiwilligen-Bataillon der Waffen-SS, Unterkunft auf dem Truppenübungsplatz Grafenwöhr. Einen Tag später trifft dort auch das Ersatz-Bataillon ein und wird mit dem Front-Bataillon zusammengelegt. Die Gesamtstärke beträgt

jetzt: 18 Führer, 194 Unterführer und 546 Mannschaften. Das Ersatz-Bataillon lag in Graz und hatte die Aufgabe, Ersatz aus Finnland aufzunehmen und nach einer Ausbildung weiterzuleiten sowie die verwundeten Soldaten des Bataillons nach ihrer Lazarettentlassung zu betreuen und dem Front-Bataillon wieder zuzuführen.
Vom 11. bis 27. Mai 1943 ist das Bataillon zur Erholung im bayrischen Kurort Ruhpolding. Als es dort auf dem Bahnhof eintrifft, wird es von einer großen Menschenmenge freundlich empfangen und vom Bürgermeister der Stadt willkommen geheißen. Die Unterbringung erfolgt in Privatquartieren. Bald werden herzliche Freundschaften mit der Bevölkerung geschlossen. Die finnischen Freiwilligen erweisen sich als gute Boten ihres Landes. Es folgen Ausflüge in die schöne Umgebung des Alpenlandes. Presse, Rundfunk und Film halten die Begegnungen zwischen Deutschen und Finnen fest und stellen die Waffenbrüderschaft besonders heraus. Es wird ein Film über das Bataillon gedreht, bei dem die Kompanie Ertel als „Filmkompanie" mitwirkt. Interviews für Propagandasendungen werden aufgenommen. Das Führerkorps des Bataillons wird von Kurdirektor Dr. Degener zu einem Umtrunk eingeladen.
Am 23. Mai 1943 veranstaltet die Auslandsorganisation der NSDAP für das Bataillon einen bunten Abend, wobei international bekannte Künstler mitwirken, darunter Gretel Theimer, Petre Munteanu (Tenor), Mary Hannikainen und das Orchester Leo Eysoldt. An der Veranstaltung nehmen auch General Steiner, Persönlichkeiten der Wehrmacht, der Feldgeistliche und Verbindungsoffizier des Bataillons, Kurkiala, und Vertreter der Stadt teil.
Am 27. Mai erhalten die Kompanien Gewehre und marschieren im geschlossenen Bataillonsverband durch Ruhpolding zum Sportplatz der Stadt. Die Bevölkerung nimmt regen Anteil. Das Bataillon ist im Karree in Paradeaufstellung angetreten. General der Waffen-SS Felix Steiner schreitet die Front ab.
Am 28. Mai 1943 fährt das Finnische Freiwilligen-Bataillon von Ruhpolding in die Heimat ab. Der Eisenbahntransport geht über München–Regensburg–Hof–Chemnitz–Cottbus–Tilsit–Riga–Tartu–Taps nach Reval, wo das Bataillon am 1. Juni 1943, morgens um 05.00 Uhr, eintrifft, sogleich zum Hafen marschiert und an Bord des Transporters „Warthe" geht. Bereits um 07.00 Uhr verläßt das Schiff den estnischen Hafen Reval in Richtung Finnland.

Um 14.00 Uhr Ankunft an der finnischen Südwestküste, im Hafen von Hangö, und anschließend Marsch in die Unterkunft.
Am 2. Juni 1943 wird das in Paradeaufstellung angetretene Bataillon von General Steiner, der im Flugzeug nach Finnland kam, und dem Befehlshaber des finnischen Ersatzheeres, General Malmberg, begrüßt und in der Heimat willkommen geheißen. Anschließend nehmen beide Generale den Vorbeimarsch des Bataillons ab.
Das Bestreben der finnischen Regierung ist es, das Bataillon möglichst ohne großes Aufsehen in Finnland aufzunehmen – auch aus außenpolitischen Rücksichten. Nach dem Vorbeimarsch muß das Bataillon die in Ruhpolding empfangenen Waffen abgeben, was viele Freiwillige in Mißstimmung bringt. Sie kämpften mit deutschen Waffen und wollen damit auch in Finnland einziehen. Um 16.00 Uhr verläßt der Sonderzug mit dem Bataillon Hangö und trifft am Morgen des 3. Juni in Tampere ein.
Die Ankunft der Freiwilligen hat sich in Finnland wie ein Lauffeuer verbreitet. Die Bevölkerung und zahlreiche Angehörige der Freiwilligen bereiten dem Bataillon einen überwältigenden Empfang. Das Bataillon tritt auf dem Sportplatz von Tampere zum letzten Appell an. General Steiner übergibt das Finnische Freiwilligen-Bataillon der Waffen-SS an den Befehlshaber des finnischen Ersatzheeres, General Malmberg. In ihren Ansprachen würdigen sie Fronteinsatz und Leistungen des Bataillons und die deutsch-finnische Waffenbrüderschaft. Unter den zahlreichen Finnen ist auch Baronin Ruth Munck, die als Krankenschwester die Finnen des Preußischen Jägerbataillons 27 im Ersten Weltkrieg betreute und jetzt die finnische Lotta-Organisation – eine Hilfsorganisation der finnischen Wehrmacht – leitet. Auch die beiden finnischen Krankenschwestern Lisa und Laine-Maire, die in deutschen Lazaretten ihre Landsleute betreuten, sind dabei.
Den finnischen Freiwilligen und den deutschen Bataillonsangehörigen schlägt große Sympathie entgegen.
Um 17.00 Uhr sind dann alle Formalitäten für den Urlaub erledigt. Die finnischen Freiwilligen fahren für vier Wochen – bis zum 2. Juli – in Urlaub in ihre Heimatorte.
Die deutschen Bataillonsangehörigen werden von der finnischen Armee zu einer Besichtigungsfahrt durch Südfinnland eingeladen. Die Besichtigungsfahrt dauert vom 4. bis 9. Juni 1943. Sie besuchen die Sportschule Vierumäki, die von Oberst Levälahti, dem ersten Verbindungsoffizier des

Bataillons, geleitet wird. Dann fahren die Deutschen nach Jyväskylä, wo am Ehrenmal für die finnischen Gefallenen und am Ehrenmal der Gefallenen der deutschen Ostsee-Division von 1918 Kränze niedergelegt werden; Ostuf. Ertel hält eine Gedenkrede. Dann fahren die deutschen Bataillonsangehörigen durch die wunderschöne Seenlandschaft des Päijannejärvi nach Lahti, hier besichtigen sie den Langwellensender, einen der leistungsstärksten derzeitigen Sender der Welt. Anschließend sind sie Gäste der finnischen Garnison Lahti. Von dort geht es nach Helsinki, das sonst für deutsche Soldaten gesperrt ist.
In Helsinki erleben die deutschen Bataillonsangehörigen einige unvergeßliche Tage. In der sonst eher herben Hauptstadt Finnlands schlägt ihnen überall herzliche Gastfreundschaft entgegen.
Im Hotel Kemp geben die Finnen für ihre deutschen Freunde ein Abendessen nach echt finnischer Art und Sitte.
Am anderen Tag steht Obersturmführer Ertel bei einem Stadtrundgang unvermittelt vor dem Sternenbanner, das über der US-Botschaft weht, und die finnische Wirklichkeit hat ihn wieder.
Inzwischen wird, in Abstimmung mit dem deutschen Militärattaché in Helsinki, ein Stützpunkt des Bataillons unter Führung von Ustuf. Scholz errichtet, der die deutschen Bataillonsangehörigen nach ihrer Besichtigungsfahrt aufnimmt. Von dort fahren sie am 9. und 10. Juni nach Deutschland in Urlaub.
Am 1. Juli 1943 treffen alle Führer des Bataillons im deutschen Lager in Hangö ein und am 2. Juli alle anderen Angehörigen des Bataillons.

Inzwischen sind nach Verhandlungen die Würfel gefallen. Marschall Mannerheim fordert seine finnischen Landsleute zurück, um sie in die finnischen Streitkräfte aufzunehmen. Bis zur Abwicklung der Formalitäten bleiben die Soldaten des Bataillons im deutschen Lager in Hangö.
Am Morgen des 10. Juli 1943, einem schönen Sommertag, tritt das Finnische Freiwilligen-Bataillon zum letzten Appell an. Obersturmbannführer Collani verabschiedet sich durch Handschlag von seinen finnischen Männern. Eine Waffenbrüderschaft im wahrsten Sinne des Wortes, eine Kameradschaft, die in schwersten Stunden des Kriegseinsatzes entstanden ist, geht äußerlich zu Ende, doch sie wirkt weiter fort als Mittler zwischen zwei schwer geprüften Völkern.
Das Kriegstagebuch des Bataillons schließt mit folgender Eintragung ab:

„10. 7. 1943:
Auf Wunsch Marschall Mannerheims Entlassung sämtlicher Finnen aus der Waffen-SS. 08.00 Uhr Verabschiedung der finnischen SS-Angehörigen durch Handschlag des Kommandeurs, Obersturmbannführer Collani.
An finnische Ersatzbehörde übergeben: 14 Führer, 234 Unterführer und 534 Mannschaften. 11 Unterführer und 27 Mannschaften werden nach weiterer ärztlicher Behandlung später entlassen.
Vom 15. 6. 1941 bis 11. 7. 1943 hat das Finnische Freiwilligen-Bataillon bestanden. Kampfgeist und Kampfkraft waren hervorragend und wurden von allen Vorgesetzten anerkannt. Deutsche und Finnen kettet das Band der Kameradschaft aneinander.

Abgeschlossen am 11. 7. 1943.

F.d.R.d.A.:
gez. Hirt, Ostuf. und Adjt. gez. Collani, Ostubaf. und Kdr."

*

Schon Ende 1941 wurde maßgebenden finnischen Militärs bewußt, daß der Krieg gegen die UdSSR nicht so schnell zu Ende gehen würde, als erhofft. Ja, es kamen erste Zweifel auf, ob Deutschland überhaupt diesen Krieg gewinnen könne.
Die finnische Regierung und finnische Militärs wurden Deutschland gegenüber immer zurückhaltender, und in zunehmendem Maße wurde darauf hingewirkt – besonders von Generalleutnant Talvela*) – das finnische Freiwilligen-Bataillon aus seiner Bindung zur Waffen-SS zu lösen, in der es, mehr als das Heer, mit dem nationalsozialistischen Deutschland verbunden sei.
Diesen Bestrebungen kam entgegen, daß von deutscher Seite eine Anzahl von Vertragsvereinbarungen nicht eingehalten wurde; das Bataillon war z. B. kein „selbständiger Verband" mit eigenen Führern, und diese und andere Vertragsverletzungen verursachten berechtigte Unruhe, vielfache persönliche Enttäuschungen unter den betroffenen finnischen Freiwilligen, die in verschiedenen Einheiten der „Wiking" nur als „Gäste" am Feldzug gegen die Sowjetunion teilnahmen.**)

---

*) Siehe Anhang, Dokument Nr. 4, vom 4. 11. 1942.
**) Vergleiche Anhang, Dokument Nr. 2, vom 10. 2. 1942.

Um diesen Bestrebungen entgegenzuwirken und den Einsatz des Finnischen Freiwilligen-Bataillons in der Division „Wiking“ weiterhin zu gewährleisten (und für Ersatz zu sorgen, weil andernfalls das Bataillon allmählich ausgeblutet und seine Auflösung zwangsläufig erfolgt wäre), war auf Betreiben des Chefs des SS-Ergänzungsamtes, Berger, ein neues finnisches SS-Komitee ins Leben gerufen worden, unter Vorsitz des Rektors der Universität Helsinki, Professor Nevanlinna.*)
Das neue Komitee wurde jedoch kaum noch arbeitsfähig, weil sich ab Herbst 1942 die militärische Lage für Deutschland abermals verschlechtert hatte. Unter diesen Gesichtspunkten war dann auch im März 1943 bei den Vorarbeiten zur Aufstellung des III. (germ.) SS-Panzerkorps der Vorschlag Himmlers, alle Finnen in einem deutsch-finnischen Regiment mit dem Namen „Kalevala“ (nach dem finnischen Nationalepos von Elias Lönnrot) zusammenzufassen, gegenstandslos.
Ein neuer Versuch, aus finnischen Gefangenen der deutschen Lappland-Armee und in Deutschland lebenden Finnen um die Jahreswende 1944/45 erneut einen finnischen Verband zu bilden, scheiterte am Personalmangel.

Die Auflösung des finnischen SS-Bataillons im Jahre 1943

Von Professor Dr. Mauno Jokipii

Als sich die zweijährige Vertragszeit des Bataillons ihrem Ende näherte, kamen die Deutschen schon beizeiten – im März 1943 – auf eine Fortsetzung des Abkommens zu sprechen. Vom Standpunkt Deutschlands hatte das Bataillon eine symbolische Bedeutung, die bei der Propaganda benutzt werden konnte. Finnischerseits sah man keinen Grund zu besonderer Eile. Die finnische Regierung, deren Premierminister nach der Präsidentenwahl im Februar 1943 Professor Edwin Linkomies und deren Außenminister Dr. Henrik Ramsay war, schickte einen inoffiziellen Vertreter, den Rektor der Universität Helsinki, Professor Rolf Nevanlinna, im Frühjahr 1943

*) Siehe Anhang, Dokument Nr. 3, vom 28. 4. 1942.

nach Berlin, um sich über die Wünsche der Deutschen zu informieren. Er verhandelte mit dem Chef des SS-Ergänzungsamtes, General Gottlob Berger, und vermittelte die entsprechenden Auskünfte und Verhandlungsergebnisse nach Finnland.

Der Ausschuß für Auswärtige Angelegenheiten des finnischen Parlaments faßte am 1. 7. 1940 den Beschluß, daß finnische Wehrpflichtige während eines Krieges, in den Finnland verwickelt ist, nicht im Ausland Kriegsdienste leisten dürfen. Der Wortlaut dieses Beschlusses wurde nicht veröffentlicht, so daß wir nicht wissen, ob er auch andere Verträge, die noch in Kraft waren, betraf. Auf jeden Fall wurde dadurch – nach Ausbruch des Krieges mit der Sowjetunion – eine Ersatzgestellung für das finnische SS-Bataillon verhindert.

Bei den neuen Verhandlungen im Frühjahr 1943 begrenzte die finnische Regierung die Frist eines neuen Vertrages der finnischen SS-Freiwilligen auf sechs Monate. Mannerheim stimmte einer Frist von einem Jahr zu.

Nach Ablauf der Vertragszeit wurde das finnische Bataillon über Reval in die Heimat gebracht und in aller Stille in Hanko ausgeschifft. Von einer Ausladung in Helsinki sah man ab, weil man auch keine Luftangriffe heraufbeschwören wollte. Am 3. 6. 1943 durfte das Bataillon im Innern des Landes, in Tampere, eine Parade abhalten. Die Männer erhielten einen Monat Urlaub, ihr künftiges Schicksal war jedoch weiterhin offen.

Mannerheim, der Marschall von Finnland, griff nun selbst ein und übergab am 27. 6. 1943, am Schluß des Urlaubs der Freiwilligen, dem „Deutschen General" seines Hauptquartiers, Waldemar Erfurth, ein Schreiben für Hitler, worin er unter Hinweis auf die eigenen Ersatzschwierigkeiten den Gedanken eines neuen Vertrages mit dem Bataillon zurückwies. Im Gespräch milderte er jedoch seine Stellungnahme dahingehend, daß ehemalige Angehörige des Bataillons, falls sie wollten, erneut abziehen dürften, man jedoch keine Ergänzungen geben könne. Einige dem Bataillon nahestehende Finnen hielten dies für unklug und versuchten den Präsidenten Ryti und den Premierminister Linkomies zur veranlassen, den Standpunkt des Marschalls zu beeinflussen, doch Ryti und Linkomies weigerten sich, das zu tun. Linkomies und Außenminister Ramsay hatten bereits Nevanlinna, als er im Frühjahr nach Berlin fuhr, erklärt, daß sie die Auflösung des Bataillons anstrebten. Nevanlinna war der Vorsitzende des Komitees, das für die Angelegenheiten der SS-Freiwilligen zuständig war.

Nachdem die Angelegenheit von finnischer Seite eine so „unfreundliche Wende“ (Erfurth) genommen hatte, „verzichteten“ Hitler, OKW und Reichsführer-SS „auf das Bataillon, um den finnischen Freiwilligen Gewissenskonflikte zu ersparen“ (Jodl). Diese Nachricht traf am 4. 7. 1943 telefonisch im finnischen Hauptquartier in Mikkeli ein, als bereits die Einschiffung des aus dem Urlaub zurückkehrenden Bataillons vorbereitet wurde.

Von seiten der SS-Organisation, welche mit der Durchführung der Auflösung des Bataillons beauftragt war, wollte man die Auflösung demonstrativ ohne Feierlichkeiten vollziehen; die entsprechenden Anweisungen kamen am 9. Juli nach Helsinki. Die Generale Erfurth und Heinrichs setzten jedoch durch, daß das Bataillon mit bescheidenen Feierlichkeiten am 11. Juli 1943 in Hanko aufgelöst wurde.

Diplomatisch gesehen war die Auflösung des Bataillons ein klares Zeichen für eine neue Richtung in den Beziehungen zwischen Finnland und Deutschland. So schrieb dann auch Geheimrat Grundherr vom Auswärtigen Amt am 5. 7. 1943 an seinen Außenminister von Ribbentrop: „Finnland zeigt Tendenzen, die Beziehungen zu Deutschland nicht nur nicht zu intensivieren, sondern darüber hinaus sich von Deutschland vorsichtig allmählich etwas zu distanzieren.“ – Die Auflösung des Bataillons war eines der ersten Anzeichen der großen Wende, die sich in der Politik Finnlands anbahnte.

Finnland zwischen den Machtblöcken – Loslösung von Deutschland

Nachdem sich das Kriegsglück Deutschland abwandte, wuchs in Finnland das Unbehagen an der Zusammenarbeit mit Deutschland. Weitsichtige finnische Politiker traten immer offener für eine Loslösung von Deutschland ein. Der endgültige Beschluß für die Trennung und eine behutsame Fühlungnahme mit den Westmächten wurde am 3. Februar 1943 anläßlich einer Zusammenkunft von Ryti, Mannerheim und anderen Vertretern des finnischen Generalstabes und der Regierung gefaßt. Tage später gab ein finnischer Oberst vor dem zu einer geheimen Sitzung zusammengetretenen

finnischen Reichstag einen ausführlichen Bericht über die allgemeine Kriegslage und riet den Zuhörern, sich mit dem Gedanken eines erneuten Friedensvertrages mit Moskau vertraut zu machen.
Am 15. Februar 1943 verfaßten finnische Sozialdemokraten eine Resolution mit dem wichtigsten Artikel: „Finnland nimmt nicht am Kampf der Großmächte teil. Der Umstand, daß Finnland Seite an Seite mit Deutschland gegen denselben Feind kämpft, verändert nichts an dieser Tatsache. Hieraus folgt auch, daß es Finnland, wenn sich eine geeignete Gelegenheit bietet . . . , freisteht, über seinen Austritt aus dem Kriege zu beschließen."*)
Am 5. März berief der finnische Staatspräsident Ryti eine neue Regierung, in der die deutschfreundlichsten Männer nicht mehr vertreten waren. Im August 1943 folgte eine Denkschrift, die großen Einfluß auf die öffentliche Meinung Finnlands hatte, die die Abkehr von Deutschland und die Einleitung einer aktiveren Friedenspolitik forderte; sie war von 33 Vertretern des politischen und kulturellen Lebens unterzeichnet und an den finnischen Staatspräsidenten gerichtet.
Dieser Hintergrund macht deutlich, warum Feldmarschall Mannerheim als ersten Schritt der Loslösung das Finnische Freiwilligen-Bataillon der Waffen-SS zurückverlangte. Die zweijährige Verpflichtungszeit lief ab. Das Bataillon kehrte nach Finnland zurück und wurde aufgelöst, seine Angehörigen auf die finnische Wehrmacht verteilt. Viele junge Finnen kamen auf Offiziers- und Truppenschulen. Die Finnen, die bereits bei den Deutschen Offizier waren, wurden mit gleichem Rang in das finnische Heer übernommen.
Die finnischen Sondierungen und Friedensfühler gingen über die sowjetische Botschaft in Stockholm; sie blieben den deutschen Militär- und Regierungsstellen nicht verborgen, da Schwedens Presse offen darüber berichtete. Nunmehr drängten die Deutschen, insbesondere Außenminister von Ribbentrop, immer wieder auf den Abschluß eines Bündnisses zwischen Deutschland und Finnland, in dem sich die Partner verpflichten sollten, keinen Sonderfrieden zu schließen. Diese vertragliche Verpflichtung wurde von finnischer Seite immer wieder hinausgeschoben. Und Deutschland stellte seine Rüstungs- und Lebensmittelhilfen für Finnland ein.

*) Dieter Aspelmeier, a.a.O., Seite 128.

Finnlands allmähliche Loslösung von Deutschland stützte sich darauf, daß Finnland mit Deutschland keinen Bündnisvertrag hatte. Als am 22. Juni 1941 der Krieg gegen die Sowjetunion begann, ließ die finnische Regierung über alle ihre Auslandsvertretungen den betreffenden Regierungen mitteilen, daß Finnland weiterhin neutral sei. Die finnischen Truppen beteiligten sich nicht am Einmarsch in die Sowjetunion. Die sogenannte „Neutralitätsphase" dauerte vom 22. bis 25. Juni 1941. Erst dann erlaubte Mannerheim den finnischen Truppen, das Feuer auf die Sowjets zu erwidern. Damit sollte herausgestellt werden, daß Finnland kein Anhängsel Deutschlands sei und eine selbständige Politik betreibe.
In der Tat waren maßgebende finnische Staatsführer und Militärs immer bestrebt, so viel wie möglich Distanz von Deutschland zu halten; hierunter besonders Mannerheim, der kühl überlegend und berechnend das Überleben des finnischen Volkes im Auge hatte, der schon einmal – 1918 – die finnische Politik um 180 Grad herumreißen mußte.
Er war es auch, der eine stärkere Verflechtung zwischen deutschen und finnischen Truppen stets zu verhindern wußte. Er lehnte ab, als die Deutschen ihm den Oberbefehl über die ganze Finnlandfront antrugen und setzte durch, daß General Dietl die finnische Nordfront (20. deutsche Gebirgsarmee) befehligte und er, Mannerheim, die finnische Südfront mit vorwiegend finnischen Truppen. Grundsätzlich war Mannerheim auf Defensive eingestellt. Er wollte nicht über ursprünglich finnisches Gebiet hinaus vorgehen. Nur Teile finnischer Truppen nahmen anfangs an den deutschen Offensiven teil.
Die Finnen vermieden die Bezeichnung „Verbündeter" und sprachen stattdessen immer wieder vom deutschen „Waffenbruder". „Damit sollte vor aller Welt dokumentiert werden, daß Finnland keinen politischen Vertrag, kein offizielles Bündnis mit Deutschland geschlossen habe und daß die militärischen Führungsstellen der beiden Länder nur zusammenarbeiten, um die kriegerischen Operationen zu koordinieren, in die Finnland auf Grund äußerer Umstände verwickelt war und die es zu Deutschlands Mitkämpfer (‚cobelligerent') im Krieg gegen die UdSSR werden ließen." *)
Am 9. Juni 1944 traten die Russen auf der Karelischen Landenge überraschend zum Großangriff an und durchbrachen die finnische Front an mehreren Stellen. Alle politischen Überlegungen traten in den Hinter-

*) Dieter Aspelmeier, a.a.O., Seite 117.

grund. Am 11. Juni baten die Finnen um deutsche Waffenhilfe; die 122. deutsche Infanteriedivision und die Sturmgeschütz-Brigade 303 sowie Waffen und Munition wurden den Finnen zu Hilfe geschickt. Die Getreidelieferungen für Finnland liefen wieder an. Noch einmal wurde mit Deutschlands Hilfe der Zusammenbruch der finnischen Front verhindert, allerdings für den Preis, daß nunmehr der sogenannte Ribbentrop-Pakt am 22. Juni 1944 von Ryti unterzeichnet wurde, dessen wichtigster Passus lautete:

„In Anbetracht der waffenbrüderlichen Hilfe, die Deutschland Finnland in seiner gegenwärtigen Situation gewährt, erkläre ich als Präsident des Finnischen Staates, daß ich nur im Einvernehmen mit der deutschen Reichsregierung Frieden mit der Sowjetunion schließen werde und nicht zulassen werde, daß die von mir ernannten finnischen Regierungen oder sonstige Persönlichkeiten Waffenstillstands- oder Friedensbesprechungen oder diesem Zweck dienende Verhandlungen ohne Einvernehmen mit der deutschen Reichsregierung führen." *)

Am 1. August 1944 trat Ryti als Staatspräsident zurück. Am 4. August wurde Mannerheim vom finnischen Reichstag zu seinem Nachfolger berufen. Am 17. August erklärte Mannerheim dem Chef des deutschen Oberkommandos der Wehrmacht, Feldmarschall Keitel, anläßlich eines Besuches in Finnland, „daß die Mehrheit des finnischen Volkes die Verpflichtung ablehne, die Ryti mit seinem Schreiben vom 26. Juni 1944 übernommen habe, daß deshalb Ryti sein Amt niedergelegt habe und daß damit nach finnischer Auffassung die Bindung Finnlands an Deutschland hinfällig geworden sei." **)

Mit dem Rücktritt des finnischen Präsidenten Ryti wurde die Ribbentrop-Vereinbarung hinfällig, und Finnland erhielt freie Hand zu Waffenstillstandsgesprächen mit der Sowjetunion. Mannerheim machte sich sicher seinen Entschluß nicht leicht, aber er sah nur eine Überlebenschance für sein Volk in einem Vergleich mit dem mächtigen Nachbarn Rußland. Dies bedeutete eine völlige Abkehr vom bisherigen Waffenbruder Deutschland. Mannerheim rechtfertigte seinen Entschluß in einem Schreiben an Hitler; in ihm klingt noch einmal das hohe Lied der Kameradschaft und der Waffenbruderschaft an. Am 2. September übergab Mannerheim den Brief an

---

*) Dieter Aspelmeier, a.a.O., Seite 133.
**) ebd., a.a.O., Seite 135.

General Waldemar Erfurth, deutscher Verbindungsoffizier im finnischen Generalstab, den Hitler am 3. September erhielt. Im Brief heißt es:

„In dieser Stunde, da schwere Entscheidungen bevorstehen, habe ich das Bedürfnis, Sie darüber aufzuklären, daß ich zu der Überzeugung gekommen bin, daß die Rettung meines Volkes mir die Pflicht auferlegt, einen schnellen Ausweg aus dem Krieg zu finden.
Die ungünstige Entwicklung der allgemeinen Kriegslage beschränkt in immer größerem Ausmaß Deutschlands Möglichkeiten, und in den Stunden höchster Not, die mit Bestimmtheit vorauszusehen sind, zur rechten Zeit und in gesichertem Umfang die Hilfe zu bringen, die wir dringend brauchen werden und die Deutschland uns zukommen zu lassen gewiß aufrichtig wünscht. Allein die Überführung einer einzigen deutschen Division nach Finnland nimmt soviel Zeit in Anspruch, daß unser Widerstand gegen die feindliche Übermacht unterdessen zusammenbrechen kann. Und nur für diese Eventualität eine genügende Anzahl von Divisionen dauernd hier in Finnland in Bereitschaft zu halten, das erlaubt, so viel ich verstehe, die Lage nicht. Auch die Erfahrungen des vergangenen Sommers bestätigen diese Annahme.
Die von mir wiedergegebene Beurteilung der Kriegslage wird von einer wachsenden Mehrheit der finnischen Volksvertretung geteilt. Selbst wenn ich anderer Meinung wäre, könnte ich es mit der Rücksicht auf unsere Staatsverfassung nicht länger vereinbaren, den schon jetzt deutlich hervortretenden Willen der Mehrzahl des Volkes unberücksichtigt zu lassen. Als Generalfeldmarschall Keitel mich kürzlich in Ihrem Auftrag besuchte, betonte er, daß Großdeutschlands Volk, wenn das Schicksal es erforderte, zweifellos noch zehn Jahre lang Krieg führen könnte. Ich erwiderte hierauf, auch wenn man hoffen könnte, daß dies bei einer Nation von neunzig Millionen seine Richtigkeit hätte, wären doch wir Finnen rein physisch außerstande, einen längeren Krieg durchzuhalten. Schon große Angriffsunternehmen der Russen im Juni haben meine Reserven erschöpft. Wir können uns einen ähnlichen Blutverlust nicht mehr erlauben, ohne das ganze weitere Bestehen der kleinen finnischen Nation zu gefährden.
Ich möchte besonders darauf hinweisen, daß Deutschland, auch wenn das Schicksal Ihren Waffen den Sieg versagen sollte, dennoch weiterleben wird. Eine ähnliche Versicherung kann niemand für Finnland abgeben. Wenn dieses Volk von kaum vier Millionen militärisch besiegt ist, kann kein

Zweifel darüber herrschen, daß es vertrieben oder ausgerottet wird. Dieser Möglichkeit darf ich mein Volk nicht aussetzen.
Wenn ich auch kaum zu hoffen wage, daß mein Standpunkt und meine Beweggründe von Ihnen als richtig gebilligt werden, wollte ich Ihnen doch vor der Entscheidung diese Zeilen zukommen lassen.
Unsere Wege werden sich wahrscheinlich sehr bald scheiden. Aber die Erinnerung an unsere deutschen Waffenbrüder wird hier weiterleben. In Finnland waren die Deutschen ja gewiß nicht Vertreter einer fremden Gewaltherrschaft, sondern Helfer und Waffenbrüder. Aber auch so ist die Stellung der Fremden schwierig und erfordert viel. Ich kann Ihnen bezeugen, daß während der ganzen vergangenen Jahre in Finnland auch nichts passiert ist, das uns dazu hätte verleiten können, in den deutschen Truppen Eindringlinge oder Bedrücker zu sehen. Ich glaube, daß das Verhalten der deutschen Armee in Nordfinnland zu der lokalen Bevölkerung und zu den heimischen Behörden als ein unter ähnlichen Verhältnissen vielleicht einzig dastehendes Beispiel von korrekten und herzlichen Beziehungen in unserer Geschichte eingehen wird.
Ich halte es für meine Pflicht, mein Volk aus dem Kriege herauszuführen. Ich kann und will unsere Waffen, die uns so freigebig geliefert wurden, nie aus eigenem Willen gegen Deutsche wenden. Ich hege die Hoffnung, daß Sie, auch wenn Sie meinen Schritt mißbilligen, ebenso wie ich und wie alle Finnen doch den Wunsch und das Bestreben haben werden, die Abwicklung der bisherigen Verhältnisse ohne jede nur irgendwie zu vermeidende Zuspitzung durchzuführen.

In Verehrung und Dankbarkeit

gez. Freiherr Mannerheim, Marschall von Finnland,
Staatspräsident der Finnischen Republik" *)

Zur gleichen Zeit, als am 2. September 1944 Mannerheims Brief an Hitler auf den Weg gebracht wurde, stimmte der finnische Reichstag mit 113 gegen 46 Stimmen für die Annahme der russischen Waffenstillstands-

---

*) C. G. Mannerheim, „Erinnerungen", Atlantis Verlag, Zürich 1952, Seite 526 und 527; und P. E. Schramm, „Kriegstagebuch des Oberkommandos der Wehrmacht", Verlag Bernhard & Graefe, Frankfurt/M. 1965, Band IV, 1. Halbband, Seite 894 und 895.

bedingungen. Die diplomatischen Beziehungen zu Deutschland wurden abgebrochen. Der deutsche Gesandte von Blücher verließ mit seinen Mitarbeitern am 10. 9. 1944 Helsinki und begab sich zur Einschiffung nach Turku.

Als sich Ende 1943 erste Anzeichen eines Ausscheidens Finnlands aus dem Kriege bemerkbar machten, entstand bereits im September der Plan „Birke", die Zurücknahme der deutschen 20. Gebirgsarmee von Nordfinnland nach Nord-Norwegen, und der Plan „Tanne", die Besetzung der Ålands-Inseln. Letzter Plan wurde durch die Weisung Hitlers vom 8. 4. 1944 konkretisiert und unterteilt in „Tanne-West" und „Tanne-Ost", die Besetzung der Insel Suursaari (Hogland). Suursaari kam besondere Bedeutung zu, da sie – zwischen der finnischen östlichen Südküste und der estnischen Stadt Narwa gelegen – Ausfälle der russischen „Baltischen Rotbannerflotte" aus den Basen bei Leningrad verhindern konnte und die Seeflanke der noch weit vorgeschobenen, in Estland stehenden deutschen Heeresgruppe Nord sicherte. Das OKM (Ober-Kommando-Marine) begann selbständig das Unternehmen „Tanne-Ost" vorzubereiten, da die HGr. Nord dafür keine Kräfte abgeben konnte. „Großadmiral Dönitz hatte am 9. 7. 1944 in einer Führerbesprechung noch einmal auf die kriegsentscheidende Bedeutung der estnischen Küste . . . hingewiesen." *)

Am 3. September, als der Brief Mannerheims Hitler erreichte, begannen bereits die Verhandlungen über den Abtransport der deutschen Truppen in Südfinnland. Die sowjetischen Forderungen, daß Finnland bis zum 15. 9. 1944 von deutschen Truppen geräumt werden sollte, war von der deutschen Lappland-Armee zeitmäßig nicht einzuhalten.

Am 4. September gab das Oberkommando der Wehrmacht den Vorbefehl für „Operation Tanne". Neben Marinekräften mußte die 23. Inf.Div. Teile ihres Füselier-Regiments 68 als 1. Landungswelle für „Tanne-Ost" bereitstellen.

Am 5. September genehmigte Hitler den Vorschlag der Heeresgruppe Nord (Schörner) zur Bildung eines neuen finnischen Jägerbataillons Nr. 27. Das Bataillon sollte Sammelbecken für alle Finnen werden, die sich der Kapitulation ihres Landes widersetzten; nach den derzeitigen Verhältnissen also aus Deserteuren bestehen. Dieses neue Bataillon bestand aber nur auf dem Papier.

---

*) W. Haupt, „Heeresgruppe Nord", Podzun Verlag, Bad Nauheim 1967, Seite 231ff.

Am 6. September flog eine finnische Delegation zur Aushandelung der Waffenstillstandsbedingungen nach Moskau. Am selben Tag verließ der deutsche Verbindungsstab unter General Erfurth das finnische Hauptquartier in Mikkeli und begab sich nach Helsinki.
Bereits am 7. September wurde die Sturmgeschütz-Brigade 303 als erste Einheit der in Südfinnland stehenden deutschen Truppen im Hafen von Helsinki verladen. Finnen halfen bei der schwierigen Beladung der Schiffe. Am 9. September liefen die Schiffe mit den deutschen Dienststellen aus, und am 13. September verließ General Erfurth mit dem letzten deutschen Räumungsschiff, dem Dampfer „Lappland", den Hafen von Helsinki. Damit war die Rückführung der deutschen Truppen aus Südfinnland abgeschlossen.
Gleichzeitig befahl Hitler die Durchführung von „Tanne-Ost", weil die freiwillige Übergabe der Insel Suursaari auf Grund der sowjetischen Waffenstillstandsbedingungen nicht anzunehmen war. Ein deutscher Flottenverband unter Kapitän zur See Mecke lief am 14. September aus estnischen Häfen mit Kurs auf Suursaari (Hogland) aus. Gegen 23.00 Uhr näherte sich der aus Artillerieträgern, Landungs-, Minensuch- und Schnellbooten bestehende Verband der Insel und wurde unter gutliegendes Feuer der finnischen Küstenbatterien genommen. Die S-Boote kamen trotzdem durch und setzten Landungskräfte des Füsilier-Regiments 68 an Land. Die unter Befehl von Oberstleutnant Miettinnen feuernden Küstenbatterien und am Tage einsetzende russische Fliegerangriffe verhinderten das Aufschließen der deutschen Hauptkräfte. Die deutschen Landungskräfte wurden aufgesplittert und streckten am 15. September die Waffen. 400 gefallene und 1056 Gefangene kostete den Deutschen das Unternehmen „Tanne-Ost". „Tanne-West", die Besetzung der Ålands-Inseln, wurde nicht mehr ausgelöst.
Finnische Batterien auf diesen Inseln beschossen später mehrmals vorbeifahrende deutsche Seestreitkräfte.
Die Räumung Nordfinnlands durch die Deutschen in der Frist von 14 Tagen konnte wegen der großen Entfernungen und schwierigen Verkehrsverhältnisse nicht eingehalten werden. Hierauf spielte bereits Generaloberst Rendulic anläßlich seines letzten Besuches bei Mannerheim am 2. 9. 1944 an. Dazu schreibt Mannerheim:
„Generaloberst Rendulic war ... höflich und zuvorkommend, aber wie es schien, hart und wenig zugänglich ... Er erklärte mir, seine ernste Besorgnis

aussprechen zu müssen wegen der Wendung, die die Ereignisse genommen hätten. Während der kurzen Zeit seines Kommandos in Lappland*) hätte er feststellen können, daß die Finnen harte Kämpfer wären, niemand könnte jedoch behaupten, daß nicht auch die Deutschen unerschrocken und, wenn es sein müßte, in ihrer Kriegsführung rücksichtslos vorgingen. Ein Zusammenstoß zwischen Finnen und Deutschen würde sich zweifellos zu einem grausamen und blutigen Krieg entwickeln."**)

Eine bedenkliche Zuspitzung der Lage in Nordfinnland erfolgte durch die Anordnung des finnischen Transportchefs, daß die finnische Eisenbahn der 20. Gebirgs-Armee nur noch bis zum 14. September zur Verfügung stehen würde. Am 11. September flog Oberstleutnant Haahti als Verbindungsoffizier des finnischen Hauptquartiers zu Verhandlungen mit dem Gebirgs-AOK 20 nach Rovaniemi. Generaloberst Rendulic erreichte, daß die Bahn Salla–Kemi bis auf weiteres den Deutschen überlassen blieb.

Am 19. September 1944 unterzeichnete die finnische Delegation den Waffenstillstand in Moskau. Da war der deutsche Rückzug bereits angelaufen.

Die Schwierigkeit des Rückzuges bestand darin, daß die Truppen nach Norden, nach Nord-Norwegen zurückgeführt werden mußten, da sie neutrales schwedisches Gebiet nicht betreten durften. Der Südflügel der 20. Gebirgsarmee mußte zuerst die Versorgungsbasen Oulu und Kemi am Nordende des Bottnischen Meerbusens räumen. Die Räumung des Gebietes Oulu war am 15., die von Kemi am 21. September beendet. Danach gingen die Kampfverbände des XVIII. Gebirgskorps, das am weitesten im Süden stand, etappenweise nach Norden zurück. Hierunter die 6. SS-Gebirgsdivision „Nord".

Am 24. September zog sich das in der Mitte der 20. Gebirgsarmee stehende XXXVI. Gebirgskorps aus dem Abschnitt Kandalakscha nach Westen, bis in die Linie westlich von Salla zurück, und Tage später löste sich auch das im Abschnitt Murmansk stehende XIX. Gebirgskorps vom russischen Gegner.

Vom 28. bis 30. September hielt die Kampfgruppe „West" – hierbei mot. Teile der 6. SS-Gebirgsdivision „Nord" – den Straßenpunkt Pudasjärvi

*) Der vorherige OB der 20. Gebirgs-Armee, Generaloberst Dietl, war bei einem Flugzeugabsturz ums Leben gekommen.

**) Mannerheim, a.a.O., Seite 527.

gegen nachdrängende finnische Verbände; am 2. Oktober dann heftige Kämpfe bei Ranua.
Am 1. Oktober landeten die 3. und 11. finnische Division über See bei Tornio an der schwedisch-finnischen Grenze, um den Deutschen den Rückzugsweg abzuschneiden. Bei Kemi kam es zu heftigen Kämpfen.
Am 16. Oktober wurde Rovaniemi von deutschen Truppen geräumt. Am 28. Oktober erreichte die 6. SS-Gebirgsdivision „Nord“ Muonio und am 5. November die Keresuando-Stellung an der norwegischen Grenze. Damit war auch die Operation „Birke“ abgeschlossen.*)
Daß es zwischen den ehemaligen Waffenbrüdern – Finnen und Deutschen – zu Kämpfen kam, lag in den harten Bedingungen des Waffenstillstandes und am Einschreiten sowjetischer Offiziere und Kommissare der Waffenstillstandskommission. Finnland mußte die Forderungen der Sowjets erfüllen, um überhaupt eine Überlebenschance zu haben.
In diesen schweren Tagen um Sein oder Nichtsein einer Nation bekannten sich auch die ehemaligen Soldaten des Finnischen Freiwilligen-Bataillons der Waffen-SS zu ihrem Volke und ihrer Führung und taten in den Einheiten der finnischen Wehrmacht treu ihre Pflicht, auch wenn sich diese gegen die ehemaligen Waffenbrüder richtete.
Das löste natürlich bei den deutschen Soldaten in Finnland Bitterkeit aus; sie fühlten sich verraten und konnten nur mit rücksichtsloser Kriegführung den Rückzug nach Norwegen durchführen. Um den nachdrängenden Gegner auf Distanz zu halten, wandten die Deutschen die Taktik der „verbrannten Erde“ an; alles was dem Gegner nutzen konnte, wurde zerstört. Alle Brücken wurden gesprengt, in Lappland fast alle Häuser zerstört.
Man muß beide Seiten sehen, um die ganze Tragik zwischen zwei ehemals befreundeten Völkern – hier ausgedrückt in den Handlungen ihrer Soldaten – zu begreifen. Man muß auch sehen, daß Mannerheims Worte in seinem Brief an Hitler wahr geworden wären; die schlicht und einfach ausdrückten, daß nach einem Sieg der Sowjets das große deutsche Volk weiterbestehen würde, das kleine finnische Volk aber untergehen würde, wenn Finnland nicht rechtzeitig die Waffen streckt. Daß Mannerheim in letzter Sekunde Finnland aus dem Krieg herausgeführt hat, erwies sich als richtig.

*) Franz Schreiber, „Kampf unter dem Nordlicht“, Munin Verlag Osnabrück, Seite 284 ff.

Mit der Aufgabe von Finnland gaben die deutschen Truppen auch den Raum Narwa auf und zogen sich durch Nordost-Estland nach Südwesten zurück (Operation „Aster"); hierunter der Stab des SS-Freiwilligen-Panzergrenadierregiments 49 „De Ruyter", der aus dem Stab des einstigen Finnischen Freiwilligen-Bataillons der Waffen-SS gebildet wurde. Der ehemalige Kommandeur des Bataillons, Collani, war als Standartenführer und Kommandeur des Regiments „De Ruyter" am 29. Juli 1944 in der „Tannenberg-Stellung" gefallen und erhielt nach dem Tode das Ritterkreuz zum Eisernen Kreuz.

Nach der Niederringung Deutschlands beschlossen die „Großen Drei" – Stalin, Truman und Churchill – zunächst Italien, Bulgarien und Finnland den Frieden zu geben und beauftragten ihre Außenminister mit der Vorbereitung der Friedensverträge. Die Verhandlungen fanden vom 29. Juli bis 15. Oktober 1946 in Paris statt. Am 10. Februar 1947 wurden am gleichen Ort die Friedensverträge unterzeichnet.

Finnland erhielt seine Souveränität zurück, jedoch in gewisser Abhängigkeit von der Sowjetunion; es wurde nicht, wie Polen und die Tschechoslowakei, in eine Volksdemokratie mit russischen Einfluß umgewandelt. Die beim Waffenstillstand ausgehandelten Gebietsverluste wurden bestätigt. Die Stärke der finnischen Streitkräfte wurde begrenzt. Es mußten an die Sowjets Stützpunkte auf finnischem Boden verpachtet werden und 300 Millionen Dollar an Reparationen gezahlt werden. Das waren harte Bedingungen, aber Finnland behielt seine staatliche und völkische Selbständigkeit. Das lag auch daran, daß Finnland für die Sowjetunion nicht so große Bedeutung hatte, wie etwa Polen, die Tschechoslowakei und Mitteldeutschland. Zudem hätte eine Umwandlung Finnlands in eine Volksdemokratie das bis dahin neutrale Schweden wahrscheinlich in das westliche Bündnissystem getrieben. Im Freundschaftsvertrag mit der Sowjetunion vom 6. April 1948 verpflichtete sich Finnland, keine Koalition abzuschließen und keiner beizutreten, die sich gegen die Sowjetunion richtet.

So steht Finnland bis heute zwischen zwei großen Machtblöcken. Da es im unmittelbaren Zugriff der Sowjetunion liegt, muß es alles vermeiden, was diese als einen unfreundlichen Akt auslegen könnte.

Ehemalige deutsche Soldaten des Zweiten Weltkrieges erinnern sich noch gerne der Waffenbruderschaft mit den finnischen Kameraden. Viele Verbindungen bestehen noch heute und schließen inzwischen auch die Familien ein. Das gute Verhältnis wird nicht getrübt durch die Abkehr Finn-

lands von Deutschland im Jahre 1944, die aus den Bedingungen der geographischen Lage zu einem mächtigen Nachbarn erwachsen ist. Die Abgrenzung von Deutschland 1944 bis 1948 wurde nicht zu einer Abkehr der Herzen.
Mit Bewunderung blicken alle friedliebenden Menschen auf das kleine Volk im Nordosten Europas, dessen Selbstbehauptungswille und Kampfbereitschaft immer aufs neue erwachte und wuchs, wenn Freiheit und Selbständigkeit bedroht waren. Mit Bewunderung blicken sie auf das finnische Volk, dessen Liebe zur Heimat zahlreiche Beispiele von Tapferkeit und Opferbereitschaft der Geschichte Europas anfügten, das aus bitteren Zeiten gelernt hat und heute strikt den Kurs der Neutralität hält und als Mittler zwischen den großen Machtblöcken gilt.

Aus einer finnischen Ballade

Eino Leino

Aus „Der Dunkle“

„O mein Vater! Führe Du mich
Heimwärts in des Todes Höfe,
Mich, den dunklen Sohn der Mutter!
Schon in ihrem Schoß erschrocken,
Schau ich Schrecken allenthalben,
Und am meisten bei den Menschen!“

Aus dem Rasen quoll ein Raunen,
Worte aus der Welt des Todes:
„Das erfuhren auch die Väter,
Doch sie hielten aus im Harme!
Scheint dir leer der Tag des Lebens?
Öde ist die Nacht des Todes! –
Eng der Raum im Totenreiche!
Klein die Kammer in der Erde!

Ohne Mond und ohne Sonne
Sitzt du einsam da und siehst nur,
Wie der widerliche Wurm am
Balken nagt! Am Herzen nagt dir
Ew'ge Sehnsucht – eine Sehnsucht
Ohne Trost, voll tiefer Schwermut!"

Von des Totenreiches Toren
Kehrt der Knabe heim und hockt sich
Still in die vertraute Stube,
Hält das Feuer wach am Herde,
Widmet sich des Hauses Werken. –
Lächelnd träumt er wohl bisweilen
Von der Elfen Waldesweben,
Von den Weiblein auf den Wassern!
Scheut das Meer nicht! Scheut den Wald nicht!
Netze wirft er, Fallen stellt er.
Ohne Jubel, ohne Trauer
Wandelt er den Weg des Lebens,
Legt die Tage aufeinander,
So das Heute, so das Gestern,
So die guten, so die bösen –
Aber obenauf die guten! –

Biographie des Kommandeurs

Hans Collani

wurde am 13. Dezember 1908 als Sohn eines Berufsoffiziers in Stettin geboren. Er besuchte das Dom-Gymnasium in Schleswig und legte an einem Gymnasium in Flensburg das Abitur ab.

Danach erlernte er den Beruf eines Reedereikaufmanns. In dieser Eigenschaft unternahm er mehrere Auslandsreisen, die ihn auch nach Lettland, Murmansk und Leningrad führten.

1932 trat er in Schleswig-Holstein in die Allgemeine SS ein und wurde am 17. März 1933 zur Stabswache Hitlers kommandiert, aus der bald die „Leibstandarte Adolf Hitler“ gebildet wurde. Nach dem Besuch eines Offizierslehrganges in Zossen wurde er Kompanieführer und am 1. Oktober 1933 zum SS-Hauptsturmführer befördert. Im Februar 1935 holte ihn der Kommandeur der Leibstandarte, Sepp Dietrich, zu sich als Regimentsadjutant. Diese Stellung hatte Collani bis November 1939 inne.
Collani machte den Westfeldzug 1940 als Ordonnanzoffizier des 1. Regiments der SS-Division „Totenkopf“ mit. Im Februar 1941 wurde er zur neuaufgestellten SS-Division „Wiking“ versetzt und dort zunächst im Divisionsstab verwendet. Dann stellte er das Finnische Freiwilligen-Bataillon der Waffen-SS auf und führte es in Rußland im Rahmen der SS-Division „Wiking“. Am 20. April 1942 wurde Collani zum SS-Sturmbannführer, am 20. April 1943 zum SS-Obersturmbannführer befördert. An Auszeichnungen erwarb er die Eisernen Kreuze beider Klassen, das Deutsche Kreuz in Gold und finnische Tapferkeitsauszeichnungen. Im Juli 1943 übergab Obersturmbannführer Hans Collani sein Finnisches Freiwilligen-Bataillon der Finnischen Armee.
Im Rahmen der Neuaufstellung des III. (germanischen) SS-Panzerkorps stellte Collani das 2. niederländische SS-Freiwilligen-Panzergrenadier-Regiment Nr. 49 („De Ruyter“) der 23. SS-Freiwilligen-Panzergrenadier-Division „Nederland“ auf, mit dem er Ende 1943 an die Ostfront ging. Collani führte das Regiment 49 in den Narwa-Brückenkopf; dort war es hervorragend an der Verteidigung des Brückenkopfes beteiligt.
Als das I. Bataillon seines Regiments während der Absetzbewegung in die „Tannenberg-Stellung“ abgeschnitten wurde, führte Collani auf eigenem Entschluß das bereits in der Auffangstellung stehende II. Bataillon nach vorn und kämpfte die Rollbahn für das andere Bataillon frei.
Bei den schweren Abwehrkämpfen in der „Tannenberg-Stellung“ wurde Collani im Trommelfeuer am 29. Juli 1944 schwer verwundet und nahm sich das Leben, als der Gegner vor seinem Gefechtsstand stand. Nach dem Tode wurde Hans Collani mit dem Ritterkreuz des Eisernen Kreuzes ausgezeichnet und zum SS-Standartenführer befördert.

Anhang

Stellenbesetzung des Finnischen Freiwilligen-Bataillons der Waffen-SS

Bataillonskommandeur: Hstuf./Ostubaf. Hans Collani.
Adjutant: Ustuf. Hinrichs, bis 9. 2. 1942; Ostuf. Helmut Hirt.
Ordonnanzoffizier: Ustuf. Karl-Heinz Ertel, Mai bis Oktober 1942; Ustuf. Helmut Scholz, April 1942 bis Juli 1943.
Verwaltungsführer: Ostuf./Hstuf. Erwin Kaatsch, 15. 2. 1943 versetzt zur SS-Pz.Gren.Div. „Wiking"; Ustuf. Herbert Fuchs.
Truppenarzt: Ostuf. Dr. Gerhard Bumke; Ustuf./Ostuf. Dr. Olli Somersalo (F = Finne).
Hilfsarzt: Ustuf. Dr. Necker; Ustuf. Dr. Olli Somersalo (F).
Zahnarzt: Ostuf./Hstuf. Dr. Wilhelm Franke.
Technischer Führer Kraftfahrzeuge (TFK): Ustuf./Ostuf. Konrad Bläss.

1./9. Kompanie:
Kp.Fhr.: Ostuf. Karl Hoy, 15. 6. 1941–16. 9. 1942, erkrankt;
Hstuf. Heinz Troiker, 16. 9.–13. 10. 1942, erkrankt;
Ostuf. Pallesche, 13.–17. 10. 1942, gefallen;
Ustuf./Ostuf. Karl-Heinz Ertel, 17. 10. 1942–11. 7. 1943.

2./10. Kompanie:
Kp.Fhr.: Ostuf. Pallesche, 15. 6. 1941–31. 1. 1942, versetzt zum Regiment;
Ostuf. Karl-Erik Ladau (F), 1. 2.–26. 3. 1942, verwundet;
Ostuf. Werner (Bobby) Hilker, 11. 4.–13. 8. 1942, gefallen;
Ostuf. Hans Joachim Porsch, 14. 8.–8. 10. 1942, verwundet; vom 8.–17. 10. 1942 mit der 11. Kompanie unter Führung Chef 11. Kompanie zusammengelegt;
Ustuf./Ostuf. Tauno Pohjanlehto (F), 17. 10.–13. 12. 1942;
Ostuf. Hans Joachim Porsch, 13. 12. 1942–19. 1. 1943, gefallen;
Ostuf. Tauno Pohjanlehto (F), 19. 1.–12. 3. 1943, verwundet;
Ostuf. Kauko Ingerö (F), 12. 3.–11. 7. 1943.

3./11. Kompanie:

Kp.Fhr.: Ostuf. Hartmann, 15. 6.–23. 11. 1941, Freitod;
Ostuf. Theodor Schnabel, 25. 11. 1941–13. 8. 1942, gefallen;
Ustuf. Lüttgens, 13.–16. 8. 1942, gefallen;
Ostuf. August Mühlinghaus, 16. 8.–17. 10. 1942, gefallen; vom 17. 10.–8. 12. 1942 mit der 10. Kompanie unter Führung Kp.-Fhr. 10. Kompanie zusammengelegt;
Ostuf. Eugen Deck, 8. 12. 1942–11. 7. 1943.

4./12. Kompanie:

Kp.Fhr.: Ostuf. Franz Pleiner, 15. 6. 1941–4. 7. 1942, versetzt zum SS-AR 5;
Hstuf. Brückner, 4. 7.–8. 8. 1942, bei einer Übung mit scharfem Schuß schwer verwundet und im Lazarett gestorben;
Ostuf. Reus, vertretungsweise/Zugführer des lIG-Zuges, 8. 8.–16. 8. 1942, gefallen; vom 16. 8.–8. 12. 1942 wurden die Züge vom Bataillon eingesetzt;
Hstuf. Karl-Erik Ladau (F), 8. 12. 1942–18. 2. 1943, verwundet;
Ostuf. Yrjö Tenomaa (F), 18. 2.–26. 3. 1943, erkrankt;
Ostuf. Lauri Sartio (F), 26. 3.–11. 7. 1943.

Bericht des Generalleutnants Talvela an Feldmarschall Mannerheim über seinen Besuch beim Finnischen Freiwilligen-Bataillon (III./„Nordland“)

Der Vertreter der finnischen Armee im deutschen Hauptquartier Generalleutnant Talvela

OKH, 22. 10. 1942

An den Oberbefehlshaber
Herrn Feldmarschall Mannerheim

Herr Feldmarschall!
Ich teile Ihnen mit, daß ich heute, 17.00 Uhr, von meiner Reise in den Kaukasus zurückgekehrt bin und beeile mich, einige Sätze über meine Eindrücke vom finnischen SS-Bataillon an Sie abzusenden.
Das Bataillon stand in den letzten drei Wochen in unsagbar harten Kämpfen; ebenso die ganze Division, zu der es gehört. Während dieser Zeit nahm die Division die Stadt Malgobek und die Ölfelder in schwersten Gefechten in der offenen Hügellandschaft. Das finnische Bataillon hat sich in den Kämpfen besonders ausgezeichnet und wurde sowohl vom Divisionskommandeur als auch von den anderen deutschen Offizieren gelobt.
Leider sind auch die Verluste des Bataillons sehr hoch. Der Kommandeur des Bataillons teilte mir mit, daß die Gesamtzahl der Verluste 485 Männer beträgt, wovon 80 Gefallene zu beklagen sind. Diese Zahl schließt auch die deutsche Stammannschaft ein, die prozentual ebenso schwere Verluste hatte, wie der finnische Teil. Da außerdem ein Teil der Männer des Bataillons abkommandiert war (z. B. 15 zur Offiziersschule) und auch eine Anzahl erkrankt war, betrug die Kampfstärke des Bataillons nur noch 132 Mann, wie mir der Bataillonskommandeur mitteilte. Glücklicherweise handelt es sich bei den Verwundeten größtenteils um leichte Fälle. Der Divisionskommandeur nannte mir die Zahl von 350 Leichtverwundeten.
Natürlich war die Stimmung nach diesen schweren Gefechten mehr oder weniger gedrückt, jedoch auf keinen Fall so gut wie bei meinem letzten Besuch des Bataillons im Frühjahr. Besonders die Offiziere, von denen nur einer nicht zur Gruppe der Verwundeten oder Gefallenen gehörte, waren in

gewissem Grade niedergeschlagen. Dagegen machten die Männer in den vordersten Schützenlöchern, wohin sie in der Nacht verlegt worden waren,*) trotz allem einen ziemlich munteren Eindruck. Ich besuchte auch die Männer in mehreren Feldlazaretten und mußte auch wirklich feststellen, daß ihre Verwundungen im allgemeinen nicht schwer waren. In den Lazaretten wurden die Männer aufs beste versorgt, besonders auch in dem prächtigen Lazarett von Kislowodsk an den Hängen des Kaukasus. Ich werde später in meinem eigentlichen Reisebericht diesen herrlichen Badeort der Bolschewistenherren genauer beschreiben. Im Lazarett traf ich auch zwei verwundete Offiziere, die bald an die Front zurückkehren werden. In diesem Zusammenhang möchte ich erwähnen, daß die Zahl der finnischen Offiziere im Bataillon besonders klein ist, gibt es doch nur an die 10 Offiziere. Da unter anderem alle Kompanieführer, sowohl die deutschen als auch die finnischen, während der Kämpfe ausgefallen sind, erkundete bei mir der Divisionskommandeur die Möglichkeit, aus Finnland zwei fähige Offiziere zu erhalten. Ich befürwortete diesen Vorschlag aufs wärmste, weil sich unsere Jungens natürlich unter dem Befehl finnischer Kompanieführer wohler fühlen als unter deutschen. Offensichtlich zielte der Divisionskommandeur auch darauf ab, denn er versucht sein Bestes, um für die Finnen zu sorgen, von denen er sagt, daß er sie besonders mag. Ich werde mir erlauben, später auf diese Frage zurückzukommen . . .
Mein Besuch beim Bataillon fiel meiner Meinung nach auf einen besonders günstigen Zeitpunkt, denn ich hoffe, daß ich unseren Jungens Mut machen konnte. Ich betrachte es als einen besonders glücklichen Umstand, daß ich auf meiner Reise die Ehrenzeichen, die Herr Feldmarschall zu übergeben mich beauftragt hatte, an die Männer und besonders die Verwundeten mit den Grüßen von Herrn Feldmarschall überreichen konnte. Herr Feldmarschall übergab mir zur Verleihung 100 Medaillen und 20 Kreuze. Unter Berücksichtigung der hohen Verluste des Bataillons sah ich mich veranlaßt, diese alle zu verteilen, obwohl Herr Feldmarschall mich aufgefordert hatte, strenge Maßstäbe anzulegen. Die Augen der Männer, besonders der Verwundeten, leuchteten vor Freude, als ich ihnen die finnische Auszeichnung überreichte. Gern hätte ich jedem Verwundeten eine Medaille gege-

*) Über die Lage zur Zeit des Besuchs des Generals Talvela siehe den Bericht im Abschnitt „Ruhige Frontabschnitte“, Seite 156.

ben, da es aber über 400 waren, reichten die Medaillen nicht. Im Namen des Herrn Feldmarschalls überreichte ich das Freiheitskreuz auch dem Kommandeur der Division, General Steiner, der mich hiermit bittet, Herrn Feldmarschall seinen herzlichen Dank auszudrücken und hochachtungsvoll seine Grüße zu übermitteln.

Generalleutnant Paavo Talvela*)

Die ärztliche Versorgung der Verwundeten und Kranken im finnischen SS-Bataillon

Von Professor Dr. Mauno Jokipii

Die Verluste an finnischen SS-Leuten betrugen an Gefallenen ungefähr 250, von denen 80 „Divisionsmänner" und ungefähr 170 „Bataillonsburschen" waren. Nach Angaben des Kriegstagebuches des Bataillons betrugen die Verluste an Verwundeten 520, von denen 401 Finnen und 119 Deutsche waren. Die Zahl der Erkrankten betrug ungefähr 400; das bedeutet, daß der größte Teil der Bataillonsangehörigen entweder als Verwundete oder als Erkrankte durchschnittlich einmal im Verlauf des anderthalbjährigen Kriegseinsatzes ärztlicher Betreuung bedurfte.

Die ärztliche Versorgung des finnischen Bataillons war gut. Das Bataillon hatte einen eigenen Arzt, Dr. Gerhard Bumke, und einen Zahnarzt, Dr. Wilhelm Franke, beide sehr beliebt, zeitweise auch einen Assistenzarzt sowie einen gut ausgerüsteten Truppenverbandsplatz. Um die sprachlichen Schwierigkeiten zu vermindern, schickte man aus Finnland dem Bataillon im September 1942 einen finnischen Assistenzarzt, Dr. Olli Somersalo, der sich in den Winterkämpfen auszeichnete und daraufhin im Februar 1943 als erster Arzt des Bataillons an die Stelle von Dr. Bumke trat.

*) Mauno Jokipii, a.a.O., Seite 561/562.

In der Organisation der Versorgung der Verwundeten und Kranken bestanden zwischen der finnischen und der deutschen Wehrmacht Unterschiede. Das finnische System versorgte die Verwundeten sehr nahe der Front und hatte daher einen stark bemannten Truppenverbandsplatz. Hier und auch in den Feldlazaretten wurden die Patienten ziemlich gründlich ärztlich behandelt. Beim deutschen System war man bestrebt, die Verwundeten schnell und möglichst weit zu evakuieren; darum waren die Truppenverbandsplätze mehr provisorisch eingerichtet und an ärztlicher Behandlung wurde nur das allernötigste getan, um sicherzustellen, daß die Patienten den Transport in die eigentlichen Lazarette überstehen konnten. Der Unterschied der Systeme verursachte – wahrscheinlich aus Mangel an Information – von seiten der finnischen Freiwilligen scharfe Kritik besonders in bezug auf die frontnahen Truppenverbandsplätze. Man gab aber auch zu, daß die Lazarette der deutschen Heimatfront ausgezeichnet waren.
An den Beispielen, die Tagebüchern von Freiwilligen entnommen sind, läßt sich feststellen, daß der Transport vom Truppenverbandsplatz zum Feldlazarett (der Division) einen halben bis zwei Tage dauerte und von dort in das Kriegslazarett (SS-Lazarett) ungefähr eine Woche. Bis zum Kriegslazarett erfolgte der Transport oft in primitiven Zügen (geschlossene Güterwagen mit Strohschütten), die behelfsmäßige Verwundeten-Züge (BVZ) amtlich genannt wurden. In den polnischen Städten Lublin, Lemberg und Krakau befanden sich SS-Lazarette (Kriegslazarette), wo die Verwundeten aufgenommen und gründlich versorgt wurden. Hier erfolgte auch eine gründliche körperliche Reinigung und eine Entlausung, ehe es in weißbezogene Betten ging. Von Rostow bis Krakau dauerte der Transport im BVZ durchschnittlich acht Tage. In den Kriegslazaretten (SS-Lazaretten) setzte sodann eine gründliche Behandlung ein, und wenn die Verwundeten drei Tage fieberfrei waren, wurden sie in gut ausgestatteten Lazarettzügen (D-Zugwagen mit doppelstöckigen, weißbezogenen Betten) in die Heimat- oder Reservelazarette transportiert, die mitunter spezialisiert waren (Hirn-, Nerven-, komplizierte Frakturverwundungen usw.). Hier setzte eine intensive Behandlung und Pflege ein. Die Dauer des Transportes eines Verwundeten vom Feldlazarett bis zum Heimatlazarett war unterschiedlich und richtete sich danach, ob der Verwundete überhaupt transportfähig war.
Zur Überwindung sprachlicher Schwierigkeiten schickte man aus Finnland im Oktober 1942 zwei geschulte Krankenschwestern in die Feldlazarette der Division „Wiking" nach Kislowodsk und später nach Amwrosiewka.

Später, im Frühjahr 1943, als etwa 40 finnische Verwundete im Lazarett Wien zusammengeführt waren, schickte man aus Finnland noch eine Krankenschwester und zwei geschulte Vertreter der Lotta-Svärd-Organisation. Sowohl in den Feldlazaretten wie in den Heimat- oder Reservelazaretten verrichteten diese Krankenschwestern ausgezeichnete Arbeit.
Das Komitee von Major Riekki, das seinerzeit die Werbung in Finnland durchgeführt hatte, schickte schon im Herbst 1941 Freifrau Ruth Munck, eine bekannte leitende Persönlichkeit der Lotta-Svärd-Organisation, nach Deutschland, wo sie die finnischen Verwundeten besuchte, die in verschiedenen deutschen Lazaretten lagen. Insgesamt unternahm Ruth Munck in den Jahren 1941 bis 1943 fünf Reisen und besuchte eine große Anzahl von Lazaretten in Deutschland. Auch Frau Alice Dahl unternahm im Sommer 1942 eine Reise solcher Art. Freifrau Ruth Muck wurde die beliebte und verehrte „Schwester Ruth" auch für unser „zweites Jägerbataillon".
An sonstigen Maßnahmen zur Aufmunterung und Unterhaltung der Verwundeten ist noch die Leihbibliothek zu erwähnen, die Frau Gesandtschaftsrat Marjatta Martola (nunmehr Frau Myrberg) in ihrer Wohnung in Berlin einrichtete, die auch den in den Lazaretten liegenden Verwundeten Bücher zuschickte. Zusammen mit einigen Künstlern organisierte sie weiterhin drei Unterhaltungstourneen, die die Lazarette mit größerer Anzahl finnischer Verwundeten und auch das Ersatz-Bataillon in Graz besuchten und mit heimatlichen Darbietungen erfreuten. Schließlich ist noch zu erwähnen, daß in Breslau und in Wien einige aus Finnland gebürtige Damen in lobenswerter Weise für die Verwundeten in den dortigen Lazaretten sorgten.
Zusammenfassend kann man sagen, daß die oben geschilderte Tätigkeit finnischer Frauen und Mädchen sehr geeignet war, das Schicksal der finnischen Verwundeten in einem fremden Lande zu erleichtern, in welchem eine fremde Sprache gesprochen wurde.
Nahezu hundert von diesen damaligen Verwundeten leben heute als Kriegsbeschädigte (Invaliden) verschiedener Art und Stufe in Finnland. Der finnische Staat, der doch eigentlich selbst den Anstoß zur Gründung des Bataillons gab, erklärte sich nach langem Weigern erst im Jahre 1956 bereit, diesen Invaliden die normale Pension für Kriegsbeschädigte zu zahlen.

Dokument Nr. 1

Auswärtiges Amt | Berlin W 8, den 27. Januar 1942
Wilhelmstraße 74-76

Nr. Pol I M 425 g

Geheim

Die Deutsche Gesandtschaft in Helsinki drahtet unter dem 24. Januar 1942:

„Finnischer Rundfunk brachte im Wehrmachtsprogramm 21. 1., 19.20 Uhr, Interview mit drei finnischen Urlaubern der Waffen-SS. Sie berichteten über Kämpfe an der Ostfront, deutsche Haltung gegenüber Finnen. In Deutschland halte man Finnen für gute Soldaten. Deutsche Disziplin sei ganz anders als finnische. Interviewer empfahl deutsche Disziplin finnischen Soldaten, besonders Urlaubern. Einstellung deutscher Bevölkerung finnischen Soldaten wie überhaupt dem finnischen Volk gegenüber sei freundschaftlich. Weiterhin wurde Rücksichtnahme gegenüber Invaliden und Soldaten in öffentlichen Verkehrsmitteln in Deutschland als vorbildlich hingestellt. Verpflegung deutscher Soldaten sei ausgezeichnet und reichlich. Bekleidung sauber und gut, wenn finnische Stiefel auch wärmer seien. Gruß Urlauber an finnische Soldaten lautete:

Wir sind stolz auf Euch. Wir kämpfen auch in Deutschland für Finnland, weil wir gemeinsame Interessen verteidigen. Wir hoffen, daß sich deutsche Soldaten in Finnland ebenso wohlfühlen wie finnische in Deutschland."

Im Auftrag
gez. Unterschrift (unleserlich)

An das SS-Hauptamt
z. Hd. von Obersturmbannführer Dr. Riedweg
Berlin-Grunewald
Hagenstraße 39

(Quelle: Fundstelle Archiv Vopersal, aus Mikrofilm USA, Akten RF und FHA, T 175/109)

Dokument Nr. 2

Abschrift

Der Reichsführer-SS
SS-Hauptamt – Amt VI
VS-Tgb.Nr. 473/42 geh.
VI 1 – Az.: 207/42 geh. Dr. R./vB.

Berlin W 35, am 10. 2. 1942
Lützowstraße 48/49

Betr.: Finnische Kriegsfreiwillige.

1. Vermerk:

Gemäß Mitteilung des finnischen Militärattachés Oberst Horn, der Führerin der Lotta-Bewegung Baronin Munck, welche finnische Verwundete in deutschen Lazaretten besuchte, sowie gemäß Mitteilung des Verbindungsführers des Amtes VI zur finnischen Gesandtschaft ist die Mißstimmung innerhalb der finnischen Kriegsfreiwilligen derart, daß sie nach ihrer Rückkehr in die Heimat der deutschen Sache nicht dienen. Nach den Angaben der Obengenannten ist dies darauf zurückführen, daß die finnischen Offiziere zum Großteil nicht ihrer Stellung gemäß eingesetzt wurden, daß immer noch kein eigener finnischer Verband zustande kam und gediente finnische Unteroffiziere als Männer bei der Truppe und beim Ersatz-Bataillon in Graz sich befinden. Die 18 vor einigen Wochen nach Finnland zurückgekehrten Offiziere und Unteroffiziere sollen ihrer Enttäuschung lebhaft Ausdruck gegeben haben.
Baronin Munck teilte dem Berichterstatter mit, daß sie die enge Freundschaft zwischen dem Reich und Finnland sehnlichst herbeiwünsche und alles dafür zu tun bereit sei, aber durch die ungeschickte Behandlung der finnischen Freiwilligen auf das tiefste enttäuscht worden ist. Die finnischen Freiwilligen hätten immer die Tradition des 27. Jäger-Bataillons vor Augen gehabt, das in jeder Hinsicht ein so geglückter Einsatz gewesen sei.
Sie befürchtet, daß immer mehr Offiziere und Unteroffiziere ihre Entlassung einreichen würden und daß der ganze Freiwilligen-Verband Gefahr laufe, auseinanderzufallen.

Die finnische Gesandtschaft, welche argwöhnisch ist, daß durch die Truppe nationalsozialistischer Geist nach Finnland gebracht werden könnte, befürwortet die Entlassungen und hat angeordnet, daß niemand, der nach Finnland entlassen ist, sich wieder zurückmelde.
Es dürfte dringend notwendig sein, daß die finnischen Offiziere und Unteroffiziere im Ersatz-Bataillon sobald als möglich zum Einheitsverband in Marsch gesetzt werden und daß der finnische Freiwilligen-Verband vor allem aus politischen Gründen ganz besonders betreut wird.
2. An den Chef des SS-Hauptamtes m.d.B. um Kenntnisnahme und Beifügung des Vermerkes an den Gesamtbericht für den RF-SS.

VI 1

gez. Unterschrift (unleserlich)

F.d.R.d.A.
gez. Unterschrift (unleserlich)
SS-Untersturmführer und Adjutant

Dokument Nr. 3

Der Reichsführer-SS
Chef des SS-Hauptamtes

Berlin W 35, den 28. 4. 1942
Lützowstraße 48/49
Postschließfach 43

OdSSHA/Be/Bo/Tgb.Nr. 1471/42 geh.

Betr.: Finnland

An den
Reichsführer-SS
Führerhauptquartier

Reichsführer!
Ich bitte auf Grund der Meldung über die Lage in Finnland folgendes berichten zu dürfen: (Der Chef des Reichssicherheitshauptamtes hat den Durchschlag erhalten.)

(Quelle: Archiv Vopersal, aus Mikrofilm USA, Akten RF und FHA, T 175/109)

Die Anbahnung einer Neugründung eines finnischen SS-Komitees hat inzwischen zu folgendem Ergebnis geführt.
Die Leitung wird der gegenwärtige Rektor der Universität Helsinki, Prof. Nevanlinna, übernehmen, da es mit Rücksicht auf die finnische Mentalität ratsam erschien, eine neutrale finnischsprechende Persönlichkeit hierfür auszuwählen. Nevanlinna ist stellvertretender Vorsitzender der finnisch-deutschen Gesellschaft, anerkannt deutschfreundlich, gleichzeitig aber parteipolitisch nicht abgestempelt. Die eigentlichen weiteren Vorbereitungsarbeiten für das Komitee werden jedoch auch zukünftig bei Direktor Norrmen liegen, der ebenso später in maßgeblicher Weise seine Tätigkeit beeinflussen wird.
Als weitere Mitglieder sind in Aussicht genommen:
1. Oberst Lindh, Führer des finnischen Frontkämpferverbandes (ca. 30000 Mitglieder);
2. Riekki;
3. Oberst Leander, Kriegsministerium, Leiter der Propagandaabteilung der „Waffenbrüder"-Organisation;
4. Veterinäroberst Talvitie, Vorstandsmitglied der Vereinigung der ehem. 27er Jäger;
5. Rautala, IKL;
6. Oberstleutnant Leválahti, ehem. finn. Verbindungsoffizier in Groß Born;
7. Baronin Munck;
8. Oberst Wihma, Hauptstab des Heimatheeres.

Die Hinzuziehung von Aaltonen, Direktor Hedman, Hauptmann Kalsta und anderen Persönlichkeiten ist noch nicht völlig klar. Die Zahl des Personenkreises ist mit etwa 15 vorläufig festgelegt worden. Auch einige maßgebliche Persönlichkeiten der Wirtschaft, z. B. Bergrad Forsström, wurden in Vorschlag gebracht.
Direktor Norrmen hatte vor etwa einer Woche in der Freiwilligenangelegenheit eine Unterredung mit dem Außenminister Witting, um dessen Haltung in der Komiteefrage zu sondieren. Witting äußerte grundsätzlich Zustimmung, ohne sich jedoch allzu sehr festzulegen. Besonders wies er nochmals auf die grundsätzliche Gegnerschaft Mannerheims zu der Freiwilligenangelegenheit hin. Gleichzeitig stellte Minister Witting fest, daß der offizielle Regierungsauftrag Riekkis mit dem Abschluß der Freiwilligeneinstellungen abgeschlossen sei. Seitdem handele Riekki rein als Privat-

mann ohne offizielle Beauftragung. In diesem Zusammenhang ist der Plan aufgetaucht, General Östermann, z. Z. Wehrmachtsinspekteur, zum offiziellen Beauftragten der finnischen Regierung in allen SS-Fragen zu erhalten.
Direktor Norrmen wird den Versuch unternehmen, über Witting die Zustimmung des Staatspräsidenten Ryti hierzu zu erhalten. Inwieweit dieser Versuch einen Erfolg zeitigen wird, ist noch nicht abzusehen. Östermann selbst ist an der Freiwilligenangelegenheit sehr stark interessiert und wäre zweifellos seiner Einstellung nach die geeignete Persönlichkeit hierfür. Andererseits wird er stark von den bürgerlichen Mittelparteien angegriffen und steht im Gegensatz zu Mannerheim. In den nationalsozialistischen Gruppen und Kreisen gilt Östermann als die kommende finnische Führerpersönlichkeit, auf die große Hoffnungen gesetzt werden. Angeblich soll Ö. anläßlich der kürzlichen Finnlandreise des Reichsführers-SS mit diesem in Rovaniemi Fühlung genommen haben.
In jedem Fall wäre die Abstellung eines offiziellen finnischen Regierungsvertreters durchaus wünschenswert, da in allen Freiwilligenfragen noch erhebliche Unklarheiten bestehen. Z. B. stellte sich gelegentlich einer Unterredung mit Riekki und Aaltonen heraus, daß die Dienstzeit der SS-Freiwilligen noch nicht als Dienstzeit im finnischen Heer angerechnet wird.
Beim Abschiedsbesuch des SS-Ostuf. Gerlinger beim Gesandten von Blücher erwähnte dieser von sich aus die finnischerseits aufgetauchten Tendenzen, die Rückberufung des Freiwilligenbataillons zu erwirken. Minister v. Blücher, der offenbar von bestimmten finnischen Kreisen einseitig orientiert war, hielt ein derartiges Verlangen an sich nicht für unbillig (!) und neigte offenbar dazu, sich diese Gedankengänge auch zu eigen zu machen. SS-Ostuf. Gerlinger trat dem entgegen und wies darauf hin, daß besonders die Persönlichkeiten des SS-Komitees mit einer vorzeitigen Rückberufung der Freiwilligen durchaus nicht einverstanden wären.
Es wäre wünschenswert, wenn die Gesandtschaft in Helsinki in dieser Frage eine klare Anweisung des Auswärtigen Amtes erhalten könnte, damit diese Forderungen bestimmter finnischer Kreise nicht erst ernsthaft zur Diskussion gelangen würden.
In der Angelegenheit der finnischen Sendungen des Königsberger Senders fand mit Dr. Müller-Norden, Hauptschriftleiter Eichberg und Attaché Schneider eine Unterredung statt, bei der Übereinstimmung über die

Beteiligung der SS innerhalb des Programms erzielt werden konnte. Es sollen danach, wie bereits schon in den Vorberichten erwähnt, besonders Grußsendungen und Reportagen von den finnischen Freiwilligen gesendet werden. Die stärkere Heranziehung der finnischen Presse zur Propagierung des Freiwilligengedankens ist vor endgültiger Konstituierung des Komitees nicht möglich. Typisch für die Art der bisherigen, unhaltbaren Behandlung dieser Frage in der finnischen Presse war ein Artikel der Berliner Vertreterin der Zeitung „Uusi Suomi" vor zirka drei Wochen anläßlich der Durchreise der zur Entlassung gekommenen 92 finnischen Unterführer. Die Berichterstatterin, Saloma Simonen, brachte zwar die belanglosesten Details, ohne jedoch nur mit einer Silbe auf den Sinn und Zweck des Einsatzes der finnischen Freiwilligen im Osten zu kommen. In einer anderen illustrierten finnischen Zeitschrift erschien z. B. ein Artikel über das Bataillon, in dem lediglich eine völlig farblose Schilderung der ukrainischen Landschaft enthalten war. Als Illustration diente eine nichtssagende Gruppenaufnahme finnischer Freiwilliger. Das Systematische dieser Berichterstattung liegt klar zu Tage.

Abschließend können auf Grund der Erfahrungen folgende Punkte hervorgehoben werden:

Die innere und besonders die wirtschaftliche Entwicklung in Finnland ist zur Zeit bereits als recht schwierig anzusehen. Eine Entspannung ist in den nächsten Monaten in nennenswertem Umfange nicht zu erwarten. Die große Zukunftshoffnung der, wenn auch zahlenmäßig geringen, nationalsozialistischen Opposition ist bei dieser Sachlage insbesondere die finnische Waffen-SS.

Eine politische Auswirkung der finnischen SS-Freiwilligen-Aktion ist jedoch angesichts der relativ geringen Stärke des bisherigen Freiwilligen-Kontingents und der Art seiner Zusammensetzung nur zu erwarten, wenn unmittelbar nach Beendigung des finnisch-russischen Feldzuges erneut eine Werbung in Finnland einsetzt.

Die Stimmung in der finnischen Jugend ist hierfür nach wie vor sehr gut, so daß in dieser Richtung an einem Erfolg einer Werbung nicht zu zweifeln wäre. Schwieriger erscheint selbstverständlich, die Zustimmung der offiziellen Kreise zu erzielen. Trotzdem kann bei Auswahl eines geeigneten Zeitpunktes diese Zustimmung als erreichbar angesehen werden. Die genaue Beobachtung der Entwicklung der nächsten Monate in Finnland erscheint jedoch in jedem Falle dringend geboten.

Die Einrichtung bzw. Beibehaltung einer ständigen Vertretung des SS-Hauptamtes in Helsinki ist nach den gemachten Erfahrungen unerläßlich, da andernfalls sich Schwierigkeiten und Widerstände durch Einwirkung negativ eingestellter Gruppen ungehindert auswirken und unter Umständen zu einem völligen Versanden des SS-Gedankens in Finnland führen könnten.

gez. G. Berger
SS-Gruppenführer

Dokument Nr. 4

Der Reichsführer-SS
Chef des SS-Hauptamtes

Berlin W 35, den 4. 11. 1942
Lützowstraße 48/49

CdSSHA/Be/Ge. VS-Tgb.Nr. 460/42

Geheime Kommandosache
4 Ausfertigungen, Prüfnummer 1

Betr.: Finnischen Generalleutnant Talvela
Anlg.: –1–

An den
Reichsführer-SS
und Chef der Deutschen Polizei,
Feld-Kommandostelle

Reichsführer!

Ich melde:
1.)
Heute wurde mir durch Generalleutnant Talvela der Orden I. Klasse mit Schwertern der Weißen Rose von Finnland überreicht. Anschließend daran war eine Einladung zum Frühstück beim finnischen Gesandten Kivimäki.

(Quelle: Archiv Vopersal, aus Mikrofilm USA, Akten RF und FHA, T 175/125, 2.650.322–27)

2.)
Über die Person des Generals Talvela, der Freimaurer und judenhörig ist, im übrigen im geheimen die SS-Tätigkeit in Finnland zu sabotieren versucht, habe ich schon berichtet. Es darf aber nicht außer acht gelassen werden, daß Talvela der Vertraute von Mannerheim und Antipode von Östermann ist.
3.)
Talvela wird hier in Berlin bleiben und die Dienstgeschäfte eines Verbindungsoffiziers von hier aus zum Führerhauptquartier führen. Der finnische Major Dunker, der Hauptmann bei seinem bei Ausbruch des Krieges aufgestellten Korps war, wird ihm hierbei als Ia und Generalstabschef assistieren. Die Dienststelle ist Meinickestr. 4. Das Gebäude selbst ist von der italienischen Wehrmacht gepachtet. Es sollen dort alle Verbindungsführer der verbündeten Staaten untergebracht werden.
4.)
Oberst Horn wird seinen Dienstsitz in Ungarn haben, wo er auch als Militärattaché akkreditiert ist. Zur Tarnung soll er aber vorläufig noch als Militärattaché in Berlin bleiben. Dessen ungeachtet wird General Talvela die tatsächlichen Geschäfte bei der Finnischen Gesandtschaft führen. Oberst Horn soll eine engere Verbindung mit Ungarn herstellen.
5.)
Major Wikmann wird in den nächsten 14 Tagen nach Finnland versetzt. Er soll dort wegen seiner Deutschfreundlichkeit kaltgestellt werden. Kivimäki, vielmehr aber seine Frau, empfindet die Versetzung des Generals Talvela nach Berlin als sehr unangenehm.
6.)
Die Einladung des Generals Östermann und des Obersten Ekholm nach Deutschland wurden von Feldmarschall Mannerheim nicht genehmigt.
7.)
Über die tatsächliche Einstellung des Generals Talvela zu uns gibt wohl beiliegender Aktenvermerk*) (Anlage –1–) am allerbesten Auskunft.
Der Verbindungsoffizier zur Division „Wiking“, SS-Sturmbannführer Kurkiala, ein restlos zuverlässiger Mann, bekam von Talvela den Befehl, nie

*) Die Anlage –1– schildert ein zufälliges Zusammentreffen Talvelas mit Baronin Munck und dem finnischen SS-Rottenführer Tamminen von der finnischen Verbindungsstelle vor dem Hause des Obersten Horn in Helsinki am Abend des 26. 10. 1942, wobei Talvela Tamminen vollkommen ignoriert hat.

ohne seine Erlaubnis nach Finnland zu reisen und auch keine Berichte ohne über ihn nach dort abzugeben.
Reichsführer, es beginnt hier ein groß angelegtes politisches Spiel. Irgendwelcher Grund zu Befürchtungen ist nicht vorhanden. Ich bitte nur, alle Dienststellen des RF-SS anweisen zu wollen, daß Besprechungen in jeder Form, Überbringung von Mitteilungen usw. abgestimmt werden müssen.

8.)

Die Kreise um Talvela rechnen damit, daß das Freiwilligen-Bataillon der Division „Wiking“ bis Ende Juni 1943 nach Finnland zurückkommt, da bis zu diesem Zeitpunkt die Verpflichtung abgelaufen sei. Daher auch im Augenblick meiner Ansicht nach das Leisetreten im Nachersatz!

9.)

Oberst Horn sprach über die Besetzung des Raumes, der ihnen vom Führer zugewiesen worden sei. Sie wollten ja ganz Karelien besetzen, und um dies zu können, würde die Absicht bestehen, die „finnischen Völker“ aus dem russischen Raum herauszuholen. Ich habe bewußt nichts von rassischer Verschlechterung usw. gesagt, sondern nur gefragt, ob sie sich selbst über den Begriff dieser Volksfinnen im klaren seien. Er erkannte sofort die Spitze und sagte, er würde sich gerade über diese Frage gern einmal mit mir eingehend unterhalten.

10.)

Talvela sprach dann weiter von der Errichtung eines Reichskommissariats, das diesem finnischen Reich nach Osten vorgelagert werden solle. Ich teilte ihm mit, daß ich davon nichts wisse und, daß ich das auch keinesfalls annehmen könne, aus dem ganz einfachen Grunde, weil doch „diesem tapferen finnischen Volke das ihrem Raum vorgelagerte Gebiet zur Sicherung übergeben werden könne“. Das wurde von mir bewußt ausgesprochen, da im Augenblick die SS wieder einmal die Imperialisten sind. Auf diese Erklärung hin wurden beide sehr still.

gez. Berger
SS-Gruppenführer

(Quelle: Archiv Vopersal, aus Mikrofilm USA, Akten RF und FHA, T 175/129)

Quellennachweis

Amtliche Quellen:

Kriegstagebuch des Finnischen Freiwilligen-Bataillons der Waffen-SS IV./SS-Rgt. „Nordland“ / III.(finn.)/SS-IR „Nordland“.

Nr. 1

Begonnen: 1. 11. 1941 – Abgeschlossen: 3. 12. 1942.

Das Btl. unterstand vom 21. 1. bis 15. 2. 1942 dem SS-Rgt. „Westland“, vom 16. 2. bis 3. 12. 1942 dem SS-Rgt. „Nordland“.

Das KTB wurde geführt vom 1. 11. bis 23. 11. 1941 von Ustuf. Hinrichs, Adjt.;
vom 23. 11. bis 2. 12. 1941 von Ustuf. Ertel;
vom 3. 12. 1941 bis 9. 2. 1942 von Ustuf. Hinrichs, Adjutant;
vom 10. 2. bis 19. 10. 1942 von Ostuf. Hirt, Adjutant;
vom 20. 10. bis 31. 10. 1942 von Ustuf. Scholz, Ord.Offz.;
vom 1. 11. bis 3. 12. 1942 von Ostuf. Hirt, Adjutant.

Kriegstagebuch Nr. 2

III.(finn.)/SS-Panzergrenadierregiment „Nordland“

Begonnen: 4. 12. 1942 – Abgeschlossen: 11. 7. 1943.

Das Bataillon unterstand
vom 4. 11. 1942 bis 1. 1. 1943 dem III. Panzerkorps;
vom 1. 1. bis 14. 1. 1943 der SS-Panzergrenadierdivision „Wiking“;
vom 15. 1. bis 24. 4. 1943 dem SS-Panzergrenadierregiment „Nordland“ als Finnisches Freiwilligen-Bataillon der Waffen-SS.

Das KTB wurde geführt vom 4. 12. 1942 bis 11. 7. 1943 von Ostuf. Hirt, Adjutant.

Bundesarchiv-Militärarchiv Freiburg:

Es wurden ausgewertet die Kriegstagebücher der Heeresgruppe A, der 17. Armee, der 1. Panzerarmee und des LVII. Panzerkorps von 1941 bis 1943; des III., XIV., XXXX. und XXXXVIII. Panzerkorps von 1943.

Archiv Vopersal:

Verschiedene amtliche Dokumente über die Aufstellung und die Rückführung des Finn.Frw.Btl. der Waffen-SS.

Allgemeine Quellen:

Aaltonen, B. S.: „In den Spuren der 27. Jäger. Das Finn.Frw.Btl. der Waffen-SS", in „Waffenbruder Finnland". Ein Buch für den deutschen Soldaten in Finnland. Finnland 1942.

Aspelmeier, Dieter: „Deutschland und Finnland während der beiden Weltkriege". Verlag Christoph von der Ropp, Hamburg 1967.

Biasi, de Mario: „Finnlandia, Profil eines Landes". Tammi Verlag Helsinki (ohne Jahreszahl). Deutsche Fassung: Reinhold Dey. Druck: Conzett & Huber, Zürich.

Carell, Paul: „Unternehmen Barbarossa". Ullstein Frankfurt/M.-Berlin 1963; „Verbrannte Erde". Ullstein Frankfurt/M.-Berlin 1966.

Damerau, Helmut: „Die finnischen Jäger – Kgl.Prß. Jägerbataillon Nr. 27", im „Deutschen Soldaten-Jahrbuch" 1966. Schild-Verlag München.

Erfurth, Waldemar: „Der finnische Krieg 1941–1944". Limes-Verlag Wiesbaden 1950.

Ewers, W.: „Kleine Länderkunden – Suomi Finnland". Franckh'sche Verlagshandlung, W. Keller & Co., Stuttgart 1950.

Grieben-Reiseführer: „Finnland". Verlag Karl Thiemig KG, München 1971, Band 271.

Halter, Heinz: „Finnische Jäger erkämpften die Freiheit". Ohne Angaben 1942.

Haupt, Werner: „Heeresgruppe Nord", Podzun-Verlag, Bad Nauheim 1967.

Hedin, Sven: „Ohne Auftrag in Berlin". Tübingen/Stuttgart 1950.

Jokipii, Mauno: „Panttipataljoona". Weilin + Göös, Helsinki 1968.

Klietmann, Dr. K. G.: „Die Waffen-SS". Munin Verlag Osnabrück 1965.

Klink, Ernst: „Der finnisch-sowjetische Krieg 1939–40", in „Wehrwissenschaftliche Rundschau", Jahrgang 9, 1959, Heft 12.

Mannerheim, C. G.: „Erinnerungen". Atlantis Verlag Zürich 1952.

Manstein, Erich von: „Verlorene Siege". Athenäum Verlag Bonn 1955.

Paasikivi, Juho Kusti: „Am Rande einer Supermacht". (Titel der Erstausgabe: „Meine Moskauer Mission 1939–41"). Holsten Verlag Hamburg 1966.

Sawjalow/Kaljadin: „Die Schlacht um den Kaukasus". Verlag des Ministeriums für nationale Verteidigung, Berlin 1959.

Schramm, P. E.: „Kriegstagebuch des Oberkommandos der Wehrmacht". Verlag Bernhard & Graefe, Frankfurt/M. 1965, Band IV.

Schreiber, Franz: „Kampf unter dem Nordlicht". Munin Verlag Osnabrück 1969.

Schybergson, M. G.: „Politische Geschichte Finnlands (1809–1919)". Verlag Friedrich Andreas Perthes AG, Gotha-Stuttgart 1925.

Sommer, William: „Geschichte Finnlands". Verlag von R. Oldenbourg, München und Berlin 1938.

Springenschmid, Karl: „Aktion Eisvogel". Verlag K. W. Schütz KG, Preußisch Oldendorf 1975.

Stein, George H.: „Geschichte der Waffen-SS". Droste Verlag, Düsseldorf 1967.

Stein/Krosby: „Das Finn.Frw.Btl. der Waffen-SS – Eine Studie zur SS-Diplomatie und zur ausländischen Freiwilligen-Bewegung", in „Vierteljahreshefte für Zeitgeschichte", 1966, Heft Nr. 4.

Steiner, Felix: „Die Freiwilligen". Plesse-Verlag Göttingen 1958;
„Die Armee der Geächteten". Plesse-Verlag Göttingen 1962.
Neuauflagen Verlag K. W. Schütz KG, Preußisch Oldendorf

Straßner, Peter: „Europäische Freiwillige". Munin Verlag Osnabrück 1968.

Telpuchowski: „Die sowjetische Geschichte des Großen Vaterländischen Krieges". Bernhard & Graefe Verlag, Frankfurt/M. (ohne Jahreszahl).

Tieke, Wilhelm: „Tragödie um die Treue". Munin Verlag Osnabrück 1968;
„Der Kaukasus und das Öl". Munin Verlag Osnabrück 1970.

Wagner, Carl: „Heeresgruppe Süd". Podzun-Verlag Bad Nauheim, ohne Jahreszahl;
„Der Gegenangriff des XXXX. Panzerkorps gegen den Durchbruch der Panzerarmee Popow im Donezbecken im Februar 1943", in „Wehrwissenschaftliche Rundschau", 1957, Heft 1.

Gegenüberstellung der Dienstgrade der Waffen-SS und des Heeres

Waffen-SS	Abkürzung	Heer
SS-Mann	—	Schütze
SS-Sturmmann	SS-Strm.	Gefreiter
SS-Rottenführer	SS-Rttf.	Obergefreiter
SS-Unterscharführer	SS-Uscha.	Unteroffizier
SS-Scharführer	SS-Scharf.	Unterfeldwebel
SS-Oberscharführer	SS-Oscha.	Feldwebel
SS-Hauptscharführer	SS-Hascha.	Oberfeldwebel
SS-Sturmscharführer	SS-Stuscha.	Hauptfeldwebel
SS-Standartenjunker	SS-Sta.Ju.	Fähnrich
SS-Standartenoberjunker	SS-Sta.Oju.	Oberfähnrich
SS-Untersturmführer	SS-Ustuf.	Leutnant
SS-Obersturmführer	SS-Ostuf.	Oberleutnant
SS-Hauptsturmführer	SS-Hstuf.	Hauptmann
SS-Sturmbannführer	SS-Stubaf.	Major
SS-Obersturmbannführer	SS-Ostubaf.	Oberstleutnant
SS-Standartenführer	SS-Staf.	Oberst
SS-Oberführer	SS-Obfhr.	—
SS-Brigadeführer	SS-Brig.Fhr.	Generalmajor
SS-Gruppenführer	SS-Gruf.	Generalleutnant
SS-Obergruppenführer	SS-Ogruf.	General
SS-Oberstgruppenführer	SS-Obstgruf.	Generaloberst

Personenverzeichnis

Ortsverzeichnis

Truppenverzeichnis

Divisionen

Regimenter

Bataillone / Abteilungen

Kampfgruppen

Sonstige

Schiffe (1. und 2. Weltkrieg)

Weitere Verlagsempfehlungen

Wilhelm Tieke

An den Brennpunkten der Ostfront (Band 1)

Die Geschichte des SS-Infanterie-Regiments 4 (mot.) „Langemarck“ und des „Freikorps Danmark“

Von den Freiwilligenverbänden des 2. Weltkrieges, die auf deutscher Seite gekämpft haben, ragen zwei besonders heraus. Das SS-IR 4 wurde nach dem Anschluß Österreichs aufgestellt und kam 1941 im Rahmen der 2. SS-Brigade im Nordabschnitt der Ostfront und danach als schnelles Schützenregiment in der SS-Panzer-Division „Das Reich“ zum Einsatz. Im weiteren Verlauf des Krieges waren die Männer vom „Langemarck“ bataillonsweise bei verschiedenen Heeresdivisionen eingesetzt, wo sie mehrfach sowjetischen Gegenoffensiven standhielten und zu festen Stützen der wankenden deutschen Front wurden. Der 2. Teil dieses Buches behandelt die Aufstellung und den Fronteinsatz der dänischen Freiwilligen im „Freikorps Danmark“ unter Sturmbannführer Christian Frederik von Schalburg und später Obersturmbannführer von Lettow-Vorbeck. Der Autor schildert den harten, entbehrungsreichen Kampf an der Ostfront, zum Beispiel im Kessel von Demjansk, in allen Einzelheiten – ob Stoßtruppunternehmen, Häuserkampf oder Entsatzversuche. 312 Seiten, 32 Bildseiten, gebunden.

ISBN 978-3-938392-15-7 **€ 22,90**

Winkelried-Verlag - Postfach 160233 - 01288 Dresden
Telefon & Fax: 01212 - 591 270 451 • post@winkelried-verlag.de • www.winkelried-verlag.de

Hans-Ulrich Rudel

Mein Kriegstagebuch

Aufzeichnungen eines Stukafliegers

320 Seiten, viele Fotos, gebunden.

978-3-938392-05-8 **€ 16,95**

Hans Pichler

Truppenarzt und Zeitzeuge

Mit der 4. SS-Polizei-Division an vorderster Front

368 Seiten, viele Fotos, gebunden.

978-3-938392-07-2 **€ 19,80**

Léon Degrelle

Denn der Haß stirbt ...

Erinnerungen eines europäischen Kriegsfreiwilligen

320 Seiten, viele Fotos, gebunden.

978-3-938392-06-5 **€ 16,95**

David Irving

Die Tragödie der Deutschen Luftwaffe

Die Erinnerungen von Gfm. Milch

488 Seiten, viele Abb., gebunden.

978-3-938392-10-2 **€ 19,95**

Otto Kumm

Vorwärts, Prinz Eugen!

Geschichte der 7. SS-Freiwilligen-Division „Prinz Eugen"

406 Seiten, 64 Bildseiten, geb.

978-3-938392-13-3 **€ 24,90**

Otto Skorzeny

Meine Kommando-unternehmen

Krieg ohne Fronten

448 Seiten, s/w. Fotos, gebunden.

978-3-938392-11-9 **€ 19,95**

Vorwärts, voran!

Die SS-Totenkopf-Division im Frankreich-Feldzug

120 Seiten, durchgängig s/w. Fotos, Großformat, gebunden.

978-3-938392-03-4 **€ 24,80**

Otto Weidinger

Tulle und Oradour

Die Wahrheit über zwei Vergeltungsaktionen der Waffen-SS

112 Seiten, geheftet.

978-3-938392-01-0 **€ 6,90**

Otto Weidinger

Kameraden bis zum Ende

Das SS-Panzergrenadier-Regiment 4 „Der Führer"

480 Seiten, 32 Bildseiten, geb.

978-3-938392-14-0 **€ 24,90**

Winkelried-Verlag - Postfach 160233 - 01288 Dresden

Telefon & Fax: 01212 - 591 270 451 • post@winkelried-verlag.de • www.winkelried-verlag.de

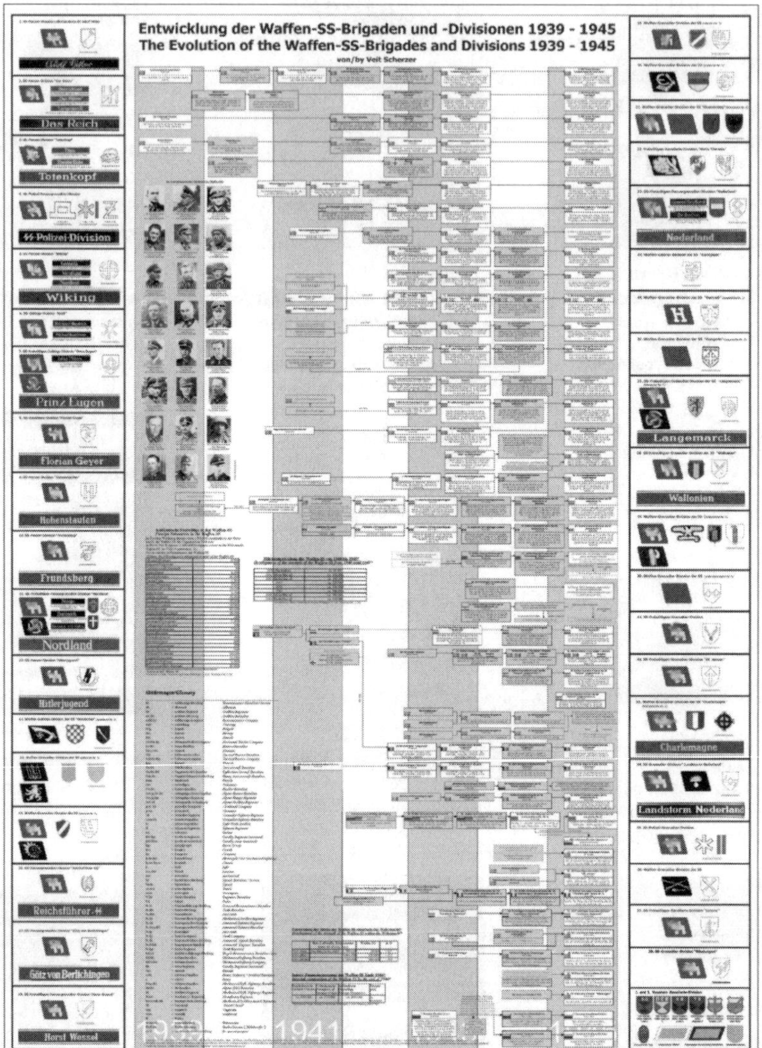

Veit Scherzer

Die Entwicklung der Waffen-SS-Brigaden und -Divisionen 1939-1945

Dieser Großdruck bietet einen Gesamtüberblick über alle Einheiten der Waffen-SS. Sowohl deutsche als auch fremdländische Divisionen werden mit Kragenspiegel, Ärmelstreifen, Divisionskennzeichen und Nationalitätenschild in Farbe übersichtlich abgebildet. Weiterhin sind die 24 höchstdekorierten Soldaten der Waffen-SS porträtiert sowie allgemeine Angaben zur Stärkeentwicklung und Nationalitätenzusammensetzung enthalten. Ein erstklassiger Druck auf edlem Hochglanzpapier im Format 84 x 119 cm. Versand in knickfester Röhre.

978-3-938392-97-3 **€ 22,80**

Winkelried-Verlag - Postfach 160233 - 01288 Dresden

Telefon & Fax: 01212-591 270 451 • post@winkelried-verlag.de • www.winkelried-verlag.de

Rolf Michaelis
Deutsche Kriegsauszeichnungen
Heer, Waffen-SS, Polizei
128 Seiten, viele Abbildungen, dt./engl., Großformat, gebunden.
978-3-938392-27-0 **€ 19,95**

Rolf Michaelis
Die SS-Sturmbrigade „Dirlewanger"
134 Seiten, viele Fotos und Karten, gebunden.
978-3-938392-21-8 **€ 22,80**

Rolf Michaelis
Die SS-Heimwehr Danzig im Polenfeldzug
112 Seiten, Fotos und Karten, gebunden.
978-3-938392-26-3 **€ 19,80**

Rolf Michaelis
Die Waffen-SS
Uniformen und Abzeichen
136 Seiten, teils farbige Abb., Text deutsch/englisch, Großformat, gebunden.
978-3-938392-20-1 **€ 24,80**

Osteuropäer als Kriegsfreiwillige in der Waffen-SS:

Esten in der Waffen-SS
Die 20. Waffen-Grenadier-Division der SS
120 Seiten, Fotos und Karten, gebunden.
978-3-938392-22-5 **€ 19,80**

Russen in der Waffen-SS
Die 29. und 30. Waffen-Grenadier-Division der SS
130 Seiten, Fotos und Karten, gebunden.
978-3-938392-24-9 **€ 19,80**

Ukrainer in der Waffen-SS
Die 14. Waffen-Grenadier-Division der SS
128 Seiten, Fotos und Karten, gebunden.
978-3-938392-23-2 **€ 19,80**

Alle Bücher liefern wir Ihnen gerne auf Bestellung direkt nach Hause!

Sonderpreis: Esten, Russen und, Ukrainer in der Waffen-SS 978-3-938392-25-6, zus. 3 Bände nur € 49,90 (statt € 59,40)

Winkelried-Verlag - Postfach 160233 - 01288 Dresden
Telefon & Fax: 01212-591 270 451 • post@winkelried-verlag.de • www.winkelried-verlag.de

Militaria-Trilogie „Deutsche Uniformen“

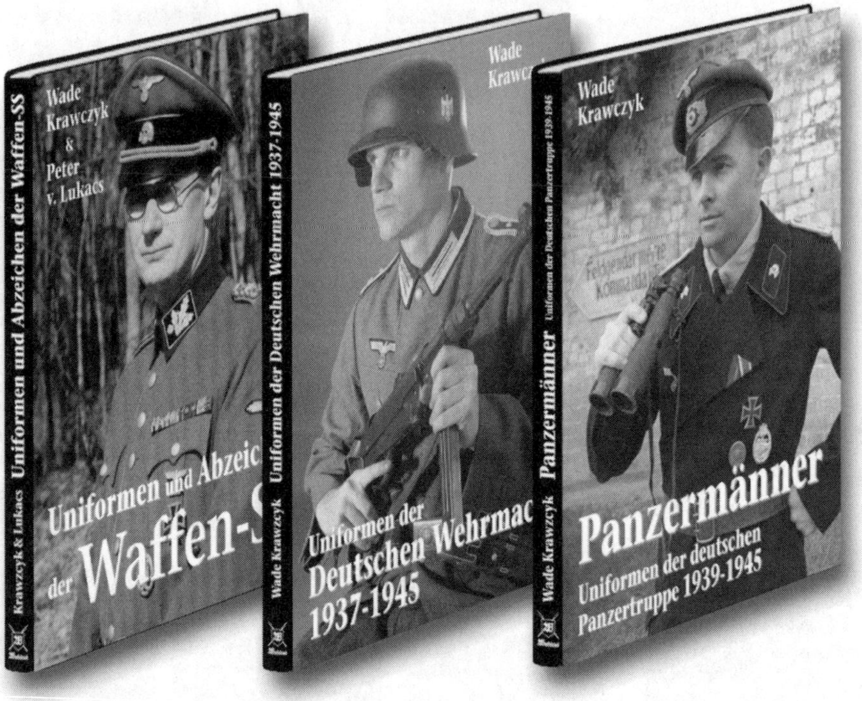

Wade Krawczyk
Peter v Lukacs
Uniformen und Abzeichen der Waffen-SS
128 Seiten, Großformat, 250 Farbfotografien.
978-3-938392-46-1
€ 29,80 (€ 26,-*)

Wade Krawczyk
Uniformen der Deutschen Wehrmacht 1937-1945
128 Seiten, Großformat, 230 Farbfotografien.
978-3-938392-45-4
€ 29,80 (€ 26,-*)

Wade Krawczyk
Panzermänner Uniformen der deutschen Panzertruppe 1939-1945
128 Seiten, Großformat, 250 Farbfotografien.
978-3-938392-44-7
€ 29,80 (€ 26,-*)

Der international anerkannte Fachbuchautor Wade Krawczyk trug in jahrzehntelanger Sammelleidenschaft Uniformteile, Orden, Urkunden und Ausrüstungsgegenstände deutscher Truppen des Zweiten Weltkrieges zusammen. In drei brillanten Farbbildbänden sind diese seltenen Originalstücke – geordnet nach Waffen-SS, Wehrmacht und Panzertruppe – sowohl als Gesamtansichten als auch in feinen Detailaufnahmen im Farbfoto festgehalten. Neben Bekleidung, Abzeichen, Kragenspiegeln, Herstellermarken, Tarnmustern, Helmen und Mützen wurden auch Nachlässe hochdekorierter Soldaten nebst deren Dokumente und Kriegsfotografien einbezogen. Hunderte gestochen scharfer Farbfotos lassen diese Bildbände zu einer Fundgrube für Militariafreunde, Uniformensammler und Modellbauer werden.

*Vorteilspreis bei geschlossener Bestellung aller drei Bände
ISBN 978-3-938392-47-8 nur € 78,- (statt € 89,40)

Winkelried-Verlag - Postfach 160233 - 01288 Dresden
Telefon & Fax: 01212 - 591 270 451 • post@winkelried-verlag.de • www.winkelried-verlag.de